O nome do Projeto Teláris se inspira na forma latina telarium, que significa "tecelão", para evocar o entrelaçamento dos saberes na construção do conhecimento.

projeto Teláris

Ana Trinconi Borgatto
Terezinha Bertin
Vera Marchezi

Português 9

Ana Maria Trinconi Borgatto

- Licenciada em Letras pela Universidade de São Paulo (USP)
- Mestre em Letras pela USP
- Pós-graduada em Estudos Comparados de Literaturas de Língua Portuguesa pela USP
- Pedagoga graduada pela USP
- Professora universitária
- Professora de Língua Portuguesa do Ensino Fundamental e Médio

Terezinha Costa Hashimoto Bertin

- Licenciada em Letras pela USP
- Mestre em Ciências da Comunicação pela USP
- Pós-graduada em Comunicação e Semiótica pela Pontifícia Universidade Católica de São Paulo (PUC-SP)
- Professora universitária
- Professora de Língua Portuguesa do Ensino Fundamental e Médio

Vera Lúcia de Carvalho Marchezi

- Licenciada em Letras pela Universidade Estadual Paulista (Unesp – Araraquara, SP)
- Mestre em Letras pela USP
- Pós-graduada em Estudos Comparados de Literaturas de Língua Portuguesa pela USP
- Professora universitária
- Professora de Língua Portuguesa do Ensino Fundamental e Médio

Use esse QR Code para acessar o *site* exclusivo do Projeto Teláris. Basta fazer o *download* de um leitor de QR Code no seu celular ou *tablet* e posicionar a câmera como se fosse fotografar a imagem acima.

editora ática

editora ática

Diretoria de conteúdo e inovação pedagógica
Mário Ghio Júnior
Diretoria editorial
Lidiane Vivaldini Olo
Gerência editorial
Luiz Tonolli
Editoria de Língua Portuguesa
Renato Luiz Tresolavy
Edição
Rosângela Rago,
Valéria Franco Jacintho
e Francisca Tarciana Morais da Silva (estag.)
Arte
Ricardo de Gan Braga (superv.),
Andréa Dellamagna (coord. de criação),
Tomiko C. Suguita (editora de arte)
e Casa de Tipos (diagram.)
Revisão
Hélia de Jesus Gonsaga (ger.), Rosângela Muricy (coord.),
Ana Curci, Ana Paula Chabaribery Malfa, Célia da Silva Carvalho,
Gabriela Macedo de Andrade e Brenda Morais (estag.)
Iconografia
Sílvio Kligin (superv.),
Claudia Bertolazzi (pesquisa),
Cesar Wolf e Fernanda Crevin (tratamento de imagem)
Ilustrações
Carlos Araujo, Mauricio Pierro, Nik Neves,
Suryara Bernardi e Theo
Bruno Algarve e Daniel Almeida (fôlder Estudar)
Foto da capa: Boris Franz/Shutterstock/Glow Images

Avenida das Nações Unidas, 7221, 3º andar, Setor C
Pinheiros – São Paulo – SP – CEP 05425-902
Tel.: 4003-3061
www.atica.com.br / editora@atica.com.br

Dados Internacionais de Catalogação na Publicação (CIP)
(Câmara Brasileira do Livro, SP, Brasil)

Borgatto, Ana Maria Trinconi
Projeto Teláris : língua portuguesa : ensino fundamental 2 / Ana Maria Trinconi Borgatto, Terezinha Costa Hashimoto Bertin, Vera Lúcia de Carvalho Marchezi. – 2.ed. – São Paulo : Ática, 2015. – (Projeto Teláris : português)

Obra em 4 v. para alunos do 6º ao 9º ano.

1. Português (Ensino fundamental) I. Bertin, Terezinha Costa Hashimoto. II. Marchezi, Vera Lúcia de Carvalho. III. Título. IV. Série.

15-03002 CDD-372.6

Índice para catálogo sistemático:
1. Português : Ensino fundamental 372.6

2015

ISBN 9788508172757 (AL)
ISBN 9788508172740 (PR)
Cód. da obra CL 738800
CAE 542433 (AL) / 542434 (PR)

2ª edição
1ª impressão

Impressão e acabamento: Gráfica Ideal

Apresentação

Interagir, compreender as mudanças trazidas pelo tempo, conviver com diferentes linguagens e comunicar-se são desafios que enfrentamos em nosso dia a dia.

Esta obra foi feita pensando em você e tem por finalidade ajudá-lo nesses desafios e contribuir para sua formação como leitor e produtor de textos. Também tem outros objetivos: aguçar a imaginação, informar, discutir assuntos polêmicos, contribuir para aflorar emoções, estimular o espírito crítico e, principalmente, tornar prazerosos seus estudos.

O que você encontrará aqui?

Textos de diferentes tipos e gêneros: letras de música, histórias, notícias, reportagens, relatos, textos expositivos ou argumentativos, debates, charges, quadrinhos, poesia e outras artes... E muita reflexão sobre usos e formas de organizar a língua portuguesa, instrumento fundamental para você interagir e se comunicar cada vez melhor.

Venha participar de atividades diferenciadas, que podem ser realizadas ora sozinho, ora em dupla, ora em grupo, ora em projeto interativo que envolve todos os alunos na construção de um produto final.

O convite está feito! Bom estudo!

As autoras

Conheça seu livro de Língua Portuguesa

① Abertura das Unidades

A imagem da abertura de cada Unidade e as questões sugeridas no ***Ponto de partida*** são propostas para aguçar sua curiosidade e convidá-lo a explorar os conteúdos dos capítulos.

Os livros dividem-se em quatro Unidades. Cada Unidade reúne dois capítulos e é identificada por um **ícone laranja**, repetido nas páginas ímpares.

② Capítulos

Cada capítulo concentra o estudo em um gênero textual, tendo como base o(s) texto(s) proposto(s) como ***Leitura***.

A ***Interpretação de texto*** é dividida em três momentos — ***Compreensão***, ***Construção do texto*** e ***Linguagem do texto*** — para que você possa desenvolver com mais eficiência suas habilidades de leitura. ***Compreensão*** conta sempre com ***Conversa em jogo***, em que há uma proposta de argumentação oral relacionada com o texto lido.

③ Em ***Prática de oralidade*** você vai exercitar sua habilidade em organizar a fala de acordo com a situação comunicativa proposta, produzindo gêneros orais afinados com os estudos do capítulo.

④ Em ***Língua: usos e reflexão*** você estuda as estruturas linguísticas fundamentais do gênero trabalhado no capítulo.

No dia a dia procura chamar sua atenção para usos da língua que não seguem a gramática normativa, mas que cada vez mais estão presentes na fala e/ou na escrita do português brasileiro.

A seção ***Hora de organizar o que estudamos*** apresenta um mapa conceitual que vai ajudá-lo a organizar seus conhecimentos sobre o gênero e também sobre os conceitos linguísticos estudados.

Estudar a Língua Portuguesa é fundamental para dominar habilidades de leitura e de produção de textos apropriadas a diversas situações comunicativas. É essencial também para que você reflita sobre aspectos linguísticos e se habitue a identificar os contextos de produção e de circulação dos gêneros textuais.

Esse estudo é proposto também para encantá-lo com a linguagem. Lendo e ouvindo textos, interpretando significados e conversando informalmente sobre música, fotografia, opiniões... você vai se encantar com a linguagem e redescobrir a língua a cada dia.

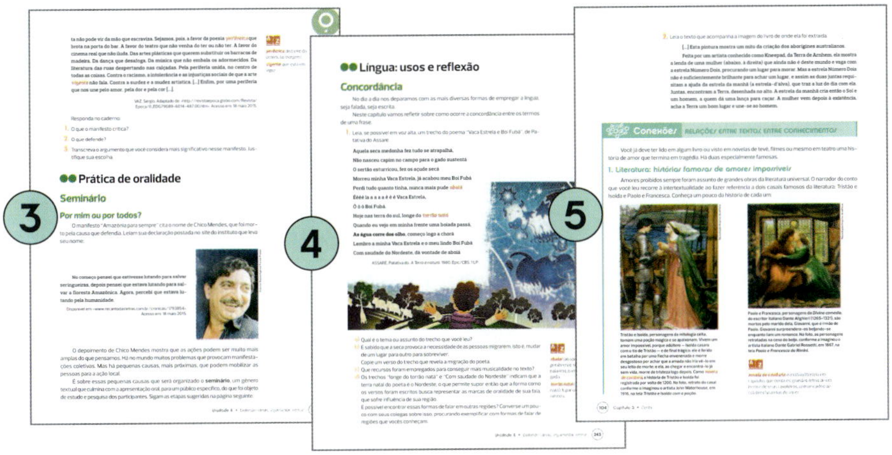

CONTEÚDO DIGITAL

Este ícone indica que há conteúdo digital disponível em: www.projetotelaris.com.br

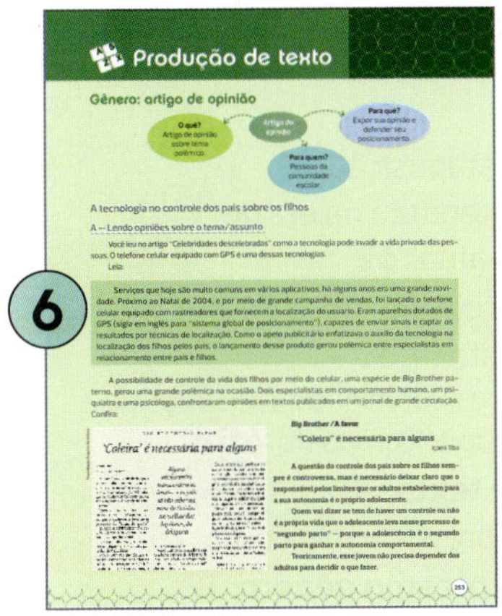

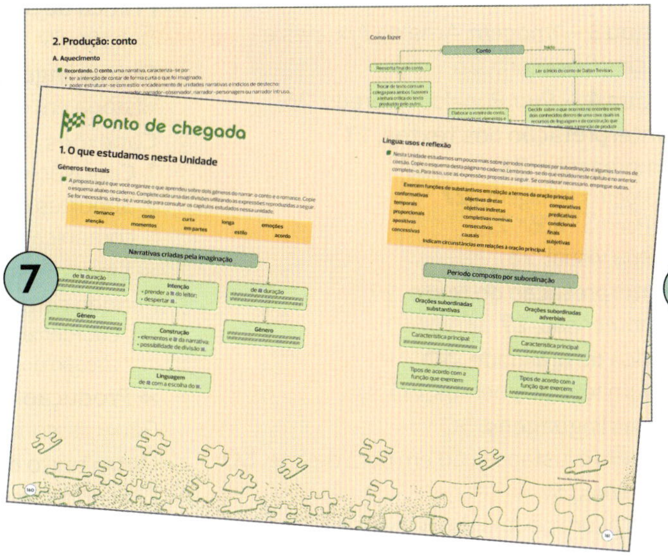

⑤ A seção ***Conexões*** traz textos em diferentes linguagens verbais e não verbais, indicando relações entre o texto de leitura e muitos outros e favorecendo, sempre que possível, as relações entre a língua portuguesa, outras linguagens e outras disciplinas.

⑥ Na seção ***Produção de texto*** você será convidado a produzir textos escritos e orais aplicando o que estudou no capítulo.

⑦ Fechamento das Unidades

Depois do segundo capítulo de cada Unidade, há sempre um quadro de ***Autoavaliação*** que vai ajudá-lo a perceber o que aprendeu e o que precisa rever.

Na página seguinte, as ***Sugestões*** trazem dicas de livros, filmes, *sites* e CDs.

O ***Ponto de chegada*** da Unidade organiza-se em dois tópicos: um deles propõe atividades para você retomar e consolidar seus estudos de língua e de gênero; o outro propõe uma produção escrita a ser desenvolvida em etapas acompanhadas de esquemas.

⑧ Fechamento do livro

Na ***Unidade Suplementar*** trabalham-se conteúdos de ortografia, acentuação e outros complementares aos estudos de estruturas linguísticas desenvolvidos nos capítulos. Aponta-se, na seção *Língua: usos e reflexão*, a relação entre esses estudos e conteúdos da Unidade Suplementar.

No ***Projeto de Leitura***, há um livro ou uma coletânea de textos selecionados especialmente para ajudá-lo a desenvolver com prazer a prática de leitura.

Sumário

Ilustrações: Nik Neves/Arquivo da editora

Sumário

Unidade 2 • A atemporal arte de narrar...

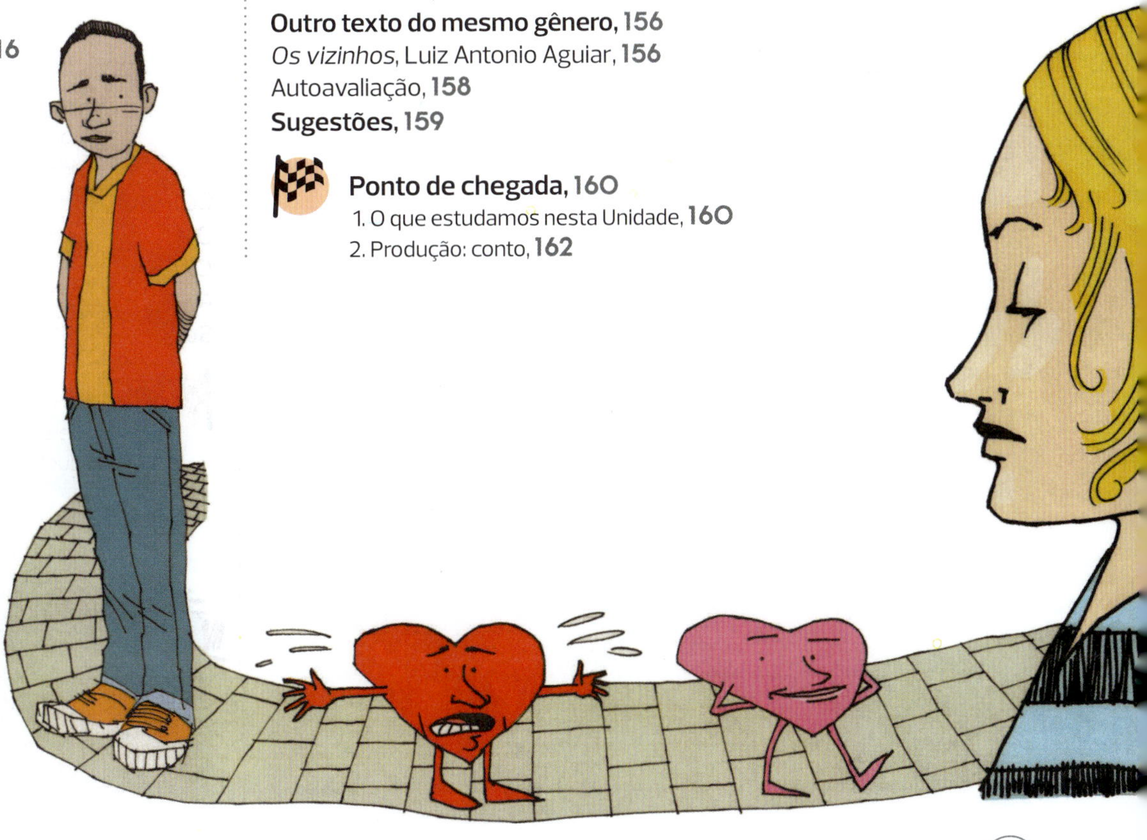

Theo/Arquivo da editora

Sumário

Unidade 3 • Gêneros jornalísticos

Maurício Pierro/Arquivo da editora

sumário

Unidade 4 — Defender ideias, argumentar, opinar

Carlos Araujo/Arquivo da editora

Introdução

A língua na era da informação

bit: menor parcela de informação processada por um computador.

Se considerarmos a história da humanidade, é pouco o tempo que separa a época em que a cultura era transmitida oralmente, e os conhecimentos eram acumulados apenas na memória ou registrados de modo primitivo, da época atual, em que a propagação dos conhecimentos e das informações corre em **bits** por segundo, por meio de satélites espalhados pelo universo.

Carlos Araujo/Arquivo da editora

Na letra da música "Pela internet", de Gilberto Gil, reproduzida na página seguinte, observe como esse compositor expressa sua visão sobre a situação atual das comunicações.

Pela internet

Gilberto Gil

Criar meu ***website***
Fazer minha ***homepage***
Com quanto ***gigabytes***
Se faz uma jangada
Um barco que veleje

Que veleje nesse infomar
Que aproveite a vazante da infomaré
Que leve um **oriki** do meu velho **orixá**
Ao porto de um **disquete** de um **micro** em Taipé

Um barco que veleje nesse infomar
Que aproveite a vazante da infomaré
Que leve ***e-mail*** até Calcutá
Depois um ***hot-link***
Num *site* de **Helsinque**
Para abastecer

Eu quero entrar na rede
Promover um debate
Juntar via internet
Um grupo de tietes de Connecticut

De Connecticut **acessar**
O chefe da **Macmilícia** de Milão
Um ***hacker*** mafioso acaba de soltar
Um vírus pra atacar programas no Japão

Eu quero entrar na rede para contactar
Os lares do Nepal, os bares do Gabão
Que o chefe da polícia carioca avisa pelo celular
Que lá da Praça Onze tem um videopôquer para se jogar

Carlos Araujo/ Arquivo da editora

GIL, Gilberto. *Pela internet*. Quanta. Warner Music, 1997.

A Z

website: (rede + local) local na rede mundial de computadores.

homepage: (casa + página) página central do *website*.

gigabytes: corresponde a 1 bilhão de *bytes*, que é a unidade básica de informações.

oriki: poesia ritual de povos da África ocidental.

orixá: nome das divindades africanas cultuadas pelo povo do grupo sudanês da África ocidental.

disquete: antigo disco externo de computador com documentos, programas, informações.

micro: abreviatura de microcomputador.

e-mail: correio eletrônico.

hot-link: carregamento de conteúdo de um *site* na página de outro *site*, prática não recomendada.

Helsinque: capital da república da Finlândia.

acessar: obter acesso a informações, dados, processos, pessoas.

Macmilícia: (neologismo) *Mac* é a abreviação de Macintosh (uma linha de computadores).

hacker: aquele que acessa sistemas de computador ilegalmente.

Luis Ushirobira/Arquivo da editora

Gilberto Gil nasceu em Salvador (BA), em 1942. Desde cedo manifestou o desejo de ser músico. No início da década de 1960 fez suas primeiras composições. Na televisão, no começo de 1966, destacou-se no programa da TV Record *O fino da bossa*. Iniciava-se então a carreira de um grande compositor popular brasileiro, que criaria canções em parceria com os maiores nomes da MPB.

Warner Music/Arquivo da editora

Gutenberg e a invenção da imprensa

A invenção da prensa de tipos móveis por Johannes Gutenberg, em 1451, foi um dos fatores que impulsionaram a grande revolução nas diversas áreas do conhecimento no mundo ocidental, pois permitiu a impressão de periódicos e livros.

A invenção de Gutenberg contribuiu para a difusão e a propagação da cultura por meio da escrita a um grande número de pessoas ao mesmo tempo. A partir desse fato, a evolução dos meios de comunicação de massa foi rápida e tem garantido que a propagação do conhecimento ou da informação não fique restrita a poucos privilegiados.

Biblioteca do Congresso, Estados Unidos/Science Faction/Corbis/Latinstock

Retrato de Johannes Gutenberg (c. 1398-1468), alemão que inventou a prensa de tipos móveis, impulsionando o início da imprensa.

CCI Archives/Science Photo Library Latinstock

A invenção de Gutenberg, a prensa de tipos móveis, conforme a ilustrou o artista Beuzon, em 1933, para o livro *Primeiro livro da História francesa*, de A. Aymard, publicado pela editora francesa Hachette.

Avanços nas comunicações

À imprensa, seguiram-se outros inventos ligados à comunicação: telégrafo, rádio, telefone, cinema, telex, televisão, o computador e as redes por internet, que possibilitam não só rapidez na transmissão de dados como também o acesso a eles por um número gigantesco de pessoas. E essa revolução continua, com os telefones celulares, as redes sociais, etc.

Leia um trecho da crônica "O cérebro eletrônico", de Mario Prata, que trata do passado dessas comunicações e sobre o imprevisível futuro tecnológico.

O cérebro eletrônico

Mario Prata

Quando o computador foi inventado em 1946 – aliás, eu também fui inventado em 46 – pesava 14 toneladas. Imagine o tamanho. E não se chamava computador. O nome da engenhoca era *cérebro eletrônico*. Era um invento assustador. Ficava dentro de uma espécie de armazém, tinha rolos de fitas imensos, fazia um barulho danado. Parecia um monstro. Mas os inventores foram logo acalmando as pessoas (a guerra havia acabado há um ano): até o final do século, teremos computadores que pesarão apenas uma tonelada.

Pois o século terminou e hoje ele pesa três quilinhos. E passou a se chamar micro. E continua emagrecendo. [...]

Estão colocando chips dentro do nosso corpo. Ou seja, pedaços de computadores, nacos de cérebros eletrônicos.

Ou seja, talvez até o final deste século (ou menos, muito menos) a gente não vai mais precisar dos computadores. Nós vamos ser um computador ambulante. Será que ainda vamos estar com mania de querermos ser computadores do primeiro mundo? Os americanos terão mais *bits* que os sul-americanos? O homem-computador do Iraque será desligado das tomadas e das pilhas? A bateria vai acabar ou seremos, finalmente, imortais?

Disponível em: <http://marioprata.net/cronicas/o-cerebro-eletronico/>. Acesso em: 9 maio 2015.

Carlos Araujo/ Arquivo da editora

internet (ou web): rede global de computadores interligados em todo o mundo por meio de diferentes sistemas operacionais.

site: local na internet identificado por um nome de domínio (endereço eletrônico), constituído por uma ou mais páginas de hipertexto (textos ligados a outros, que o usuário pode acessar se quiser), que podem conter textos, gráficos e informações em multimídia.

***site* de busca**: *site* que armazena informações e ligações com muitos outros *sites*, permitindo ao usuário da internet, por meio de palavras digitadas por ele, pesquisar informações, locais, empresas, etc.

***blog* (*fotoblog*)**: página na internet (ou *site*) em que se publicam textos, imagens, vídeos. É um diário *on-line* a que muitos podem ter acesso.

rede social: rede de pessoas ou organizações conectadas por meio de internet. Esse tipo de rede permite às pessoas e às empresas se cadastrar, construir um perfil, com informações, convidar amigos para participar e trocar com eles informações por meio de textos, fotos, vídeos, postados. Há redes que se concentram na divulgação de fotos, e não de textos.

videoconferência (ou conferência *on-line*): teleconferência com transmissão de imagem e de som entre os interlocutores, via TV, em circuito fechado, ou por rede de computadores. Assim, as pessoas podem se ver e conversar mesmo que estejam fisicamente distantes.

Observe algumas possibilidades de comunicação no século XXI:

VLADGRIN/Shutterstock/Glow Images

Atualmente proliferam as chamadas **redes sociais**, que permitem que milhões de pessoas se conectem, em tempo real, pelo mundo todo: é a globalização das informações, o que tem favorecido a divulgação até mesmo de manifestações mundiais diante de catástrofes ou de eventos sociais e políticos nos pontos mais distantes do planeta. Por meio da tecnologia dessas redes, é possível se cadastrar e permanecer conectado a várias pessoas e empresas.

Um dos grandes desafios dos dias atuais é selecionar as informações a que se tem acesso. É fundamental que os usuários dessas redes tenham consciência de que nem todos os dados ou informações veiculados são confiáveis ou verdadeiros. É preciso conferir a veracidade das informações bem como ficar atento a relacionamentos, não confiar em todos os "perfis" expostos por essas redes, pois há muitos dados falsos.

Além disso, os especialistas aconselham as pessoas a não expor seus dados pessoais, pois poderão ser mal utilizados por grupos ou pessoas mal-intencionadas.

É válido lembrar ainda que as empresas também podem se cadastrar nas redes sociais e na internet em geral, no intuito de divulgar sua marca e vender seus produtos, além de investigar o que interessa ao possível consumidor. Portanto, é preciso estar atento ao fato de que navegar na internet e nas redes sociais significa, muitas vezes, estar exposto a anúncios e a outros interesses.

Leia este miniconto de Leonardo Brasiliense que revela um pouco desse contexto de novas formas de comunicação.

Leitura

Multi*mim*dia

Leonardo Brasiliense

Bannosuke/Shutterstock/Glow Images

Tô jogando Battlefield com o Marcelo na internet, teclando com a Angélica no Messenger, falando com o Didi no Skype, pegando o maior tédio num chat, olhando um filme de terceira na TV a cabo, ouvindo meu mp3 player... tudo ao mesmo tempo. Ah, e, além disso, lendo um livro de minicontos, o que me inspirou a dar uma de escritor e escrever este aqui. O quê? Não ficou bom? Mas por quê?

BRASILIENSE, Leonardo. *Adeus, conto de fadas* (minicontos juvenis). 2. ed. Rio de Janeiro: 7 Letras, 2007. p. 26.

Na crônica, tudo acontece ao mesmo tempo: jogos, conversas, atividades e conexões. Isso pode tornar a vida mais agitada e, talvez, mais confusa, porém, não se pode deixar de admirar o fato de se poder ter acesso a tantos dados e a tantas informações. E é bom lembrar que tanta informação precisa ser guardada, arquivada, armazenada. Em que espaço? Atualmente esses conteúdos todos podem ficar disponíveis nas "nuvens", isto é, na internet. É o que se chama *cloud computing* – computação em nuvens –, tecnologia que propicia acesso a arquivos e dados, ou seja, eles não precisam mais estar armazenados no computador do usuário.

O avanço nas comunicações e as mudanças nas linguagens

A interação entre as pessoas acontece em tempo real com o envio de mensagens respondidas instantaneamente. As fotos como as *selfies*, em que o usuário se fotografa – são tiradas e postadas no mesmo instante.

A rapidez na transmissão de dados e de informações encurta o tempo e as distâncias na comunicação entre as pessoas. Esse "encurtamento" de tempo e de distância requer novas formas de expressão – mais concisas ou "econômicas" –, assim como novos modos de organização das linguagens, verbais ou não verbais.

Nas artes plásticas e na música, a redução dos recursos de expressão marcou, por exemplo, os movimentos artísticos caracterizados como Minimalismo, iniciados nos anos 1960. Esses movimentos têm em comum o objetivo de utilizar o mínimo possível de recursos, ou seja, seus artistas defendem a ideia de que menos é mais.

Na música, o minimalismo é caracterizado pelo uso de poucas notas musicais, por repetição de temas, por intervalos menores e por nuances.

Na pintura caracteriza-se por formas geométricas, número limitado de cores, poucos elementos e repetições simétricas. Ao lado, veja um trabalho do artista norte-americano Frank Stella, um dos pioneiros da arte minimalista.

Reprodução/Joseph K. Levene Fine Art, Ltd.

***Rabat*, de Frank Stella, 1964.**

Na literatura, novos gêneros surgem e contrastam com os que são nossos velhos conhecidos. Você já deve ter lido contos de fadas, de terror, de amor, de ficção científica... Leia o miniconto "Monólogo com a sombra", em que o autor emprega o mínimo de recursos possível como base de expressão.

Monólogo com a sombra

Rogério Augusto

Não adianta me seguir.
Estou tão perdido quanto você.

FREIRE, Marcelino (Org.). *Os cem menores contos brasileiros do século*. São Paulo: Ateliê, 2004, p.181.

Para se divertir, mas também para refletir sobre o assunto, leia a crônica "Assunto urgente" e a charge reproduzidas a seguir. Depois, converse com os colegas sobre os sentidos desses textos.

Na crônica, a situação, aparentemente cômica, revela a dificuldade de comunicação, mesmo quando se conta com tantas formas e com tantos meios de entrar em contato com as pessoas.

Leitura 2

Assunto urgente

Gregório Duvivier

Carlos,

Não sei se você pegou o whatsapp que eu te mandei, avisando que eu tinha te mandado uma mensagem via SMS. A mensagem era referente ao e-mail que eu te enviei pedindo desculpa pela quantidade de recados que eu deixei na sua caixa postal, onde li em voz alta as mensagens que eu te mandei por "inbox". Eu sei que exagerei na quantidade de "inboxes", mas às vezes as mensagens vão parar na caixa "outros", sobretudo depois que a pessoa te bloqueou.

Comentei no seu Instagram que tinha tentado te mandar uma DM no Twitter, mas não tinha conseguido porque você não me seguia. Na DM te perguntava se você ainda usa Orkut. Lá te mandei um monte de testimonials (não é pra aceitar, é só pra ler), perguntando seu novo endereço, porque as cartas que te mando têm voltado, assim como os telegramas. Pensei em te mandar um fax, mas logo lembrei que queimei o meu fax na fogueira que fiz pra te mandar sinais de fumaça, que causou um incêndio no prédio, que resultou na minha expulsão, que acabou me trazendo pra casa em que estou hoje.

Mostafa Fawzy/ Shutterstock/Glow Images

Me mudei e custei a perceber que você talvez estivesse escrevendo para o meu endereço antigo. Pensei em passar no meu antigo prédio pra checar se não havia cartas suas por lá, mas lembrei que não sou benquista no bairro, depois do incêndio.

Pensei em passar no seu prédio, mas tampouco sou benquista por aí, por causa da maldita ordem de restrição. Por isso comprei um pombo, que passei um tempo tentando adestrar para buscar as cartas que você tem escrito pra mim. Amarrei uma mensagem no seu pé e mostrei o caminho da sua casa no mapa do iPhone. Atirei-o pela janela, mas ele nunca voltou. Pensei que ele talvez tivesse sido apreendido pela polícia. Reli a ordem de restrição, mas ela não faz menção ao envio de animais-de-correio. Concluí, então, que a culpa é da Apple, que definitivamente não sabe fazer mapas. Se por acaso vir um pombo pardo, perdidinho, com uma longa carta na pata esquerda, é o meu. Um conselho: quando for mandá-lo de volta, não use o mapa da Apple, use o Google Maps.

Hoje estou morando em um lugar agradabilíssimo, mas que insiste em me privar de caneta e papel, assim como das minhas mãos, que no momento estão presas em uma linda camisa branca de mangas longas (demais). Por isso te mando essa mensagem telepática, que peço que responda telepaticamente, pois de outro modo talvez não chegue até mim. Sempre sua, Carmen.

10/02/2014

Disponível em: <www1.folha.uol.com.br/colunas/gregorioduvivier/2014/02/1409744-assunto-urgente.shtml>. Acesso em: maio 2015.

Será que todas essas transformações tecnológicas podem afetar a comunicação entre as pessoas? De que modo a charge abaixo oferece um ponto de vista sobre esse assunto?

Leitura 3

Angeli/Acervo do cartunista

ANGELI. *Folha de S.Paulo*. São Paulo, 7 out. 2011. p. A2.

Estudar e refletir sobre os usos que se fazem das linguagens hoje em dia pode se revelar um instrumento essencial para você enfrentar os desafios do mundo moderno.

Neste livro você poderá conhecer um pouco mais sobre as diversas linguagens com as quais interagimos. Bom estudo!

Unidade 1

Sobre o rosto, desenho de peça de motor feito por CAD, denominação de *softwares* que auxiliam na produção de desenhos técnicos.

MOHPhoto/Shutterstock.com

Prosa e verso na era da informação

A vida moderna, marcada pela necessidade de ações rápidas e comunicação mais ágil, tem influenciado as formas de expressão. Essa influência intensificou-se com as transformações tecnológicas. Isso pode ser observado na fala, nas canções, na mídia, na literatura...

Ponto de partida

- Você percebe essas transformações da comunicação no seu dia a dia? Em quais situações?

Capítulo

1 Poemas e formas de linguagem

Nik Neves/Arquivo da editora

O avanço tecnológico e o aperfeiçoamento dos meios de comunicação trazem para nosso cotidiano transformações que acabam alterando jeitos de se empregar as linguagens e até mesmo a língua.

As alterações nas formas de expressão não são sentidas apenas nas áreas do jornalismo, da publicidade e em mídias como tevê e rádio. Novas formas de expressão aparecem também nas várias manifestações artísticas: música, teatro, pintura, literatura... Você pôde ver um pouco sobre isso na introdução.

E como essas mudanças acontecem no poema, um gênero literário que sempre se caracterizou pela linguagem carregada de múltiplos significados, com a intenção de provocar o máximo de efeitos de sentido?

Na criação dos poemas, observam-se alterações nas escolhas de linguagem — às vezes, mais inesperadas; algumas mais reduzidas; outras mais ousadas — e no modo de representação de visões de mundo ou de sentimentos. O antigo e o novo podem interagir ao mesmo tempo em diferentes espaços.

Neste capítulo, você vai ler vários poemas e observar as escolhas de linguagem que, de uma forma ou de outra, refletem as mudanças nas formas de expressão.

Leia e compare a seguir dois poemas de importantes autores da língua portuguesa: um português e outro brasileiro, que têm entre suas produções poéticas a distância de um século.

Leituras 1 e 2

1 O amor, quando se revela

Fernando Pessoa

O amor, quando se revela,
Não se sabe revelar.
Sabe bem olhar p'ra *ela*,
Mas não lhe sabe falar.

Quem quer dizer o que sente
Não sabe o que há de dizer.
Fala: parece que mente...
Cala: parece esquecer...

Ah, mas se *ela* adivinhasse,
Se pudesse ouvir o olhar,
E se um olhar lhe bastasse
P'ra saber que a estão a amar!

Mas quem sente muito, cala;
Quem quer dizer quanto sente
Fica sem alma nem fala,
Fica só, inteiramente!

Mas se isto puder contar-lhe
O que não lhe ouso contar,
Já não terei que falar-lhe
Porque lhe estou a falar...

In: BUENO, Alexei (Org.). *Poemas de amor*. Rio de Janeiro: Ediouro, 2006. p. 31.

2 Madrigal

José Paulo Paes

Meu amor é simples, Dora,
Como a água e o pão.

Como o céu refletido
Nas pupilas de um cão.

In: ARRIGUCCI JR., Davi (Sel.). *Os melhores poemas de José Paulo Paes*. São Paulo: Global, 2000. p. 69.

Nik Neves/Arquivo da editora

Hulton Archive/Apic/Getty Images

Fernando Pessoa nasceu em Lisboa, Portugal, em 1888. Além de poeta e escritor, foi jornalista, comerciante, crítico literário e tradutor. É considerado um dos grandes poetas da literatura em Língua Portuguesa. Faleceu em 1935.

Roberto Loffel/Arquivo da editora

José Paulo Paes nasceu em Taquaritinga, SP, em 1926. Foi poeta, tradutor, crítico literário e ensaísta. Traduziu livros do inglês, francês, alemão, grego moderno, entre outros idiomas. Sua obra poética é marcada pela concisão e por um humor discreto. Faleceu em 1998.

Interpretação dos textos

Compreensão

Nik Neves/Arquivo da editora

Poema: "O amor, quando se revela"

1. Releia as primeiras estrofes do poema do poeta português Fernando Pessoa:

O amor, quando se revela,
Não se sabe revelar.
Sabe bem olhar p'ra *ela*,
Mas não lhe sabe falar.

Quem quer dizer o que sente
Não sabe o que há de dizer.
Fala: parece que mente...
Cala: parece esquecer...

Copie as alternativas que apresentam o que se pode afirmar em relação a esses versos.

a) Referem-se às pessoas apaixonadas em geral, mas também podem se referir a uma pessoa específica.
b) Mostram o drama interno vivido por quem ama.
c) Indicam que revelar o amor à pessoa amada é algo muito difícil.
d) Mostram a importância de escolher entre falar e calar.

O poeta português Fernando Pessoa é o autor do poema e o responsável pelas rimas, pela organização em versos e estrofes e pelos recursos de linguagem do texto poético. Entretanto, o autor não deve ser confundido com a "voz" que fala no texto: o **eu lírico**. É o eu lírico quem *fala*, *sente*, *sonha*, *deseja* no poema.

> **Eu lírico** ou **eu poético** é como nos referimos à voz que fala no poema, também chamada de **voz poética**. O eu lírico não se confunde com o poeta, pois pode se manifestar no poema com sexo, idade, personalidade e demais características totalmente diferentes das do autor.

2. Releia a primeira e a terceira estrofes do poema.

O amor, quando se revela,
Não se sabe revelar.
Sabe bem olhar p'ra *ela*,
Mas não lhe sabe falar.

Ah, mas se *ela* adivinhasse,
Se pudesse ouvir o olhar,
E se um olhar lhe bastasse
P'ra saber que a estão a amar!

[...]

Nessas estrofes há uma palavra grafada em itálico: *ela*. Observe que as letras ficam um pouco diferentes, inclinadas para a direita. Responda no caderno: qual é o provável motivo de essa palavra ter sido destacada no poema?

3. No quadro abaixo, compare as formas verbais que são empregadas nas duas primeiras estrofes com as que são usadas na terceira.

1ª e 2ª estrofes	3ª estrofe
revela/sabe/sente/parece/mente/cala	adivinhasse/pudesse/bastasse

Responda no caderno:

a) Que **modo verbal** predomina em cada estrofe?
b) O que a mudança de modo verbal pode indicar em relação ao que está sendo dito no poema?

4. Releia a terceira estrofe do poema de Fernando Pessoa:

Ah, mas se *ela* adivinhasse,
Se pudesse ouvir o olhar,
E se um olhar lhe bastasse
P'ra saber que a estão a amar!

Nesse trecho, há um desejo do eu lírico em relação à amada que parece fugir à razão, pois mistura sensações diferentes. Responda no caderno: qual é esse desejo?

5. Releia a quarta estrofe.

Mas quem sente muito, cala;
Quem quer dizer quanto sente
Fica sem alma nem fala,
Fica só, inteiramente!

Quando uma frase começa com *mas*, sabemos que haverá uma oposição, um obstáculo. Responda no caderno: qual é o obstáculo, ou seja, a dificuldade apontada na 4ª estrofe?

Nik Neves/Arquivo da editora

6. Observe o uso do pronome *quem* como sujeito nos seguintes versos:

Quem quer dizer o que sente
[...] **quem** sente muito, cala;
Quem quer dizer quanto sente

Responda no caderno: qual é o efeito produzido pelo uso repetido desse pronome como sujeito das ações expressas pelos verbos *querer*, *dizer*, *sentir* e *calar*?

7. Releia as formas verbais dos versos da última estrofe.

Mas se isto puder contar-lhe
O que não lhe **ouso** contar,
Já não **terei** que falar-lhe
Porque lhe **estou** a falar...

a) Em que pessoa do discurso as formas verbais estão flexionadas?

b) Qual é o efeito produzido no poema por essa mudança?

8. Os dois últimos versos dessa estrofe mostram uma contradição. Releia-os.

Já não **terei** que falar-lhe
Porque lhe **estou** a falar...

É possível saber qual foi a solução encontrada pelo eu lírico para falar à amada? Explique.

Poema: "Madrigal"

1. Releia o poema "**Madrigal**", de José Paulo Paes.
Nesse poema, o eu lírico fala do amor que sente por uma pessoa.

Meu amor é simples, Dora,
Como a água e o pão.

Como o céu refletido
Nas pupilas de um cão.

In: ARRIGUCCI JR., Davi (Sel.), op. cit.

madrigal: pequena composição poética que encerra um pensamento delicado, terno ou gracioso; galanteio do eu lírico à pessoa amada, dirigindo-se diretamente a ela e cercando-a de atenção.

Nik Neves/Arquivo da editora

a) Como se sabe que é o próprio eu lírico falando de seus sentimentos?

b) Nos versos, o que deixa claro que o eu lírico fala com uma amada específica?

c) Que recursos são empregados no poema para expressar a ternura e o galanteio em relação à amada?

2. Reescreva os trechos a seguir em seu caderno completando-os adequadamente.
O eu lírico expressa a intensidade de seu amor por meio da:

- comparação entre coisas essenciais à vida: ■.
- comparação entre o ilimitado dentro de algo limitado: ■.

Conversa em jogo

Falar sobre o amor: indireta ou diretamente?

- Você leu dois poemas neste capítulo: "O amor, quando se revela", de Fernando Pessoa, e "Madrigal, de José Paulo Paes. Em cada um desses textos, o eu lírico utiliza um recurso para revelar seu amor à amada: um discursa sobre o amor, o outro fala diretamente e de maneira simples com a amada. Em sua opinião, qual dos recursos dá melhor resultado? Fale o que pensa e ouça o que seus colegas têm a dizer sobre isso.

Linguagem e construção dos textos

Comparando poemas

1. Os dois poemas têm como tema o amor. Tratam da revelação desse sentimento para a pessoa amada. Copie o quadro em seu caderno e complete-o com os itens que correspondem a cada poema.

• 1ª pessoa • fácil • difícil • direta • indireta • simples • complexa

	"O amor...", Fernando Pessoa	"Madrigal", José Paulo Paes
O eu lírico		
Como é a comunicação entre quem ama e o ser amado		

2. Compare a quantidade de versos e estrofes nos poemas de Fernando Pessoa e de José Paulo Paes. Observe como o mesmo assunto é tratado nesses poemas. O que se pode concluir dessa comparação?

Hora de organizar o que estudamos

Poema

Gênero textual que estrutura a escrita em versos organizados em estrofes.

Intenção
- sensibilizar ou provocar emoções;
- fazer pensar e levar a reflexões.

Construção
- versos;
- estrofes.

Linguagem
Explora a musicalidade por meio de:
- combinações sonoras de palavras;
- ritmo;
- recursos estilísticos.

Leitor
O que aprecia a expressão de emoções, a musicalidade nos textos verbais.

Poemas com interações entre a linguagem verbal e a linguagem não verbal

CONTEÚDO DIGITAL

Poemas verbais

Com o desenvolvimento da tecnologia de impressão gráfica, a **disposição das palavras** no papel também passou a ter importância na significação de muitos poemas. Assim, para que o sentido desses poemas seja apreendido, não basta ouvi-los, é também necessário visualizá-los na página impressa. Trata-se dos **poemas concretos**.

Leia dois poemas criados com base nessa ideia. Um deles é de Arnaldo Antunes, que depois foi musicado por Péricles da Rocha Cavalcanti, e pode ser ouvido no CD *Nome*, do mesmo autor. O outro é de Ronaldo Azeredo e foi construído pela associação entre diferentes significados e pela disposição das palavras na página.

Leituras 3 e 4

3

Rosa Celeste/Warner Chappell

IMAGEM

0'32" arnaldo antunes e péricles cavalcanti

palavra	lê
paisagem	contempla
cinema	assiste
cena	vê
cor	enxerga
corpo	observa
luz	vislumbra
vulto	avista
alvo	mira
céu	admira
célula	examina
detalhe	nota
imagem	fita
olho	olha

In: ANTUNES, Arnaldo et al. *Nome*. [S.l.]: BMG Ariola, 1993.

Maurício Melo/Arquivo da editora

Arnaldo Antunes nasceu em São Paulo, em 1960. É músico, poeta e artista visual. Tornou-se mais conhecido por sua participação no grupo de *rock* Titãs.

Divulgação/Cd O Rei da cultura

Péricles da Rocha Cavalcanti nasceu no Rio de Janeiro, em 1947. É compositor, cantor e cineasta.

4

Literatura comentada – poesia concreta/Arquivo da editora

r u a r u a r u a s o l

r u a r u a s o l r u a

r u a s o l r u a r u a

s o l r u a r u a r u a

r u a r u a r u a s

Ronaldo Azeredo — 1957

AZEREDO, Ronaldo. In: *Poesia concreta*. Sel. de textos Iumna Maria Simon e Vinicius de Avila Dantas. São Paulo: Abril Educação, 1962. s. n. p. (Literatura Comentada).

Reprodução/<https://escamandro.wordpress.com>

Ronaldo Azeredo nasceu no Rio de Janeiro em 1937 e morreu em São Paulo em 2006. Foi um poeta brasileiro que participou do lançamento oficial da poesia concreta em 1956. Na década de 1970, fez poesia em pano, poemas-mapa, poemas--desenho, poemas-partitura e poemas-quebra-cabeça. Faleceu em 2006, sem ter seus poemas publicados em livro de sua autoria.

Interpretação dos textos

Compreensão

O que causa estranhamento na estrutura dos poemas 3 e 4?

Poema: "Imagem"

1. Em um primeiro momento, o movimento de leitura mais usual para nós, da esquerda para a direita, permite que o leitor observe o conjunto de palavras como se fossem orações compostas por sujeito e predicado, cada uma formando um verso. Reveja trecho do poema de Arnaldo Antunes:

palavra	lê
paisagem	contempla
cinema	assiste
cena	vê
cor	enxerga

Rosa Celeste/Warner Chappell

a) Em seu caderno responda: a que classe de palavras pertencem os termos:
- da coluna da esquerda?
- da coluna da direita?

b) Essa leitura, da esquerda para a direita, parece formar orações que causam certo estranhamento. Por quê?

2. Observe as palavras de cada coluna.

a) Há um significado comum a todas as palavras da coluna da direita. Que significado é esse?

b) Que possível relação há entre o significado comum a todas as palavras da coluna da direita e as palavras da coluna da esquerda?

c) Relacione a resposta aos itens anteriores ao título do poema, "Imagem". O que é possível perceber?

3. Há outros modos de ler o poema? Que leitura você sugere? Converse com os colegas e o professor a esse respeito.

Poema: "Rua"

1. Responda às questões em seu caderno:

a) Que palavra(s) se repete(m) no poema?

b) Qual das palavras é empregada apenas uma vez em cada um dos quatro primeiros versos?

c) Fixe seu olhar na palavra sol do primeiro verso. Siga-a nos demais versos. O que você observa?

2. Considerando a trajetória do sol em um dia, o que se pode deduzir quanto:
   a) à colocação inicial da palavra *sol*, à direita do primeiro verso?
   b) ao movimento descendente da palavra *sol* para a esquerda?
   c) à ausência da palavra *sol* no último verso?

3. A partir do estudo feito, pode-se dizer que, para concretizar o ciclo dia/noite, o poeta escolheu duas palavras: *sol* e *rua*. Escreva a(s) alternativa(s) que, em sua opinião, poderia(m) explicar a intenção do uso da letra *s* junto da palavra *rua*, no fim do último verso. Explique sua(s) resposta(s).
   A provável intenção do poeta foi mostrar visualmente que:
   a) eram muitas ruas.
   b) o sol começa a nascer novamente.
   c) restam apenas as ruas depois do pôr do sol.
   d) faltaram letras para continuar o poema.

4. Compare os dois poemas concretos. Apenas um deles tem título. Responda:
   a) Que efeito o título "Imagem" do poema 1 provoca?
   b) Que efeito a ausência de título do poema 2 provoca?

Poema visual

Leia agora um poema construído pela associação de **palavras** e **imagem**. Observe como o desenho — a linguagem visual — agrega sentidos ao texto verbal, ampliando seu significado, fazendo parte de sua construção. Trata-se de um **poema visual**.

Os poemas visuais avançaram em experimentações ao combinar linguagem verbal e linguagem visual – desenhos, fotos, formas geométricas, etc.

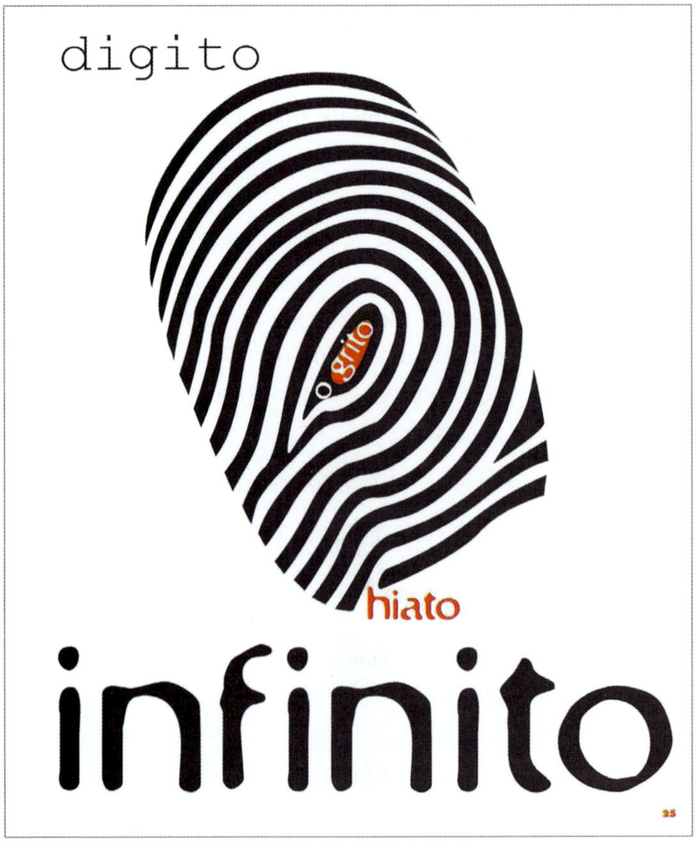

Sérgio Capparelli/Acervo do artista

CAPPARELLI, Sérgio. *Poesia visual*. São Paulo: Global, 2002. p. 25.

Interpretação do texto

Compreensão

1. Ao ler o poema de Sérgio Capparelli, o que primeiramente chamou sua atenção? Por quê? Escreva no caderno.

2. Considere o verbo usado no alto da imagem formada pelo poema e responda no caderno:

a) Qual é o sujeito desse verbo?

b) Quais significados podem estar ligados a essa palavra?

3. A maior parte do poema é formada pela imagem de uma impressão digital. Responda no caderno: que sentidos esse desenho traz para o poema?

4. Há quatro palavras no poema. Observe o tamanho e o formato delas e responda às questões em seu caderno.

a) Qual das palavras ocupa o maior espaço no poema?

b) Qual é a provável intenção do poeta ao fazer com que ela ocupe todo esse espaço?

c) Qual das palavras ocupa o centro da página?

d) Em sua opinião, qual é o provável motivo de a palavra *grito* estar fechada dentro da impressão digital?

5. Leia:

> **Hiato**: lacuna, fenda, espaço, separação.

A palavra *hiato* está entre a impressão digital e a palavra *infinito*. Responda no caderno: o que a organização desses elementos pode significar?

6. Considerando o que você observou no poema visual de Sérgio Capparelli, em seu caderno copie a(s) alternativa(s) com o(s) tema(s) que se relaciona(m) adequadamente ao texto.

a) Solidão e isolamento.

b) Alegria e amizade.

c) Amizade virtual e amizade real.

d) Dificuldade de comunicação e identidade.

Hora de organizar o que estudamos

Poema concreto/visual

↓

Gênero literário caracterizado pela combinação entre linguagem verbal e recursos gráficos.

Intenção
Produzir diferentes efeitos de sentido pelas múltiplas possibilidades de leitura.

Construção
- disposição das palavras;
- associação palavra-imagem.

Linguagem
- possibilidade de interação entre diferentes linguagens;
- uso de recursos gráficos e tipográficos.

Leitor
O que aprecia combinações mais ousadas com recursos gráficos para expressão de ideias e de emoções.

Prática de oralidade

CONTEÚDO DIGITAL

Declamação de poemas

1. Formem pequenos grupos e dividam os textos das Leituras 1 e 2.
   a) Alguns grupos treinam a leitura expressiva do poema de Fernando Pessoa e outros treinam a leitura do poema de José Paulo Paes.
   b) Para que a leitura se torne bastante expressiva e significativa, antes de treinar, conversem sobre a entonação que deverá ser dada ao texto considerando os sentidos e a pontuação presente. Vocês podem optar por **uma leitura em uníssono**, isto é, todos do grupo devem ler o texto ao mesmo tempo, ou por **uma leitura jogralizada**, fazendo diferentes combinações entre as vozes para enfatizar alguns sentidos do texto.
   c) Em um momento previamente combinado com o professor, cada grupo deve fazer sua apresentação.
2. Avaliem as leituras ouvidas: quais grupos, na opinião de vocês, conseguiram enriquecer os sentidos dos poemas por meio da entonação expressiva dos versos?

Outras linguagens

Colagem e justaposição em obra de arte

Neste capítulo, você teve oportunidade de ler poemas em que palavras foram **justapostas**, criando um sentido diferente. Um processo semelhante de criação pode ser observado nas artes plásticas, que aproxima, em vez de palavras, imagens, que às vezes fazem o observador pensar. Reunindo elementos visuais em uma colagem, alguns artistas produzem obras em que se percebem, além da intenção de contestar, traços de humor e de provocação.

Observe abaixo dois exemplos de colagem, criados por artistas de lugares e de épocas diferentes.

A Z

justaposto: que está junto, sobreposto.

Kurt Schwitters: artista plástico, poeta e pintor, nasceu em Hannover, Alemanha. Viveu de 1887 a 1948.

José Leonilson Bezerra Dias: artista plástico, pintor e escultor, nasceu em Fortaleza. Viveu de 1957 a 1993.

Kurt Schwitters/Musées D'art Moderne de La Ville de Paris

Espelho-colagem, Kurt Schwitters, 1920-1922.

Leonilson/Coleção particular

Puros e duros, Leonilson, 1991. Bordado e pedras sobre tecido, 15,5 cm × 8,5 cm.

No quadro abaixo, observe os elementos dessas duas criações artísticas.

Características	*Espelho-colagem*	*Puros e duros*
Uso de objetos do cotidiano como "tela"	Espelho	Pedaço de tecido e pedras
Reunião de objetos para compor a obra	Escolha de objetos encontrados ao acaso: folhas, recortes de jornais e revistas, galhos, pedaços de cerâmica, etc.	Escolha de determinados objetos: pedras brasileiras, arame trançado e linha de bordar
Técnica usada	Colagem de elementos sobrepostos	Costura e bordado distribuídos de forma organizada
Presença da linguagem verbal	Palavras incompletas, que desafiam o leitor a formular hipóteses de sentidos	Palavras e expressões que podem se relacionar em um jogo de significado formulado pelo leitor

Que efeitos as escolhas feitas para essas colagens provocaram em você?

Conexões RELAÇÕES ENTRE TEXTOS, ENTRE CONHECIMENTOS

Neste capítulo, você entrou em contato com alterações nas formas de expressão, pôde perceber que a disposição das palavras no papel ajuda a construir sentidos, leu poemas em que o artista trabalhou a interação entre linguagem verbal e linguagem não verbal.

Às vezes pensamos que uma obra é bem atual, mas, ao pesquisar sobre ela, descobrimos que ela foi feita há muito tempo e influencia produções de hoje. A arte pode se inspirar no passado também. Leia sobre isso a seguir nesta seção:

1. Haicai, um poema de três versos

A concentração de sentidos no mínimo espaço de texto sempre existiu. Essa concentração caracteriza, por exemplo, o **haicai**, um poema de origem japonesa composto em apenas três versos. O haicai costuma apresentar como tema elementos relacionados à natureza ou ao cotidiano.

Leia dois haicais, separados no tempo por três séculos. O primeiro é uma tradução do poeta Oldegar Franco Vieira para um haicai do poeta japonês Bashô, escrito originalmente no século XVII. O segundo, do poeta paranaense Paulo Leminski, foi escrito no século XX.

Ploc! Uma rã pula
no silêncio da lagoa
e o silêncio ondula

BASHÔ. In: VIEIRA, Oldegar Franco. *Gravuras no vento*. São Paulo: Massao Ohno, 1994.

Nik Neves/Arquivo da editora

Vazio agudo
Ando meio
Cheio de tudo

LEMINSKI, Paulo. *Melhores poemas*. São Paulo: Global, 2001. p. 195.

2. Mais poemas

A velocidade e a objetividade sempre fascinaram o ser humano. Assim, produções poéticas de tempos anteriores ao da comunicação eletrônica já apresentavam uma linguagem rápida, objetiva e transgressora. Leia quatro poemas de diferentes épocas mas que tratam, cada um a sua maneira, da velocidade, da rapidez:

Primeira metade do século XX

O escritor paulistano Oswald de Andrade viveu de 1890 até 1954. Foi um dos principais nomes do Modernismo no Brasil. Os escritores ligados a esse estilo propunham um modo de produzir poemas e prosa baseado na precisão da linguagem: com poucas palavras, de modo que ajudassem o leitor a formar logo uma ideia do que se queria dizer.

Leia um poema de Oswald de Andrade e observe que os versos são curtos e que a sequência pode sugerir a imagem do elevador como uma tecnologia capaz de apressar a chegada do amor.

Oferta

Oswald de Andrade

Quem sabe
Se algum dia
Traria
O elevador
Até aqui
O teu amor

ANDRADE, Oswald. *A alegria é a prova dos nove*. Rio de Janeiro: Globo, 2001.

Nik Neves/Arquivo da editora

Segunda metade do século XX

O carioca Chacal, apelido de Ricardo Duarte, nasceu no Rio de Janeiro em 1951. Seus poemas também costumam ter versos curtos sugerindo ideias divertidas. Na produção a seguir, observe o uso de um **recurso gráfico** que substitui uma letra no poema. Qual é ele?

Sara

Chacal

Se sara sarar d• saramp•
sara será sereia
p•is sara nã• é feia
emb•ra nã• seja um anj•
merece um s•l• de banj•

CHACAL. *Letra elétrika*. Rio de Janeiro: Diadorim, 1994.

Nik Neves/Arquivo da editora

O poeta mineiro Cacaso, nascido Antônio Carlos de Brito, viveu de 1944 a 1987. Em seus textos, já fazia referência ao consumo de publicações populares, como as fotonovelas. Brincava com a língua usando **recursos de escrita semelhantes aos da escrita na era da comunicação eletrônica** como abreviaturas, frases curtas, etc., para provocar efeitos de humor ao transformar o cotidiano em tema de seus versos. Leia um de seus poemas reproduzido a seguir.

fotonovela: história romântica produzida com fotos e balões de fala, que circulava em revistas populares entre os anos 1950 e 1970.

Fotonovela

Cacaso

Quando você quis eu não quis
Qdo eu quis você ñ quis
Pensando mal quase q fui
Feliz

Cacaso. *Lero-lero*. São Paulo/Rio de Janeiro: Cosac & Naify/7letras, 2002.

Nik Neves/Arquivo da editora

Início do século XXI

O escritor mineiro Leo Cunha nasceu em 1966. Além de escrever diversos livros infantis e juvenis, gosta de compor poemas associando recursos da linguagem verbal e linguagem visual. Observe este:

Leo Cunha/Editora Paulinas

CUNHA, Leo. *XXI!!!*. São Paulo: Paulinas, 2003.

Na Antiguidade: 300 a.C.

Embora possa parecer novidade para algumas pessoas, o uso de recursos visuais na composição de um poema ocorria há muito tempo. A seguir, você pode ver um poema escrito em 300 a.C., em grego, pelo poeta Símias, de Rodes, na Grécia. O título é "O ovo" e tem os versos organizados na forma de um ovo:

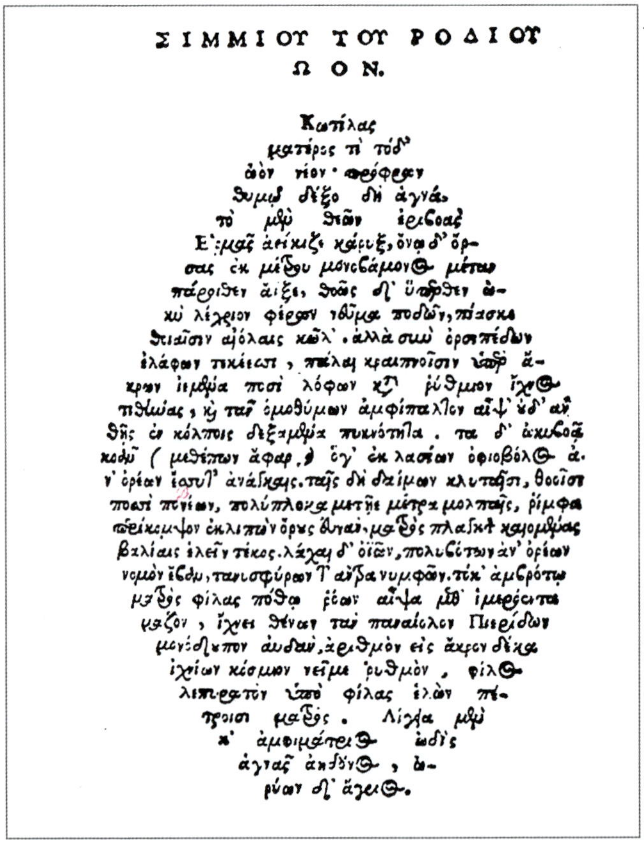
ΣΙΜΜΙΟΥ ΤΟΥ ΡΟΔΙΟΥ

ΩΟΝ.

Símias de Rodes/Editora Ática

MENEZES, Philadelpho. *Poesia concreta e visual.* São Paulo: Ática, 1998. p. 64.

3. Tira

A palavra *vanguarda* significa 'precursor', 'pioneiro de movimento cultural', 'que desenvolve técnicas, ideias e conceitos novos, avançados, especialmente nas artes'.

Leia a tirinha e observe que a graça da tira está no fato de Linda considerar **poesia de vanguarda** o que estava escrito no papel que recebeu. O que fez Linda confundir uma lista de compras com um poema?

Adão Iturrusgarai/Acervo do cartunista

ITURRUSGARAI, Adão. Aline. *Folha de S.Paulo*, São Paulo, 3 jun. 2004. p. E11.

Língua: usos e reflexão

Recursos expressivos no poema

Um aspecto do texto que nos faz reconhecer um poema à primeira vista é sua organização em versos.

Outra característica marcante do poema é a sonoridade, isto é, a musicalidade obtida com base nas combinações de ritmos e de palavras que produzem determinados **efeitos de sentido**.

De acordo com seus propósitos de comunicação, o escritor faz escolhas de linguagem (palavras, pontuação, etc.) e estabelece, no texto, uma organização dos elementos escolhidos. Os efeitos de sentido são o resultado desse processo, que chega ao leitor por meio do texto.

Nesta seção, você terá oportunidade de refletir sobre algumas escolhas e formas de organização na linguagem dos poemas.

Pontuação, expressividade e efeitos de sentido

1. Releia o poema de Cacaso e treine uma leitura bem expressiva desse texto. Alguns alunos poderão apresentar a leitura em voz alta para os colegas. Observe essas diversas leituras e analise semelhanças e diferenças entre elas.

Fotonovela

Cacaso

Quando você quis eu não quis
Qdo eu quis você ñ quis
Pensando mal quase q fui
Feliz

Cacaso. *Lero-lero*, op. cit.

Nik Neves/Arquivo da editora

Que efeito a ausência de pontuação produziu nas diversas leituras que você ouviu e na leitura que você fez?

2. A seguir, o poema foi reescrito com três possibilidades diferentes de pontuação. Em voz alta, leia cada uma das versões reescritas do poema:

I. Quando você quis... eu não quis...
Qdo eu quis... você ñ quis...
Pensando mal... quase q fui
Feliz.

II. Quando você quis, eu não quis!?
Qdo eu quis, você ñ quis!
Pensando mal, quase q fui
Feliz...

III. Quando você quis, eu não quis?
Qdo eu quis, você ñ quis.
Pensando mal... quase q fui
Feliz...

a) Houve alteração entre a primeira leitura feita por você, sem os sinais de pontuação, e essas três últimas leituras com a pontuação presente?

b) Qual das possibilidades de pontuação produziu um sentido bastante diferente daquele que você percebeu na sua primeira leitura?

3. A partir dessas leituras, como você explica a diferença entre o texto com os sinais de pontuação explícitos e o texto sem os sinais?

A ausência ou a presença de sinais de pontuação no texto poético é uma escolha do autor, que deverá ser feita de acordo com sua intenção ou com o que pretende comunicar.

Pôde-se observar que a ausência de sinais de pontuação no poema "Fotonovela" deixou mais livre sua leitura expressiva. Deixar o texto mais livre para a leitura é uma escolha do escritor, que assim possibilita que cada leitor atribua mais sentidos diferentes ao texto. Alguns preferem orientar mais a leitura, deixando mais explícitos os efeitos de sentido que pretendem produzir, por isso usam mais sinais de pontuação levando o leitor a atribuir sentidos mais específicos para o texto.

Recursos estilísticos: figuras de linguagem

Dominar os mecanismos da língua permite ao produtor do texto surpreender ou emocionar o leitor criando ou compondo imagens inusitadas, inesperadas. Entre esses mecanismos estão as **figuras de linguagem**.

Comparação e metáfora

Releia estes versos de José Paulo Paes:

Meu amor é simples, Dora,
Como a água e o pão.

Em seus versos, o poeta deixa clara uma **comparação** entre o termo *amor* e as palavras *água* e *pão*, ligados pela conjunção *como*. Observe um esquema dessa comparação:

como
amor simples ⟷ água e pão

Observe este outro esquema dessa comparação:

Nik Neves/Arquivo da editora

No caso desse poema, a comparação deixa evidente um significado ou atributo comum tanto ao amor como à água e ao pão: *simples*. Mas há outros possíveis significados que podem ser deduzidos dessa comparação: o amor é visto como um alimento modesto, **frugal**, mas **essencial** à vida, pois pão e água são alimentos básicos.

Ao fazer essa construção, o poeta cria uma **imagem** do amor: compara a simplicidade atribuída a esse sentimento com elementos também simples, frugais, mas que são, ao mesmo tempo, essenciais à vida: a água e o pão.

A Z
frugal: modesto, que se contenta com pouco para a alimentação.
essencial: que não pode faltar.

O que deixa clara a comparação é o termo *como*, uma conjunção comparativa.

Observe a seguir de que modo ficaria o trecho anterior se a conjunção fosse retirada:

Meu amor é simples, Dora,
(é) a água e o pão.

Se o termo da comparação — *como* — está presente ou **explícito**, dizemos que se trata de uma comparação. Mas, se o termo da comparação está **implícito**, constrói-se uma **metáfora**. Observe a metáfora:

Meu amor, Dora, é a água e o pão.

Observe o esquema da construção da metáfora:

Note que a imagem criada inicialmente pela comparação continua: um amor frugal, que pouco exige, mas que é essencial como a água e o pão. Entretanto, o termo que estabelece essa comparação — *como* — não está presente na metáfora.

A Z

enrubescer: corar, avermelhar.

rubro: vermelho.

Leia, a seguir, trecho de um poema de Castro Alves (1847-1871), consagrado poeta brasileiro de um período da literatura chamado Romantismo.

O gondoleiro do amor
Dama negra

Castro Alves

Teus olhos são negros, negros,
Como as noites sem luar...
São ardentes, são profundos,
Como o negrume do mar;

[...]

Teu sorriso é uma aurora,
Que o horizonte enrubesceu
– Rosa aberta com o biquinho
Das aves rubras do céu.

[...]

In: DANTAS, Luiz; SIMPSON, Pablo (Org.). *Espumas flutuantes*: os escravos. São Paulo: Martins Fontes, 2001.

Nik Neves/Arquivo da editora

Nik Neves/Arquivo da editora

1. Na primeira estrofe há comparações. Copie o esquema em seu caderno e complete-o com o termo comparado:

a) Olhos negros $\xleftrightarrow{\text{como}}$ ■

b) Olhos ardentes e profundos $\xleftrightarrow{\text{como}}$ ■

2. Na segunda estrofe, há duas metáforas. Copie em seu caderno os esquemas e complete-os com a informação adequada no lugar do ■:

Teu sorriso é uma aurora,
Que o horizonte enrubesceu
– Rosa aberta com o biquinho
Das aves rubras do céu.

Sorriso | Possíveis atributos comuns: ■ / Significado construído: ■ | **1. Aurora que enrubesceu.**

Sorriso | Possíveis atributos comuns: ■ / Significado construído: ■ | **2. Rosa aberta com o biquinho das aves.**

No dia a dia as metáforas são muito empregadas e, por estarem incorporadas em nossa fala, às vezes, não as percebemos. Observe alguns casos desse tipo a seguir.

- Cheguei tarde e meu pai ficou **uma fera**. (**bravo** como se fosse uma fera)
- Você tá se achando **a estrela de cinema**. (**brilhante**, **que chama a atenção**, como se fosse uma estrela)
- Que **gato**! (**bonito**, **atraente** como se fosse um gato)

> **Metáfora** é a figura de linguagem que constrói, por meio de uma comparação implícita, outros sentidos para uma palavra ou expressão.

Metonímia

Leia os quadrinhos a seguir.

© Laerte/Acervo do cartunista

LAERTE. Suriá. *Folha de S.Paulo*. São Paulo, 12 jul. 2003. Folhinha, p. F8.

Observe a fala da mãe de Suriá no primeiro quadrinho.

Para dizer que não está em condições de ajudar Suriá, sua mãe emprega a expressão "tou meio sem cabeça pra isso...".

Não podemos considerar essa afirmação em seu sentido literal: não é a cabeça que está faltando; a mãe apenas está totalmente sem condição de ajudar, pois está envolvida em outra atividade.

Assim, a cabeça representa apenas **parte de um todo** que poderia colaborar com Suriá.

A esse recurso de linguagem damos o nome de **metonímia**. Consiste na substituição de um termo por outro, por existirem entre eles uma relação de proximidade, de interdependência, de inclusão.

Veja a seguir algumas ocorrências de metonímia:

O continente é empregado no lugar do conteúdo	Comeu um **prato de arroz**. (Comeu o arroz/conteúdo do prato, e não o prato/continente em si.)
A parte pelo todo	Agarrou a oportunidade com **unhas e dentes**. (A pessoa/o todo agarrou a oportunidade o melhor que pôde.)
O autor pela obra	Ele gosta de ler **Ziraldo**. (Ele gosta de ler os livros(obra) desse autor.)

Você estudará mais detalhadamente a metonímia no Capítulo 3.

Prosopopeia/Personificação

Leia uma estrofe da canção "Paciência", do compositor pernambucano Lenine, reproduzida a seguir.

Enquanto o tempo acelera
E pede pressa
Eu me recuso, faço hora
Vou na valsa
A vida é tão rara [...]

LENINE. *Na pressão*. [S.l.]: Sony BMG, 1999.

Observe o trecho em destaque: a palavra *tempo* é apresentada como um sujeito que faz ações típicas de seres vivos – *acelera* – e, mais ainda, de seres humanos: *pede pressa*. Ou seja, o tempo é tratado como se fosse uma pessoa, toma atitudes de gente. Nas fábulas, por exemplo, há diversas personificações, pois os animais agem como seres humanos.

A figura que resulta de se atribuir características de ser vivo a um ser inanimado é a **prosopopeia**. Essa figura pode também ser chamada de **personificação** se a característica atribuída for específica do ser humano, como, na música, "pedir pressa".

Leia um trecho do poema "Não me deixes", de Gonçalves Dias (1823-1864). Veja como a flor é personificada nestes versos:

Debruçada nas águas dum regato
A flor dizia em vão
À corrente, onde ela se mirava...
"Ai, não me deixes, não!

Comigo fica ou leva-me contigo
Dos mares à amplidão;
Límpido ou turvo, te amarei constante;
Mas não me deixes, não!'

Nik Neves/Arquivo da editora

Disponível em: <www.jornaldepoesia.jor.br/gdias04.html>. Acesso em: 13 fev. 2015.

Nik Neves/Arquivo da editora

Sinestesia

Releia este trecho do poema de Fernando Pessoa em que o eu lírico expressa um desejo que parece fugir à razão, pois mistura sentidos diferentes.

Ah, mas se *ela* adivinhasse,
Se pudesse ouvir o olhar...

Nesse trecho há uma **sinestesia**, uma figura construída quando se misturam sensações de naturezas diferentes. Observe os sentidos misturados no trecho "ouvir o olhar":

→ **ouvir**: sensação auditiva, sonora.
→ **olhar**: sensação visual.

> A **sinestesia** associa, em uma só imagem ou em uma só figura, sensações produzidas por diferentes órgãos do sentido.

Releia o haicai de Bashô.

Ploc! Uma rã pula
no silêncio da lagoa
e o silêncio ondula.

In: VIEIRA, Oldegar Franco; op. cit.

Observe a combinação de uma sensação auditiva (*silêncio*), com uma sensação visual ou tátil (*ondula*), isto é, algo que só se percebe vendo ou tateando.

Paradoxo

Releia uma estrofe do poema de Fernando Pessoa.

O amor, quando se revela,
Não se sabe revelar.
Sabe bem olhar p'ra *ela*,
Mas não lhe sabe falar.

BUENO, Alexei (Org.). *Poemas de amor*, op. cit.

Na seção de interpretação desse poema, foi possível observar que, nos versos destacados, parece haver ideias contraditórias: quando se revela o amor, não se sabe revelá-lo.

São ideias contrárias, do ponto de vista lógico, mas é assim que o eu lírico **sente** o amor, como uma contradição. E esses sentimentos, aparentemente contrários, coexistem — existem ao mesmo tempo, simultaneamente. Dizemos que nesse trecho foi construído um **paradoxo**.

> **Paradoxo** é uma figura construída com expressões de sentidos contrários ou contraditórios, mas que coexistem em uma mesma imagem ou figura, dando novo sentido à imagem criada.

Leia outra estrofe desse poema de Fernando Pessoa em que se manifestam os paradoxos, sentimentos contraditórios que convivem no eu lírico. Nessa estrofe, o eu lírico afirma que o poema (*isto*) fala o que ele acredita não conseguir falar. Veja:

Mas se isto puder contar-lhe
O que não lhe ouso contar,
Já não terei que falar-lhe
Porque lhe estou a falar...

Idem, ibidem.

Nik Neves/Arquivo da editora

- Releia o haicai de Paulo Leminski.

  Vazio agudo
  Ando meio
  Cheio de tudo

  LEMINSKI, Paulo. *Melhores poemas*, op. cit.

  Identifique os termos que constroem o paradoxo expresso pelo eu lírico do poema. Explique.

Ambiguidade

Você estudou que, nos versos de Fernando Pessoa reproduzidos a seguir, existe um paradoxo: quando se revela o amor, não se sabe revelá-lo.

O amor, quando se revela
Não se sabe revelar.

Entretanto, é possível ler de outro modo esses versos, deduzindo sentidos diferentes. Por exemplo, é possível entender que o amor se revela sem saber revelar a si mesmo.

Nesse caso, o amor, sujeito reflexivo, pratica e recebe ao mesmo tempo a ação do verbo *revelar*.

Percebe-se então que há dois modos de compreender esses versos:

- Quando se descobre o amor, não sabemos revelá-lo, expressá-lo.

ou

- O amor não sabe revelar a si mesmo.

As duas maneiras de compreender os versos estão corretas, não há uma melhor do que a outra. É a própria construção do poema que permite essas interpretações, esses sentidos diferentes.

Dizemos que os versos construídos produziram **duplo sentido**. Chamamos a esse efeito de **ambiguidade**.

Ambiguidade é uma figura construída com a intenção de produzir sentidos diferentes para uma mesma frase.

Leia este texto humorístico de Luis Fernando Verissimo:

Luis Fernando Verissimo/Acervo do cartunista

VERISSIMO, Luis Fernando. Família Brasil. *O Estado de S. Paulo*. São Paulo, 12 fev. 2012. p. D14. Caderno 2.

a) Observe a expressão do neto no último desenho. O que pode revelar essa expressão diante da resposta recebida?

b) Releia a resposta do avô à questão do menino:

Não enquanto eu estiver aqui

Explique qual é ambiguidade, isto é, o duplo sentido dessa fala, responsável pelo efeito humorístico.

c) Qual dos dois sentidos foi o entendido pelo neto?

Quando a ambiguidade não é empregada com a intenção de produzir efeitos de sentido diferenciados, pode se tornar um problema para a compreensão do texto, causando confusão de sentido.

Outros recursos estilísticos

Antítese

Leia o trecho desta letra de canção.

Não existiria som se não
Houvesse o silêncio
Não haveria luz se não
Fosse a escuridão
A vida é mesmo assim
Dia e noite, não e sim

SANTOS, Lulu; MOTTA, Nelson. Certas coisas. SANTOS, Lulu. *Tudo azul*. WEA, 1984.

Observe as palavras destacadas e as relações entre os pares:

- som — silêncio
- luz — escuridão
- dia — noite
- não — sim

Note que esses pares constroem ideias de oposição. Por exemplo, a ideia de som é contrária à de silêncio.

Ao se reunirem ideias opostas no mesmo verso ou em versos próximos, acentuam-se as diferenças entre elas. Dá-se o nome a esse recurso de antítese.

> **Antítese**: consiste no emprego de palavras que se opõem pelo sentido.

Ironia

Leia o quadrinho a seguir.

BROWNE, Dik. Hagar, o horrível 1. Porto Alegre: L&PM, 2002. v. 80. p. 60.

Reproduza oralmente a fala do último quadrinho. Ao dizer "Você é tão romântico", qual foi a intenção da personagem da garota? Copie a resposta adequada em seu caderno:

a) elogiar
b) criticar
c) comentar

Na tirinha acima, você percebeu que a personagem, no último quadrinho fala o contrário do que sente. Ela diz uma coisa querendo, na verdade, dizer outra. Esse uso da linguagem ocorre quando o usuário tem uma intenção sarcástica, zombeteira.

Essa escolha de linguagem sugere, de forma irônica, uma crítica.

> **Ironia** é um recurso de linguagem em que se afirma o contrário do que se quer dizer.

Hora de organizar o que estudamos

Figuras de linguagem

- Recursos estilísticos que empregam palavras em sentido figurado, em sentido diferente do que é usual.
  - metáfora
  - ambiguidade
  - metonímia
  - antítese
  - prosopopeia ou personificação
  - ironia
  - sinestesia
  - paradoxo

Atividades: recursos estilísticos: figuras de linguagem

1. Leia alguns versos do poema "Soneto do amor maior", de Vinicius de Moraes, reproduzidos a seguir. Que figura de linguagem você identifica neles?

Maior amor nem mais estranho existe
Que o meu, que não sossega a coisa amada
E quando a sente alegre, fica triste
E se a vê descontente, dá risada.
[...]

MORAES, Vinicius. *Antologia poética.*
São Paulo: Círculo do livro. [s.d.] p. 124.

2. Nos versos abaixo há uma sinestesia. Identifique essa figura e explique-a no caderno.

Bom dia, poetas velhos.
Me deixem na boca
o gosto de versos
mais fortes que não farei.
[...]

LEMINSKI, Paulo. In: GÓES, Fred; MARINS, Álvaro.
Melhores poemas. São Paulo: Global, 2001. p.33.

3. Você estudou que sinestesia indica o cruzamento dos nossos sentidos, a união de planos sensoriais diferentes. Quais são os sentidos que se cruzam no poema de Capparelli?

4. O poema do escritor paulistano Nelson Ascher, reproduzido a seguir, é construído sobre paradoxos. Copie no caderno dois dos paradoxos desse texto.

Soneto

Nelson Ascher

Fiz o que não devia,
o que devia, não;
compus uma canção
sem letra ou melodia.

À meia-noite ardia
meu sol que, sem razão,
legara de antemão
trevas ao meio-dia.

E enquanto lia tudo
que não dizia nada,
ouvindo na calada

da noite um eco mudo,
pensava, sobretudo,
que pouco sobrenada

A Z
calada: substantivo que significa silêncio absoluto, ausência de ruído.

Nik Neves/Arquivo da editora

ASCHER, Nelson. *O sonho da razão.* São Paulo: Editora 34. p. 39.

5. Leia a frase abaixo em voz alta, com expressividade, para produzir efeito irônico.
Você fez um **excelente** serviço, hein! Mal saí com o carro da garagem, e ele pifou!

Converse com os colegas: a palavra grifada recebeu uma expressividade especial na leitura? Por quê?

6. Transcreva em seu caderno as frases que apresentam ironia.
   a) O jogo foi ótimo: perdemos de 3 a 0.
   b) A multidão gritava enraivecida para que abrissem os portões.
   c) Que bela lição de cidadania: parar o carro em lugar proibido!
   d) "Um carro começa a buzinar... talvez seja um amigo que venha me desejar Feliz Natal. Levanto-me, olho a rua e sorrio: é um caminhão de lixo. Bonito presente de Natal!" (Rubem Braga)

7. Leia as tiras a seguir e identifique as metáforas construídas nesses textos.

a)

THAVES, Bob. Frank & Ernest. *O Estado de S. Paulo.* São Paulo, 6 jan. 2012. Caderno 2.

b)

THAVES, Bob. Frank & Ernest. *O Estado de S. Paulo.* São Paulo, 23 dez. 2011. Caderno 2.

8. Na tira abaixo, pode-se afirmar que há uma personificação visual. Explique-a.

SOUSA, Mauricio de. Turma da Mônica. *O Estado de S. Paulo.* São Paulo, 26 dez. 2011. Caderno 2.

9. Leia esta tira:

SCHULZ, Charles. Minduim. *O Estado de S. Paulo.* São Paulo, 18 jan. 2012. Caderno 2.

A Z
donuts: rosquinha doce recheada ou coberta com glacê; doce de origem norte--americana.

Qual é a figura de linguagem empregada nessa história?

Produção de texto

Gênero: poema visual

Poema visual

O quê? Produzir um poema visual a partir de palavras selecionadas.

Para quê? Expor no varal de poemas visuais da classe.

Para quem? Para os colegas da sala.

A escrita criativa de textos demanda um exercício de construção que necessita do conhecimento dos recursos da língua, de tempo e de dedicação. O desafio nesta seção é, inspirado em um texto de Eduardo Galeano, você e alguns colegas criarem um poema para participarem de um varal de poesias da classe.

- Leia, a seguir, um texto do escritor uruguaio Eduardo Galeano que trata do processo de construção de um texto literário.

Janela sobre a palavra (IV)

Eduardo Galeano

Magda Lemonier recorta palavras nos jornais, palavras de todos os tamanhos, e as guarda em caixas. Numa caixa vermelha guarda as palavras furiosas. Numa verde, as palavras amantes. Em caixa azul, as neutras. Numa caixa amarela, as tristes. E numa caixa transparente guarda as palavras que têm magia.

Às vezes, ela abre e vira as caixas sobre a mesa, para que as palavras se misturem do jeito que quiserem. Então, as palavras contam a Magda o que acontece e anunciam o que acontecerá.

GALEANO, Eduardo. *As palavras andantes*. Porto Alegre: L&PM, 1994.

Nik Neves/Arquivo da editora

Prepare-se: você vai ser convidado a empregar a estratégia descrita no texto para alimentar sua imaginação com palavras.

Produção do poema

1. **Em grupo.** Com a orientação do professor, combinem um modo de:
   a) Selecionar as palavras que desencadearão o processo de criação:
      - escrever palavras em tiras de papel;
      - recortar palavras de jornais e revistas.

   b) Classificar as palavras selecionadas:
      - como no texto de Galeano: palavras "furiosas", "amantes", "neutras", "tristes", "mágicas";
      - ou de outra forma: palavras "calmas", "engraçadas", "alegres", "científicas", "estranhas", "rudes"...

   c) Reunir as palavras:
      - em caixas coloridas ou em sacos plásticos etiquetados;
      - todas juntas em um único recipiente que sirva para a classe, ou cada grupo reúne as suas em um recipiente próprio.

   d) Partilhar as palavras reunidas:
      - cada participante joga com a sorte ao retirar a(s) palavra(s) da caixa ou do saco;
      - cada participante escolhe as palavras para atender suas **intenções** quando chegar sua vez;
      - cada grupo separa as palavras que possam **alimentar sua produção**.

2. Pensem no texto a ser produzido: um poema. Para construí-lo, vocês devem associar:
   - linguagem verbal (palavras);
   - linguagem gráfica (fotos, desenhos, formas geométricas, etc).

   Lembrem-se de que a imagem deve agregar sentido ao texto poético e ampliar seus significados.

3. Escolham uma das estratégias para o trabalho em grupo:
   - cada participante apresenta sua sugestão e o grupo decide por uma;
   - um participante começa e os demais colaboram na sequência;
   - cada participante produz individualmente e, depois de lidas em grupo, escolhe-se a melhor produção;
   - um participante é eleito para registrar o que todos sugerirem e votarem oralmente.

   Decidam e... mãos à obra.

Revisão e versão final do poema

1. Releiam o texto produzido. Considerem:
   a) se é necessário reescrever alguma parte, fazendo escolhas mais adequadas de palavras e construções de frases;
   b) se a distribuição das palavras no espaço do papel está adequada: título, versos, estrofes;
   c) se a relação entre imagem (linguagem visual) e texto escrito (linguagem verbal) cria o efeito de sentido imaginado;
   d) se há necessidade de ampliação ou aprimoramento dos efeitos de sentido em relação a:
      - sonoridade: ritmo e melodia obtidos pela combinação de palavras com sons parecidos;
      - múltiplos significados produzidos pelas construções utilizadas e pelo uso de figuras de linguagem;
      - aspecto visual: efeitos produzidos pela distribuição das palavras no papel ou com a forma e tamanho das letras empregadas.

2. Façam as correções que considerarem necessárias.

Varal de poemas visuais

1. Prendam um barbante no espaço da classe combinado com o professor.
2. Organizem os poemas nesse varal, prendendo-os com pregadores de roupa.

Outros textos do mesmo gênero

Poemas visuais

Sapato alto

Sérgio Capparelli

CAPPARELLI, Sérgio; GRUSZYNSKI, Ana Cláudia. *Poesia Visual*. São Paulo: Global, 2002. p. 10

Mar azul

Ferreira Gullar

MAR AZUL
MAR AZUL MARCO AZUL
MAR AZUL MARCO AZUL BARCO AZUL
MAR AZUL MARCO AZUL BARCO AZUL ARCO AZUL
MAR AZUL MARCO AZUL BARCO AZUL ARCO AZUL AR AZUL

FERREIRA GULLAR. *Melhores poemas*. São Paulo: Global, 2004.

Autoavaliação

Chegou o momento de fazer um balanço de tudo o que foi estudado no Capítulo 1. Leia o quadro de conteúdos para recordar o que estudou e, no caderno, avalie seu desempenho usando os tópicos propostos a seguir como orientação. Isso o ajudará na hora de organizar seus estudos.

Meu desempenho

- **Avancei em** (registre no caderno os itens em que você melhorou)
- **Preciso rever** (registre no caderno os itens que você precisa estudar mais)
- **Outras observações e/ou outras atividades**

CONTEÚDOS	
1. Gênero	Poema e outras formas de linguagem • "O amor, quando se revela", Fernando Pessoa • "Madrigal", José Paulo Paes • "Imagem", Arnaldo Antunes e Péricles Cavalcanti • "Rua", Ronaldo Azeredo • "Infinito", Sérgio Capparelli
2. Leitura e interpretação de texto	Poemas com interações entre a linguagem verbal e a linguagem não verbal • Poema concreto

3. Língua: usos e reflexão	Recursos expressivos no poema
	• Pontuação, expressividade e efeitos de sentido
	• Recursos estilísticos: figuras de linguagem
	  • Comparação e metáfora
	  • Prosopopeia/Personificação
	  • Sinestesia
	  • Paradoxo
	  • Ambiguidade

4. Produção textual	**Escrita** Poema visual
5. Participação	**Prática de oralidade** Declamação de poemas
6. Ampliação de leitura	Leitura de *Outras linguagens*: colagem Leitura e produção de relações entre textos da seção *Conexões* Leitura de *Outros textos do mesmo gênero*: • "Sapato alto", Sérgio Capparelli • "Mar azul", Ferreira Gullar

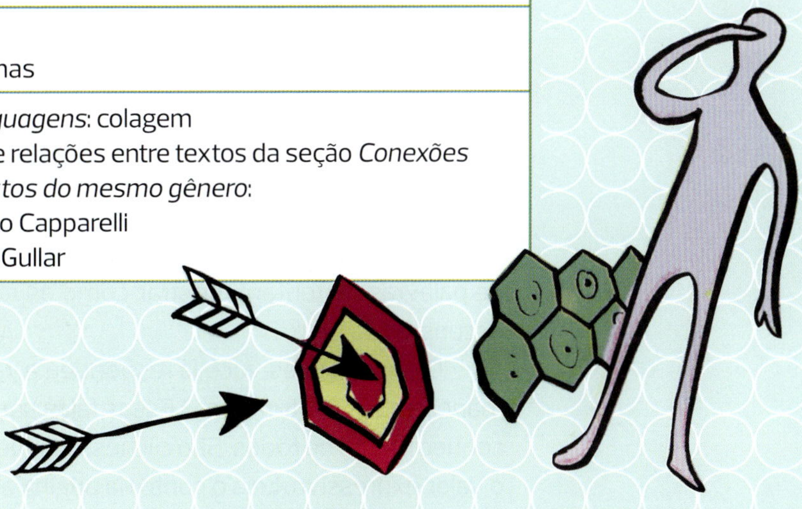

Nik Neves/Arquivo da editora

Capítulo

2 Contos em tempos de comunicação rápida

Nik Neves/Arquivo da editora

Se as inovações tecnológicas, por um lado, facilitam o acesso a variados temas e assuntos, por outro, exigem novas atitudes relacionadas à forma como nos comunicamos, já que vivemos uma época caracterizada pela **rapidez da informação**.

Isso revela que as escolhas de linguagem são determinadas não só pela intenção de quem escreve, mas também pelas circunstâncias e pelo contexto da vida moderna, exigindo mais velocidade também nas formas de comunicação.

Os recursos de linguagem empregados na atualidade sofrem transformações para se adequar a esse contexto de comunicação: nota-se o desenvolvimento de linguagens mais ágeis, concisas, isto é, mais breves ou "econômicas".

Às vezes, essa economia produz textos que procuram dizer muito com o mínimo de palavras ou tentam mostrar como as relações humanas são marcadas por essa circunstância.

Quantas vezes você já respondeu à pergunta "Como vai?" com "Tudo bem!" de maneira quase automática? Essas falas são consideradas lugares-comuns, isto é, do conhecimento de todos. São clichês, chavões, que, pela repetição mecânica, perderam o valor expressivo. Leia o conto na página a seguir e confira.

Leitura 1

Circuito fechado (3)*

Ricardo Ramos

Nik Neves/Arquivo da editora

Muito prazer. Por favor, quer ver o meu saldo? Acho que sim. Que bom telefonar, foi ótimo, agora mesmo estava pensando em você. Puro, com gelo. Passe mais tarde, ainda não fiz, não está pronto. Amanhã eu ligo, e digo alguma coisa. Guarde o troco. Penso que sim. Este mês, não, fica para o outro. Desculpe, não me lembrei. Veja logo a conta, sim? É pena, mas hoje não posso, tenho um jantar. Vinte litros, da comum. Acho que não. Nas próximas férias, vou até lá, de carro. Gosto mais assim, com azul. Bem, obrigado, e você? Feitas as contas, estava errado. Creio que não. Já, pode levar. Ontem aquele calor, hoje chovendo. Não, filha, não é assim que se faz. Onde está minha camisa amarela? Às vezes, só quando faz frio. Penso que não. Vamos indo, naquela base. Que é que você tem? Se for preciso, dou um pulo aí. Amanhã eu telefono e marco, mas fica logo combinado, quase certo. Sim, é um pessoal muito simpático. Foi por acaso, uma coincidência. Não deixe de ver. Quanto mais quente melhor. Não, não é bem assim. Morreu, coitado, faz dois meses. Você não reparou que é outra? Salve, lindos pendões. Mas que esperança. Nem sim, nem não, muito pelo contrário. Como é que eu vou saber? Antes corto o cabelo, depois passo por lá. Certo.

A Z

circuito: linha fechada que limita um espaço; trajetória ou percurso que retorna ao ponto de partida. *fig.* sucessão de fatos que se repetem.

*"Circuito fechado (3)" – O título do conto é acompanhado por esse número por ser o texto de nº 3 de um conjunto de cinco contos com o mesmo título, os quais compõem a obra *Circuito fechado*, de Ricardo Ramos.

Pra mim, chega. Espere, mais tarde nós vamos. Aí foi que ele disse, não foi no princípio, quem ia adivinhar? Deixe, vejo depois. Sim, durmo de lado, com uma perna encolhida. O quê? É, quem diria. Acredito que sim. Boa tarde, como está o senhor? Pague duas, a outra fica para o mês que vem. Oh, há quanto tempo! De lata e bem gelada. Perdoe, não tenho miúdo. Estou com pressa. Como é que pode, se eles não estudam? Só peço que não seja nada. Estou com fome. Não vejo a hora de acabar isto, de sair. Já que você perdeu o fim de semana, por que não vai pescar? É um chato, um perigo público. Foi há muito tempo. Tudo bem, tudo legal? Gostei de ver. Acho que não, penso que não, creio que não. Acredito que sim. Claro, fechei a porta e botei o carro pra dentro. Vamos dormir? É, leia que é bom. Ainda agosto e esse calor. Me acorde cedo amanhã, viu?

In: JOZEF, Bella (Sel.). *Melhores contos – Ricardo Ramos*. São Paulo: Global, 1998.

Ricardo Ramos/Arquivo da editora

Ricardo Ramos nasceu em Palmeira dos Índios, AL, em 1929. Publicou seus primeiros contos aos 20 anos. Filho do escritor Graciliano Ramos, escreveu novelas, romances, memórias e livros técnicos sobre publicidade. Autor premiado, foi também jornalista, publicitário e professor de Comunicações. Faleceu em São Paulo, em 1992.

Editora Global/Arquivo da editora

Interpretação do texto

Compreensão

1. Leia em voz alta o texto com a entonação e a expressividade que considerar adequadas.
2. O texto lido é construído apenas por falas do narrador-personagem. Com base na observação dessas falas, responda:
   a) Como você imagina o narrador-personagem?
   b) É possível saber se o narrador-personagem é homem ou mulher?
   c) Como é o dia desse narrador-personagem?
   d) Há algumas frases no texto que revelam emoções e opiniões desse narrador-personagem. Identifique uma delas.
3. Há no texto expressões usadas em relações pessoais que podem indicar uma situação de prestação de serviços. Um exemplo é: "Puro, com gelo." – possivelmente, um pedido feito a um garçom. No caderno, copie do texto outras três expressões que indiquem situações semelhantes.
4. O texto inicia-se com uma expressão-clichê, própria de cumprimentos, da relação cordial entre pessoas: "Muito prazer". Pode-se afirmar que as falas seguintes confirmam a ideia de prazer? Por quê?

5. Copie no caderno apenas a alternativa que pode completar a frase abaixo de modo adequado em relação ao texto.

A personagem, ao longo do dia, fala ■

a) com um mesmo interlocutor.
b) com diferentes interlocutores.
c) apenas com pessoas da família.
d) apenas com pessoas do trabalho.

6. Releia o significado da palavra *circuito*.

circuito: linha fechada que limita um espaço; trajetória ou percurso que retorna ao ponto de partida. *fig.* sucessão de fatos que se repetem.

Justifique a escolha do título do texto.

Construção e linguagem do texto

O conto "Circuito fechado (3)" difere das narrativas que estamos habituados a ler porque foi construído com o uso de palavras e frases desconexas, como se fosse uma colagem de ideias. Veja:

Por favor, quer ver o meu saldo? Acho que sim. Que bom telefonar, foi ótimo, agora mesmo estava pensando em você. Puro, com gelo.

Esse processo de construção é chamado de **justaposição**. O autor **justapõe** frases feitas, separadas pela pontuação e, aparentemente, não há uma ligação entre elas.

A Z

justapor: pôr lado a lado; pôr junto.

1. Leia o significado dos termos a seguir:

prolixo: *adj.* **1. que usa palavras em demasia ao falar ou ao escrever, que não sabe sintetizar o pensamento. [...]**
conciso: *adj.* **1. reduzido ao essencial; em poucas palavras; preciso; sucinto, resumido. 2. *p. ex.*, que usa poucos elementos para expressar um conteúdo; econômico, sintético.**

INSTITUTO ANTÔNIO HOUAISS. *Dicionário Houaiss da Língua Portuguesa*. Rio de Janeiro: Objetiva, 2001.

a) O emprego da justaposição de termos sem elementos claros de ligação faz o texto ser mais prolixo ou mais conciso?
b) Qual é o efeito produzido por essa justaposição?

2. Mesmo sem a presença de elementos que liguem as frases e sem retomadas claras entre elas, é possível inferir sentidos do texto.
Por que é possível compreender o texto e perceber que há coerência nele?

3. Copie a(s) alternativa(s) que completa(m) corretamente a frase.

No conto lido, ■

a) são construídas cenas comuns ao dia a dia das pessoas.
b) são empregadas frases feitas que indicam suas situações de uso.
c) são apresentados hábitos comuns a todos: ir ao banco, ao posto, falar ao telefone.
d) são apresentadas respostas para as perguntas feitas.

4. Depois de ler o conto, é possível perceber alguns traços da personalidade do narrador-personagem. O que você observou sobre ele?

5. Qual é o provável contexto social em que se desenrolam as ações do narrador--personagem?

6. Com relação ao tempo, há algumas referências claras, diretas. Dê um exemplo.

7. Releia as cinco frases finais do texto:

> **[...] Claro, fechei a porta e botei o carro pra dentro. Vamos dormir? É, leia que é bom. Ainda agosto e esse calor. Me acorde cedo amanhã, viu?**

Nik Neves/Arquivo da editora

A que conclusão é possível chegar sobre o período de tempo em que se passam as ações informadas nessas frases finais do conto?

8. O texto foi estruturado com várias expressões que podem ser chamadas de **clichês**, de repetições mecânicas no dia a dia. Em seu caderno, copie três expressões próprias de cumprimentos, de relações cordiais entre pessoas.

9. Na pontuação do texto há predominância de pontos-finais, mesmo em frases que poderiam ter entonação exclamativa. Releia o trecho a seguir.

> **[...] Sim, é um pessoal muito simpático. Foi por acaso, uma coincidência. Não deixe de ver. Quanto mais quente melhor. Não, não é bem assim. Morreu, coitado, faz dois meses. [...]**

Indique a(s) alternativa(s) que pode(m) indicar a possível intenção do autor ao fazer uso desse tipo de pontuação.

a) Mostrar a indiferença da personagem diante dos fatos.
b) Expressar emoções fortes da personagem diante dos fatos.
c) Mostrar as falas como reações mecânicas.

10. Depois de ter analisado o texto, releia-o em voz alta e responda: a expressividade e a entonação que você deu a ele em sua primeira leitura foram mantidas ou alteradas? Explique a razão.

11. Pode-se afirmar que o texto lido é uma narrativa. Quais elementos comprovam essa afirmação?

12. Que efeito de sentido a construção do texto em um só parágrafo produz?

Considerando que na atualidade é comum o emprego de linguagens mais ágeis e concisas, a seguir leia um **miniconto** que lançará a você o desafio de deduzir o que acontece por trás da história.

Leitura 2

73*

Dalton Trevisan

Nik Neves/Arquivo da editora

Tic, tic, tic, lá vem o ceguinho, óculo preto e bengala branca.

Alguém bate bola na calçada – tac, tac, tac –, como ele sabe que é menina? Tic, tic, segue em frente.

Na esquina, quem batuca na caixinha de fósforo – tec, tec, tec? O vento lhe sopra que é um malandro? Tic, tic, tic, nada o distrai.

Quem arrasta a sandália de couro – chap, chap, chap? Você lhe disse que é uma pobre velhinha? Tic, tic, sempre adiante.

Agora o salto alto retinindo na pedra – toc, toc, toc. Uma voz lhe conta que é mocinha e bonita? Tic, tic, ti... a bengala no ar titubeia e para. Lá vai o saltinho faceiro, toc, toc, toc. Ele faz meia-volta.

Tic, tic, tic, tic. Depressinha.

Toc.

Tic, tic, tic.

Toc.

Tic, tic.

Toc, tic. Toc, tic. Toc, tic.

TREVISAN, Dalton. *99 corruíras nanicas*. Porto Alegre: L&PM, 2002. p. 73.

*"73" – Este conto não tem título, apenas o número que o identifica em um conjunto de 99 contos que compõem a obra *99 corruíras nanicas*, de Dalton Trevisan. Corruíras são aves de canto agradável.

Reprodução/Arquivo *O Cruzeiro*

Dalton Trevisan nasceu em Curitiba, em 1925. Formou-se em Direito e exerce a profissão. Participou de grupos literários de sua cidade. Já publicou vários livros, alguns premiados. É um escritor reconhecido por sua linguagem concisa que o ajuda a criar personagens curiosos.

Interpretação do texto

Compreensão

1. No conto "73", a personagem principal é identificada já no início do conto pelo som: *tic, tic, tic*.
   a) Quem é a personagem?
   b) A que se refere esse som que identifica a personagem?
   c) A **onomatopeia** é um recurso de linguagem que reproduz os sons que ouvimos no dia a dia. Quais são as onomatopeias desse conto?

2. A cada som, corresponde uma personagem: *tic, tac, tec, chap, toc*. Não é possível conhecer cada uma das personagens apenas por esses sons porque eles indicam ações, mas não pessoas. As pistas sobre as personagens são dadas ao leitor no decorrer do texto. De que forma isso ocorre? Em seu caderno, copie um exemplo.

3. Em seu caderno, escreva quem são as personagens e de onde vem o som que as identifica.
   a) Tac. b) Tec. c) Toc. d) Chap.

4. Qual é a provável intenção de evidenciar os sons, as onomatopeias para identificar todas as personagens?

5. No conto "73", há um **narrador intruso**, isto é, um narrador que não toma parte dos acontecimentos, mas se intromete e expressa suas opiniões na narrativa. Copie um exemplo dessa intromissão do narrador.

6. Nos parágrafos iniciais é possível acompanhar toda a caminhada da personagem no espaço da rua. Releia:

   [...]

   Alguém bate bola na calçada – tac, tac, tac –, como ele sabe que é menina? **Tic, tic, segue em frente.**

   Na esquina, quem batuca na caixinha de fósforo – tec, tec, tec? O vento lhe sopra que é um malandro? **Tic, tic, tic, nada o distrai.**

   Quem arrasta a sandália de couro – chap, chap, chap? Você lhe disse que é uma pobre velhinha? **Tic, tic, sempre adiante.**

   [...]

   a) Qual é o efeito produzido pela repetição das frases destacadas no fim de cada um dos parágrafos?
   b) Qual é o tempo verbal predominante nesses parágrafos?
   c) Qual é o efeito provocado pelo uso dos verbos nesse tempo?

7. Releia o 5º parágrafo, nele se situa o clímax da narrativa.
   a) Que acontecimento pode ser considerado o clímax?
   b) Copie uma expressão que justifique sua resposta sobre o clímax.

8. **Desafio!** Antes da leitura, indicamos que você seria desafiado a deduzir o que acontece por trás dessa história. Para isso, é preciso ler prestando atenção nas pistas, procurando notar os detalhes que podem levar à história por trás da história escrita. Então, releia o desfecho do conto e explique, ao seu modo, o que aconteceu.

   [...]
   Tic, tic, tic, tic. Depressinha.
   Toc.
   Tic, tic, tic.
   Toc.
   Tic, tic.
   Toc, tic. Toc, tic. Toc, tic.

Leia a seguir um miniconto de apenas duas linhas. Será que é possível contar uma história em um espaço tão pequeno? Confira.

Leitura 3

No messenger*

Leonardo Brasiliense

Dois anos de forte amizade virtual, e agora aquele "silêncio" constrangedor: não havia o que teclar, era a hora do "ombro amigo".

BRASILIENSE, Leonardo. *Adeus contos de fadas*: minicontos juvenis. Rio de Janeiro: 7Letras, 2007. p. 23.

Nik Neves/Arquivo da editora

*"No messenger" – no: em português indica preposição *em* + *o*; em inglês significa 'não', 'nenhum'. *messenger*: no Brasil, pode ser uma referência a um programa que permite conversas por escrito, instantâneas, por meio da internet; em inglês, o termo significa 'mensageiro'.

Interpretação do texto

Compreensão

1. No único parágrafo que constitui esse conto é possível observar várias informações. Indique em seu caderno:

a) o tipo de amizade;

b) o tempo de duração da amizade;

c) o que acontece.

2. Uma palavra e uma expressão no texto destacam-se pelo uso de aspas. Relembre:

> **Aspas**: sinal empregado para indicar citações, destacar palavras de origem estrangeira ou gírias, indicar que uma palavra está empregada em sentido diferente do usual ou do que era esperado.

Com que intenção foram empregadas aspas em:

a) "silêncio"

b) "ombro amigo"

3. Observando os significados possíveis para as palavras do título, que outro título você escolheria para o conto?

Conversa em jogo

Amizades virtuais

- Esse conto faz uma crítica às amizades construídas apenas pela internet. Qual é sua opinião sobre esse comportamento? Diga o que pensa e ouça a opinião de seus colegas.

Comparando os contos

1. Faça um quadro em seu caderno como o que segue. Copie, no respectivo espaço, o que pode ser observado em cada um dos contos.

"Circuito fechado (3)"	"73"	"No messenger"
||||||||||||||||	||||||||||||||||	||||||||||||||||

1. Partes de diálogos que mostram interação com vários falantes.
2. Falta de diálogos com indicação de mudança de turno de fala.
3. Texto escrito em um único parágrafo, mostrando sequência de ações.
4. Texto escrito em vários parágrafos, marcando a divisão em unidades de ação.
5. Predominância de verbos de ação no presente.
6. Emprego de verbos ora no presente, ora no pretérito, ora no presente com ideia de futuro.
7. Intenção de contar um fato em um tempo e um espaço.
8. Intenção de criticar as relações entre as pessoas.
9. Emprego de recurso de justaposição.

2. Pelo quadro da atividade anterior, percebe-se que as escolhas feitas para estruturar as narrativas estudadas neste capítulo são bem diversificadas. Quais dos itens a seguir mostram o que há em comum entre essas narrativas? Copie-o(s) em seu caderno.
   a) Não são histórias completas porque são escritas em espaço pequeno.
   b) Apresentam os elementos da narrativa: personagens, tempo, espaço, ação/enredo.
   c) São histórias completas que apresentam "economia" de linguagem.
   d) Exigem a participação do leitor para a construção de sentidos.

3. Um texto pode contar com diferentes sequências em sua organização para dar conta de sua intenção comunicativa. Assim, por exemplo, uma narrativa pode apresentar sequências conversacionais, sequências argumentativas, e não só sequências narrativas e descritivas. Vamos relembrar essas sequências textuais no quadro abaixo.

Sequência narrativa	Sequência descritiva	Sequência conversacional	Sequência argumentativa
Predomina o objetivo de narrar, contar um fato situando-o no tempo e no espaço. Indica a transformação da ação. Predominam verbos de ação (*correr*, *fazer*, *lavar*, *enxugar*...).	Predomina o objetivo de apresentar a caracterização de um elemento. Predominam verbos de estado (*ser*, *estar*, *parecer*, *ficar*...).	Predominam diálogos entre as personagens. É caracterizada por: • interação entre pelo menos dois falantes ou interlocutores; • indicação de uma situação ou de um contexto em que a conversa se dá; • ocorrência de pelo menos uma troca de turno de fala, isto é, pelo menos uma vez a palavra passa de um interlocutor para outro; • emprego do travessão, em grande parte dos textos escritos, para indicar a mudança de turno de fala.	Predomina o objetivo de convencer o interlocutor ou o destinatário sobre alguma ideia ou fato.

Os três contos são narrativas. Com base nas informações do quadro, responda em seu caderno: quais tipos de sequências predominam em cada um dos contos? Justifique.

Hora de organizar o que estudamos

Contos em contextos atuais de comunicação

↓

Narrativas de fatos imaginados, fictícios.

Intenção
Entreter, divertir em tempos de comunicação rápida.

Construção
Elementos da narrativa: personagem, tempo, espaço, ação/enredo, narrador.
Momentos da narrativa: situação inicial, conflito, clímax, desfecho.

Linguagem
Caracterizada pela economia:
- agilidade;
- brevidade;
- concisão.

Leitor
Inserido nos contextos de comunicação atuais, atua como participante da construção de sentidos do texto.

Prática de oralidade

Debate

Com a leitura dos textos estudados neste capítulo, foi possível constatar que a concisão, a economia de linguagem, é uma característica da era atual da comunicação. Essa economia de linguagem não existe só na literatura, ela está presente em nosso dia a dia, nas relações entre as pessoas reais.

Pensando nisso, a proposta desta seção é que a classe, em grupos, discuta sobre esta questão:

Como as formas de comunicação marcadas pela economia e pela agilidade excessiva afetam nossas relações pessoais?

Pulp Photography/Getty Images

Antes de se posicionar sobre a questão, reflita seguindo este roteiro:

1. Em sua opinião, de que modo as relações sociais, familiares e de amizade são afetadas pela comunicação ágil que se pratica hoje em dia, sobretudo nos meios de comunicação virtuais como redes sociais, celulares, internet?
2. Você diria que essa linguagem, às vezes marcada por clichês, outras vezes concisa demais, pode afastar as pessoas?
3. Você já se sentiu prejudicado em alguma situação por esses modos de comunicação marcados pela pressa?

Organização e desenvolvimento do debate

1. **Em grupo.** Sob a orientação do professor, a classe deve se dividir em grupos de acordo com os pontos de vista fundamentais sobre a questão em debate. Por exemplo:
   - **Grupo A**: vai elaborar argumentos para defender um ponto de vista favorável à comunicação ágil.
   - **Grupo B**: vai elaborar argumentos para defender uma opinião contrária à comunicação atual.
   - **Grupo C**: vai elaborar argumentos para defender uma opinião favorável à comunicação apressada de hoje, mas com ressalvas.

2. Organizados os grupos, selecionem argumentos para defender o ponto de vista da equipe e façam o debate, seguindo este processo:
   - Os grupos devem anotar todos os argumentos que forem levantados.
   - O professor vai determinar um tempo para cada grupo apresentar seus argumentos.
   - Cada grupo deverá escolher um participante da equipe para essa apresentação.
   - Um aluno ficará encarregado de anotar na lousa os argumentos dos grupos.
   - Depois das apresentações, a classe toda deverá analisar os argumentos de cada ponto de vista e apresentar suas conclusões.

Outras linguagens

História em quadrinhos

Assim como um texto verbal pode ser construído pelo processo de justaposição de frases, uma história em quadrinhos pode ser elaborada por meio da justaposição de imagens, deixando para o leitor a tarefa de construir os sentidos. Leia, a seguir, um exemplo.

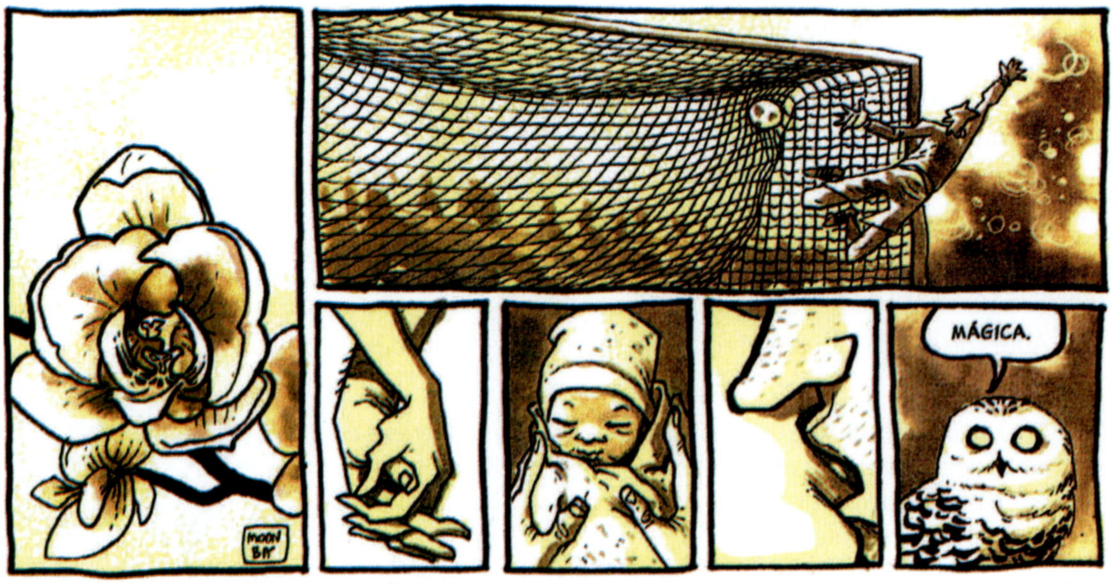

Fábio Moon e Gabriel Bá/Acervo dos artistas

MOON, Fábio; BÁ, Gabriel. Quase nada. *Folha de S.Paulo*. São Paulo, 17 dez. 2011. Ilustrada, p. E-19.

Todos os quadrinhos exibem momentos de intensidade, de emoção ou de beleza. Observe:

Quadrinhos maiores

- o **primeiro** indica um momento intenso propiciado pela ação da natureza: o nascer, o desabrochar de uma flor;
- o **segundo** mostra um momento intenso provocado pela ação do homem: o momento do gol.

Quadrinhos menores

- também indicam cenas de emoção;
- mostram, respectivamente: a união de pessoas, o nascimento, um gesto de amor e uma ave.

A ligação entre os quadrinhos, que aparentemente não existe, é proposta no quadrinho final. Este último quadrinho constrói a coerência entre os demais com apenas uma palavra: *mágica*. A partir dessa palavra podemos construir o significado da justaposição das imagens.

- A palavra *mágica* está ligada a 'encanto', 'fascínio', 'algo extraordinário'. Que outro momento você colocaria entre esses representados na história em quadrinhos? Converse com seus colegas sobre as possíveis relações entre as imagens.

Conexões — RELAÇÕES ENTRE TEXTOS, ENTRE CONHECIMENTOS

Neste capítulo, foram trabalhados recursos de construção próprios de textos curtos, como economia de linguagem e justaposição. Veja um pouco mais sobre isso nesta seção.

1. Concisão e justaposição

Miniconto

O miniconto a seguir foi escrito por Augusto Monterroso, escritor da Guatemala, falecido em 2003. Trata-se de um miniconto famoso por ter sido escrito com bastante economia de linguagem: apenas 37 letras! Leia-o:

Quando acordou, o dinossauro ainda estava lá.

In: FREIRE, Marcelino (Org.). *Os cem menores contos brasileiros do século.* São Paulo: Ateliê Editorial, 2004.

Letra de canção

Leia a letra da canção reproduzida a seguir e observe como há uma sequência de frases que foram selecionadas para se unir e, assim, mostrar os efeitos das chuvas que ocorrem em algumas regiões do Brasil no mês de março, em um processo de construção marcado pela justaposição.

Águas de março

Tom Jobim

É pau, é pedra, é o fim do caminho
É um resto de toco, é um pouco sozinho
É um caco de vidro, é a vida, é o sol
É a noite, é a morte, é o laço, é o anzol

É pereba do campo, é o nó da madeira
Caingá, candeia, é o Matita Pereira
É madeira de vento, tombo da ribanceira
É o mistério profundo, é o queira ou não queira

É o vento ventando, é o fim da ladeira
É a viga, é o vão, festa da cumeeira
É a chuva chovendo, é conversa ribeira
Das águas de março, é o fim da canseira

[...]

Nik Neves/Arquivo da editora

É o projeto da casa, é o corpo na cama
É o carro enguiçado, é a lama, é a lama
É um passo, é uma ponte, é um sapo, é uma rã
É um resto de mato, na luz da manhã

[...]

Pau, pedra, fim, caminho
resto, toco, pouco, sozinho
caco, vidro, vida, sol, noite, morte, laço, anzol

São as águas de março fechando o verão
É a promessa de vida no teu coração

JOBIM, Tom. *Matita Perê*. [S.l.]: Universal Music, 1997.

Nik Neves/Arquivo da editora

2. Suportes da literatura na era de comunicação atual

A literatura existe para além dos livros impressos. Há muitos **suportes**, isto é, lugares físicos ou virtuais que servem para mostrar e divulgar um texto. O livro é um desses suportes, mas não é o único, pois há o jornal, a revista, os luminosos, os *blogs*, o celular, as faixas, os para-choques de caminhão.

Veja alguns suportes para literatura e outras formas de comunicação:

- Paradas de ônibus, janelas de ônibus e de trens, como em Porto Alegre

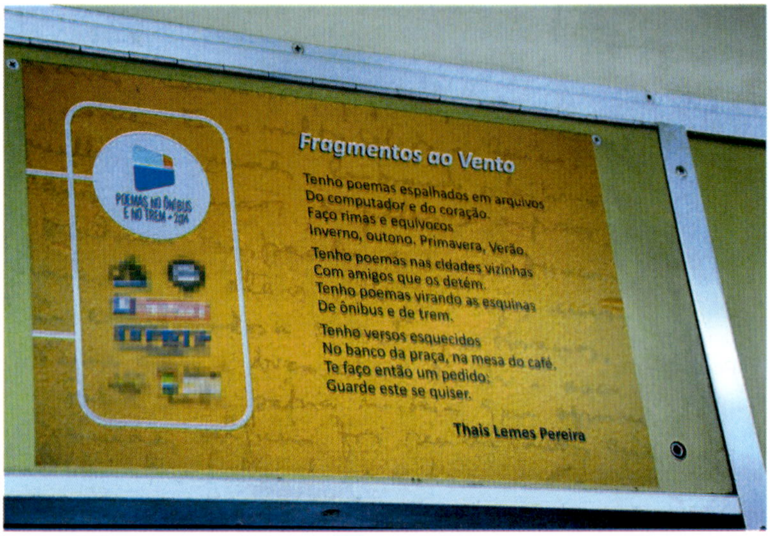

Reprodução/Trensurb

A Trensurb, de Porto Alegre, fixa nos trens de sua frota poesias selecionadas em concurso da Secretaria Municipal de Cultura de Porto Alegre.

- Internet

A literatura existe também em ambientes digitais, nos quais as possibilidades do próprio ambiente fazem parte do processo de escrita.

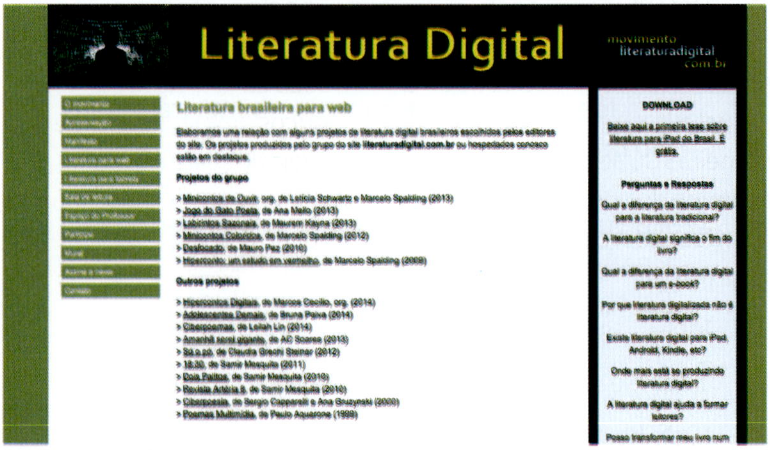

Reprodução/<http://www.literaturadigital.com.br>

Literatura Digital é uma página da internet com vários projetos como literatura para *tablets* e contos de ouvir. Disponível em: <www.literaturadigital.com.br>. Acesso em: 15 fev. 2015.

Reprodução/<http://www.pauloaquarone.com>

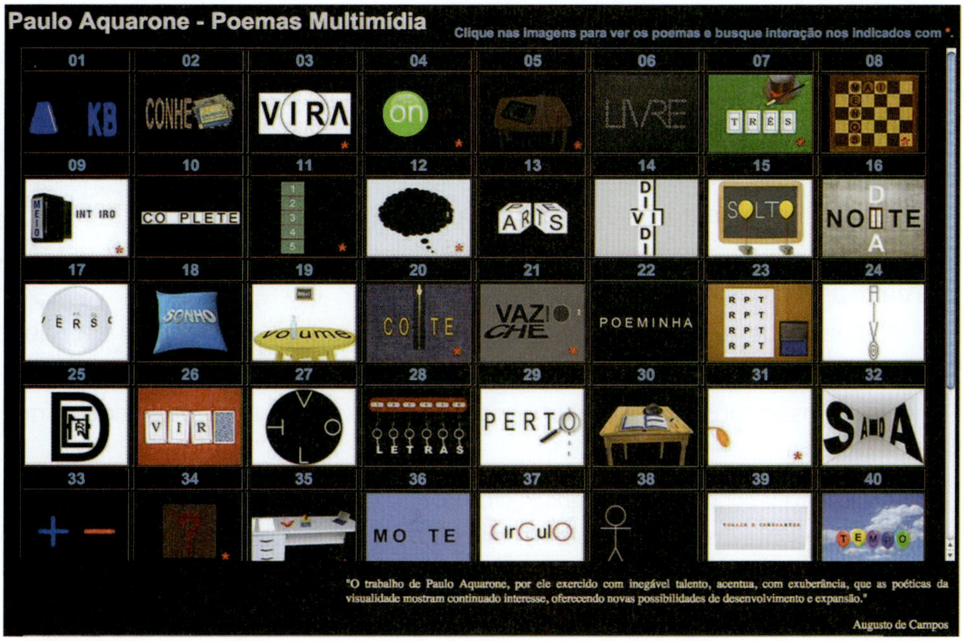

Página na internet com poemas multimídia de Paulo Aquarone, um dos precursores da poesia digital no Brasil. Disponível em: <www.pauloaquarone.com/projeto.html>. Acesso em: 25 fev. 2015.

Alguns dos poemas de Paulo Aquarone propõem interação com o leitor. Nestas fotos, é possível acompanhar a sequência de construção do poema, que se faz ao clique do leitor.

Fotos: Reprodução/<http://www.pauloaquarone.com>

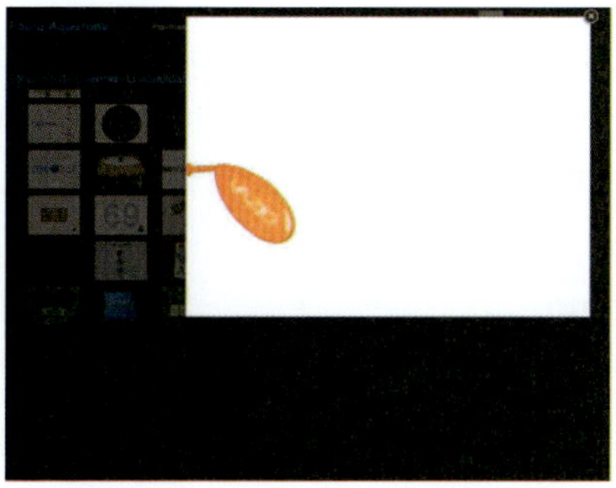

Poema multimídia de Paulo Aquarone. Disponível em: <www.pauloaquarone.com/projeto.html>. Acesso em: 25 fev. 2015.

Língua: usos e reflexão

Período composto (I)

Determinados sentidos produzidos pelo conto "Circuito fechado (3)" só são possíveis porque a construção desse texto foi planejada com frases e expressões elaboradas de modo especial: trata-se de frases curtas que são "juntadas", isto é, as frases se **justapõem** uma após a outra, com poucos elementos de ligação entre elas. Uma das maneiras de perceber os sentidos possíveis do texto é observar a sequência das ações ao longo do conto.

Isso também acontece na organização de cada frase que compõe o texto. Releia esta frase de "Circuito fechado (3)":

Vinte litros, da comum.

Trata-se de uma **frase** formada pela junção das expressões:

Vinte litros + **da comum**

Frase: unidade de comunicação que pode ser expressa por uma ou por várias palavras; apresenta ou não verbo.
Oração: frase que se organiza em torno de um verbo. Geralmente apresenta sujeito e predicado.
Período: enunciado com sentido completo. Na escrita geralmente é iniciado por letra maiúscula e tem o término marcado por um sinal de pontuação (ponto-final, ponto de exclamação, ponto de interrogação ou reticências).

O sentido dessa frase é construído pelas imagens que formamos com base na relação possível entre essas expressões e pelo contexto do conto: "Vinte litros" nos faz pensar em algo líquido, a expressão "da comum" nos leva a associar esse líquido à gasolina, pois, em geral, a frase toda é bastante utilizada no dia a dia, quando alguém vai ao posto abastecer o automóvel.

Há uma vírgula entre as duas expressões, mas não há outros elementos de ligação explícitos. Podemos dizer que a ligação, a coesão entre as expressões está implícita entre as palavras.

Não se pode afirmar que essa frase é também uma **oração**, pois ela não tem verbo. Trata-se de uma **frase nominal**.

Se ela fosse construída com um verbo, teríamos uma oração, ou **período simples**. Por exemplo:

frase formada por uma oração (período simples)

Coloque vinte litros da (gasolina) comum.

um só verbo (ou locução verbal)

O **período simples** é formado com um só verbo; é chamado de **oração absoluta**.
O **período composto** é formado com mais de uma oração.

No decorrer do texto também encontramos períodos em que são empregados vários verbos que não formam locução verbal. Trata-se de **períodos compostos**, pois cada verbo do período corresponde a uma oração. Por exemplo:

1ª oração | 2ª oração | 3ª oração

Passe mais tarde, ainda não **fiz**, não **está** pronto.

verbo | verbo | verbo

Considerando que cada oração se organiza em torno de um verbo, temos, nesse exemplo, um **período composto** por três orações. E as três orações, em sequência, também estão justapostas, isto é, organizadas uma depois da outra, quase sem elementos de ligação. A justaposição foi a forma de organização escolhida pelo autor para dar o sentido a ações que se repetem no dia a dia, praticadas em determinado ritmo.

- Conversem e identifiquem a(s) alternativa(s) que melhor atende(m) à pergunta: que efeito de sentido é obtido ao se produzir o conto com predomínio de frases e expressões justapostas?
  a) Efeito de lentidão, pois mostra uma personagem que age muito devagar.
  b) Efeito de repetição própria de rotina de sequência de ações da personagem.
  c) Efeito de um ritmo regular para as ações da personagem.
  d) Efeito de rapidez para dar deixar o texto mais sem sentido.

Analisar o modo como os termos de um período — palavras ou orações — se relacionam ajuda a perceber de que maneira as ideias se encadeiam em um texto, ou seja, como as relações entre as ideias se estabelecem. A seguir, portanto, estudaremos os tipos de relação existentes entre as orações que formam o período composto. Essas relações ajudam a garantir a **coesão do texto**.

Coordenação e subordinação: recursos de coesão no período composto

No trabalho com o conto "Circuito fechado (3)", procurou-se ressaltar sobretudo o recurso da justaposição de frases, essencial ao sentido desse texto.

Leia a letra de música a seguir, do compositor baiano Caetano Veloso. Observe que se trata de uma canção em que a justaposição das imagens ajuda a construir o sentido.

Não se perca de mim
Não se esqueça de mim
Não desapareça
A chuva tá caindo
E quando a chuva começa
Eu acabo perdendo a cabeça
Não saia do meu lado
Segure o meu Pierrot molhado

E vamos embolar ladeira abaixo
Acho que a chuva ajuda a gente a se ver
Venha veja deixa beija seja
O que Deus quiser

[...]

VELOSO, Caetano. *Chuva, suor e cerveja*. In: *Caetano... muitos carnavais...* [S.l.]: Universal Music, 1989.

Nik Neves/Arquivo da editora

Observe como o recurso da justaposição foi associado a outras formas de organizar o período:

Não se perca de mim
Não se esqueça de mim
Não desapareça

→ **Estas três orações estão encadeadas por justaposição, não há elemento de coesão entre elas.**

1ª oração / 2ª oração / 3ª oração

[...] a chuva tá caindo / e quando a chuva começa / eu acabo perdendo a cabeça.

- tá caindo → loc. verbal
- começa → verbo
- acabo perdendo → locução verbal
- quando → elemento de coesão *quando*: introduz uma **circunstância de** tempo relacionada à 3ª oração
- e → elemento de coesão e: liga a 2ª e a 3ª orações à 1ª oração **adicionando** ideias.

As palavras ***e*** e ***quando*** ligam orações e estabelecem relações de sentido entre elas. São chamadas de **conjunções** ou **conectivos.**

> **Conjunção** é um **conectivo**, classe de palavra que tem a função de ligar orações, isto é, de estabelecer relações de coesão e de sentido entre orações.

Para desenvolver esse trecho da letra de música, o autor empregou tanto a justaposição sem elementos de coesão explícitos quanto o encadeamento de frases por meio de elementos de coesão. Esses elementos estabelecem diferentes relações de sentido entre as frases: **explicação**, **adição de ideia**, **circunstância de tempo**.

Os períodos compostos, considerando as variadas formas de encadeamento de ideias, podem ser organizados por processos de coordenação ou de subordinação.

Período composto por coordenação

Leia estas orações justapostas em um único verso da canção sem elementos que as liguem.

1ª or. | 2ª or. | 3ª or. | 4ª or.

Venha **veja** **deixa** **beija** [...]

Considerando que a oração se organiza em torno de um verbo, como há quatro verbos nesse período, há quatro orações justapostas. Nenhuma delas depende sintaticamente de outra; cada oração é independente em relação às demais do período.

Nesse modo de organizar o período, as orações têm independência sintática umas das outras. São orações **coordenadas entre si**.

Veja como se encadeiam as orações quando não são independentes entre si.

Período composto por subordinação

Nem todo período é formado por orações independentes. Em alguns casos, uma oração tem função sintática dentro de outra. Por exemplo:

Nik Neves/ Arquivo da editora

1ª oração exige complemento → **Acho**

2ª oração complementa a anterior → que a chuva **ajuda** a gente

3ª oração complementa a anterior → a se **ver**

A primeira oração, formada por *Acho*, é complementada pela segunda oração: "que a chuva ajuda a gente". Observe que o verbo *achar* pede objeto direto. E é a segunda oração que exerce a função de **objeto direto** da primeira. Reveja:

1ª oração: **Acho** → verbo transitivo direto

2ª oração: que a chuva **ajuda** a gente → objeto direto do verbo *achar*

A terceira oração complementa o verbo da segunda oração: o verbo *ajudar* pede, além do objeto direto ("a gente"), o objeto indireto (terceira oração: "a se ver"). Observe:

2ª oração: que a chuva **ajuda** a gente — **ajuda** → v. transitivo direto e indireto; a gente → OD

3ª oração: a se **ver** → OI

A segunda oração é **subordinada** à primeira, isto é, tem com ela uma relação de dependência; e a terceira é **subordinada** à segunda, isto é, tem uma relação de dependência com a segunda. Pode-se dizer que esse período é organizado por orações que dependem umas das outras para ter seu sentido completo. Algumas orações (2 e 3) exercem função sintática em relação a outras do período. São orações **subordinadas**.

Hora de organizar o que estudamos

Período

- **Simples**
  - oração absoluta;
  - um só verbo.
- **Composto**
  - mais de uma oração;
  - dois ou mais verbos.
  - **Período composto por coordenação**
    - Orações independentes sintaticamente.
  - **Período composto por subordinação**
    - Orações sintaticamente dependentes umas das outras.

Orações coordenadas: classificação

Vamos retomar o estudo das orações coordenadas. Para isso, releia esta frase do texto "Circuito fechado (3)":

1ª oração: **Amanhã eu ligo** — 2ª oração: **digo alguma coisa**.

Amanhã eu ligo e digo alguma coisa.

conjunção *e*: elemento de ligação entre as duas orações

Se retirássemos a conjunção e, o sentido não seria alterado. Observe:

1ª oração: **Amanhã eu ligo** — 2ª oração: **digo alguma coisa**.

Amanhã eu ligo, digo alguma coisa.

As orações desse período são independentes. Nenhuma oração desempenha função sintática em relação à outra. Dizemos que a segunda oração está apenas coordenada à primeira oração e que esse período é classificado como um **período composto por coordenação**.

A palavra *e* é uma **conjunção** ou **conectivo**. Essa conjunção estabelece uma relação de adição, de junção de ideias entre as orações; por isso, o termo *e* é classificado como **conjunção aditiva**.

Vamos observar de que modo se classificam as orações coordenadas. Leia este período:

1ª oração: **Perdoe** — 2ª oração: **não tenho miúdo**.

Perdoe, não tenho miúdo.

Não há conjunção entre as orações, isto é, não há coesão explícita.

> Orações coordenadas de um mesmo período sem um conectivo explícito que as ligue são classificadas como **orações coordenadas assindéticas**.

Veja outro exemplo, agora do conto "Circuito fechado (3)", de período composto por coordenação, formado de orações coordenadas assindéticas.

1ª oração: **Passe mais tarde** — 2ª oração: **ainda não fiz** — 3ª oração: **não está pronto**.

Passe mais tarde, ainda não fiz, não está pronto.

Leia, a seguir, do mesmo conto, um exemplo de período composto por orações coordenadas ligadas por um elemento explícito.

1ª oração — 2ª oração

Amanhã eu ligo, e digo alguma coisa.

e → conjunção aditiva (elemento de ligação das orações)

Há períodos organizados por meio de **conjunção** (**conectivo**), isto é, pode-se identificar um elemento coesivo explícito entre as orações do período.

Veja este outro exemplo, tirado da letra da canção de Caetano Veloso:

1ª oração — 2ª oração

Segure o meu Pierrot molhado / e **vamos embolar** ladeira abaixo

e → conjunção aditiva

A oração coordenada iniciada por conjunção ou conectivo é classificada como **oração coordenada sindética**.

As orações coordenadas sindéticas são classificadas de acordo com a conjunção ou o conectivo que as inicia, isto é, de acordo com a relação de sentido entre as orações do período. Elas podem ser:

- aditivas;
- conclusivas;
- alternativas;
- adversativas;
- explicativas.

Leiam juntos as informações expostas a seguir.

Oração coordenada sindética aditiva

Releia esta frase do conto de Ricardo Ramos:

1ª oração — 2ª oração

Claro, fechei a porta e botei o carro pra dentro.

e → palavra que liga as 2 orações

São **conjunções coordenativas aditivas** estes termos: *e, nem, mas também, como também* (estas últimas precedidas de *não só*).

A oração destacada é iniciada pela conjunção e, que estabelece, como você já viu, uma relação de adição, de junção, de acréscimo em relação à oração ou à ideia que a precede. A oração iniciada por uma conjunção com esse sentido é classificada como **oração coordenada sindética aditiva**.

Observe outro exemplo de período de orações coordenadas. Observe duas construções feitas com ele.

or. coordenada assindética — or. coordenada sindética aditiva

Ele **não só pinta** quadros, como também **toca vários instrumentos**.

como também → conjunção coordenativa aditiva

oração coordenada assindética — oração coordenada sindética aditiva

Ele pinta quadros e toca vários instrumentos.

e → conjunção sindética aditiva

Observe que as conjunções coordenadas aditivas podem também ligar palavras com funções idênticas em uma única oração. Por exemplo:

objeto direto do verbo *pintar* (formado por 2 substantivos)

Ele pinta quadros e tecidos para decoração.

- pinta → verbo
- quadros → subst.
- tecidos → subst.
- e → conjunção ligando os substantivos do objeto direto

Oração coordenada sindética adversativa

Leia esta tira com o gato Garfield e observe, no período, o sentido da oração destacada.

Jim Davis/Universal Press Syndicate

DAVIS, Jim. Garfield. *Folha de S.Paulo*. São Paulo, 17 mar. 2005. p. E11.

No primeiro quadrinho da tira, há uma oração em destaque, iniciada pela conjunção *mas*. Reveja:

1ª oração	2ª oração
Foi bom visitá-lo, caramujo,	**mas eu tenho que ir embora.**

mas → palavra que liga as 2 orações

São **conjunções coordenativas adversativas**: *mas*, *porém*, *todavia*, *contudo*, *no entanto*, *entretanto*, etc.

Observe que a palavra *mas* introduz uma oração que indica **adversidade**, **contradição**, **quebra de expectativa** em relação à oração que a precede. A oração destacada é classificada como **coordenada sindética adversativa**.

Releia:

oração coordenada assindética	oração coordenada sindética adversativa	oração coordenada assindética
"É pena,	**mas hoje não posso,**	**tenho um jantar."**

mas → conjunção que liga a 1ª oração à 2ª oração

Observe que, no lugar da conjunção *mas*, podem ser empregadas outras conjunções adversativas sem ocorrer alteração de sentido. Por exemplo:

É pena, todavia / entretanto / no entanto, hoje não posso: tenho um jantar.

Oração coordenada sindética alternativa

Há dois tipos de relação de **alternância**. Um deles é possível perceber ao ler a tira reproduzida a seguir. Observe as orações destacadas.

Charles Schulz/United Feature Syndicate, Inc.

SCHULZ, Charles M. Minduim. *O Estado de S. Paulo*, São Paulo, 10 jan. 2005. p. D-4.

As orações em destaque, iniciadas pela conjunção *ou*, indicam uma relação de alternância de **exclusão**: se uma das ações se concretiza, a outra não pode ocorrer. Reveja:

São **conjunções coordenativas alternativas**: *ou*, *ora... ora*, *ou... ou*, *quer... quer*, etc.

oração coordenada sindética alternativa | oração coordenada sindética alternativa

Ou você me dá o lençol, ou eu vou dar um nó nas suas orelhas [...].

conjunção alternativa

Outro tipo de relação de alternância que se nota em orações coordenadas pode ser exemplificado na frase a seguir. Leia-a.

oração coordenada sindética alternativa | oração coordenada sindética alternativa | oração coordenada assindética

Ora o escolhido é você, ora é o seu adversário, a vida segue assim.

conjunção alternativa

Note que, nesse caso, as duas ações são possíveis, uma não elimina a outra: em um momento da vida o escolhido é você, no outro é o adversário. Trata-se de uma alternância que tem sentido de **troca de posições**: ora um, ora outro.

Assim, as orações coordenadas alternativas podem ter sentido de:

- exclusão de um fato em relação a outro;
- troca de posições, sem que haja exclusão nem anulação de um fato em relação a outro.

Oração coordenada sindética conclusiva

Leia o trava-língua:

Para desenferrujar a língua

Barão de Itararé

O compadre compra coco?
Não, compadre. Como pouco coco, portanto pouco coco compro.

TORELLY, Aparício [Barão de Itararé]. *Almanhaque* 1955, segundo semestre, ou *Almanaque d'A Manha*. São Paulo: Edusp, 2002. p. 81. O nome da publicação era, de fato, *Almanhaque* por causa da relação com a palavra *manhã*.

Nik Neves/Arquivo da editora

A oração destacada estabelece relação de **conclusão** em referência à oração anterior. Conclui algo que estava implícito na outra oração.

A seguir, observe possibilidades de substituição de uma conjunção conclusiva por outra também conclusiva.

oração coordenada assindética — oração coordenada sindética conclusiva

São crianças, então precisam brincar.

São crianças,
- **portanto** precisam brincar.
- **logo** precisam brincar.
- precisam, **pois**, brincar.
- **por isso** precisam brincar.
- **de modo que** precisam brincar.

Conhecer essas possibilidades o ajudará no momento de produzir os próprios textos, pois você conhecerá mais alternativas para se expressar.

São **conjunções coordenativas conclusivas**: *então*, *logo*, *portanto*, *pois* (depois do verbo), *por isso*, *de modo que*.

Oração coordenada sindética explicativa

Leia:

Charles Schulz/United Feature Syndicate, Inc.

SCHULZ, Charles M. *Ser cachorro é um trabalho de tempo integral.* São Paulo: Conrad Editora do Brasil, 2004. p. 67.

A oração destacada é a que explica, confirma, fundamenta a ideia contida na oração anterior. Reveja:

oração coordenada assindética — oração coordenada sindética explicativa

Ele ficará petrificado, porque sabe que não existe defesa contra uma cascavel.

porque: conjunção explicativa, introduz uma explicação para a oração anterior

São **conjunções coordenativas explicativas**: *porque*, *que* (= pois/porque), *pois* (antes do verbo da oração a que pertence).

Releia:

or. coord. assindética / or. coord. assindética / or. coord. assindética / or. coord. sindética

Não se **perca** de mim / Não se **esqueça** de mim / Não **desapareça** / Que a chuva **tá caindo**

Que → conjunção explicativa (o que equivale a *pois/porque*)

oração coordenada assindética / oração coordenada sindética explicativa (= porque saberiam de coisas incríveis)

Os adultos **deveriam ouvir** mais os jovens, pois **saberiam** de coisas incríveis.

pois → conjunção explicativa

Hora de organizar o que estudamos

Em seu caderno, copie o esquema abaixo e complete-o com exemplos das conjunções. Para isso consulte o que foi estudado nesta seção.

Período composto por coordenação

- Orações coordenadas **assindéticas** → Orações organizadas sem conjunção.
- Orações coordenadas **sindéticas** → Orações introduzidas por **conectivos** (conjunções).

Aditivas	**Adversativas**	**Alternativas**	**Conclusivas**	**Explicativas**
Conjunções:	Conjunções:	Conjunções:	Conjunções:	Conjunções:
▮▮▮▮▮	▮▮▮▮▮	▮▮▮▮▮	▮▮▮▮▮	▮▮▮▮▮
▮▮▮▮▮	▮▮▮▮▮	▮▮▮▮▮	▮▮▮▮▮	▮▮▮▮▮
▮▮▮▮▮	▮▮▮▮▮	▮▮▮▮▮	▮▮▮▮▮	▮▮▮▮▮

Atividades: período composto por coordenação

1. Consulte, nas páginas anteriores, as conjunções que introduzem orações coordenadas. No caderno, reescreva as frases propostas a seguir utilizando a conjunção mais adequada para ligar as orações que compõem as frases. Faça as adaptações necessárias.
   a) "Passe mais tarde, ainda não fiz, não está pronto."
   b) "Ontem aquele calor, hoje chovendo."
   c) "Espere, mais tarde nós vamos."
   d) O presidente não fez declarações sobre o caso. O presidente preferiu esperar o resultado das investigações.
   e) A atmosfera do planeta dá sinais de desequilíbrio. O ser humano continua agredindo a natureza.
   f) O goleiro não tocou a bola. O goleiro estava mal posicionado.
   g) Não deixe de vir à minha festa. Quero ficar com você.
   h) Nós brigamos ontem. Não sairemos juntos hoje.
   i) Você vai para um lado, vai para o outro, nunca fica no lugar.

2. Em seu caderno reescreva os períodos completando-os adequadamente. Para isso, acrescente, em cada um deles, uma oração que atenda à ideia expressa nos parênteses. Utilize a conjunção adequada para estabelecer a relação de coesão entre as orações.

- O aniversário estava bem animado ■. (adição, sequência de ações)
  O aniversário estava bem animado **e** todos ficaram até o amanhecer.
- O aniversário estava bem animado, ■. (adversidade, oposição)
  O aniversário estava bem animado, **mas** a maioria preferiu ir a uma balada.
- O aniversário estava bem animado, ■. (explicação)
  O aniversário estava bem animado, **pois** a música não parava um só instante.

a) As meninas se aproximaram dos meninos ■. (adição, sequência de ações)
As meninas se aproximaram dos meninos, ■. (adversidade, oposição)
As meninas se aproximaram dos meninos, ■. (conclusão, dedução)

b) Os deputados preferiam votar, ■. (adversidade, oposição, contrariedade)
Os deputados preferiam votar, ■. (explicação)
Os deputados ■ preferiam votar ■. (alternância)

c) Há jovens se casando muito cedo ■. (explicação)
Há jovens se casando muito cedo, ■. (adversidade, oposição, contrariedade)
Há jovens se casando muito cedo ■. (adição, sequência de ações)

d) Os jovens querem expressar suas ideias, ■. (adversidade, oposição, contrariedade)
Os jovens querem expressar suas ideias, ■. (conclusão, dedução)
Os jovens querem expressar suas ideias, ■. (explicação)

Nik Neves/Arquivo da editora

3. No caderno, reescreva as frases propostas a seguir empregando conjunções que possam substituir as que foram destacadas, sem prejudicar a coesão dos períodos.

a) Não tire a blusa aqui dentro **que** está frio!

b) **Quer** chova, **quer** faça sol, irei ao *show* de música sertaneja.

c) Todos estranharam sua reação, **no entanto** ninguém falou o que estava pensando para não contrariá-lo.

d) Mariana não gostou do que você disse; **logo** trate de pedir desculpas.

e) Todos os participantes da competição trouxeram os uniformes **e** as doações de alimentos não perecíveis.

f) O representante da ONG precisa de voluntários para realizar o plantio das mudas de árvore no parque da cidade, **de modo que** devemos ajudá-lo.

g) Gostei muito da sua iniciativa na reunião do grupo ontem, **mas** você precisa ir com mais calma.

h) Voltaremos cedo para casa **porque** está chovendo.

4. Leia a tirinha com as personagens Calvin e Haroldo e, no caderno, responda às questões propostas abaixo.

Bill Watterson/Universal Press Syndicate

WATTERSON, Bill. O melhor de Calvin. *O Estado de S. Paulo*. São Paulo, 8 jul. 2005. p. D10.

a) Ao falar do verão, no primeiro quadrinho a personagem Calvin relaciona as condições do ambiente. O garoto expressa essas condições organizadas em orações. Quantas orações emprega para isso?

b) Pode-se afirmar que a maior parte das condições foi estruturada por um processo de justaposição? Explique.

c) A impressão causada pela sequência de orações no primeiro quadrinho leva o leitor a pensar que Calvin gosta ou não gosta das condições do ambiente? Explique.

d) Que elemento de coesão quebra a expectativa causada pela impressão do primeiro quadrinho?

5. Em seu caderno, reescreva as orações de cada alternativa organizando-as em um só período, empregando os **elementos coesivos** adequados para ligar as orações. Faça as adaptações necessárias, até mesmo a alteração da ordem de apresentação das orações.

a) Muitos países ricos querem a diminuição de poluentes da atmosfera. Muitos desses países ricos não seguem o **Protocolo de Kyoto**.

b) Muitos jovens anseiam por liberdade. Muitos jovens acham que ter liberdade é poder fazer o que quiserem.

c) A água será o bem mais precioso nas próximas décadas. As fontes de água potável estão se esgotando. A conscientização sobre o uso responsável da água é necessária.

d) Decidir namorar. Decidir ficar. O jovem precisa de oportunidades para conhecer o outro. O jovem precisa de oportunidades para se conhecer.

A Z

Protocolo de Kyoto: tratado internacional que tem por objetivo discutir possibilidades de os países reduzirem a emissão dos gases que agravam o efeito estufa e provocam o aquecimento global. Implantado em 1997 na cidade japonesa de Kyoto, o protocolo foi assinado por 84 nações, mas diversos países bastante responsáveis pela poluição desligaram-se desse acordo até 2012. Nesse ano, após a Conferência das Partes (COP 18), o protocolo teve sua validade prorrogada até 2020.

Produção de texto

Gêneros: conto breve ou miniconto

Conto

O quê?
Conto breve ou miniconto inspirado em manchete e em imagem.

Para quem?
Para os convidados do sarau.

Para quê?
Entreter, estimular a imaginação. Participar de um sarau com a reunião dessas narrativas.

Nesta seção, o desafio é produzir contos breves ou minicontos: um deles inspirado por manchete de jornal, o outro inspirado por uma imagem.

Antes de iniciar sua produção, leia um miniconto e acompanhe os comentários sobre essa narrativa.

Miniconto e elementos da narrativa

- Leia o miniconto de Wilson Freire reproduzido a seguir. Nesse miniconto, com economia de linguagem o autor narra uma história que desafia o leitor a completar o que não está escrito, buscando deduzir elementos da narrativa.

BALA PERDIDA

Acorda, levanta, vai ganhar a vida...
(Disparos)
... passou tão rápida.

WILSON FREIRE

In: FREIRE, Marcelino (Org.). *Os cem menores contos...*, op. cit., p. 211.

Leia o quadro que apresenta os elementos do miniconto "Bala perdida".

Elementos da narrativa	O que pode ser inferido
Personagens	Um narrador e/ou uma personagem que vive os fatos (acorda, levanta...).
Tempo	O tempo entre as ações.
Espaço	Doméstico, rua – dentro e fora de casa – ou outro.
Ação/Enredo	Momentos do enredo: situação inicial (acorda, levanta...); clímax (disparo); desfecho (morte da personagem).
Narrador	Narrador em 3ª pessoa ou narrador-personagem.

Observe que, pelo texto, o leitor também pode inferir o contexto histórico-social dos fatos narrados: cotidiano de violência em grandes centros urbanos ou, até mesmo, em pequenas cidades.

Produção de conto breve ou miniconto inspirado em manchete de jornal

1. O desafio é escolher uma das manchetes a seguir e, inspirado por ela, produzir um miniconto. Leia-as:

> **Pai solteiro participa de aulas para aprender a fazer penteados em filha de 3 anos**
>
> Disponível em: <http://atl.clicrbs.com.br/mundoidao>. Acesso em: 27 fev. 2015.

> **Homem escreve carta de amor a esposa todos os dias em 40 anos**
>
> Disponível em: <http://atl.clicrbs.com.br/mundoidao>. Acesso em: 27 fev. 2015.

> **Ele foi deixado dias antes do casamento e agora leiloa o pacote de viagem de lua de mel**
>
> Disponível em: <http://atl.clicrbs.com.br/mundoidao>. Acesso em: 27 fev. 2015.

2. Inspirado por sua escolha, defina os elementos de sua narrativa, produzindo, no caderno, um quadro como o do conto "Bala perdida", indicando personagens, tempo, espaço, ação, narrador.
3. A narrativa também precisa dar ao leitor indicações das partes principais do enredo:
   - situação inicial;
   - conflito;
   - clímax;
   - desfecho.
4. Defina a posição do narrador de sua história.
5. Lembre-se de que a narrativa deve ser curta, portanto, escolha bem a linguagem para produzir, com poucas palavras, os efeitos de sentido desejados. Economize na linguagem, mas não na criatividade!
6. Troque sua narrativa com um colega: leia a dele enquanto ele lê a sua. Faça as anotações necessárias para ajudá-lo a aprimorar a história. Devolva para ele o trabalho e retome o seu comentado. Faça as alterações pertinentes.

Produção de conto breve ou miniconto inspirado em imagem

1. O desafio é inspirar-se em uma das imagens a seguir para produzir um conto breve ou um miniconto.

Yana Zastolskaya/Shutterstock/Glow Images

Zastolskiy Victor/Shutterstock/Glow Images

2. Siga as mesmas etapas — 2 a 6 propostas acima — para escrever seu miniconto.

Sarau: organização

■ Conforme combinado com o professor, a classe deve organizar o sarau. Para isso, uma possibilidade é:
- distribuir os convites para a comunidade escolar;
- organizar, no espaço reservado para o evento, as narrativas produzidas para que todos possam lê-las;
- preparar a leitura em voz alta dos contos breves e dos minicontos para o sarau.

Outro texto do mesmo gênero

Nik Neves/Arquivo da editora

Circuito fechado (1)

Ricardo Ramos

Chinelos, vaso, descarga. Pia, sabonete. Água. Escova, creme dental, água, espuma, creme de barbear, pincel, espuma, gilete, água, cortina, sabonete, água fria, água quente, toalha. Creme para cabelo, pente. Cueca, camisa, abotoaduras, calça, meias, sapatos, gravata, paletó. Carteira, níqueis, documentos, caneta, chaves, lenço, relógio, maço de cigarros, caixa de fósforos. Jornal. Mesa, cadeiras, xícara e pires, prato, bule, talheres, guardanapo. Quadros. Pasta, carro. Cigarro, fósforo. Mesa e poltrona, cadeira, cinzeiro, papéis, telefone, agenda, copo com lápis, canetas, bloco de notas, espátula, pastas, caixas de entrada, de saída, vaso com plantas, quadros, papéis, cigarro, fósforo. Bandeja, xícara pequena. Cigarro e fósforo. Papéis, telefone, relatórios, cartas, notas, vales, cheques, memorandos, bilhetes, telefone, papéis. Relógio. Mesa, cavalete, cinzeiros, cadeiras, esboços de anúncios, fotos, cigarro, fósforo, bloco de papel, caneta, projetor de filmes, xícara, cartaz, lápis, cigarro, fósforo, quadro-negro, giz, papel. Mictório, pia, água. Táxi. Mesa, toalha, cadeiras, copos, pratos, talheres, garrafa, guardanapo, xícara. Maço de cigarros, caixa de fósforos. Escova de dentes, pasta, água. Mesa e poltrona, papéis, telefone, revista, copo de papel, cigarro, fósforo, telefone interno, externo, papéis, prova de anúncio, caneta e papel, relógio, papel, pasta, cigarro, fósforo, papel e caneta, telefone, caneta e papel, telefone, papéis, folheto, xícara, jornal, cigarro, fósforo, papel e caneta. Carro. Maço de cigarros, caixa de fósforos. Paletó, gravata. Poltrona, copo, revista. Quadros. Mesa, cadeiras, pratos, talheres, copos, guardanapos. Xícaras. Cigarro e fósforo. Poltrona, livro. Cigarro e fósforo. Televisor, poltrona. Cigarro e fósforo. Abotoaduras, camisa, sapatos, meias, calça, cueca, pijama, chinelos. Vaso, descarga; pia, água, escova, creme dental, espuma, água. Chinelos. Coberta, cama, travesseiro.

RAMOS, Ricardo, op. cit., p. 21-22.

Autoavaliação

Chegou o momento de fazer um balanço de tudo o que foi estudado no Capítulo 2. Leia o quadro de conteúdos para recordar o que estudou e, no caderno, avalie seu desempenho usando os tópicos propostos a seguir como orientação. Isso o ajudará na hora de organizar seus estudos.

Meu desempenho

- **Avancei em** (registre no caderno os itens em que você melhorou)
- **Preciso rever** (registre no caderno os itens que você precisa estudar mais)
- **Outras observações e/ou outras atividades**

CONTEÚDOS	
1. Gênero	Contos • "Circuito fechado (3)", Ricardo Ramos • "73", Dalton Trevisan • "No messenger", Leonardo Brasiliense
2. Leitura e interpretação de texto	Momentos e elementos da narrativa Sequências textuais
3. Língua: usos e reflexão	Período composto e coesão textual (I) • Coordenação e subordinação: recursos de coesão no período composto • Período composto por coordenação • Período composto por subordinação • Orações coordenadas: classificação
4. Produção textual	**Escrita** Conto breve ou miniconto inspirado em manchete de jornal Conto breve ou miniconto inspirado em imagem
5. Participação	**Prática de oralidade** Debate
6. Ampliação de leitura	Leitura de *Outras linguagens*: história em quadrinhos Leitura e produção de relações entre textos da seção *Conexões* Leitura de *Outro texto do mesmo gênero*: • "Circuito fechado (1)", Ricardo Ramos

Nik Neves/Arquivo da editora

Sugestões

Sugestões para você conhecer outros livros, filmes, *sites* e CDs que podem fazer você rir, se emocionar e, ao mesmo tempo, ampliar seu conhecimento do mundo, do outro e de si mesmo.

Leia mais

***Os cem menores contos brasileiros do século*. Marcelino Freire. Ateliê Editorial.**

Este livro é o resultado de um desafio feito a cem escritores brasileiros: que compusessem minicontos usando no máximo 50 letras. A obra conta com nomes como Dalton Trevisan, Millôr Fernandes, Adriana Falcão, Sérgio Sant'Anna, Marcelo Mirisola, Manoel de Barros, Modesto Carone, entre outros.

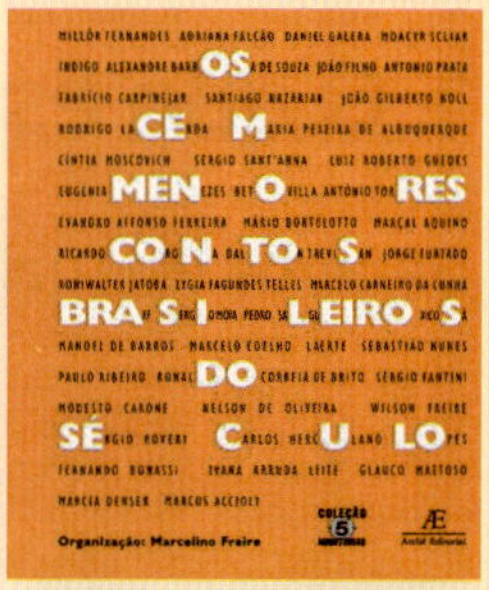

Ateliê Editorial/Arquivo da editora

***A lua no cinema e outros poemas*. Vários autores. Companhia das Letras.**

Este livro é dividido em quatro partes: "O verbo ser e outros verbos", "Não sei se isto é amor e outras dúvidas", "Na ribeira deste rio e outras paisagens" e "Não coisa e outras coisas". Entre os 19 escritores que representam a poesia de língua portuguesa, estão os brasileiros Cacaso e João Paulo Paes e os portugueses Sophia de Mello Breyner Andresen e Fernando Pessoa. Abordam questões e valores que tudo têm a ver com os jovens.

Editora Companhia das Letras/Arquivo da editora

Veja mais

www.leonardobrasiliense.com.br

O escritor Leonardo Brasiliense recebeu o prêmio Jabuti em 2007 e 2011. Nesta página, o autor disponibiliza alguns dos minicontos escritos por ele. Também é possível conhecer outras publicações e um pouco mais sobre sua biografia. (acesso em: 27 fev. 2015).

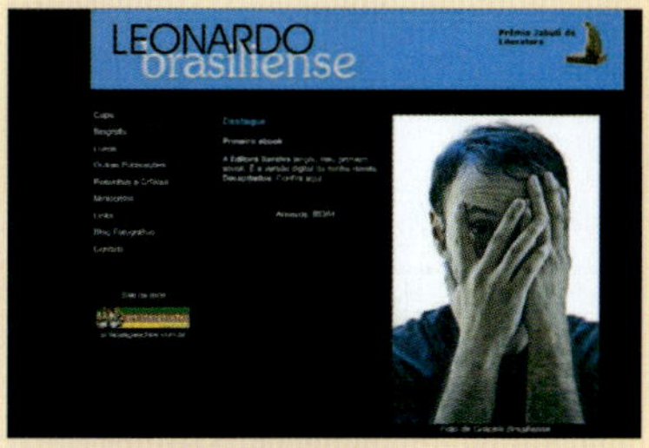

Reprodução/<www.leonardobrasiliense.com.br>

***O carteiro e o poeta*. Buena Vista Pictures. DVD.**

Neste filme de ficção, o poeta chileno Pablo Neruda fica exilado em uma ilha da Itália. Lá, começa uma amizade com o carteiro encarregado de suas correspondências, que lhe pede ajuda para aprender a escrever versos e conquistar uma moça do povoado.

Bureau L.A. Collection/Sygma/Corbis/Latinstock

Ouça mais

***Galáxias*. Haroldo de Campos. Editora 34. Livro e CD.**

O livro *Galáxias* foi escrito ao longo de treze anos. A "proesia" de Haroldo de Campos pode ser conhecida não apenas em sua forma escrita, mas também através da leitura do autor. O CD *Isto não é um livro de viagem* registra 16 fragmentos gravados na voz do próprio autor, que nos aproximam de sua viagem pela literatura e pelo universo da linguagem.

Haroldo de Campos/Arquivo da editora

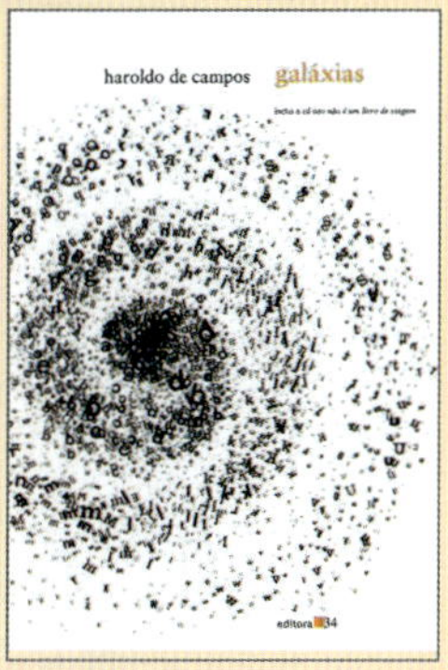

Editora 34/Arquivo da editora

Ponto de chegada

1. O que estudamos nesta Unidade

Gêneros textuais

- Copie os esquemas no caderno. Lembrando-se do que estudou neste capítulo e no anterior, complete-os. Para isso, use as expressões propostas no quadro. Se considerar necessário, empregue outras.

Elementos: personagem, tempo, espaço, ação/enredo.
Exploração da musicalidade, da sonoridade, do ritmo.
Exploração da disposição das palavras no papel.
Situação inicial, conflito, clímax, desfecho.
Organização de versos distribuídos em estrofes.
Organização do texto em parágrafos.
Presença do eu lírico.
Presença de um narrador.
Sequências textuais.
Predominância de sequências textuais.

Poema
↓
Gênero textual que estrutura a escrita em versos organizados em estrofes.
↓
Linguagem e construção

Minicontos
↓
Narrativas curtas de fatos imaginados, fictícios.
↓
Linguagem e construção

Língua: usos e reflexão

1. Complete o esquema a seguir indicando ao menos dois exemplos de conjunção empregadas em cada caso de oração coordenada sindética. Consulte, se necessário, os estudos feitos nos capítulos desta unidade.

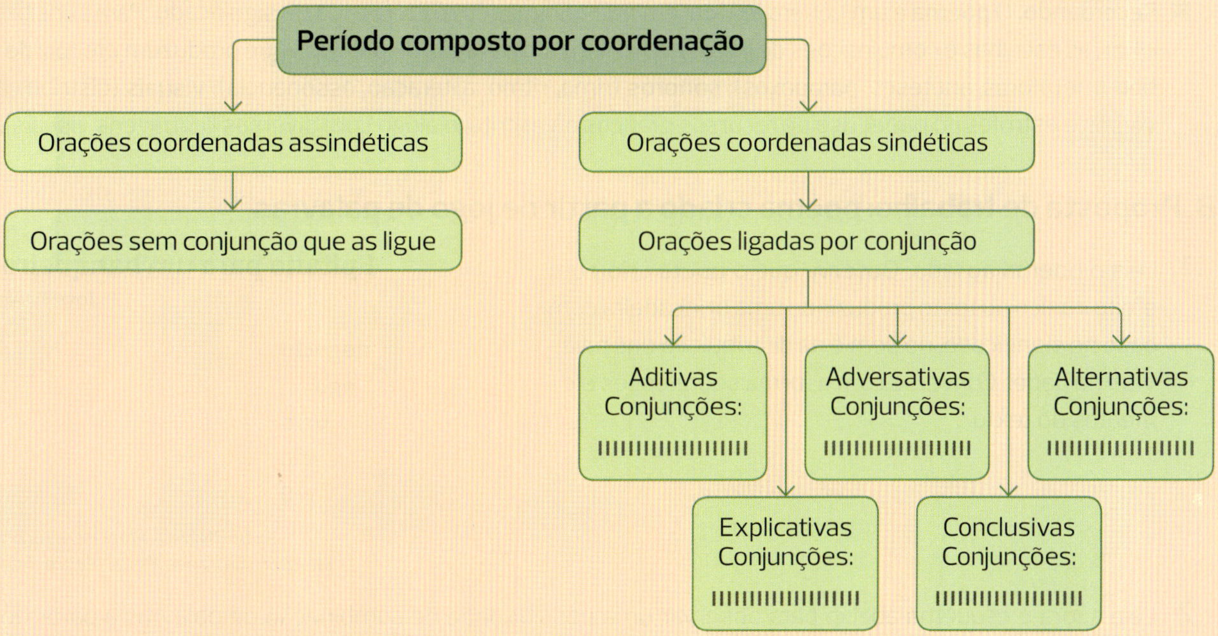

2. Em cada uma das tiras a seguir há uma frase em que o elemento de coesão foi apagado. Copie essas frases em seu caderno e substitua os ■ pelos elementos de coesão adequados ao sentido.

a)

BROWNE, Dik; BROWNE, Chris. *O melhor de Hagar, o horrível.* Porto Alegre: L&PM, 2013. v.5. p. 9.

b)

DAVIS, Jim. *Garfield, um gato em apuros.* Porto Alegre: L&PM, 2013. p. 47.

Suryara Bernardi/Arquivo da editora

2. Produção: poema

A. Aquecimento

- **Recordando.** O **poema** é um gênero textual em que a linguagem é carregada de significado. Para sensibilizar o leitor, as escolhas e combinações de linguagem priorizam os jogos de palavras que produzem efeitos: **de sentido** (metáforas, antíteses, paradoxos); **sonoros** (rima, ritmo, aliteração, assonância); **visuais** (distribuição de versos e estrofes no papel, uso de recursos gráficos na escrita, diálogo com diversas linguagens visuais).

B. Proposta de trabalho: poema criado a partir de jogo de palavras

1. Leia o poema ao lado. Observe que o poeta criou um efeito irônico no texto produzindo uma brincadeira com base no significado, no som e na distribuição das palavras no papel. Converse com a turma sobre esses elementos do texto.

Epitáfio para um banqueiro

José Paulo Paes

negócio
ego
ócio
cio
0

In: BERNARDI, Francisco. *As bases da literatura brasileira*. Porto Alegre: Age, 1999.

2. Leia agora o esquema abaixo para observar uma possibilidade de combinação de palavras a partir do jogo entre letras e fonemas de uma palavra, produzindo um texto de caráter poético.

C	A	T	A	V	E	N	T	O
C	A	T	A					
				V	E	N	T	O
	A	T	A					
			A				T	O
			A	V	E			
		T	A				T	O
				V	E			
				V	E	M		
		T			E	N	T	O
		T	A			N	T	O
	A	T			E	N	T	O

Cata-vento

Cata-vento
Vem atento
Cata o vento
Venta e tanto
E tanto venta

Ata o vento
Ata a ave
E a ave
Que tem tato
Vem no vento

Vem no ato
Cata o vento
Ata e vem
Vem e ata
Cata-vento

Texto produzido pelas autoras desta obra.

3. Use o processo da cruzadinha como ponto de partida para a escrita de um poema:
   - em uma folha de papel quadriculado, escreva uma palavra que o professor vai indicar, colocando uma letra em cada quadradinho;
   - forme o maior número possível de outras palavras com as letras dessa palavra;
   - escreva um texto de caráter poético, com a associação que as palavras formadas possibilitarem;
   - leia o texto em voz alta, fazendo alterações para produzir os efeitos de significado e de sonoridade desejados.

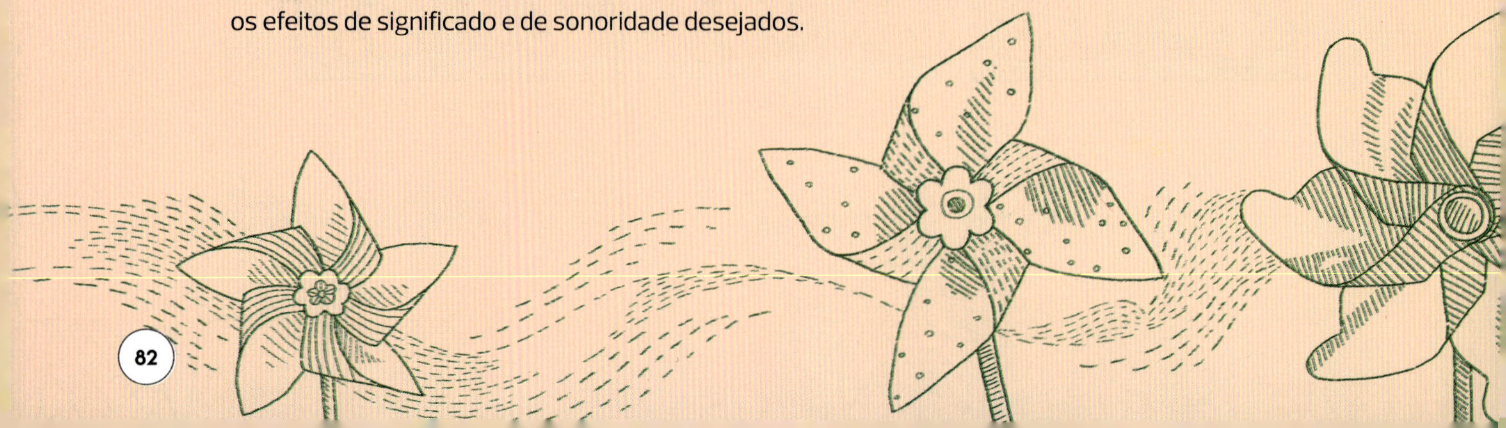

C. Preparo da produção escrita

Características do gênero

Poema

O quê?
Poemas em que novas formas de organização de linguagem devem produzir efeitos de sentido inusitados.

Com que intenção?
Produzir poemas buscando efeitos de sentido (visual, sonoro e de significado) por meio de jogo de palavras.

Por que motivo?
Entreter, sensibilizar com base em novos arranjos de linguagem.

Para quem?
Para os leitores da antologia que reunirá os poemas produzidos.

Como fazer

Poema e jogo de palavras

Início

- Observar a composição/decomposição e a distribuição das palavras no papel.
- Criar poema com base na justaposição de palavras do quadro.
- Buscar a criação de efeitos de sentido por meio de arranjos de palavras, versos, estrofes.
- Produzir um poema que tenha como característica formas inovadoras de organizar a linguagem para provocar efeitos de sentido inusitados.
- Ler e comparar os poemas produzidos e fazer a reescrita, se necessário.
- Fazer a redação final do poema para compor uma antologia poética que também apresente novidades na linguagem e no projeto gráfico.

Roteiro do planejamento

Aspectos do poema

Efeitos de sentido pretendidos: ■   Recursos estilísticos que podem ser empregados: ■

Rascunho

- Elabore um rascunho em uma folha do caderno.

Reescrita definitiva

- Releia sua produção observando se ela está adequada ao que foi proposto. Em caso de dúvida, reveja as características do gênero no esquema acima. Reescreva seu texto no caderno.

D. Apresentação das produções escritas

1. Com os poemas escritos, a classe pode organizar esse material em uma antologia, isto é, uma publicação que reúne textos de autores diferentes ou textos de momentos distintos de um só autor.
2. Para organizar a antologia, sigam estes passos:
   - Leiam todos os poemas e escolham como organizar o material: por tema ou, por ordem alfabética de título.
   - Escolham um título para a antologia.

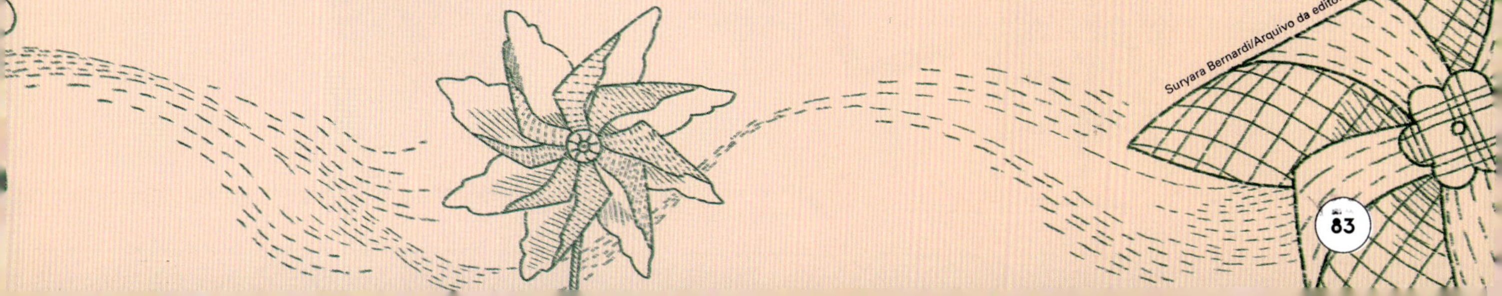

Suryara Bernardi/Arquivo da editora

Unidade 2

Rick Becker-Leckrone/Shutterstock/Glow Images

Jovens caminhando juntos.

A atemporal arte de narrar...

Conto e romance são gêneros narrativos do cotidiano de muitos leitores que apreciam as histórias da atemporal arte de narrar. As novas tecnologias possibilitaram outros suportes — além dos livros impressos — para esses gêneros garantindo a continuidade dessas formas de comunicação.

O romance, como o conhecemos hoje, é uma narrativa literária de longa duração, organizada com vários conflitos que podem ocorrer em espaços e tempos variados.

Ponto de partida

- Você já leu um romance? De que tipo?

Capítulo

3 Conto

Theo/Arquivo da editora

Conto e crônica são gêneros narrativos muito presentes na literatura brasileira.

A **crônica**, como a conhecemos hoje, começou a ser difundida no Brasil a partir da segunda metade do século XIX. Publicada inicialmente em jornal, ganhou como característica o texto curto e,como tema, os fatos da realidade. Com o tempo, desenvolveram-se vários tipos de crônica, como a de costumes, a política, a esportiva, entre outras. Muitas dessas histórias, por sua linguagem e seus recursos expressivos, deixaram de ser vistas como um gênero exclusivamente jornalístico e passaram a ser reconhecidas por seu valor literário, sendo reunidas em livro.

Na crônica, valorizam-se, em geral, as situações corriqueiras do cotidiano, em vez de fatos que causam impacto. Com base em um fato comum, o cronista escreve seu texto – às vezes com humor, às vezes tecendo críticas, às vezes com poesia e sensibilidade.

Hoje, a crônica circula em diferentes veículos de comunicação, como revista, rádio e tevê, além do jornal.

CONTEÚDO DIGITAL

O **conto** também é um gênero do narrar ficcional e, como a crônica, pode ser de curta duração, além de apresentar os elementos da narrativa: personagem, enredo ou ação, tempo, espaço e narrador. Os temas tratados no conto não se restringem aos fatos do cotidiano, como costuma ocorrer na crônica.

As semelhanças entre os dois gêneros, o conto e a crônica, geraram textos em que a distinção entre um e outro, às vezes, é difícil de ser percebida.

Vamos, agora, conhecer um exemplo da "mistura" de conto e crônica. Mas, para isso, você terá de desvendar um mistério: saber o que é uma *metonímia* e o que ela tem a ver com a história narrada!

O texto proposto a você neste capítulo foi publicado originalmente em 1955 em três capítulos, em uma revista semanal de variedades chamada *O Cruzeiro*. Aqui também está dividido em três partes.

Leia a história toda e perceba como a cronista/contista Rachel de Queiroz construiu sua narrativa.

Leitura

Metonímia, ou a vingança do enganado

(Drama em três quadros)

Rachel de Queiroz

Quadro I

Metonímia – a palavra me ficou na memória desde o ano de 1930, quando publiquei o meu livro de estreia, aquele romance de seca chamado *O Quinze*. Um crítico, examinando a obrinha, censurava-me porque, em certo trecho da história, eu falava que o galã saíra a andar "com o peito entreaberto na blusa". "Que disparate é esse?", indagava o sensato homem. "Deve-se dizer é: blusa entreaberta no peito". Aceitei a correção com humildade e acanhamento, mas aí o meu ilustre professor de Latim, Dr. Matos Peixoto, acudiu em meu consolo. Que estava direito como eu escrevera; que na minha frase eu utilizara uma figura de **retórica**, a chamada metonímia – **tropo** que consiste em **transladar** a palavra do seu sentido natural da causa para o efeito, ou do continente para o conteúdo. E citava o exemplo clássico: "taça espumante" – continente pelo conteúdo, pois não é a taça que espuma e sim o vinho. Assim sendo, "peito entreaberto" estava certo, era um simples emprego de metonímia. E juntos, numa nota de jornal, meu mestre e eu silenciamos o crítico. Não sei se o **zoilo** aprendeu a lição. Eu fui que a não esqueci mais. Volta e meia lá aplico a metonímia – acho mesmo que é ela a minha única ligação com a velha retórica.

Faz pouco tempo, por exemplo, dei com uma ocorrência de metonímia prática: certa senhora nossa conhecida, há anos hospedada numa pensão, saiu de repente da casa e passou a ser inimiga mortal da senhoria. Indagada da gente por que aquela inimizade repentina, quando todos sabíamos que a dona da pensão era boa alma, lhe dava injeções, lhe emprestava a bolsa de água quente e a acudia nos seus acessos cardíacos, a ofendida explicou:

A Z

retórica: a arte da palavra; a arte do bem dizer.

tropo: emprego figurado da palavra.

transladar (trasladar): transpor, mudar, transferir (o sentido).

zoilo: crítico que, por seu julgamento ácido, revela inveja ou incompetência.

Theo/Arquivo da editora

– O que eu não perdoo a ela é o telefone. Todo dia o telefone da copa me chamava – eu ia ver, era trote.

– Mas não era ela que dava trote!

– Não. Mas de quem era o telefone?

Agora sei de outro caso de metonímia aplicada, que ainda é mais importante, pois se trata de caso de crime. Relação de causa e efeito, ou mesmo culpar o continente pelo conteúdo – qualquer dos dois está certo.

Assim pois aconteceu numa cidade do interior – não conto onde, para não dar lugar a **maledicência**.

Diga o pecado mas não diga o pecador.

Pois nessa cidade do interior havia um homem; não era velho, mas pior que velho, porque era gasto. Em moço sofrera de **beribéri**, o que lhe arruinou para sempre o futuro. Tinha as pernas fracas, o peito cansado e asmático, a cor terrosa, o olhar vidrado de doente crônico. Contudo era homem de algumas posses, casa própria com loja **contígua**, onde instalara o armazém; vivesse ele no Ceará, o armazém se chamaria bodega, em Pernambuco venda, no Pará mercearia, em São Paulo empório. E já que eu não quero designar o local do crime, qualquer nome desses serve. Bodega ou empório, era comércio, e quem tem comércio tem dinheiro; de jeito que, apesar de tão **mal-ajambrado**, o nosso homem casou. Justiça se faça, que não tentou a Deus com nenhuma beldade: procurou moça pobre, magrinha, operária numa oficina de roupas de homem. Diziam até que ela tinha cara de **tísica**. Mas não contava o prezado amigo com os efeitos da boa nutrição no metabolismo feminino. Sei é que a cara-de-tísica, livrando-se das oito horas de trabalho à mesa de costura, passando a comer bem, em casa sua, a boa carne fresca, o seu bom tutu, a sua salada de pepino, os doces de lata, as doces laranjas da serra que o marido comprava aos centos para a freguesia, mudou como se fosse encantada. Começou a botar corpo, a aumentar as polegadas nos lugares certos – parece até que estava crescendo. E as cores do rosto, então! Ainda mais que, com a afluência de dinheiro, deu para se vestir bem, se pintar, ondular cabelo, usar engenho e arte a fim de aumentar os dotes naturais, pois não sei se contei que, de cara mesmo, ela não tinha nada de feia.

E assim bela e assim vestida e assim pintada e formosa, começou a lhe pesar o marido enfermiço, envelhecido antes do tempo. Que, mal fechava o armazém, tomava a janta de leite (tinha cisma com carne), pegava o jornal, sentava na cadeira-preguiçosa até a hora de ir para a cama. Não queria saber de cinema, nem de futebol, nem sequer de rádio. Até mesmo por amor não se interessava grande coisa, que aquele corpo franzino, amarelo, não era de pedir amores. Só a convivência morna, **insossa**, **ité**, como se diz em São Paulo.

E foi aí que o destino saiu dos seus cuidados e fez a primeira intervenção: **suscitou** um sargento.

QUEIROZ, Rachel de. *100 crônicas escolhidas. O caçador de tatu.* Rio de Janeiro: José Olympio, 1989. v. 4. p. 199-204.

A Z

maledicência: comentário maldoso; difamação, injúria.

beribéri: nome de uma doença que, por falta de vitamina B1, provoca polineurite, uma inflamação que enfraquece a musculatura e os nervos do corpo, além de causar edemas e problemas cardíacos.

contíguo: que está próximo.

mal-ajambrado: desarrumado, desajeitado.

tísico: tuberculoso.

insosso: sem sal; sem graça; desinteressante, monótono.

ité: que não tem gosto.

suscitar: fazer aparecer; ser a causa do aparecimento; ser motivo para.

Interpretação do texto

Compreensão

Esse texto de Rachel de Queiroz é um exemplo de gênero narrativo misto: um conto dentro de uma crônica. O texto do **Quadro I** pode ser dividido em duas partes:

- a parte inicial, que apresenta características de **crônica** (narrativa ligada a fatos do cotidiano), aparentemente narra **fatos da realidade** do autor, Rachel de Queiroz;
- o início do **conto** – uma narrativa que **prepara** o leitor para ler a história de um crime, a ser contada pela voz de um narrador observador na sequência da narrativa criando um suspense.

1. Em relação ao conto dentro da crônica de Raquel de Queiroz, pelo que leu no Quadro I, responda em seu caderno:

a) Onde acontecem os fatos narrados no conto propriamente dito?

b) Qual é a explicação dada pelo narrador para não identificar precisamente o lugar?

c) Quais são as personagens do conto?

2. O narrador conta que, depois do casamento, a moça "mudou como se fosse encantada". Responda no caderno.

a) Que mudanças foram essas?

b) Qual a causa dessas mudanças?

3. O último parágrafo do Quadro I – "E foi aí que o destino saiu dos seus cuidados e fez a primeira intervenção: suscitou um sargento." – marca um limite no desenvolvimento da história. Nesse momento uma nova personagem é introduzida: um sargento. Por que o aparecimento de um sargento é interpretado como um descuido do destino?

Theo/Arquivo da editora

Leitura

Quadro II

Claro, não era justo que a jovem esposa depois de **recondicionada** graças às finanças do marido tirasse vantagens dessa nova situação de mulher bonita, em prejuízo do **supradito** marido. Não era justo, mas este mundo vive de injustiças. E o sargento – quer fosse do Exército, da Aeronáutica, da Marinha ou dos Fuzileiros (não digo ao certo, firme no meu propósito de evitar identificação) –, o sargento era simpático, era musculoso, era jovem, era formidavelmente **marcial** dentro da farda justa ao peito, o andar elástico, a fala **ríspida** habituada ao comando.

A Z

recondicionada: recuperada.

supradito: já dito.

marcial: relativo a militares; que tem ar guerreiro.

ríspido: severo.

mormente: acima de tudo; principalmente.

fado: destino, sorte.

rouge: cosmético; pó vermelho que é espalhado na face para dar cor.

alardeado: mostrado, exibido.

fastio: aborrecimento; tédio.

Aconteceu que, um belo dia, servia a dama ao balcão (segundo era costume do casal, enquanto o marido almoçava), quando sobreveio o sargento. O que houve, o que não houve? Hoje é difícil reconstituir. Parece que ele pediu um maço de cigarros. Depois queria um vermute. Por fim pediu licença para escutar o noticiário esportivo no rádio que tocava perto do balcão. Seria pretexto para se demorar ali, mas a moça consentiu. É difícil negar favores a sargentos, **mormente** um sargento daqueles. Contudo, naquele dia, além disso ele não pediu mais que olhares. Ou no máximo disse alguma palavra, mas murmurada tão baixo que a não ouviu o resto da freguesia presente, sempre atenta a mexericos.

Com três almoços o namoro pegara firme. E seguindo-se aos almoços uma gripe do marido, os dois caminharam muito além de namoro. Como se encontravam, onde e a que horas, não se apurou. Basta que se diga que eles se amaram de amor proibido, como Tristão e Isolda, como Paolo e Francesca.

E o destino, que não gosta de amores ilegais e costuma castigá-los com maus **fados**, fez a sua segunda intervenção: suscitou a transferência do sargento.

***

Diz que só quem ama conhece a dor da separação. Os bonitos olhos da moça incharam de tanto choro. O apetite diminuiu. Já lhe transparecia, por sob o ***rouge*** da face, a antiga cara de tísica. E há de ter sido esse desgosto, assim **alardeado** com pranto e **fastio**, que acabou por despertar as suspeitas do marido, não acordadas quando o amor florescia e tudo ainda eram rosas.

Passou o bodegueiro a vigiar a esposa; a lhe examinar os silêncios; a lhe escutar os suspiros e os murmúrios durante o sono. Deu para fazer pesquisas e acabou descobrindo um postal e um livro com um nome de homem escrito em ambos – e com a mesma letra. Descobriu um escudo da corporação do sargento – o que provava que o objeto de suspiros, silêncios e murmúrios, além de homem era soldado. E tantas descobertas pequenas levaram-no afinal à maior de todas, que era descobrir que o traíam. Porque descobrira as cartas, as cartas de amor que vinham com carimbo distante, por via aérea, assinadas com aquele nome fatal.

Durante cinco meses o pobre revolveu dentro do seu magro peito doente o punhal venenoso do ciúme. Como menino que descobre um ninho de pássaro e fica diariamente a vigiar escondido o número de ovos que aumenta, e depois os progressos do choco, assim conseguira o marido uma chave falsa para o cofre de guardados da mulher: era uma caixa de madeira do Paraná, com um pinheirinho recortado na tampa, que ele mesmo lhe dera durante a lua de mel, dizendo rindo: "Está aqui, para você guardar os seus segredos...".

E a ingrata obedecera ao pé da letra.

Todos os dias, naquela hora fatal do almoço, quando a mulher o substituía no balcão, ele nem cuidava de comer. Era só correr ao quarto, abrir o **camiseiro**, tirar a caixa de sob o monte de roupa branca, puxar do bolso a chavinha falsa e abrir ansiosamente a carta nova. E quando não havia carta nova, reler a velha, ou antes, uma das antigas, uma datada de 21 de agosto, tão cheia de recordações realísticas, que até parecia diálogo de filme francês. Depois de ler guardava tudo, corria à cozinha, engolia depressa uma colher de caldo, roía um pedaço de pão – seria impossível comer direito com aquele amor dos dois ladrões atravessado na garganta.

Até que um dia houve provocação maior...

QUEIROZ, Rachel de, op. cit.

A Z

camiseiro: móvel com gavetas, próprio para guardar roupas.

Compreensão

1. Responda em seu caderno: que fato provocou uma mudança na situação vivida pela mulher e o sargento?
2. Que indícios no comportamento da mulher provocaram a desconfiança do marido?
3. Que descoberta o marido fez que lhe deu certeza de haver motivo para sua desconfiança? Responda no caderno.
4. Releia a última frase do Quadro II: "Até que um dia houve provocação maior..." Essa frase marca na história a passagem para uma tomada de decisão. Qual foi a decisão?

Theo/Arquivo da editora

Leitura

Quadro III

E um dia, como dizíamos na semana passada, houve provocação maior ou o coração do homem enganado **saturou-se** de ódio e ciúme até ao ponto de não poder contar mais nada. Isso não se explicou. O que se sabe é que ele retirou da gaveta do balcão um revólver que lá guardava há anos, e que fora **empenhado** por um devedor desaparecido. Junto do

A Z

saturar-se: encher-se inteiramente; chegar ao limite da tolerância.

empenhado: dado para saldar dívida, como compromisso financeiro, como garantia.

revólver estava a caixa de balas. O nosso amigo carregou a arma; e numa manhã de sol claro, eram dez horas em ponto, quando o armazém estava cheio de fregueses, viu-se que o bodegueiro apurava o ouvido, pedia licença aos presentes e **transpunha** a porta de comunicação da loja com a sua casa.

Daí a pouco se escutou um ruído de **altercação**, um grito de mulher e três tiros cortaram o ar, em explosões secas.

A freguesia alarmada correu, rodeou a esquina até à porta da frente da casa de moradia. Lá estava armada a tragédia: a mulher na calçada, de joelhos, aos gritos, o marido de revólver na mão, muito trêmulo, tentando **soerguê-la**, e, atravessado na porta, caído **de borco**, com o corpo para dentro da sala, um homem. Na posição em que estava não se lhe via cara nem **torso**, só as botinas pretas e as duas pernas, vestidas em calças **cáqui**.

E foi o próprio marido quem falou primeiro. Ergueu os olhos para o grupo apavorado, deu com a vista no seu freguês predileto, andou um passo, tapou com o próprio corpo a porta onde jazia o morto e pediu:

– Pode ir chamar a Polícia.

***

Na Polícia explicou que matara o homem porque era um marido enganado.

O delegado comentou:

– É raro. Em geral vocês matam as mulheres, que são mais fracas.

Mas o marido protestou, magoado:

– Não, eu não seria capaz de matar minha mulher. Ela é tudo que eu tenho no mundo, bonita, delicada, cuidadosa. Me ajuda no armazém, entende de contas, faz as cartas para os atacadistas. Só ela pode fazer a minha comida – eu só como dieta especial, o senhor sabe. Como é que eu ia matar minha mulher?

– Então – ajudou o delegado – matou o amante dela.

O homem tornou a abanar a cabeça:

– Também não. O amante era um sargento, que foi transferido e está longe. Além do mais eu só descobri o caso depois que ele viajou. Pelas cartas. Li tudo. Sei até uma de cor, a pior delas...

O delegado calava-se, sem entender, esperando o resto.

E o resto veio:

– Cada carta! Se cada carta daquelas tivesse vida, eu matava, de uma em uma. Fazia até vergonha – parecia coisa de livro. Pensei em tomar um avião e liquidar com o sargento. Mas não tenho saúde para andar de avião. Pensei em matar um colega dele, aqui mesmo, para eles tomarem ensino e não transviarem mulher alheia. Mas tive receio de enfrentar a corporação toda – o senhor sabe como eles são unidos. Tinha entretanto que dar um jeito. Já sentia medo de acabar ficando doido. Não tirava aquelas cartas da cabeça; nos dias em que não chegava uma, ficava aflito, mais aflito do que ela, que era a destinatária. Tinha que liquidar aquilo, não era? E hoje, afinal, carreguei o revólver, esperei

A Z

transpor: passar de um lado para o outro; ultrapassar.

altercação: discussão acalorada.

soerguer: levantar.

de borco: de bruços, de barriga para baixo.

torso: parte do corpo humano que corresponde ao tronco.

cáqui: cor marrom, de tom amarelado, usada, em geral, em uniformes militares.

a hora e, quando vi o desgraçado apontar do outro lado da rua, fui para casa, me escondi atrás da porta do quarto, esperando.

– O amante? – indagou o delegado, estupidamente.

O homem se irritou:

– Não, senhor. Não falei que não era o amante? Porém tinha culpa nas cartas. O sargento escrevia – mas era ele que trazia. Quase todo dia estava ali na porta, risonho, com o desgraçado do envelope na mão. Apontei o revólver e atirei três vezes. Ele caiu sem falar. Não, não era o amante, seu delegado. Não era o amante. Mas era o carteiro.

[Rio, 1955]

QUEIROZ, Rachel de, op. cit.

Sergio Zalis/Arquivo da editora

Rachel de Queiroz (Fortaleza, CE, 1910 – Rio de Janeiro, RJ, 2003): estimulada pela mãe, dedica-se à leitura desde bem jovem. É desse mergulho nos livros que nascem seus primeiros escritos. Depois de se formar professora, Rachel ingressa no jornalismo. Uma suspeita de tuberculose a obriga a repousar. Escreve *O Quinze*, publicado em 1930.
Sua carreira de escritora inclui vários romances, algumas incursões na literatura infantojuvenil, peças de teatro e um sem-número de crônicas. Em 1977, torna-se a primeira mulher a fazer parte da Academia Brasileira de Letras.

Editora José Olympio/Arquivo da editora

Compreensão

1. Releia o trecho reproduzido a seguir.

> **Lá estava armada a tragédia: a mulher na calçada, de joelhos, aos gritos, o marido de revólver na mão, muito trêmulo, tentando soerguê-la, e, atravessado na porta, caído de borco, com o corpo para dentro da sala, um homem.**

Responda no caderno: a partir dessa cena, qual foi a primeira dedução que você, leitor, pôde fazer em relação ao homem que foi morto?

2. O marido apresenta várias razões para não matar nem a esposa nem o sargento. Responda no caderno: que aspecto da sua personalidade essas razões revelam?

Conversa em jogo

Como lidar com as frustrações?

- Na narrativa, uma personagem se sente traída e se imagina no direito de matar alguém. Seu ato é um assassinato, um crime, passível de julgamento de acordo com a lei. A atitude criminosa não modifica o fato: o homem foi traído. É preciso lidar com as frustrações e as dores, assim como com a raiva de maneira saudável. A violência desencadeia mais violência. Como você lida com a raiva e a frustração? Que atitudes podem ajudar alguém a lidar com a raiva e a dor de uma perda?

Construção do texto

Formas de organizar o texto

Encadeamento da narrativa

O texto de Rachel de Queiroz está dividido em três unidades narrativas, que a autora chamou de *quadros*. Para encadear os quadros e prender a atenção do leitor — lembre-se de que a história foi inicialmente publicada em partes separadas —, a autora criou uma forma de estabelecer uma ligação entre eles. Fazendo as atividades a seguir, você poderá observar melhor como isso acontece.

1. Releia o final do Quadro I.

> **E foi aí que o destino saiu dos seus cuidados e fez a primeira intervenção: suscitou um sargento.**

Explique de que modo esse trecho pode prender a atenção do leitor para o quadro seguinte.

2. No desenrolar da história, há passagens que atuam como ligações entre as partes do enredo, indicando ou antecipando que haverá alterações significativas no rumo dos acontecimentos.

No esquema a seguir, no quadro **A** foi transcrita a passagem que liga o Quadro I ao Quadro II. Observe.

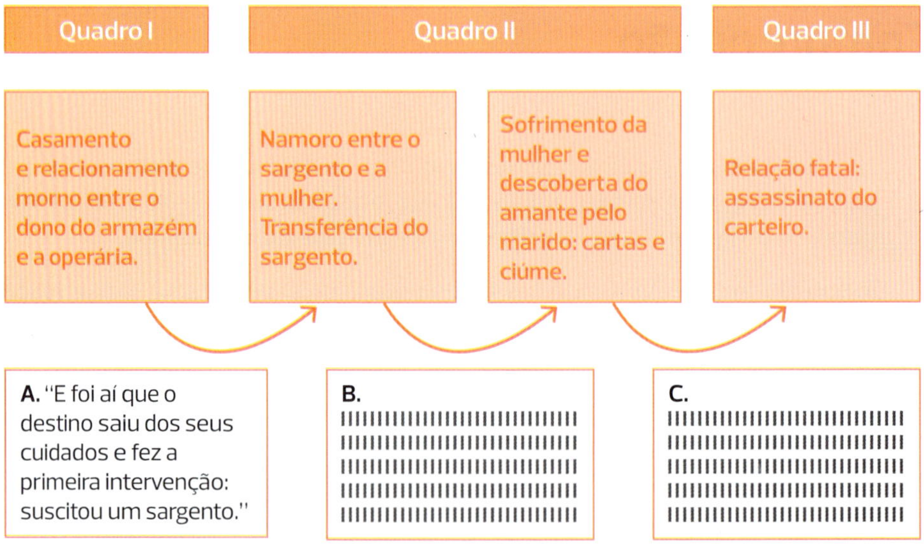

Transcreva em seu caderno as passagens do texto que funcionam como elementos de ligação entre os momentos da narrativa indicados, correspondentes aos quadros **B** e **C** do esquema.

3. Em qual momento da narrativa essas passagens se apresentam?

4. Em sua opinião, as passagens que você transcreveu na questão 2 conseguem prender a atenção do leitor para que ele continue a leitura do conto? Explique.

5. No Quadro III, o narrador deixa claro que a história está sendo apresentada para o leitor em dias diferentes, como se fosse em capítulos. Localize e, no caderno, transcreva a passagem que comprova esse fato.

6. Escolha uma das passagens que fazem a ligação entre as partes da narrativa e reescreva-a de modo que possa prender a atenção do leitor.

Indícios do desfecho

Além dos recursos usados para encadear as partes ou quadros da história que acabamos de analisar, o narrador emprega a estratégia de dar pistas ou indícios sobre o desfecho para atrair a atenção do leitor.

1. Transcreva em seu caderno as alternativas que representam esses indícios.
   a) Fazer a descrição detalhada das personagens.
   b) Não revelar nomes das personagens.
   c) Utilizar o termo *vingança* no título.
   d) Dizer de início que se trata de um *crime*.

Há um indício do desfecho da história que é apresentado no próprio título, por meio do uso da palavra *metonímia*. Ao ler esse termo, o leitor é convidado a pensar sobre o que é uma metonímia ou sobre a relação que a ideia de metonímia pode ter com a história. Aparentemente, isso pode ser esquecido no decorrer da leitura da narrativa principal, ou seja, do conto que existe dentro da crônica, mas o leitor atento pode recorrer a ela para tentar buscar pistas para compreender a história que acompanha.

2. Considerando o que você sabe sobre metonímia, explique como pode ser interpretado o desfecho da história ao relacioná-lo com essa palavra do título.

Participação do narrador

Aquele que narra uma história introduzindo as personagens e contando os fatos que se sucedem em determinado tempo e espaço é chamado de **narrador**.

É o autor quem escolhe o tipo de narrador para sua narrativa. Na literatura, não se deve confundir a figura do autor com a figura do narrador, que é um elemento de ficção no texto, uma invenção literária.

Na narrativa analisada neste capítulo, o narrador identifica-se também como a autora do romance *O Quinze* — história de uma família de retirantes do Nordeste que abandona a casa para fugir da seca. Esse romance levou Rachel de Queiroz a ser reconhecida como escritora ainda muito jovem.

No quadro a seguir, reveja o estudo dos **tipos de narrador**, analisando o modo como este se comporta na narrativa. É esse comportamento do narrador que define o que se denomina **foco narrativo**.

Theo/Arquivo da editora

Tipos de narrador

Narrador: aquele que conta a história. Dependendo do modo como se comporta na narrativa, o **narrador** pode ser:

1. Narrador observador e neutro: sua presença não é percebida pelo leitor porque ele apenas conta os fatos, sem se manifestar, interferir ou dar opinião ao longo da narrativa. Nesse caso, o foco narrativo é em 3ª pessoa (*ele/a*, *eles/as*).

2. Narrador personagem ou narrador em 1ª pessoa: ao mesmo tempo em que narra, ele também participa dos fatos como personagem da história. Por isso, o leitor percebe sua presença, manifestada no uso da 1ª pessoa (*eu/nós*) — o foco narrativo é em 1ª pessoa.

3. Narrador intruso: não faz parte da história, não toma parte dos acontecimentos, mas interrompe a narrativa para comentar os fatos, expressar sentimentos e opiniões, julgar as ações e/ou o comportamento das personagens. O foco narrativo pode ser em 1ª ou 3ª pessoa.

Relembrando: é o autor quem escolhe o tipo de narrador que quer para sua narrativa.

Theo/Arquivo da editora

1. O texto "Metonímia, ou a vingança do enganado" apresenta:

- uma parte inicial, caracterizada como crônica;
- a história do crime, que constitui um conto dentro da crônica.

Releia o trecho a seguir.

> ***Metonímia*** **— a palavra me ficou na memória desde o ano de 1930, quando publiquei o meu livro de estreia, aquele romance de seca chamado *O Quinze*.**

De acordo com o quadro, qual dos tipos de narrador pode ser identificado nesse trecho? Explique em seu caderno.

2. Leia a seguir esta passagem em que o narrador se manifesta:

> **[...] era homem de algumas posses, casa própria com loja contígua, onde instalara o armazém; vivesse ele no Ceará, o armazém se chamaria bodega, em Pernambuco venda, no Pará mercearia, em São Paulo empório. E já que eu não quero designar o local do crime [...].**

Pode-se afirmar que, nesse trecho, se manifesta um narrador personagem? Explique.

3. Releia as seguintes passagens do texto:

I. "[...] não era velho, mas pior que velho, porque era gasto."

II. "Até mesmo por amor não se interessava grande coisa, que aquele corpo franzino, amarelo, não era de pedir amores. Só a convivência morna, insossa, ité, como se diz em São Paulo."

III. "Durante cinco meses o pobre revolveu dentro do seu magro peito doente o punhal venenoso do ciúme."

a) Explique o que se pode perceber da participação do narrador nesses trechos.

b) Que imagem você faz do marido a partir da visão apresentada pelo narrador?

4. Explique a opinião do narrador subentendida neste trecho:

> **Claro, não era justo que a jovem esposa depois de recondicionada graças às finanças do marido tirasse vantagens dessa nova situação de mulher bonita, em prejuízo do supradito marido. Não era justo, mas este mundo vive de injustiças.**

5. Já foi observado neste capítulo que o narrador também se manifesta dando pistas sobre o desfecho da história. Em seu caderno, escreva qual é a pista dada nesta passagem:

> **E o destino, que não gosta de amores ilegais e costuma castigá-los com maus fados, fez a sua segunda intervenção...**

Linguagem do texto

Recursos estilísticos

Ao escrever um texto, o autor faz escolhas de linguagem para produzir efeitos diversos. São os recursos estilísticos, isto é, os efeitos utilizados no texto que auxiliam na maneira de escrever.

Nesta unidade, vamos estudar alguns desses recursos empregados por Rachel de Queiroz.

Metonímia

Rachel de Queiroz, no início do texto, dá exemplos de uso da metonímia como um recurso de linguagem:

- "com o peito entreaberto na blusa" — caso de metonímia em que o efeito (*peito entreaberto*) é usado no lugar da causa (*blusa entreaberta no peito*);
- "taça espumante": caso de metonímia em que o continente (*taça*) é usado no lugar do conteúdo (*o vinho que espuma*).

1. Citando um exemplo de ocorrência de "metonímia prática", o narrador conta como uma pensionista resolveu acabar com os trotes que recebia por telefone.

a) Conte o que aconteceu, explicando o caso de metonímia.

b) Por que o narrador chama essa ocorrência de "metonímia prática"?

c) Qual é a metonímia que justifica o título do conto: "Metonímia, ou a vingança do enganado"? Explique.

A **metonímia** consiste na substituição de um termo por outro, por existir entre eles uma relação de proximidade, de interdependência, de inclusão.

A metonímia é bastante frequente na linguagem do cotidiano.

Você, mesmo sem perceber, já deve tê-la usado muitas vezes em suas conversas diárias e nos textos que escreve.

2. Leia o anúncio publicitário abaixo. Em seu caderno, explique o tipo de metonímia presente na frase: "O mundo em boas mãos".

Setin Construtora/Arquivo da editora

Anúncio publicado no jornal *Folha de S.Paulo*. São Paulo, 5 jun. 2005. p. C12.

No quadro a seguir, confira algumas das principais ocorrências de metonímia.

Metonímia: ocorrências	Exemplos
• O efeito é usado em lugar da causa.	Por onde o grupo passava eram só **risos e alegria**. (*Risos e alegria* são o efeito das ações praticadas pelo grupo.)
• O autor é usado em lugar da obra.	Adoro **Rachel de Queiroz**. (A obra de Rachel de Queiroz.)
• O continente é empregado em lugar do conteúdo.	Bebeu quatro **latas de refrigerante**. (Bebeu o conteúdo das latas, o refrigerante, e não as latas.)
• A parte é empregada em lugar do todo.	O bordado foi feito por **mãos habilidosas**. (Foi feito por pessoa habilidosa.)
• O todo, em lugar da parte.	O **governo** está envolvido no escândalo. (Pessoas que fazem parte do governo.)
• O nome de um indivíduo para indicar um grupo.	A ciência espera outros **Einsteins**. (Bons cientistas, como o famoso cientista Albert Einstein.)
• O lugar, em vez dos habitantes.	Os **EUA** rejeitaram o acordo pela preservação ambiental. (O povo ou as pessoas do governo norte-americano é que rejeitaram o acordo.)
• O singular, em vez do plural.	O **jovem** é contra injustiças. (Os jovens em geral.)
• A marca substituindo o produto.	Paulo vendeu sua **Yamaha**. (A marca Yamaha está empregada em lugar do produto, motocicleta.)

Ironia

Na narrativa de Rachel de Queiroz percebe-se a ironia nas escolhas de linguagem ao imprimir aos comentários ou às descrições das ações ou fatos da história um tom jocoso, zombeteiro, debochado. A ironia é demonstrada tanto pela intenção de quem escreve quanto pelo contexto da história. Observe:

Pois nessa cidade do interior havia um homem; não era velho, mas pior que velho, porque era *gasto*.

O termo *gasto*, geralmente usado para coisa deteriorada, que não tem mais uso, é empregado para caracterizar, de um jeito meio debochado, sarcástico a postura e os hábitos do marido ao se casar com a jovem. Essa escolha de linguagem sugere, de forma irônica, uma crítica.

A ironia também pode ser construída falando-se o contrário do que se quer dizer, com intenção sarcástica, como neste exemplo:

Que bonito exemplo de cidadania: pichar os muros da cidade em época de eleição! (em lugar de *péssimo exemplo*)

A **ironia** é uma forma de fazer uma crítica de maneira camuflada, sugerindo o sentido contrário daquilo que é dito.

1. Releia o trecho. Explique por que podemos considerar irônico o seguinte comentário do narrador:

   [...] de jeito que, apesar de tão mal-ajambrado, o nosso homem casou. Justiça se faça, que não tentou a Deus com nenhuma beldade: procurou moça pobre [...].

   Outras vezes, mais do que na escolha de palavras ou expressões, a ironia é revelada no modo como nos expressamos oralmente.

2. Leia a frase, com expressividade, para produzir o efeito irônico.

   Você fez um *excelente* serviço, hein! Mal saí com o carro da garagem, e ele pifou!

Polissíndeto

No capítulo anterior você viu que o recurso da **justaposição** consiste no encadeamento de palavras, frases ou orações, dispostas lado a lado, em uma sequência de ideias coordenadas entre si, ligadas ou não por elementos de coesão — os conectivos/conjunções. Essa maneira de encadear palavras, frases, orações produz no texto efeitos de sentido; por exemplo, a sensação de movimento contínuo, em série.

- Observe como, em sua narrativa, Rachel de Queiroz empregou a justaposição neste trecho:

  E assim bela e assim vestida e assim pintada e formosa, começou a lhe pesar o marido enfermiço [...].

  a) Que tipo de justaposição se verifica nesse trecho? Se necessário, volte ao capítulo anterior.

  b) Em sua opinião, que efeito de sentido essa justaposição produz no texto?

Esse recurso de construção que encadeia ou **justapõe** palavras ou ideias, coordenando-as, ligando-as por meio de um conectivo ou conjunção que se repete de modo enfático (geralmente o e) recebe o nome de **polissíndeto**.

Atividade: recursos que constroem o estilo

1. Observe o cartum.

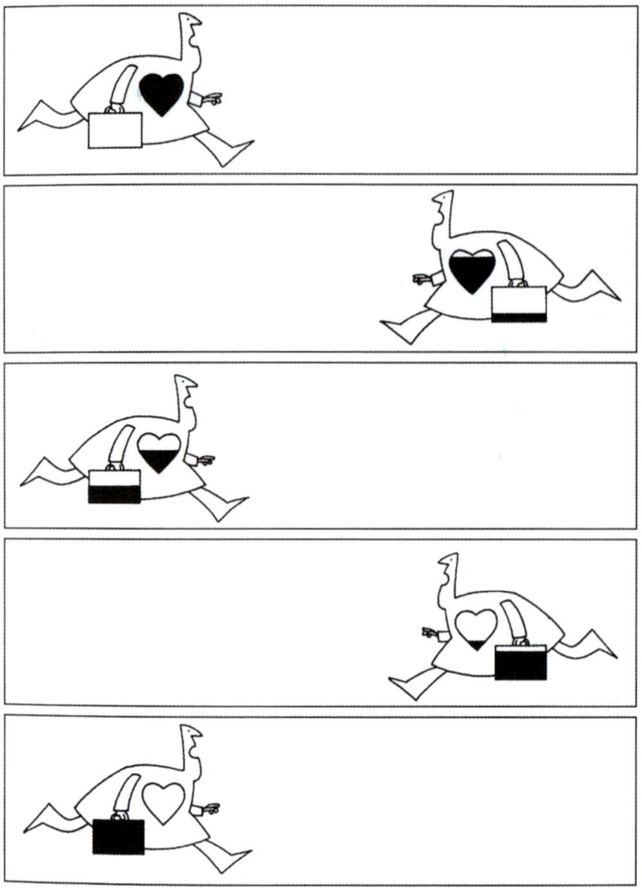

CAULOS. *Só dói quando eu respiro.* Porto Alegre: L&PM, 2001. p. 27.

Responda no caderno:

a) Que elementos se alteram ao longo da sequência?

b) O que cada um desses elementos pode estar representando no cartum?

c) Qual é a provável crítica que se pode inferir dessa sequência?

d) Pode-se afirmar que o autor empregou o recurso de metonímia para estruturar esse cartum? Explique.

2. Identifique e explique, no caderno, as metonímias presentes nos seguintes textos:

a) Manchete de jornal

Violência deixa mais de 60 mortos no Iraque

A Notícia. Joinville, 31 out. 2005.

b) Quadrinhos

BROWNE, Chris. Hagar. *Folha de S.Paulo.* São Paulo, 15 fev. 2005.

c) Publicidade

Governo Federal/Ministério de Minas e Energia

Anúncio publicado na revista *Época*. São Paulo: Globo, 27 jun. 2005. p. 20-21.

3. No dia a dia usam-se muitas expressões formadas com metonímia. A expressão "braço direito", por exemplo, pode significar:
   - pessoa *imprescindível*, *indispensável* para outra;
   - membro superior direito do corpo.

   Em seu caderno, construa uma frase com cada significado, indicando aquela que representa uma metonímia.

4. Transcreva em seu caderno as frases que apresentam **ironia**.
   a) O jogo foi ótimo: perdemos de 3 a 0.
   b) A multidão gritava enraivecida para que abrissem os portões.
   c) Que bela lição de cidadania: parar o carro em lugar proibido!
   d) "Um carro começa a buzinar... talvez seja um amigo que venha me desejar Feliz Natal. Levanto-me, olho a rua e sorrio: é um caminhão de lixo. Bonito presente de Natal!" (Rubem Braga)

Hora de organizar o que estudamos

Conto

Narrativa de fatos imaginados

Intenção
Contar fatos criados pela imaginação do autor.

Linguagem
Recursos estilísticos (possibilidade de uso):
- metonímia;
- ironia;
- polissíndeto.

Construção
- elementos e momentos da narrativa;
- encadeamento das unidades narrativas de acordo com o estilo do autor;
- diferentes tipos de narrador.

Leitor
Aquele que gosta de ler ficção de qualidade literária.

Prática de oralidade

CONTEÚDO DIGITAL

Exposição oral

Discriminações e preconceitos associados

Ao se referir à atitude do marido enganado, o delegado comenta: "Em geral vocês matam as mulheres, que são mais fracas".

1. Reflita sobre o tipo de atitude, crença ou valor que a personagem do delegado, na narrativa de Rachel de Queiroz, deixa transparecer em seu comentário. Escreva no caderno.

2. Escolha um dos temas a seguir. Forme um grupo com os colegas que também escolherem esse tema.
   - A Lei Maria da Penha: o que é e a história que há por trás dessa lei e desse nome.
   - No século XXI, as mulheres ainda são discriminadas em relação aos homens, recebendo tratamento desigual; por exemplo, muitas vezes elas trabalham fora e, quando chegam em casa, desempenham sozinhas as tarefas domésticas.

3. Considere estes dados:
   - a data do texto de Raquel de Queiroz: 1955 como base para seu estudo;
   - o que afirma a Constituição Brasileira: "homens e mulheres são iguais em direitos e obrigações" (art. 5º inciso I da Constituição Federal de 1988);
   - a lei nº 11.340/2006, conhecida como Lei Maria da Penha, que entrou em vigor no dia 22 de setembro de 2006, "coíbe a violência doméstica e familiar contra a mulher".

4. Converse com seu grupo para definirem um ponto de vista a ser defendido. Procurem levantar os argumentos que podem ajudá-los a sustentar essa opinião.

5. Pesquisem exemplos que comprovem o ponto de vista defendido por vocês. Sugestões de fontes:
   - recorte e gravação de notícias e reportagens sobre o assunto;
   - dados obtidos em pesquisas oficiais, como o Censo 2011 do IBGE;
   - entrevistas sobre o assunto com líderes comunitários, autoridades policiais e jurídicas.

6. Preparem uma apresentação para os outros grupos, organizando:
   - o material (o quê): estruturando a apresentação em um texto expositivo, isto é, organizando-o em ideias-chave. Se acharem conveniente, utilizem um esquema em que seja possível visualizar essa organização;
   - o material de apoio: imagens, reprodução de textos ou gráficos, gravações em áudio ou vídeo;
   - as falas (quem vai falar e em que sequência), observando: a clareza na articulação das palavras e frases; a altura da voz; a postura do falante em relação aos ouvintes;

7. Deem um título para a apresentação.

8. Aguardem as orientações do professor quanto à data e ao local da apresentação.

Outras linguagens

Pintura

O ser humano sempre gostou de contar histórias. E, para perpetuar suas narrativas, procurou registrá-las nos mais variados suportes, valendo-se de diferentes linguagens.

Observe a imagem a seguir. Trata-se de uma pintura em casca de árvore, dividida também em três quadros.

Kneepad/Rex Reinits Collection/Pitt Rivers Museum, University of Oxford

Pintura feita pelo artista australiano Kneepad. In: BOWKER, John. *Para entender as religiões*. Trad. Cássio de Arantes Leite. São Paulo: Ática, 2000. p. 182.

1. Pelo fato de a imagem estar dividida em três quadros, pode-se imaginar que o artista tivesse a intenção de contar uma história. Escreva em seu caderno os elementos da narrativa que você consegue identificar na imagem.
   a) personagens
   b) espaço
   c) ações
   d) tempo

2. Leia o texto que acompanha a imagem do livro de onde ela foi extraída.

> [...] Esta pintura mostra um mito da criação dos aborígines australianos.
>
> Feita por um artista conhecido como Kneepad, da Terra de Arnhem, ela mostra a lenda de uma mulher (abaixo, à direita) que ainda não é deste mundo e vaga com a estrela Número Dois, procurando um lugar para morar. Mas a estrela Número Dois não é suficientemente brilhante para achar um lugar, e assim as duas juntas requisitam a ajuda da estrela da manhã (a estrela-d'alva), que traz a luz do dia com ela. Juntas, encontram a Terra, desenhada no alto. A estrela da manhã cria então o Sol e um homem, a quem dá uma lança para caçar. A mulher vem depois à existência, acha a Terra um bom lugar e une-se ao homem.

Conexões — RELAÇÕES ENTRE TEXTOS, ENTRE CONHECIMENTOS

Você já deve ter lido em algum livro ou visto em novelas de tevê, filmes ou mesmo em teatro uma história de amor que termina em tragédia. Há duas especialmente famosas.

1. Literatura: histórias famosas de amores impossíveis

Amores proibidos sempre foram assunto de grandes obras da literatura universal. O narrador do conto que você leu recorre à intertextualidade ao fazer referência a dois casais famosos da literatura: Tristão e Isolda e Paolo e Francesca. Conheça um pouco da história de cada um:

Tristão e Isolda, personagens da mitologia celta, tomam uma poção mágica e se apaixonam. Vivem um amor impossível, porque adúltero — Isolda casara com o tio de Tristão — e de final trágico: ele é ferido em batalha por uma flecha envenenada e morre desgostoso por achar que a amada não iria vê-lo em seu leito de morte; e ela, ao chegar e encontrá-lo já sem vida, morre de tristeza logo depois. Como **novela de cavalaria**, a história de Tristão e Isolda foi registrada por volta de 1200. Na foto, retrato do casal conforme o imaginou o artista John Waterhouse, em 1916, na tela *Tristão e Isolda com a poção*.

Paolo e Francesca, personagens da *Divina comédia*, do escritor italiano Dante Alighieri (1265-1321), são mortos pelo marido dela, Giovanni, que é irmão de Paolo. Giovanni surpreendera-os beijando-se enquanto liam um romance. Na foto, as personagens retratadas na cena do beijo, conforme a imaginou o artista italiano Dante Gabriel Rossetti, em 1867, na tela *Paolo e Francesca da Rimini*.

A Z

novela de cavalaria: narrativa literária em capítulos que conta os grandes feitos de um herói e de seus cavaleiros, entremeados de célebres histórias de amor.

2. Literatura e música em diálogo

Se a igualdade de direitos entre gêneros — homens e mulheres — fosse respeitada no Brasil, a Lei Maria da Penha não precisaria ter sido criada. Isso você já sabe.

Leia o poema a seguir, observando principalmente as partes em destaque. Descubra as conexões que podem ser feitas entre esse texto e as personagens femininas que são cantadas em letras da música popular brasileira.

Converse com os seus colegas sobre essas possibilidades.

Estatuto da mulher

Jovita Levi

Art. I Fica decretado que a partir de agora vale a utopia. Valem os sonhos os possíveis e os impossíveis. E que eles se façam verdade e se desdobrem em luz no escuro de nossas incertezas.

Art. II Fica constituído, por decisão soberana, o Poder Feminino e feminina é Justiça. A Liberdade é feminina; a luta, a conquista, a vitória; a paciência, a tolerância, a paixão; e feminina é a Esperança que nos permite confiar no futuro.

Art.III A partir de agora...

Carolinas deixarão as janelaspor onde o tempo passou... e elas não viram; e se atirarão à vida, fazendo sua própria história.

Não mais "**mulheres de Atenas** que fustigadas não choram, se ajoelham, pedem, imploram mais duras penas, serenas".

A partir de agora, seremos todas **Marias**, de raça, de força, de gana;

Marias com mania de terem fé na vida.

Marias de nosso tempo, Marias de nossos dias.

Art. IV Fica decretado que, a partir de hoje, está banida dos dicionários a palavra violência pela inutilidade de seu uso.

Os gestos serão suaves mesmo nas decisões mais fortes, porque a palavra será a grande espada na defesa dos direitos e da liberdade.

[...]

LEVI, Jovita. Disponível em: <www.conselhodamulher.pi.gov.br/noticias.php?id=361>. Acesso em: 26 fev. 2015. Fragmento.

A Z

Carolina: "Eu bem que mostrei a ela/ O tempo passou na janela/ Só Carolina não viu" ("Carolina", Chico Buarque.)

mulheres de Atenas: composição de Chico Buarque.

Maria: "Maria, Maria / Mistura a dor e a alegria / Mas é preciso ter manha/ É preciso ter graça/ É preciso ter sonho sempre/ Quem traz na pele essa marca/ Possui a estranha mania/ De ter fé na vida..." ("Maria, Maria", Milton Nascimento)

Língua: usos e reflexão

Período composto (II)

Além do emprego da metonímia, da ironia e do polissíndeto, há outros recursos que determinam o estilo de um autor.

Como foi estudado no capítulo anterior, um desses recursos diz respeito à maneira como se organizam as frases e os períodos em um texto. A parte da gramática que se dedica a esse estudo é a **sintaxe**, que diz respeito ao modo como as palavras são combinadas e se relacionam em orações e/ou frases.

Na página seguinte, observe a análise de um exemplo de coesão em período do texto de Rachel de Queiroz. Procure perceber a relação de sentido que a conjunção estabelece entre as duas orações.

1ª oração — **Diga o pecado** → oração coordenada assindética

2ª oração — **mas não diga o pecador.** → oração coordenada sindética adversativa

mas → coesão representada por uma **conjunção coordenativa adversativa**

A segunda oração **contraria** a primeira, isto é, expressa uma ideia de **oposição** em relação à primeira.

1. Ao lado, leia um comentário feito pela personagem Mafalda. Pela fala da garota, ela não considera o mundo algo fácil de se vender. A figura dela, sentada e segurando o queixo com as mãos, confirma isso.
Responda em seu caderno: qual é o provável motivo de Mafalda dizer que um comercial, para vender o mundo, precisaria ser **convincente**?

© Joaquín Salvador Lavado (Quino)/Acervo do cartunista

QUINO. *A pequena filosofia da Mafalda*: como vai o planeta? São Paulo: Martins Fontes, 2014.

convincente: aquele que convence alguém.

2. Observe de que modo Mafalda começa a frase:

Se a gente quisesse colocá-lo à venda [...]!

Copie no caderno a(s) alternativa(s) que melhor completa(m) a afirmação a seguir. Essa oração inicial relaciona-se com as demais do período expressando ideia de:

a) condição
b) certeza
c) hipótese
d) tempo
e) finalidade

A partícula *se* é uma conjunção, introduz uma possibilidade, uma **condição** para as orações seguintes. Releia:

[...] seria bem difícil fazer um comercial convincente!

As orações dependem umas das outras: pelo sentido e pela dependência sintática. Observe uma possibilidade de análise do período:

oração (I)	oração (II)	oração (III)
Se a gente quisesse colocá-lo à venda,	**seria bem difícil**	**fazer um comercial convincente!**

Pode-se afirmar que essas orações não têm independência entre si. Estão sintaticamente ligadas.

A 2ª oração e a 3ª oração têm seu sentido complementado pela condição que a 1ª oração estabelece. Assim, a 1ª oração apresenta uma circunstância que relaciona o sentido das outras orações.

Ao contrário do que você estudou no capítulo anterior, há entre essas orações um processo de **subordinação**.

A seguir, será possível refletir um pouco mais sobre essas construções.

Processo de subordinação e coesão (I)

Você já sabe que há duas formas de organizar um período composto:

- por coordenação;
- por subordinação.

Releia este trecho do texto de Rachel de Queiroz:

Na Polícia **explicou** que **matara** o homem porque **era** um marido enganado.

Pelo número de verbos, podemos afirmar que se trata de período composto de três orações.

É possível analisar as relações entre os termos de cada oração, estabelecendo algumas questões e usando trechos do texto para responder a elas:

a) Explicou o quê?

... **que** matara um homem

Esta oração complementa o verbo *explicar* da oração anterior.

b) Por quê?

... **porque** era um marido enganado.

Esta última oração apresenta a causa que o levou a matar.

Na organização desse período composto, foram usadas formas de coesão para indicar a complementação de um verbo e a causa de uma ação.

Releia outro trecho da narrativa:

Aconteceu que, um belo dia, servia a dama ao balcão [...], quando sobreveio o sargento.

Note que, se organizamos o período na ordem direta, fica mais fácil perceber as relações coesivas.

1ª oração	2ª oração	3ª oração
Um belo dia, aconteceu	**que a dama servia ao balcão**	**quando sobreveio o sargento.**
↓	↓	↓
inicia o fato	o verbo acontecer refere-se a esta oração em que se diz **o que** aconteceu	indica o tempo em que o fato aconteceu: **quando** aconteceu
↓	↓	↓
oração principal	sujeito do verbo acontecer	adjunto adverbial de tempo

Observe que, nesse período, apenas uma oração **não** exerce função sintática em relação às demais. Por essa razão, é chamada **oração principal**.

A segunda oração exerce a função sintática de **sujeito** do verbo (*aconteceu*) da primeira oração.

A terceira oração exerce a função sintática de **adjunto adverbial de tempo** da primeira oração.

Oração principal é aquela que não exerce função sintática no período composto por subordinação. A ela se subordinam outras orações, isto é, dela dependem sintaticamente outras orações. A oração principal encerra, quase sempre, a ideia principal: ou é o núcleo da comunicação a ser feita ou é a responsável por desencadear as outras orações do período.

Quando se fala em dependência sintática é feita referência ao modo como os termos de uma frase ou de uma oração se combinam, cada qual exercendo uma função na organização do período.

Em gramática, a **sintaxe** é o campo que estuda a combinação de palavras.

A segunda e a terceira orações desse período não estão apenas justapostas, dispostas uma ao lado da outra. Elas dependem da primeira, pois exercem **funções sintáticas** em relação ao verbo — *aconteceu*.

Quando há essa relação de dependência sintática entre as orações, afirma-se que se trata de um **período composto por subordinação**.

Esse é um tipo de encadeamento entre as orações diferente do que você estudou na coordenação, pois são necessários elementos de coesão distintos: as conjunções chamadas **subordinativas**.

As orações subordinadas são divididas em três grupos, de acordo com a função sintática que exercem, relativa às classes de palavras a que são equivalentes: **substantivas**, **adjetivas** e **adverbiais**.

O estudo inicial será dedicado às orações subordinadas substantivas.

Orações subordinadas substantivas

As orações subordinadas substantivas são assim chamadas porque exercem as mesmas funções sintáticas que o substantivo: sujeito, objeto direto, objeto indireto, complemento nominal, predicativo do sujeito ou aposto.

Vejamos um exemplo de oração substantiva. Leia o quadrinho a seguir.

BROWNE, Chris. Hagar. *Folha de S.Paulo*. São Paulo, 21 maio 2005.

No primeiro quadrinho, a personagem expressa dois desejos:

oração principal
"**Às vezes, desejo**
(verbo transitivo direto, desejo **o quê**?)

2ª oração
que um jovem cavaleiro **apareça**

3ª oração
e (que) me **carregue** com ele!"

orações com função de complemento objeto direto

Note que a terceira oração começa com a conjunção e; portanto, está coordenada à segunda.

Classificação das orações substantivas

Como vimos, as orações subordinadas substantivas exercem em relação à principal as funções sintáticas próprias de um substantivo: sujeito, objeto direto, objeto indireto, complemento nominal, predicativo do sujeito, aposto. Por isso, se classificam de acordo com essa função.

Vamos analisar mais detalhadamente os tipos de orações substantivas conforme a função sintática que desempenham no período.

Em geral, podemos reconhecer uma **oração substantiva** verificando se é possível substituí-la pelos pronomes substantivos *isto*, *isso* ou *aquilo*. Geralmente o verbo da oração principal vem na terceira pessoa do singular em expressões como: "É bom...", "É necessário...", "Foi preciso ...".

I. Sujeito ⟶ oração subordinada substantiva **subjetiva**. Exemplo:

1ª oração — 2ª oração (= sujeito da 1ª oração)

É bom que você não chegue muito tarde.

que → conjunção integrante; você não chegue muito tarde → **isso**

Observe que a 2ª oração faz a função de sujeito da 1ª oração. Observe substituindo a 2ª oração pela palavra *isso*:

predicado — sujeito

É bom isso.

Se substituirmos a oração subjetiva pelo pronome demonstrativo *isso*, teremos na ordem direta a seguinte construção:

Isso é bom.

O pronome substantivo *isso* terá o valor de sujeito da oração.

A oração que exerce a função de sujeito da oração principal é classificada como **oração subordinada substantiva subjetiva**.

II. Objeto direto ⟶ oração subordinada substantiva **objetiva direta**. Exemplo:

DAVIS, Jim. Garfield. *Folha de S.Paulo*. São Paulo, mar. 2015.

Releia:

1ª oração — 2ª oração

[...] eu sempre me pergunto se eu poderia ter sido médico.

eu sempre me pergunto → oração principal

se → coesão representada por uma **conjunção subordinativa**

eu poderia ter sido médico → oração subordinada com função de complemento verbal para a outra oração objetiva direta

Veja ainda outro período:

principal — oração subordinada substantiva objetiva direta

Todos diziam | **que não voltariam àquele lugar.**

- diziam → V.T.D.
- que → conjunção integrante
- que não voltariam àquele lugar → **isso** → O.D.

A segunda oração está completando o sentido do verbo *dizer*, que é um verbo transitivo direto e que, portanto, necessita de um complemento objeto direto. Essa oração é classificada como **oração subordinada substantiva objetiva direta**.

III. Objeto indireto ⟶ oração subordinada substantiva **objetiva indireta**.

Leia o período a seguir:

oração principal — oração subordinada substantiva objetiva indireta

Os países pobres dependem | **de que os países ricos aceitem a redução de suas dívidas.**

- de → preposição
- que → conjunção integrante
- de que os países ricos aceitem a redução de suas dívidas → **disso** → O.I.

A segunda oração está completando o sentido do verbo *depender*, transitivo indireto, que, portanto, necessita de um complemento objeto indireto. Observe que, além da conjunção, o verbo *depender* precisou da preposição *de*. Assim, a segunda oração é chamada **oração subordinada substantiva objetiva indireta**.

De acordo com a variedade-padrão, a oração subordinada substantiva objetiva indireta deve ser sempre introduzida por preposição.

IV. Complemento nominal ⟶ oração subordinada substantiva **completiva nominal**.

- Leia esta tira:

[...]

SCHULZ. *Snoopy. Pausa para a soneca.* Porto Alegre: L&PM, 2013. p. 72-73.

No 3º quadrinho, a personagem Charlie Brown dá um conselho para sua irmã Sally. O conselho parece não obter o resultado esperado. Responda no caderno: de que modo Charlie Brown procura explicar o conselho do avô?

Releia o período:

1ª oração | 2ª oração

Tenho a sensação de que o vovô nunca **acorda** antes do meio-dia.

de → preparação; que → conjunção ligando as orações

Observe que a 2ª oração complementa o sentido da palavra *sensação*, usada na 1ª oração: sensação de alguma coisa.

A palavra *sensação* é um substantivo. Assim a 2ª oração completa o sentido de um **nome**: é uma **oração subordinada completiva nominal**.

Releia mais uma oração:

oração principal | oração subordinada substantiva completiva nominal

Temos medo de que a intolerância entre os povos gere mais violência.

Temos → V.T.D.
medo → substantivo
de → preposição
que → conjunção integrante
a intolerância entre os povos gere mais violência → disso → complemento nominal

A segunda oração está completando o sentido de um nome — o substantivo *medo* — da primeira oração. Essa oração que exerce função de complemento nominal é chamada de **oração subordinada substantiva completiva nominal**. Observe que o verbo é transitivo direto e já possui um objeto direto — *medo*.

Assim como as objetivas indiretas, as completivas nominais, de acordo com a variedade-padrão da língua, devem sempre ser introduzidas por uma preposição.

V. Predicativo do sujeito → oração subordinada substantiva **predicativa**.

oração principal | oração subordinada substantiva predicativa

A realidade é que há muita miséria no mundo.

A realidade → sujeito
é → verbo de ligação
que → conjunção integrante
há muita miséria no mundo → isso/essa → predicativo do sujeito

A segunda oração exerce a função de predicativo do sujeito da oração principal: é chamada de **oração subordinada substantiva predicativa**.

VI. Aposto → oração subordinada substantiva **apositiva**:

oração principal | oração subordinada substantiva apositiva

Os índios queriam apenas uma coisa: que suas terras fossem devolvidas.

que → conjunção integrante
suas terras fossem devolvidas → isso → aposto

Theo/Arquivo da editora

A segunda oração explicita o termo *coisa* da primeira oração, portanto, é um aposto da oração principal. Essa segunda oração é classificada como **oração subordinada substantiva apositiva**.

Como você pôde observar, foi possível substituir as orações subordinadas substantivas pelo pronome substantivo *isso*. Essa é uma maneira fácil de reconhecer uma oração subordinada substantiva.

Note que a conjunção frequente nesses períodos foi a conjunção integrante *que*.

> As conjunções *que* e *se*, que geralmente introduzem a oração subordinada substantiva, são chamadas de **integrantes**, pois têm o papel de integrar, de completar algum termo da oração principal.

As orações subordinadas substantivas também podem ser introduzidas por outras palavras, além das conjunções integrantes. Observe os exemplos a seguir.

oração principal — **Não sabíamos** | **que** / **se** / **quando** / **como** / **por que** | **você tinha voltado da Inglaterra.** — oração subordinada substantiva objetiva direta

Orações reduzidas

Observe o seguinte período:

Mas tive receio [...] (oração principal) **de** (preposição) **enfrentar a corporação toda.** (oração *reduzida*: sem conjunção + verbo na forma nominal (no infinitivo))

Trata-se de um período composto de duas orações. Na primeira, a palavra *receio* pede complemento nominal. Se a segunda oração for substituída pelo pronome *isso*, é possível confirmar que essa segunda oração exerce a função de complemento nominal de *receio*:

Mas tive receio disso.

Trata-se, portanto, de uma oração subordinada substantiva completiva nominal.

Essa segunda oração, no entanto, não é introduzida por conjunção e tem o verbo no infinitivo (*enfrentar*); é classificada como oração reduzida.

Mas tive receio (oração principal) **de que enfrentasse a corporação toda.** (oração desenvolvida: com conjunção (*que*))
de → preposição; que → conjunção integrante

Observe que ela pode ser **desenvolvida** numa oração com conjunção e com verbo flexionado:

Nas orações reduzidas, em lugar de conjunção e verbo flexionado, ocorrem as formas nominais do verbo — infinitivo, gerúndio ou particípio.

Assim, as orações reduzidas podem tornar os textos mais concisos.

Veja outra forma de concisão:

Mas tive receio do enfrentamento com a corporação.
enfrentamento com a corporação → expressão nominal

Observe comparativamente:

Mas tive **receio**
- de que enfrentasse a corporação toda. → **oração desenvolvida**
- de enfrentar a corporação toda. → **oração reduzida**
- do enfrentamento com a corporação toda. → **expressão nominal**

Observe que as três construções acima têm função de complemento nominal do substantivo (nome) *receio*.

Atividades: orações substantivas

1. Leia a manchete a seguir:

> **Você sabia que Albert Einstein já esteve no Brasil?**

Disponível em: <www.parana-online.com.br>. Acesso em: 14 maio 2015.

Observe o esquema:

1ª oração | 2ª oração

Você **sabia** | que Albert Einstein já **esteve** no Brasil?

a) Responda no caderno: que termo da 1ª oração a 2ª está complementando?

b) Copie no caderno a alternativa que indica a função exercida pela segunda oração:
- objeto direto do verbo
- sujeito do verbo da 1ª oração
- complemento nominal de um termo da 1ª oração

2. Reescreva em seu caderno as orações a seguir transformando-as em períodos compostos. Para isso, substitua as expressões nominais destacadas por orações subordinadas substantivas desenvolvidas.

a) Os sem-terra reivindicam **a distribuição de terras para plantio**.
b) O problema é **o seu egoísmo**.
c) Os responsáveis autorizaram **a entrada de menores**.
d) Só as crianças não tinham receio **de erros**.
e) Seus pais só querem uma coisa: **sua volta para casa**.
f) É necessário **autocontrole**.
g) Os médicos convenceram os pacientes **da necessidade de vacinas**.
h) Desejamos **a sua felicidade**.
i) Esperamos **o término da sua lição**.
j) A novidade é **a sua volta**.

3. Agora faça o contrário: em seu caderno, reescreva os períodos compostos transformando as orações subordinadas substantivas destacadas em expressões nominais ou em orações reduzidas de infinitivo.

a) A maioria ali presente desconhecia **que tinha direito à liberdade de expressão**.
b) A grande vantagem do ser humano é **que tem o poder da linguagem**.
c) Seu medo era **que necessitasse de apoio na velhice**.
d) A sua esperança era **que as pessoas demonstrassem compaixão**.
e) Temo **que ele não seja aprovado**.
f) Estou com esperança **de que minha prima chegue em breve**.
g) O desastre impediu **que passássemos**.
h) O certo é **que o advogado vem**.

4. Na linguagem mais formal, as orações subordinadas substantivas objetivas indiretas e as completivas nominais relacionam-se com a oração principal por meio de preposições. Entretanto, na linguagem informal, no dia a dia, muitas vezes elas são empregadas sem a preposição exigida pela variedade-padrão da língua. Reescreva as frases a seguir incluindo a preposição de acordo com a linguagem mais formal.

a) Não duvido que você tenha esquecido de me ligar.
b) Gostaríamos que você não fizesse tantas ironias.

c) Lembre-se que as pessoas só respeitam quem as respeita.

d) A comunidade de jovens do meu bairro tem necessidade que todos colaborem para a reforma da sede.

e) Não tenha medo que volte a ditadura.

Theo/Arquivo da editora

5. No caderno, transcreva dos trechos a seguir as orações que têm a função de orações subordinadas substantivas e classifique-as de acordo com a função que exercem em relação à principal (se facilitar, use o recurso de substituir a oração pelo pronome *isso*).

a) "Todos sabíamos que a dona da pensão era boa alma."

b) "A maior de todas as descobertas do marido era que a mulher o traía."

c) "Parece que ele pediu um maço de cigarros."

d) "Não falei que não era o amante?"

e) "Não era justo que a jovem esposa [...] tirasse vantagens dessa nova situação de mulher bonita."

f) "Não sei se o zoilo aprendeu a lição."

g) Não duvide de que seus pais ficarão muito bravos com você.

h) Os grevistas queriam apenas o seguinte: que lhes dessem melhores condições de trabalho.

i) A verdade é que nem todos vieram.

j) Estou receoso de que ele não resista.

k) Só quero lhe dizer uma coisa: que você se arrependerá.

l) Convém que você venha logo.

m) Convenceram-me de que deveríamos sair da casa.

n) Meu desejo é que você fique bem.

o) Tenho certeza de que venceremos o campeonato.

6. *O livro dos sentidos*, de Ricardo Azevedo, é composto de várias histórias narradas por um menino que expressa suas opiniões, emoções, ideias e fantasias sobre os sentidos. Sendo o narrador um menino, o texto tem a naturalidade da expressão oral de uma criança. Dessa forma, o modo de narrar traz recursos de linguagem próprios da língua falada. Entre eles, há um que, embora seja muito comum na nossa fala cotidiana, deve ser revisto quando tivermos de nos expressar numa situação de comunicação mais formal: trata-se do uso excessivo do **que**. Leia este trecho do livro para conferir:

> **Minha avó, mãe do meu pai, garante que formiga sabe falar. Ela contou que na casa dela também tinha formiga e que cansou de passar inseticida. Elas sumiam por um tempo, mas voltavam belas e formosas, como se nada houvesse acontecido. Um dia, minha avó desanimou e resolveu conversar com as formigas. Chegou bem perto. Pediu para elas terem juízo e irem morar no jardim. Disse que assim não era possível e que estavam atrapalhando muito o serviço da cozinha. Disse que ela tinha 87 anos e já estava muito velha para ficar catando formiga escondida todo santo dia no açucareiro.**

AZEVEDO, Ricardo. *O livro dos sentidos*. São Paulo: Ática, 2000. p. 18. (Coleção Menino de Orelha em Pé).

Theo/Arquivo da editora

Em dupla.

a) Leiam o texto em voz alta para perceber o efeito que a repetição do *que* produz.

b) No caderno, reescrevam o trecho eliminando o excesso de *que*. Para isso, vocês podem:

- empregar outros recursos de coesão;
- fazer adaptações entre as orações, mudando os verbos e a pontuação.

c) Troquem o texto de vocês com o de outra dupla e comparem as soluções encontradas pelos colegas.

d) Respondam: qual versão — a de vocês ou a do autor — é mais adequada à situação de comunicação?

7. Leia a tira a seguir. Depois, reescreva a fala da personagem no segundo quadrinho substituindo a oração subordinada substantiva completiva nominal por outra que complemente o sentido da palavra *impressão*. Não se esqueça de que a oração deverá produzir um efeito humorístico.

BROWNE, Chris. Hagar. *Folha de S.Paulo*. São Paulo, 2005.

Hora de organizar o que estudamos

Em seu caderno, copie o esquema a seguir e complete-o com as informações que estão faltando.

Período composto por subordinação

- Oração principal
  - A oração a que outras orações estão subordinadas.
- Oração subordinada
  - A oração que se subordina à principal, isto é, depende sintaticamente dela.
    - **Substantivas**
      - **Subjetiva** • função de sujeito.
      - |||||||||||||||||| • função de objeto direto.
      - |||||||||||||||||| • função de objeto indireto.
      - |||||||||||||||||| **Completiva nominal** • função de
      - |||||||||||||||||| **Predicativa** • função de
      - |||||||||||||||||| • função de aposto.
    - Adjetivas
    - Adverbiais

Produção de texto

Gênero: conto

Conto

O quê?
Conto a partir de notícia de jornal.

Para quê?
Entreter o leitor, estimular sua imaginação.
Para ser publicado no jornal da escola ou do bairro.

Para quem?
Para os colegas da sala de aula e para aqueles que leem o jornal da escola.

Nesta Unidade você leu um texto de Rachel de Queiroz dividido em três unidades narrativas que a autora chamou de **quadros**. Para encadear os quadros e prender a atenção do leitor, a autora empregou frases que criam uma expectativa em relação ao que vai acontecer na sequência do texto. Tomou como ponto de partida fatos de seu cotidiano.

A proposta aqui é que você, com um colega, produza um conto inspirado em uma notícia de jornal, tomando o cuidado de encadear as unidades narrativas de forma a prender a atenção de seu leitor. A seguir, há um exemplo de conto escrito dessa maneira.

O escritor gaúcho Moacyr Scliar (1937-2011), em certo período, escreveu contos inspirados em notícias publicadas em jornal. A respeito desse tipo de criação, ele escreveu:

> **[...] atrás de muitas notícias esconde-se uma história pedindo para ser contada.**

A seguir, transcrevemos o conto "Passe de mágica", de Moacyr Scliar. Um trecho da notícia que o inspirou está logo abaixo do nome do autor. Ao ler o conto, observe como o autor também emprega frases que separam as unidades narrativas e criam expectativa para a sequência de acontecimentos da história. (Os destaques do texto são nossos.)

Mágicos fazem congresso para aprender novos truques. Evento de cinco dias em Barueri (SP) teve mercado de mágica e conferências com ilusionistas internacionais.

Folha de S.Paulo. São Paulo, 3 nov. 2004. Cotidiano.

C2 segunda-feira, 8 de novembro de 2004 — COTIDIANO — FOLHA DE S.PAULO

MOACYR SCLIAR

Passe de mágica

Mágicos fazem congresso para aprender novos truques. Evento de cinco dias em Barueri (SP) teve mercado de mágica e conferências com ilusionistas internacionais.
Cotidiano, 3.nov.04

O CONGRESSO ultrapassou as melhores expectativas dos organizadores. Não apenas o número de participantes era muito grande, como também a qualidade dos truques apresentados por mestres internacionais revelou-se soberba. Além disto, o clima era de amável convivência, mesmo porque ali todos mais ou menos se conheciam. Estavam hospedados em um único hotel e, durante as refeições, o papo fluía animado, todos trocando ideias sobre mágica e ilusionismo.

No terceiro dia apareceu um desconhecido. Era um homem de meia idade, simpático, elegantemente vestido, falando português com um forte mas indefinido sotaque. Apresentava-se como o Grande Astor e dizia ter sido convidado para apresentar um original número de mágica, exibindo inclusive a cópia do e-mail que teria recebido. Ninguém, na comissão organizadora, lembrava-se desse e-mail; a verdade, porém, é que os preparativos haviam sido apressados e confusos, e o convite bem poderia ter sido expedido por iniciativa de alguém.

De qualquer modo, seria uma descortesia mandar embora o Grande Astor, que, ademais, parecia de fato um experiente ilusionista. Seu número passou a ser aguardado com certa expectativa e foi apresentado no encerramento do congresso. No pequeno palco da sala de espetáculos havia uma vistosa caixa de madeira. O Grande Astor pediu que o colocassem ali, que fechassem a tampa com cadeados e que, depois de 30 segundos a abrissem. Isto foi feito: não havia ninguém na caixa, claro. Os mágicos aguardaram que o Grande Astor aparecesse para explicar o truque, mas ele tinha mesmo sumido. Número notável, todos reconheciam, mas, ao mesmo tempo, inquietante.

Quando voltaram para o hotel tiveram outra, e desagradável, surpresa. Objetos tinham desaparecido, como por encanto, de todos os apartamentos: celulares, laptops, relógios, sem falar em joias e dinheiro. E o gerente estava transtornado: sua mulher, uma bela e sensual morena, também sumira.

Ficou claro porque o Grande Astor não reaparecera para receber o troféu Mandraque, a que fazia jus por ter apresentado o melhor número do evento; ele por assim dizer simplificara as coisas, como se constatou ao abrir o armário onde ficava a bela estatueta. Ela tinha sumido. Como por passe de mágica, diriam vocês? Pois é. Como por passe de mágica.

Moacyr Scliar escreve nesta coluna, às segundas-feiras, um texto de ficção baseado em notícias publicadas na Folha

Folhapress/Arquivo da editora

Folha de S.Paulo. São Paulo, 8 nov. 2004. Cotidiano. p. C2.

Passe de mágica

Moacyr Scliar

O congresso ultrapassou as melhores expectativas dos organizadores. Não apenas o número de participantes era muito grande, como também a qualidade dos truques apresentados por mestres internacionais revelou-se soberba. Além disso, o clima era de amável convivência, mesmo porque ali todos mais ou menos se conheciam. Estavam hospedados em um único hotel e, durante as refeições, o papo fluía animado, todos trocando ideias sobre mágica e ilusionismo.

No terceiro dia apareceu um desconhecido. Era um homem de meia-idade, simpático, elegantemente vestido, falando português com um forte mas indefinido sotaque. Apresentava-se como o Grande Astor e dizia ter sido convidado para apresentar um original número de mágica, exibindo inclusive a cópia do *e-mail* que teria recebido. Ninguém, na comissão organizadora, lembrava-se desse *e-mail*; a verdade, porém, é que os preparativos haviam sido apressados e confusos, e o convite bem poderia ter sido expedido por iniciativa de alguém.

De qualquer modo, seria uma descortesia mandar embora o Grande Astor, que, ademais, parecia de fato um experiente ilusionista. Seu número passou a ser aguardado com certa expectativa e foi apresentado no encerramento do congresso. No pequeno palco da sala de espetáculos havia uma vistosa caixa de madeira. O Grande Astor pediu que o colocassem ali, que fechassem a tampa com cadeados e que, depois de 30 segundos, a abrissem. Isso foi feito: não havia ninguém na caixa, claro. Os mágicos aguardaram que o Grande Astor aparecesse para explicar o truque, mas ele tinha mesmo sumido. Número notável, todos reconheciam, mas, ao mesmo tempo, inquietante.

Quando voltaram para o hotel tiveram outra, e desagradável, supresa. Objetos tinham desaparecido, como por encanto, de todos os apartamentos: celulares, *laptops*, relógios, sem falar em joias e dinheiro. E o gerente estava transtornado: sua mulher, uma bela e sensual morena, também sumira.

Ficou claro por que o Grande Astor não reaparecera para receber o troféu Mandraque, a que fazia jus por ter apresentado o melhor número do evento; ele, por assim dizer, simplificara as coisas, como se constatou ao abrir o armário onde ficava a bela estatueta. Ela tinha sumido. Como por passe de mágica, diriam vocês? Pois é. Como por passe de mágica.

Folha de S.Paulo. São Paulo, 8 nov. 2004. Cotidiano. p. C2.

Em dupla.

1. Selecionem uma notícia de jornal que vocês considerem que possa motivar a criação de uma boa história.
2. Discutam sobre qual será o enredo da história.
3. Lembrem-se de que o conto que vocês vão produzir deverá atrair a atenção de pessoas habituadas a ler notícias em jornal, veículo que geralmente emprega linguagem mais concisa e rápida.
4. Planejem o desenvolvimento da história em unidades narrativas.
5. Façam um rascunho do texto.
6. Releiam e observem se vocês garantiram a presença de frases que criem expectativa na passagem de uma unidade para outra.
7. Observem se foram empregados elementos coesivos e se eles contribuíram para o bom encadeamento do texto.
8. Leiam os textos para os colegas, conforme orientação do professor.
9. Escolham os contos de que vocês mais gostaram para serem publicados no jornal da escola ou para serem enviados ao jornal de seu bairro ou de sua cidade.

CONTEÚDO DIGITAL

Outro texto do mesmo gênero

Dona Custódia

Fernando Sabino

Ar de empregada ela não tinha: era uma velha mirrada, muito bem arranjadinha, mangas compridas, cabelos em bandó num vago ar de camafeu – e usava mesmo um, fechando-lhe o vestido ao pescoço. Mas via-se que era humilde – atendera ao anúncio publicado no jornal porque satisfazia às especificações, conforme ela própria fez questão de dizer: sabia cozinhar, arrumar a casa e servir com eficiência a senhor só.

O senhor só fê-la entrar, meio ressabiado. Não era propriamente o que esperava, mas tanto melhor: a velhinha podia muito bem dar conta do recado, por que não? E além do mais impunha dentro de casa certo ar de discrição e respeito, propício ao seu trabalho de escritor. Chamava-se Custódia.

Dona Custódia foi logo botando ordem na casa: varreu a sala, arrumou o quarto, limpou a cozinha, preparou o jantar. Deslizava como uma sombra para lá, para cá – em pouco sobejavam provas de sua eficiência doméstica. Ao fim de alguns dias ele se acostumou à sua silenciosa iniciativa (fazia de vez em quando uns quitutes) e se deu por satisfeito: chegou mesmo a pensar em aumentar-lhe o ordenado, sob a feliz impressão de que se tratava de uma empregada de categoria.

Theo/Arquivo da editora

De tanta categoria que no dia do aniversário do pai, em que almoçaria fora, ele aproveitou-se para dispensar também o jantar, só para lhe proporcionar o dia inteiro de folga. Dona Custódia ficou muito satisfeitinha, disse que assim sendo iria também passar o dia com uns parentes lá no Rio Comprido.

Mas às quatro horas da tarde ele precisou de dar um pulo no apartamento para apanhar qualquer coisa que não vem à história. A história se restringe à impressão estranha que teve, então, ao abrir a porta e entrar na sala: julgou mesmo ter errado de andar e invadido casa alheia. Porque aconteceu que deu com os móveis da sala dispostos de maneira diferente, tudo muito arranjadinho e limpo, mas cheios de enfeites mimosos: paninho de renda no consolo, toalha bordada na mesa, dois bibelôs sobre a cristaleira – e em lugar da gravura impressionista na parede, que se via? Um velho de bigodes o espiava para além do tempo, dentro de uma moldura oval. Nem pôde examinar direito tudo isso, porque, espalhadas pela sala, muito formalizadas e de chapéu, oito ou dez senhoras tomavam chá! Só então reconheceu entre elas dona Custódia, que antes proseava muito à vontade mas ao vê-lo se calou, estatelada. Estupefato, ele ficou parado sem saber o que fazer e já ia dando o fora quando sua empregada se recompôs do susto e acorreu, pressurosa:

— Entre, não faça cerimônia! — puxou-o pelo braço, voltando-se para as demais velhinhas: — Este é o moço que eu falava, a quem alugo um quarto.

Foi apresentado a uma por uma: viúva do desembargador Fulano de Tal; senhora Assim-Assim; senhora Assim-Assado; viúva de Beltrano, aquele escritor da Academia! Depois de estender a mão a todas elas, sentou-se na ponta de uma cadeira, sem saber o que dizer. Dona Custódia veio em sua salvação.

— Aceita um chazinho?

— Não, muito obrigado. Eu...

— Deixa de cerimônia. Olha aqui, experimenta uma brevidade, que o senhor gosta tanto. Eu mesma fiz.

Que ela mesma fizera ele sabia — não haveria também de pretender que ele é que cozinhava. Que diabo ela fizera de seu quadro? E os livros, seus cachimbos, o nu de Modigliani junto à porta substituído por uma aquarelinha...

— A senhora vai me dar licença, dona Custódia.

Foi ao quarto — tudo sobre a cama, nas cadeiras, na cômoda. Apanhou o tal objeto que buscava e voltou à sala:

— Muito prazer, muito prazer — despediu-se, balançando a cabeça e caminhando de costas como um chinês. Ganhou a porta e saiu.

Quando regressou, tarde da noite, encontrou como por encanto o apartamento restituído à arrumação original, que o fazia seu. O velho bigodudo desaparecera, o paninho de renda, tudo — e os objetos familiares haviam retornado ao lugar.

– A senhora...

Dona Custódia o aguardava, ereta como uma estátua, plantada no meio da sala. Ao vê-lo, abriu os braços dramaticamente, falou, apenas:

– Eu sou a pobreza envergonhada!

Não precisou dizer mais nada: ao olhá-la, ele reconheceu logo que era ela: a própria Pobreza Envergonhada. E a tal certeza nem seria preciso acrescentar-se as explicações, a aflição, as lágrimas com que a pobre se desculpava, envergonhadíssima: perdera o marido, passava necessidade, não tinha outro remédio – escondida das amigas se fizera empregada doméstica! E aquela tinha sido sua oportunidade de reaparecer para elas, justificar seu sumiço... Ele balançava a cabeça, concordando: não se afligisse, estava tudo bem. Concordava mesmo que de vez em quando, ele não estando em casa, evidentemente, voltasse a recebê-las como na véspera, para um chazinho.

O que passou a acontecer dali por diante, sem mais incidentes. E às vezes se acaso regressava mais cedo detinha-se na sala para bater um papo com as velhinhas, a quem já se ia afeiçoando.

Não tão velhinhas que um dia não surgisse uma viúva bem mais conservada, a quem acabou também se afeiçoando, mas de maneira especial. Até que dona Custódia soube, descobriu tudo, ficou escandalizada! Não admitia que uma amiga fizesse aquilo com seu hóspede. E despediu-se, foi-se embora para nunca mais.

SABINO, Fernando. *Os melhores contos de Fernando Sabino*. Rio de Janeiro: Record, 1986. p. 98-101.

Theo/Arquivo da editora

Autoavaliação

Chegou o momento de fazer um balanço de tudo o que foi estudado no Capítulo 3. Leia o quadro de conteúdos para recordar o que estudou e, no caderno, avalie seu desempenho usando os tópicos propostos a seguir como orientação. Isso o ajudará na hora de organizar seus estudos.

Meu desempenho

- **Avancei em** (registre no caderno os itens em que você melhorou)
- **Preciso rever** (registre no caderno os itens que você precisa estudar mais)
- **Outras observações e/ou outras atividades**

CONTEÚDOS	
1. Gênero	Conto • "Metonímia, ou a vingança do enganado", Rachel de Queiroz
2. Leitura e interpretação de texto	Crônica e conto: semelhanças e diferenças Recursos estilísticos: metonímia, ironia, polissíndeto Formas de organizar o texto: • Encadeamento da narrativa • Indícios do desfecho • Participação do narrador
3. Língua: usos e reflexão	Período composto (II) • Processo de subordinação e coesão (I) • Orações subordinadas substantivas • Classificação das orações subordinadas substantivas • Orações reduzidas
4. Produção textual	**Escrita** Conto inspirado em notícia de jornal
5. Participação	**Prática de oralidade** Exposição oral: discriminações e preconceitos associados a gênero
6. Ampliação de leitura	Leitura de *Outras linguagens*: pintura Leitura e produção de relações entre textos da seção *Conexões* Leitura de *Outro texto do mesmo gênero*: • "Dona Custódia", Fernando Sabino

Theo/Arquivo da editora

Capítulo

4 Romance

Theo/Arquivo da editora

O romance, como o conhecemos hoje, é uma narrativa literária, geralmente de longa duração, organizada com vários conflitos, que podem ocorrer em espaços e tempos variados.

Originalmente, *romance* era o nome dado às línguas usadas pelos povos que viviam sob o Império Romano. Mais tarde, passou a designar as composições literárias populares, folclóricas, e, posteriormente, as narrativas de ficção, sentimentais ou fantasiosas, em prosa ou em verso.

No século XVIII, o romance tornou-se o porta-voz das ambições e desejos das pessoas da época, constituindo um passatempo e às vezes um meio de fuga do cotidiano. O escritor era pago para oferecer uma imagem otimista e leve da vida. Era o romance romântico, com histórias de encontros, casamentos, realização de sonhos e desilusões.

No século XIX, o romance tornou-se instrumento de crítica à sociedade.

CONTEÚDO DIGITAL

Neste capítulo, você conhecerá parte do romance *Memórias póstumas de Brás Cubas*, publicado inicialmente em **folhetim**, em 1880, na *Revista Brasileira*. Foi escrito por um dos maiores escritores brasileiros, Machado de Assis.

A Z

folhetim: texto literário impresso em jornal. Romance publicado em fragmentos ou capítulos em periódicos.

Você sabe o que quer dizer *póstumo*? Póstumo é algo feito depois da morte. Já imaginou como uma história pode ser contada por uma personagem que já morreu? Pode imaginar um defunto contando a história de um beijo entre enamorados no século XIX seguido de um diálogo que aconteça sem palavras?

Leia este resumo para você conhecer o contexto da história:

A história se passa na cidade do Rio de Janeiro, no século XIX, e começa no dia do velório de Brás Cubas. A partir da análise das personagens presentes em seu funeral, o narrador começa a relembrar sua vida desde a adolescência, com muita ironia e humor crítico. Recorda seus amores da juventude: Marcela, uma prostituta de luxo, com a qual ele quase **dá cabo da** fortuna da família; Eugênia, moça pobre com quem vive um namoro passageiro; e Virgília, de quem fica noivo. Filha de um político influente, ela o abandonaria para se casar com Lobo Neves, pretendente com ambições políticas.

Anos mais tarde, Brás Cubas, ainda solteiro, e Virgília, já casada com Lobo Neves, vivem uma grande paixão. O relacionamento termina quando o marido de Virgília é nomeado presidente de uma província no interior do país e deixa o Rio, levando a esposa.

A história termina no ponto em que começa: na morte de Brás Cubas.

Sinta o gostinho da história lendo, abaixo, o trecho inicial do primeiro capítulo.

Capítulo I

Óbito do autor

Algum tempo hesitei se devia abrir estas memórias pelo princípio ou pelo fim, isto é, se poria em primeiro lugar o meu nascimento ou minha morte. [...]

[...] expirei às duas horas da tarde de uma sexta-feira do mês de agosto de 1869, na minha bela chácara de Catumbi. Tinha uns sessenta e quatro anos, rijos e prósperos, era solteiro, possuía cerca de trezentos contos e fui acompanhado ao cemitério por onze amigos. Onze amigos!

[...]

MACHADO DE ASSIS, *Joaquim* M., *Memórias póstumas de Brás Cubas*. 28. ed São Paulo: Ática, 2004.

Nas páginas seguintes, leia três outros capítulos. O primeiro narra o momento de um beijo apaixonado no reencontro de Brás Cubas com Virgília, anos depois da juventude. Os outros dois... é melhor você mesmo conferir.

dar cabo de: fazer desaparecer; subtrair.

tardio: que chega depois do tempo.

peco: que não cresceu devidamente; relativo a doença dos vegetais que os faz definhar, murchar.

ímpeto: força repentina e intensa; entusiasmo.

abotoar: lançar (a planta) botões; germinar.

Leitura

Memórias póstumas de Brás Cubas

Capítulo LIII

Machado de Assis

....

[...]

Há umas plantas que nascem e crescem depressa; outras são **tardias** e **pecas.** O nosso amor era daquelas; brotou com tal **ímpeto** e tanta seiva, que, dentro em pouco, era a mais vasta, folhuda e exuberante criatura dos bosques. Não lhes poderei dizer, ao certo, os dias que durou esse crescimento. Lembra-me, sim, que, em certa noite, **abotoou**-se a flor, ou o beijo, se assim lhe quiserem chamar, um beijo que ela me deu, trêmula, – coitadinha, – trêmula de medo, porque era ao portão da chácara.

prólogo: parte inicial de uma tragédia (teatro grego); cena inicial em que são dados elementos da trama que vai se desenrolar.

hipocrisia: falsidade, fingimento.

sistemática: que segue ou observa um método.

pagar à farta: pagar bem, em abundância.

fastio: enfado, aborrecimento, tédio.

saciedade: satisfação completa.

prenunciar: prever o que ainda não aconteceu; predizer, profetizar.

pêndula: relógio de pêndulo, corpo pesado pendurado que oscila num movimento de vaivém.

soturno: melancólico, tristonho, sombrio.

Uniu-nos esse beijo único, – breve como a ocasião, ardente como o amor, **prólogo** de uma vida de delícias, de terrores, de remorsos, de prazeres que rematavam em dor, de aflições que desabrochavam em alegria, – uma **hipocrisia** paciente e **sistemática**, único freio de uma paixão sem freio, – vida de agitações, de cóleras, de desesperos e de ciúmes, que uma hora **pagava à farta** e de sobra; mas outra hora vinha e engolia aquela, como tudo mais, para deixar à tona as agitações e o resto, e o resto do resto, que é o **fastio** e a **saciedade**: tal foi o livro daquele prólogo.

MACHADO DE ASSIS, Joaquim M. op. cit. p.84.

Interpretação do texto

Compreensão

1. No início deste capítulo, o amor é comparado a uma planta. Responda em seu caderno: que palavras foram usadas para caracterizá-lo assim?
2. No texto, o beijo é comparado ao aparecimento de botões de flor. Transcreva a passagem que expressa essa ideia.
3. O narrador afirma que o beijo que Virgília lhe dera era um "prólogo". O que esse beijo **prenuncia** para ele? Responda a questão com uma passagem do texto.
4. Que características são atribuídas a esse beijo?
5. O trecho fala em delícias, prazeres e alegria e também em terrores, remorsos, dor e aflições. Com base no resumo da história apresentado na página 123, responda no caderno: por que o narrador prenuncia sentimentos e sensações contraditórios ao se referir ao que espera de sua vida depois daquele beijo?

Leitura

Memórias póstumas de Brás Cubas

Capítulo LIV: A pêndula

Saí dali a saborear o beijo. Não pude dormir; estirei-me na cama, é certo, mas foi o mesmo que nada. Ouvi as horas todas da noite. Usualmente, quando eu perdia o sono, o bater da **pêndula** fazia-me muito mal; esse tique-taque **soturno**, vagaroso e seco parecia dizer a cada golpe que eu ia ter um instante menos de vida. Imaginava então um velho diabo, sentado entre dois sacos, o da vida e o da morte, a tirar as moedas da vida para dá-las à morte, e a contá-las assim:

— Outra de menos...
— Outra de menos...
— Outra de menos...
— Outra de menos...

O mais singular é que, se o relógio parava, eu dava-lhe corda, para que ele não deixasse de bater nunca, e eu pudesse contar todos os meus instantes perdidos. Invenções há, que se transformam ou acabam; as mesmas instituições morrem; o relógio é definitivo e perpétuo. O derradeiro homem, ao despedir-se do sol frio e gasto, há de ter um relógio na **algibeira**, para saber a hora exata em que morre.

Naquela noite não padeci essa triste sensação de **enfado**, mas outra, e **deleitosa**. As fantasias tumultuavam-me cá dentro, vinham umas sobre outras, à semelhança de **devotas** que se **abalroam** para ver o anjo-cantor das procissões. Não ouvia os instantes perdidos, mas os minutos ganhados. De certo tempo em diante não ouvi coisa nenhuma, porque o meu pensamento, **ardiloso** e **traquinas**, saltou pela janela fora e bateu as asas na direção da casa de Virgília. Aí achou ao peitoril de uma janela o pensamento de Virgília, saudaram-se e ficaram de palestra. Nós a rolarmos na cama, talvez com frio, necessitados de repouso, e os dois vadios ali postos, a repetirem o velho diálogo de Adão e Eva.

MACHADO DE ASSIS, Joaquim M., op. cit.

A Z

algibeira: pequeno bolso.
enfado: aborrecimento, tédio.
deleitoso: que satisfaz, que delicia.
devoto: aquele que tem devoção; dedicado.
abalroar: ir de encontro a, chocar-se, bater.
ardiloso: esperto, cheio de malícia, astuto.
traquinas: que faz travessuras de criança; ruidoso; inquieto.

Compreensão

1. Responda em seu caderno: como foi a noite do narrador-personagem depois do beijo?
2. Que recurso de linguagem é usado para expressar o ritmo do relógio?
3. O recurso de linguagem utilizado para representar o ritmo do pêndulo do relógio indica, segundo o texto, "um instante menos de vida". Que imagem é criada pelo narrador para expressar essa ideia?
4. Depois do beijo, o que se altera em relação à sensação que o narrador tinha da passagem do tempo?
5. Releia este trecho:

[...] De certo tempo em diante não ouvi coisa nenhuma, porque o meu pensamento, ardiloso e traquinas, saltou pela janela fora e bateu as asas na direção da casa de Virgília. Aí achou ao peitoril de uma janela o pensamento de Virgília, saudaram-se e ficaram de palestra. Nós a rolarmos na cama, talvez com frio, necessitados de repouso, e os dois vadios ali postos, a repetirem o velho diálogo de Adão e Eva.

a) A quem se refere o pronome *nós*?
b) A quem se refere a expressão "os dois vadios ali postos"?

Leitura

Memórias póstumas de Brás Cubas

Capítulo LV: O velho diálogo de Adão e Eva

Brás Cubas

. . . ?

Virgília

. . . .

Brás Cubas

. . . .

. . . . . .

Virgília

. . . . . !

Brás Cubas

. . . . . .

Virgília

. . . .

. . . . ? . . . .

. . . .

Brás Cubas

. . . .

Virgília

. . . .

Brás Cubas

. . . .

. . . .

. . . . ! . . .

. . . ! . . . .

. . . . !

Virgília

. . . . ?

Brás Cubas

. . . . . !

Virgília

. . . . . !

MACHADO DE ASSIS, Joaquim M., op. cit.

Joaquim Maria Machado de Assis nasceu na cidade do Rio de Janeiro em 1839. De origem humilde, pouco pôde frequentar a escola. Toda a cultura que adquiriu (Machado era um devorador de livros!) foi como autodidata. Antes de se dedicar à produção literária, exerceu a função de tipógrafo e revisor em editora. Conciliou a carreira de escritor com a de funcionário público e produziu, durante mais de 50 anos, obras de diferentes naturezas: poemas, peças de teatro, crônicas, contos e muitos romances; entre outros, *Quincas Borba* (1891) e *Dom Casmurro* (1899). Foi um dos fundadores e o primeiro presidente da Academia Brasileira de Letras. Faleceu na mesma cidade, em 1908.

Compreensão

1. Adão e Eva, segundo a Bíblia, são o primeiro casal da espécie humana. A que o autor estaria se referindo ao usar a expressão "velho diálogo" e citar esse primeiro casal no título do capítulo? Transcreva a(s) alternativa(s) que responda(m) mais adequadamente à questão.
   a) Ao encontro entre um homem e uma mulher.
   b) À relação de amor homem-mulher.
   c) À importância da religião.
   d) Ao casal envelhecido pelo tempo.
   e) A uma conversa que já aconteceu entre as duas personagens no passado.
2. Esse capítulo emprega predominantemente a linguagem não verbal. Como podemos saber que se trata de um diálogo?
3. Pelo emprego da linguagem não verbal, o leitor tem apenas a extensão, o tamanho de algo que parece ser um conjunto de frases.
   a) Como podemos saber qual a **entonação** a ser dada nessas frases?
   b) É possível fazer uma leitura do diálogo com base nesses recursos gráficos? Explique sua resposta.

A Z

entonação: variação no tom da voz.

Conversa em jogo

Sem palavras?

- Dificilmente um autor escreve um capítulo como esse, praticamente sem palavras, usando predominantemente outro recurso gráfico. Qual seria a provável intenção do autor ao construir um capítulo dessa forma?

Construção do texto

- Além das inovações e dos recursos estilísticos apontados anteriormente, Machado de Assis usou muitos outros artifícios para narrar a história de Brás Cubas. No romance há:
  a) cortes na linearidade do tempo, ou seja, a narrativa não segue uma ordem cronológica rígida;
  b) vazios a serem completados pelo leitor;
  c) inclusão de fatos ou de detalhes fantásticos;
  d) interrupção da narrativa para inserir pensamentos e reflexões.

  Quais desses artifícios você percebeu nos capítulos lidos?

Unidade narrativa: capítulo de romance

Machado de Assis organizou o romance *Memórias póstumas de Brás Cubas* em 160 capítulos, publicados originalmente em folhetim. Pode-se representar a construção do romance no esquema:

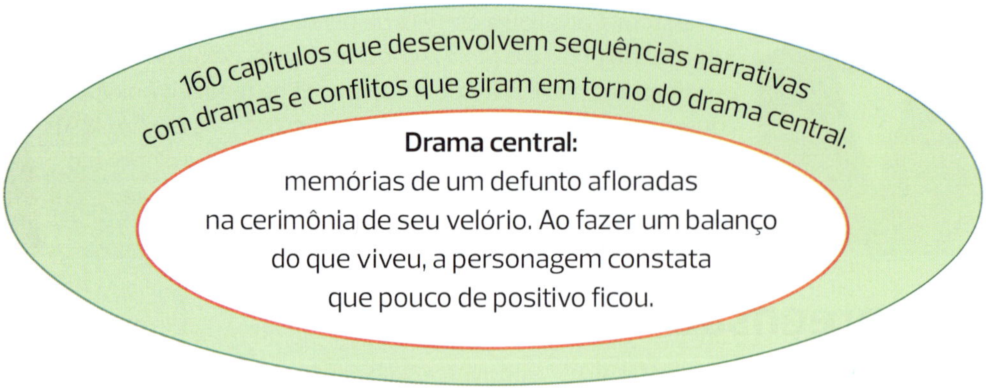

Você teve oportunidade de ler três capítulos do romance de Machado de Assis. Cada um deles forma uma unidade com sequência narrativa ligada ao drama central.

1. Copie o quadro a seguir no caderno e complete-o com a síntese do enredo de cada um dos capítulos.

	Capítulo LIII	Capítulo LIV A pêndula	Capítulo LV O velho diálogo de Adão e Eva
Enredo	IIIIIIIIIIIIIIIII	IIIIIIIIIIIIIIIIIIII	IIIIIIIIIIIIIIIIIIIIIIIIIIIIIIIIIIIIIIIIIIIIIIIIIIIII

2. Embora façam parte de um romance, os capítulos lidos permitem a identificação dos vários elementos dessa narrativa . Copie no caderno os elementos e indique cada um deles de acordo com a leitura dos capítulos lidos.

a) tempo
b) espaço
c) personagens
d) tipo de narrador

3. Com base na comparação entre o esquema do romance e as sínteses feitas no quadro, responda: qual desses elementos da narrativa mantém a relação dos capítulos com o drama central — narrador, tempo, espaço, ação ou personagem? Justifique.

Linguagem do texto

Os três capítulos que você leu foram escritos por Machado de Assis em 1880, por isso podem apresentar palavras ou expressões em desuso nos dias de hoje.

1. Em seu caderno, transcreva duas palavras ou expressões dos textos lidos que você considera que estejam em desuso atualmente.
Explique.

Em uma primeira leitura, além do emprego de palavras e expressões próprias da época, podemos observar que a linguagem é bem trabalhada, cuidadosa e elaborada. Observe o seguinte trecho:

Uniu-nos esse beijo único, — breve como a ocasião, ardente como o amor, prólogo de uma vida de delícias, de terrores, de remorsos...

2. Escolha e transcreva no caderno um trecho que você considera ter uma linguagem bem elaborada, mais formal.

3. Releia este trecho e observe as expressões destacadas. Nelas se observa outra característica da linguagem.

> ... Não **lhes** poderei dizer, ao certo, os dias que durou esse crescimento. Lembra-me, sim, que, em certa noite, abotoou-se a flor, ou o beijo, se assim lhe **quiserem chamar** [...].

a) A quem se dirige o narrador?

b) Copie a alternativa que informa o que esse trecho demonstra:

- O narrador faz um convite à participação do leitor.
- O narrador inclui uma nova personagem.
- O narrador conversa com Virgília.
- O narrador fala consigo mesmo.

Turno conversacional

O modo como o Capítulo LV está construído sugere uma sequência conversacional, isto é, um diálogo. Há turnos de fala: ora a vez de falar é de Brás, ora a marcação confere a fala a Virgília. Mesmo sem palavras, a estrutura de diálogo permite que o leitor faça inferências: a sequência de pontos indica o tamanho das falas, a pontuação determina a expressividade e os nomes indicam a que personagem as falas pertencem.

Releia o início do capítulo.

Brás Cubas

. . . ?

Virgília

. . . .

a) A partir apenas desses elementos, o que é possível afirmar sobre esse trecho do diálogo?

b) Que recursos foram empregados para indicar a expressividade nesse diálogo?

Outros recursos de linguagem

Nos três capítulos lidos de *Memórias póstumas de Brás Cubas*, é possível constatar o emprego abundante de recursos de linguagem: metáforas, personificações, antíteses. É o que será estudado a seguir.

Metáfora

Releia:

Há umas plantas que nascem e crescem depressa; outras são tardias e pecas. O nosso amor era daquelas; brotou com tal ímpeto e tanta seiva, que, dentro em pouco, era a mais vasta, folhuda e exuberante criatura dos bosques.

Nesse trecho, o autor empregou palavras de um modo muito especial para descrever o amor. Observe:

O nosso amor era [...] a mais vasta, folhuda e exuberante criatura dos bosques.

A combinação dos termos *amor* e *criatura dos bosques* na expressão produz um sentido diferente do sentido próprio de cada palavra. Veja:

Amor: sentimento de dedicação absoluta, devoção.

Criatura do bosque: ser que vive no bosque.

O sentido resultante dessa combinação *amor* e *criatura dos bosques* é chamado de **sentido figurado**.

No sentido figurado, o significado próprio das palavras é alterado e dá lugar a outro significado, que mantém relação com as ideias originais por uma comparação implícita (comparação implícita é uma comparação subentendida, não desenvolvida totalmente na frase).

No parágrafo todo, o autor define o amor por meio de metáforas.

Metáfora é a palavra ou expressão que produz sentidos figurados por meio de comparações implícitas. Geralmente, ao produzir uma metáfora, o narrador apresenta uma forma bastante pessoal de ver a realidade, ou seja, uma visão bastante subjetiva da realidade.

A metáfora apresenta-se muitas vezes sob a forma de uma oração construída com predicado nominal. Leia este exemplo, construído pelo poeta chileno Pablo Neruda (1904-1973):

A melancia é a baleia do verão.

Theo/Arquivo da editora

Nessa metáfora, a melancia está sendo comparada à baleia, provavelmente por causa do tamanho (grande), da forma (arredondada e lisa): a melancia é uma fruta grande, e a baleia é um mamífero grande.

Copie no caderno o trecho de *Memórias póstumas de Brás Cubas* que pode ser considerado exemplo de uso de **metáfora**.

a) "[...] em certa noite, abotoou-se a flor, ou o beijo."

b) "[...] à semelhança de devotas que se abalroam para ver o anjo-cantor das procissões."

c) "[...] um beijo que ela me deu, trêmula, — coitadinha, — trêmula de medo [...]."

Prosopopeia ou personificação

1. Releia o seguinte trecho:

[...] meu pensamento, ardiloso e traquinas, saltou pela janela fora [...].

Os adjetivos *ardiloso* e *traquinas*, que costumam ser empregados para caracterizar seres humanos, nesse período são usados para caracterizar o *pensamento*. Que outra palavra na frase, que também é atributo de seres humanos, está empregada fora de seu contexto habitual?

Atribuir características humanas a algo abstrato, como o pensamento, é um recurso de linguagem chamado de **prosopopeia** ou **personificação**.

2. Identifique e explique a personificação empregada nesta tira:

QUINO. *Toda Mafalda*. São Paulo: Martins Fontes, 2000.

Prosopopeia ou **personificação**, portanto, é a caracterização de animais, objetos, ou seres/coisas abstratos por meio de atributos próprios dos seres humanos (ações, atitudes, sentimentos).

3. Copie no caderno o(s) trecho(s) que pode(m) ser considerado(s) exemplo de uso de **personificação**.
   a) "[meu pensamento] achou ao peitoril de uma janela o pensamento de Virgília, saudaram-se e ficaram de palestra."
   b) "O nosso amor [...] brotou com tal ímpeto e tanta seiva [...]"
   c) "[...] uma hipocrisia paciente e sistemática [...]"

Antítese

1. Releia o seguinte trecho:

Uniu-nos esse beijo único, – [...] prólogo de uma vida de delícias, de terrores, de remorsos, de prazeres [...].

Copie no caderno a alternativa que melhor complete a frase a seguir.Nesse trecho, o beijo é associado:

a) apenas a sensações positivas.
b) apenas a sensações negativas.
c) a sensações que se completam.
d) a sensações que se opõem.

Ao se reunirem ideias opostas na mesma frase, acentuam-se as diferenças entre elas. Dá-se o nome a esse recurso de **antítese**.

2. Encontre a antítese empregada na tirinha:

Liniers/Acervo do cartunista

LINIERS. Macanudo. *Folha de S.Paulo*. São Paulo, 5 set. 2011. p. E9.

Antítese: consiste no emprego de palavras que se opõem pelo sentido.

3. Copie no caderno o trecho que pode ser considerado exemplo de uso de **antítese.**

a) "[...] vida de agitações, de cóleras, de desesperos [...]."

b) "[...] esse tique-taque soturno, vagaroso e seco [...]."

c) "[...] aflições que desabrochavam em alegria [...]."

Hora de organizar o que estudamos

Romance

Narrativa de longa duração

Intenção
Narrar uma história.

Linguagem
- linguagem apropriada ao tempo;
- emprego de turnos conversacionais;
- uso de recursos de linguagem figurada.

Construção
- organização em capítulos: unidades narrativas menores;
- estruturação em momentos e elementos da narrativa;
- garantia de um ou mais elementos da narrativa comuns às diversas unidades para que a unidade maior do romance não se perca.

Leitor
Aquele que gosta de ler narrativas longas.

Atividades: recursos de linguagem figurada

1. Observe a metáfora em destaque no trecho a seguir. Os itens abaixo vão ajudá-lo.

Essas pobres crianças não conhecerão as almofadas da felicidade.

Em seu caderno, explique qual é a comparação feita nessa metáfora. Siga as orientações:

a) Identifique características comuns a *almofada* e a *felicidade*. Desenvolva a comparação implícita da citação construindo uma frase com esta estrutura: "A felicidade é ■ como as almofadas".

b) Analise:
- o significado próprio, isto é, habitual, costumeiro, que as palavras têm separadamente;
- o que pode resultar da combinação desses significados;
- os sentidos possíveis que essa expressão pode assumir na frase.

c) Escreva em seu caderno uma oração que explique a expressão "almofadas da felicidade".

2. Transcreva no caderno as expressões que podem ser consideradas metáforas nas frases a seguir.
   a) Os ruídos eram facas que cortavam seus ouvidos.
   b) Sua força de leão parecia sobre-humana.
   c) O dia abriu-se em luz e sorrisos naquela manhã de outono.
   d) Amigas da liberdade, as crianças brincavam sem perceber os perigos à sua volta.
   e) Você é a luz dos meus olhos.
   f) "Aqui sou um passarim/Que as penas estão por dentro" (*Meu país*, Ivan Lins)

3. Observe o lugar onde se passa a cena da tira abaixo. Depois, em seu caderno responda às questões propostas.

THAVES, Bob. Frank & Ernest. *O Estado de S. Paulo*. São Paulo, 30 ago. 2005.

   a) Dentro da academia mostrada na tira, a expressão "correr sem sair do lugar" é empregada em sentido literal ou em sentido figurado? Por quê?
   b) Observe o nome da academia. Qual é a relação entre esse nome e a atividade proposta pelo treinador?

4. Leia este poema:

Passarinhos

Roseana Murray

A avó é amestradora
de passarinhos.

Ela canta, assovia.
do seu corpo o amor escapa
e enlaça o ar.

Então os passarinhos
voam para seus braços
e ela vira ninho.

MURRAY, Roseana. *Colo de avó*.
Rio de Janeiro: Manati, 2015. Disponível em: <www.roseanamurray.com/poemas.asp>.
Acesso em: 29 maio 2015.

Esse poema apresenta uma metáfora em seus primeiros versos:

A avó é amestradora
de passarinhos.

Na estrofe seguinte, a poeta mostra que características da avó a levam a dizer que essa avó é uma amestradora de passarinhos. Observe o esquema:

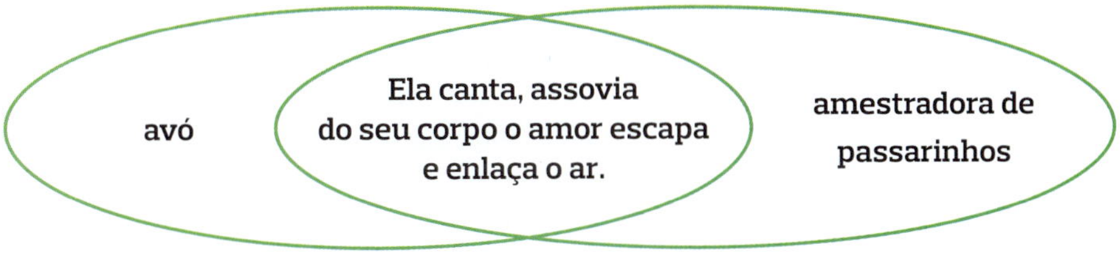

Em seu caderno, responda: se a poeta decidisse comparar a avó a uma flor, como ficaria a parte central desse esquema?

5. Reescreva no caderno a fala do compasso da tira abaixo em **sentido literal**.

SOUSA, Mauricio de. Turma da Mônica. *O Estado de S. Paulo*. São Paulo, 17 ago. 2005.

6. Leia os trechos a seguir e, no caderno, transcreva as expressões que podem ser consideradas personificações.

a)

[...]
A esperança...
Dança na corda bamba
De sombrinha
E em cada passo
Dessa linha
Pode se machucar...

BOSCO, João; BLANC, Aldir. O bêbado e a equilibrista. Disponível em: <www.vagalume.com.br>. Acesso em: 27 mar. 2015.

b)

Bailando no ar, gemia inquieto vaga-lume:
– Quem me dera que fosse aquela loura estrela,
Que arde no eterno azul, como uma eterna vela!
[...]

MACHADO DE ASSIS. Círculo vicioso. Disponível em: <www.academia.org.br>. Acesso em: 27 mar. 2015.

7. Os trechos a seguir apresentam antíteses. Transcreva no caderno as ideias que se opõem em cada caso.

a)

Não existiria som se não
Houvesse o silêncio
Não haveria luz se não
Fosse a escuridão
A vida é mesmo assim
Dia e noite, não e sim...
[...]

SANTOS, Lulu; MOTTA, Nelson. Certas coisas. Disponível em: <www.vagalume.com.br>. Acesso em: 27 mar. 2015.

b)

[...] Nem tudo tinham os antigos, nem tudo têm os modernos. [...]

MACHADO DE ASSIS. Instinto de nacionalidade. Disponível em: <http://letras.cabaladada.org>. Acesso em: 27 mar. 2015.

Outras linguagens

Quadrinhos e unidades narrativas

Como já vimos, o romance, uma narrativa de longa duração, pode ser dividido em unidades narrativas menores, denominadas capítulos.

Machado de Assis publicou o romance *Memórias póstumas de Brás Cubas* em capítulos, cada um deles publicado em um dia. Esse era um recurso para manter o leitor fiel à publicação.

Hoje em dia, a veiculação de narrativa de ficção em capítulos separados continua a ser uma estratégia para conquistar leitores, ouvintes e telespectadores e mantê-los fiéis ao veículo, seja ele o jornal, a revista, o rádio ou a TV.

Esse recurso foi usado na narrativa a seguir, construída quase exclusivamente com imagens, de autoria do cartunista Laerte. Foi publicada em seis partes, ou capítulos, em uma sequência de edições do jornal *Folha de S.Paulo*, no espaço reservado à tira "Piratas do Tietê".

Leia:

Laerte/Acervo do cartunista

LAERTE. Piratas do Tietê. *Folha de S.Paulo*. São Paulo, 9 fev. 2004, p. E7.

Id., ibid., 10 fev. 2004, p. E7.

Id., ibid., 11 fev. 2004, p. E9.

Laerte/Acervo do cartunista

Id., ibid., 12 fev. 2004, p. E9.

Id., ibid., 13 fev. 2004, p. E13.

Id., ibid., 14 fev. 2004, p. E13.

Respondam no caderno:

a) A sequência narrativa: os quadrinhos que finalizam uma tira e os que iniciam a seguinte constroem uma sequência mostrando que o agressor de um momento da história passa a ser o agredido em momento posterior. O que isso pode significar?

b) A repetição dos elementos da narrativa: personagens (homens) e ações (agressões) se repetem ao longo da história. Qual é o efeito de sentido provocado?

c) As armas usadas nos diferentes tempos: flechas, espadas, fuzis, bombas e bomba atômica. Nas tiras das partes 4 e 5, o que difere em relação à consequência do uso das armas?

d) O homem que aparece no primeiro quadrinho da última tira — que sensação ele provoca?

e) A figura feminina, que só aparece no último quadrinho, diz uma frase irônica: "Conta outra história". O que isso pode significar?

Prática de oralidade

Discussão em grupo

O beijo entre jovens

Nos capítulos do livro *Memórias póstumas de Brás Cubas* reproduzidos, um beijo furtivo tira o sono do narrador-personagem, Brás Cubas. No poema a seguir, o beijo também transtorna o coração do eu lírico, mas por outros motivos. Quais serão? Leia o poema.

Dúvidas

Carlos Queiroz Telles

Às vezes
eu sinto que ela quer.
Outras vezes
Eu acho que não.

Ah, como grita
o meu peito...
Cala a boca,
coração!

Ela não pode
desconfiar
que este vai ser
o meu primeiro...

Sufoco de vergonha
e de falta de jeito.
E agora, meu Deus?
O que é que eu faço
Com as mãos?

Às vezes
eu sinto que ela quer.
Outras vezes
eu acho que não.

Beijo ou não beijo...
eis a questão.

TELLES, Carlos Queiroz. *Sonhos, grilos e paixões*. 3. ed. São Paulo: Moderna, 1990. p. 42. (Col. Veredas).

Theo/Arquivo da editora

A personagem Hamlet, de William Shakespeare (1564-1616), expressou sua dúvida existencial com uma fala que ficou famosa: "Ser ou não ser, eis a questão!".
A dúvida existencial faz parte da natureza humana. No poema lido, beijar ou não beijar é a dúvida do eu lírico. E vocês? O que pensam sobre o beijo de amor entre jovens? Propomos uma discussão em grupos sobre esse assunto. O professor vai estipular um tempo para vocês conversarem a esse respeito. Orientem-se também pelas instruções a seguir.

Discussão em grupo

1. **Em grupo.** Leiam as perguntas que orientarão a discussão em grupo:
   a) O beijo deve acontecer sempre que houver o desejo?
   b) O beijo deve ocorrer apenas como manifestação de um sentimento mais profundo?
   c) O beijo pode acontecer em qualquer ambiente, ou requer privacidade?
2. Escolham um colega do grupo que será o relator. Ele deverá anotar as ideias para depois expor aos demais colegas da classe.
3. Procurem opinar um de cada vez sobre cada uma das questões. Haverá divergências de opiniões e elas deverão ser anotadas pelo relator.
4. Lembrem-se de que, na discussão em grupo, não há mediador; portanto, todos os participantes serão responsáveis pela organização da discussão e pelo respeito à opinião alheia.
5. Quando terminar o tempo estipulado pelo professor, leiam as anotações do colega responsável pelo registro e, conjuntamente, façam um pequeno resumo com as ideias fundamentais da discussão. O relator poderá apresentar esse resumo oralmente para os outros grupos.

Apresentação das anotações da discussão em grupo

1. Sugestões ao aluno que apresentar as anotações de seu grupo:
   - Exponha claramente as posições do grupo diante da questão de cada item.
   - Lembre-se da importância da altura e da entonação da fala de forma a assegurar que todos os colegas possam ouvi-lo e compreender o que você diz.
2. O professor vai propor a organização de um quadro com o registro do que cada grupo pensa sobre o tema. Após a apresentação oral, anote no quadro a opinião do grupo. No fim de todas as apresentações, vocês poderão comparar as opiniões da classe.

Conexões RELAÇÕES ENTRE TEXTOS, ENTRE CONHECIMENTOS

1. A história na História

Os fatos narrados em *Memórias póstumas de Brás Cubas* revelam um pouco do ambiente social e dos fatos históricos do Rio de Janeiro da época.

O Rio de Janeiro do bota-abaixo, Salamandra, 1997/Arquivo da editora

Centro da cidade do Rio de Janeiro, em meados do século XIX, época em que se passa a história narrada em *Memórias póstumas de Brás Cubas*, de Machado de Assis.

Em tempos de comunicação rápida, é possível percorrer locais ligados a obra do escritor por meio de um aplicativo para celular ou *tablet*. No endereço que se segue há informações de como baixar esse aplicativo gratuitamente.

MUITO ALÉM DO COSME VELHO
Nos livros do escritor, os personagens circulam por cenários da cidade

❶ Igreja da Candelária
CITAÇÕES 'Dom Casmurro'
CONTEXTO Capitu conversa com Bentinho sobre possíveis locais onde ele poderia celebrar missas após concluir o seminário. Ele cita a Candelária

❷ Rua do Ouvidor
CITAÇÕES 'Dom Casmurro', 'Memórias Póstumas de Brás Cubas' e 'Iaiá Garcia'
CONTEXTO Em 'Memórias Póstumas de Brás Cubas', o narrador reencontra Virgília, um antigo amor, quando passava pela rua do Ouvidor

❸ Rua da Constituição
CITAÇÕES 'A Mão e a Luva'
CONTEXTO O personagem Luís Alves morava na rua dos Ciganos, posteriormente conhecida como rua da Constituição

❹ Rua Riachuelo
CITAÇÕES 'Dom Casmurro'
CONTEXTO Na infância, Bentinho e Capitu moraram na rua de Matacavalos, atualmente chamada de Rua Riachuelo

❺ Passeio Público
CITAÇÕES 'Dom Casmurro'
CONTEXTO Bentinho dá dois vinténs a um mendigo que estava no portão do Passeio Público. Em agradecimento, o pedinte promete rezar por ele

❻ Cinelândia
CITAÇÕES 'Quincas Borba'
CONTEXTO Um convento citado no livro tinha como endereço o Largo da Ajuda, área hoje conhecida como Cinelândia

❼ Rua da Carioca
CITAÇÕES 'Memórias Póstumas de Brás Cubas'
CONTEXTO A escola onde o narrador estudou ficava na rua do Piolho, que depois veio a ser a rua da Carioca

❽ Rua Correia Dutra
CITAÇÕES 'Quincas Borba'
CONTEXTO Rubião invade a carruagem de Sofia, por quem estava apaixonado, na esperança de conquistá-la. A abordagem ocorreu na rua da Princesa, antigo nome da rua Correia Dutra

As residências
Machado de Assis morou em vários endereços pela cidade do Rio. Sete locais são citados em um levantamento feito pela prefeitura, em 2008. Um deles é a **❾ rua dos Andradas**, onde o escritor foi morar em 1869, após se casar com Carolina. No início da década de 1870, o casal se mudou para a **❿ rua Santa Luzia.** Machado também morou nas ruas: **⓫ rua do Livramento, ⓬ rua da Lapa, ⓭ rua do Catete, ⓮ rua Gago Coutinho ⓯ e rua Cosme Velho**

Academia Brasileira de Letras
LITERATURA Em 20 de julho de 1897, na condição de presidente, Machado de Assis fundou a Academia Brasileira de Letras. Em 1923, 15 anos após a morte do escritor, a sede da ABL foi transferida para o **⓰ prédio no centro do Rio**, inspirado no Palácio de Versalhes

⓱ Livraria Garnier
PONTO DE ENCONTRO Machado era frequentador da livraria, situada próxima à esquina da avenida Rio Branco com a rua do Ouvidor

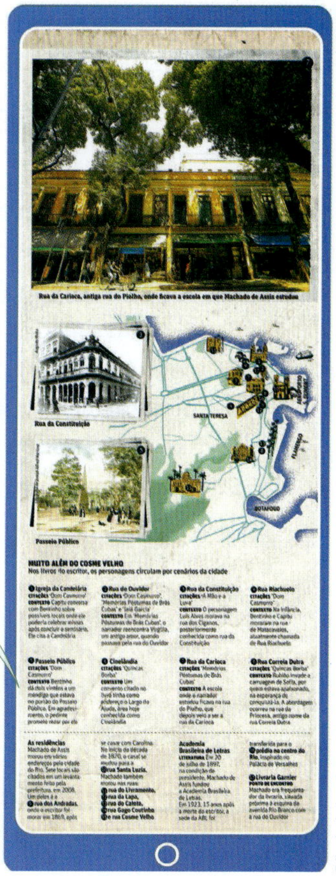

Editoria de Arte/Folhapress

Disponível em: <<www1.folha.uol.com.br/ilustrada/2014/09/1519632-aplicativo-reune-em-mapa-locais-ligados-a-obra-de-machado-de-assis.shtml>. Acesso em: 9 maio 2015.

2. A arte do beijo e o beijo na arte

Romance, beijo... Essas duas palavras sempre estiveram juntas: nas narrativas de amor, nos poemas, nas canções, nos flagrantes fotográficos, no cinema, nas artes em geral. A linguagem do beijo é atemporal, ou seja, está fora do domínio do tempo. Ao longo da História, vem sendo expressa por artistas nas diferentes linguagens. Confira:

- Na escultura:

Eduardo Albarello/Arquivo da editora

O beijo, escultura de mármore, de Auguste Rodin, 1888-1889.

- Na pintura:

Galeria Austríaca, Viena

O beijo, pintura a óleo e folha de ouro sobre tela, de Gustav Klimt, 1907-1908.

- Na fotografia:

Alfred Eisenstaedt/Arquivo da editora

O beijo, de Alfred Eisenstaedt, 1945. Flagrante captado pelo fotógrafo da revista *Life*. O beijo foi trocado entre um marinheiro e uma enfermeira, em Nova York, no dia 14 de agosto de 1945, quando os norte-americanos saíram às ruas para comemorar o fim da II Guerra Mundial.

- Na literatura:

Em verso ou em prosa, o beijo sempre está presente na obra literária. Confira alguns exemplos famosos:

Beijo eterno

Olavo Bilac

Quero um beijo sem fim,
Que dure a vida inteira e aplaque o meu desejo!
Ferve-me o sangue. Acalma-o com teu beijo,
Beija-me assim!
O ouvido fecha ao rumor
Do mundo, e beija-me, querida!
Vive só para mim, só para a minha vida,
Só para o meu amor!

Disponível em: <www.avozdapoesia.com.br>. Acesso em: 28 mar. 2015.

Amar

Carlos Drummond de Andrade

[...]
Amar a nossa falta mesma de amor, e na secura nossa
amar a água implícita, e o beijo tácito, e a sede infinita.

Disponível em: <www.vidaempoesia.com.br>. Acesso em: 28 mar. 2015.

- Nas letras de canções:

Valsinha

Chico Buarque

[...]
E foram tantos beijos loucos
Tantos gritos roucos
como não se ouvia mais
Que o mundo compreendeu
E o dia amanheceu em paz

Disponível em: <www.vagalume.com.br>. Acesso em: 28 mar. 2015.

O beijo e a reza

Samuel Rosa e Chico Amaral

[...]
Quem avista a ilha do amor
No mar só se dá bem
Um peixe que eu pesquei me fisgou
Fui seu peixe também
Me dá um beijo,
que o beijo é uma reza
pro marujo que se preza

Disponível em: <www.vagalume.com.br>. Acesso em: 28 mar. 2015.

3. A cultura do beijo e o beijo nas diferentes culturas

Inspirado, apaixonado, gentil, respeitoso, amistoso... o beijo é um gesto com diferentes significados em diferentes partes do mundo. Confira:

- No Japão, até há pouco tempo, o beijo em público era considerado obsceno.
- Na Rússia, é comum os homens se beijarem no rosto quando se cumprimentam.
- Na África, entre alguns povos, acredita-se que a pessoa beijada pode ter sua alma absorvida.
- Na Groenlândia, os esquimós se beijam roçando os narizes.

Theo/Arquivo da editora

Língua: usos e reflexão

Período composto (III)

Nas Unidades anteriores, estudamos dois processos de encadear orações ou períodos num texto:

- o processo de coordenação;
- o processo de subordinação.

No processo de subordinação, vimos as orações que exercem funções sintáticas próprias do substantivo: sujeito, objeto direto, objeto indireto, complemento nominal, predicativo do sujeito e aposto.

A seguir vamos estudar como ocorrem as relações de coesão com orações que atuam como adjuntos adverbiais da oração principal.

Processo de subordinação e coesão (II)

Orações subordinadas adverbiais

Leia a tira a seguir:

BROWNE, Chris. *O melhor de Hagar, o Horrível*. Porto Alegre: L&PM, 2013. p. 48.

Em sua fala, a personagem Hagar indica em que tempo, ou seja, quando ele se sentirá feliz. Observe sobretudo a segunda oração do período:

1ª oração: **Vou ficar feliz** → oração principal

2ª oração: **quando construírem a nova ponte!** → oração com função de adjunto adverbial de tempo

quando → conjunção temporal

A segunda oração é subordinada à oração principal, pois exerce a função sintática de adjunto adverbial de tempo: é uma **oração subordinada adverbial**. Ela indica em que situação, em que momento pode ocorrer o que é indicado na oração principal: quando "vou ficar feliz". A palavra *quando* liga as orações, introduzindo uma ideia de tempo.

> A **oração subordinada adverbial** desempenha a função de adjunto adverbial: indica uma circunstância em que ocorre a ação do verbo da oração à qual se liga.

Veja outros exemplos retirados do texto lido nesta unidade:

1ª oração: [...] **se** o relógio parava, → oração com função de adjunto adverbial de condição
2ª oração: eu dava-lhe corda, → oração principal
3ª oração: **para que** ele não deixasse de bater..." → oração com função de adjunto adverbial de finalidade

Observe que as expressões *se* e *para que* iniciam as orações que expressam circunstâncias de **condição** e **de finalidade**, respectivamente. São **conjunções** que iniciam as orações com função de adjuntos adverbiais.

Classificação das orações subordinadas adverbiais

Assim como os adjuntos adverbiais, as orações adverbiais são classificadas de acordo com as circunstâncias que expressam.

Para cada uma delas há conjunções que ligam as orações e indicam o tipo de relação entre elas: **causa**, **condição**, **tempo**, **comparação**, **concessão**, **conformidade**, **consequência**, **finalidade**, **proporção**.

A seguir, observe exemplos de períodos que apresentam essas circunstâncias por meio de orações subordinadas:

1 Oração subordinada adverbial causal

Leia a tira:

SCHULZ, Charles M. *Snoopy – Assim é a vida, Charlie Brown!* Porto Alegre: L&PM, 2013. p.104.

Releia a fala de Lucy no primeiro quadrinho:

oração principal: **Faltei** à escola ontem
oração com função de adjunto adverbial de causa: **porque** estava resfriada.
porque → conjunção causal

A oração iniciada com *porque* indica a causa de a menina ter faltado à escola.

Observe que a mesma frase poderia ter sido escrita com outras conjunções:

Faltei à escola **visto que** estava resfriada.

Faltei à escola **pois** estava resfriada.

Ou:

Como estava resfriada, faltei à escola.

As conjunções indicam o tipo de relação que há entre a oração principal e a adverbial. No caso, é uma relação de causa.

Principais **conjunções subordinativas causais**: *porque*, *pois*, *como* (antes da oração principal), *uma vez que*, *visto que*, *visto como*, *por isso que*, *já que*, *porquanto*.

Na tira com a personagem Snoopy há outra oração causal.

a) Qual é ela?

b) Essa oração é responsável pela graça da tira. Ela expressa a causa de quê?

Releia um período do texto de Machado de Assis:

1ª oração/oração principal

De certo tempo em diante não ouvi coisa nenhuma,

2ª oração/oração com função de adjunto adverbial de causa

porque o meu pensamento, ardiloso e traquinas, saltou pela janela fora [...].

conjunção causal

❷ Oração subordinada adverbial condicional

Leia o período:

oração subordinada — oração principal adverbial condicional

Você não conseguirá terminar seu trabalho se não tiver um pouco mais de empenho.

conjunção condicional

A segunda oração apresenta uma **condição** para que possa acontecer o fato expresso na oração principal.

Há formas de tornar algumas orações mais concisas, isto é, de reduzi-las. Veja como é possível fazer isso com o exemplo acima:

Você não conseguirá terminar seu trabalho sem se empenhar mais.

oração adverbial condicional
reduzida de infinitivo

Leia a construção a seguir. Ela vai ajudá-lo a comprovar que a oração adverbial equivale a um adjunto adverbial:

Sem mais empenho, você não conseguirá terminar seu trabalho.

adjunto adverbial de condição

Principais **conjunções subordinativas condicionais**: *se*, *caso*, *desde que*, *a menos que*, *contanto que*, *sem que* (= se não), *salvo se*, *exceto se*.

❸ Oração subordinada adverbial comparativa

Leia o período a seguir, adaptado de uma manchete:

oração principal — or. subordinada adverbial comparativa

Descoberto por que humanos vivem mais tempo do que vivem outros mamíferos

conjunção comparativa
Essa conjunção se relaciona com o *mais* da oração anterior.

A segunda oração estabelece uma *relação de comparação* com a oração principal.

Muitas vezes na oração comparativa o verbo fica subentendido. Observe:

Descoberto por que humanos vivem mais tempo do que outros mamíferos.

Principais **conjunções subordinativas comparativas**: *que*, *do que* (antecedido de *mais* ou *menos*), *como*, *assim como*, (*tanto*, *tão*) *quanto*, (*tal*) *qual*.

As orações comparativas podem trazer relações de igualdade ou de diferenças. Veja outros exemplos:

Ônibus é tão eficiente quanto é o metrô.

Alimentos industrializados são menos nutritivos do que (*são*) os alimentos naturais.

4 Oração subordinada adverbial concessiva

Leia a tira a seguir:

QUINO. *Toda Mafalda*. São Paulo: Martins Fontes, 1993. p. 133.

bomba atômica (ou bomba nuclear): arma explosiva cuja energia deriva de uma reação nuclear. Há registro de uso de bombas atômicas em 1945, no fim da Segunda Guerra Mundial, situação em que os Estados Unidos lançaram bombas sobre as cidades de Hiroshima e Nagasaki, no Japão, destruindo muitas vidas.

concessivo: referente a concessão; referente ao que envolve concessão, isto é, permissão, ato ou efeito de ceder.

a) A personagem Mafalda classifica o medo do pai como "um medinho à toa". Por que isso provoca o humor da tira?

b) Releia a fala do pai no segundo quadrinho:

1ª oração: **Medo da guerra [tinham] sim**, | 2ª oração: **mas** naquele tempo não havia bomba atômica.

(**mas** → conjunção adversativa)

Nessa frase, qual é a ideia contrária à situação que Mafalda havia apresentado?

Observe que a conjunção adversativa *mas* traz uma ideia que contraria a situação apresentada por Mafalda. Esse período é composto por coordenação, pois uma oração não depende da outra sintaticamente.

Veja como essa ideia pode ser construída com outras conjunções, que também expressam sentido de oposição, de algo contrário, mas sem impedir a ideia da outra oração:

Medo da guerra tinha sim,
→ **embora** naquele tempo não houvesse bomba atômica.
→ **ainda que** naquele tempo não houvesse bomba atômica.
→ **se bem que** naquele tempo não havia bomba atômica.

Essas conjunções são chamadas de **concessivas**: introduzem uma ideia que, mesmo contrária à ideia de Mafalda, não impede que o pai sentisse medo.

Esse tipo de oração estabelece uma **relação de oposição** entre duas ideias: ela traz um argumento contrário à ideia expressa pela oração principal. Podemos dizer que a oração concessiva abre uma concessão em relação à ideia contida na oração principal, ou coloca um obstáculo em relação ao fato da oração principal sem, no entanto, impedir que ele aconteça.

Leia outra frase:

oração subordinada adverbial concessiva | oração principal

Mesmo que você não queira sair com ele, **não o despreze dessa maneira.**

locução conjuntiva concessiva (Mesmo que)

Tanto as conjunções coordenativas adversativas como as subordinativas concessivas ligam orações que apresentam ideias opostas. Mas há uma diferença. Compare:

Embora tivesse corrido muito, **cheguei** tarde.

or. sub. adverbial concessiva (Embora tivesse corrido muito) → or. principal (cheguei tarde)

- Nesse período, prevalece a ideia expressa pela oração principal: "cheguei tarde".

Corri muito, mas **cheguei** tarde.

or. coord. assindética (Corri muito) → or. coord. sind. adversativa (mas cheguei tarde)

- Nesse período, impõe-se a ideia da oração introduzida pela conjunção: "mas cheguei tarde".

Principais **conjunções subordinativas concessivas**: *embora, ainda que, mesmo que, se bem que, por mais que, conquanto, nem que.*

5 Oração subordinada adverbial conformativa

Leia esta construção:

oração principal | oração subordinada adverbial conformativa

A passeata **transcorreu** em paz **conforme** os organizadores **esperavam**.

conjunção conformativa (conforme)

Observe que a oração adverbial indica algo que está *de acordo* ou *em conformidade* com o que está expresso na oração principal. A conjunção subordinativa que introduz a ideia é *conforme*.

Leia outros exemplos:

Segundo conclusões que foram apresentadas pelos cientistas, pode haver água em outros planetas.

Fizemos tudo
- **como você orientou.**
- **conforme você orientou.**
- **segundo você orientou.**

Principais **conjunções subordinativas conformativas**: *conforme, como* (= conforme), *segundo, consoante, de acordo com.*

6 Oração subordinada adverbial consecutiva

Leia esta tirinha com o gato Garfield e Odie, o cachorro:

DAVIS, Jim. *Garfield, um gato em apuros.* Porto Alegre: L&PM, 2013. p. 68.

a) Segundo a ideia da personagem Garfield no terceiro quadrinho, a **consequência** de Odie ser burro é não entender a lei da gravidade. Essa consequência desencadeia a graça da tira. Por quê? Explique no caderno.

b) Garfield não é uma personagem gentil, seus pensamentos são sempre irônicos ou mesmo grosseiros. Justifique essa análise da personagem em seu caderno usando a tira como base.

O que permitiu que se considerasse que Garfield está indicando uma consequência do fato de Odie ser burro é o uso de uma expressão: "tão... que...". Expressões como essa indicam uma relação de **causa e consequência** no período. Observe:

causa – 1ª oração: **Odie é tão burro**
consequência – 2ª oração: **que não entende nem a lei da gravidade.**

Principais **conjunções subordinativas consecutivas**: *que* (precedido de *tal, tão, tamanho, tanto*), *de modo que, de forma que*.

Essa oração expressa uma *consequência*, isto é, o que resulta do fato ou da ocorrência contida na oração principal. Exemplo:

causa – oração principal: **Seu entusiasmo era tanto**
consequência – or. subordinada adverbial consecutiva: **que contagiava a todos.**

que: conjunção consecutiva

7 Oração subordinada adverbial final

Exprime a *finalidade*, o resultado que se deseja atingir por meio do que está expresso na oração principal:

oração principal: **Mahatma Gandhi lutou**
oração subordinada adverbial final: **para que a Índia tivesse liberdade.**

para que: locução conjuntiva final

Principais **conjunções subordinativas finais**: *a fim de que, para que, porque* (= para que), *que*.

Leia como ficaria a oração construída de forma mais concisa, reduzida:

Mahatma Gandhi lutou para a Índia ter liberdade.

para: conjunção final

8 Oração subordinada adverbial temporal

Leia a tira a seguir:

SCHULZ. *Snoopy, pausa para soneca*. Porto Alegre: L&PM, 2013. p. 61.

a) Copie a resposta adequada em seu caderno: que efeito provoca a repetição da palavra *enquanto* na tira?
- Expressa a dúvida da personagem Charlie Brown.
- Indica uma ideia que se repete, mas que pode não ser concretizada.
- Mostra uma ironia, pois, ao enumerar tantos alimentos, Charlie apresenta uma refeição quase completa.
- Expressa a incompreensão da personagem Snoopy em relação ao que ouve.

b) Em seu caderno, copie a resposta adequada: que ideia de tempo expressa a palavra *enquanto*?
- Posterior ao preparo do jantar.
- Anterior ao preparo do jantar.
- Concomitante ao preparo do jantar.

A palavra *enquanto* é uma **conjunção adverbial temporal**. As orações iniciadas por ela apresentam ideia de temporalidade.

Leia a seguir outros períodos que exemplificam construções com orações subordinadas adverbiais temporais.

or. subordinada adverbial temporal — oração principal

Assim que o avião **pousou**, **começou** uma tempestade violenta.

(Assim que → locução conjuntiva temporal)

oração principal — oração subordinada adverbial temporal

Os pais não **sossegaram**, **enquanto** os filhos não **chegaram** da excursão.

(enquanto → conjunção temporal)

> Principais **conjunções subordinativas temporais**: *quando, enquanto, logo que, antes que, desde que, depois que, assim que, até que, mal* (= *assim que*), *cada vez que, que* (= *desde que*).

9 Oração subordinada adverbial proporcional

Leia estes exemplos de períodos compostos com orações subordinadas adverbiais proporcionais:

or. subordinada adverbial proporcional — oração principal

À medida que o tempo **passava**, **aumentava** a expectativa de todos pelo resultado das eleições.

(À medida que → locução conjuntiva proporcional)

Theo/Arquivo da editora

oração subordinada adverbial proporcional — oração principal

Quanto mais a tempestade se **intensificava**, mais as ondas **cresciam** de tamanho.

locução conjuntiva proporcional

Observe que as orações assinaladas como subordinadas adverbiais proporcionais expressam uma mudança entre dois fatos: mudança ou alteração de um fato ou evento expresso na oração subordinada na mesma medida em que ocorre uma alteração no fato da oração principal. Os dois fatos se relacionam e se intensificam, ambos na mesma proporção, na mesma medida.

Orações reduzidas

Neste capítulo foi possível observar que, em alguns casos de períodos com orações subordinadas, pode-se empregar mecanismos para tornar a linguagem mais concisa. Um desses recursos é a construção de **orações reduzidas.** Geralmente isso é feito com o emprego do verbo nas formas do **gerúndio**, **infinitivo** ou **particípio**.

A seguir, leia alguns exemplos de períodos em duas construções: uma mais desenvolvida e outra reduzida. Observe as transformações que ocorrem no período para torná-lo mais conciso, mais reduzido.

Exemplo 1:

or. sub. adv. condicional — or. principal

Se você **disser** a verdade, **sua dignidade será respeitada.**

Veja como fica a construção com oração reduzida:

or. sub. adv. condicional reduzida — or. principal

- **Ao dizer a verdade**, sua dignidade será respeitada.

verbo no infinitivo

or. reduzida de gerúndio

- **Dizendo a verdade**, sua dignidade será respeitada.

verbo no gerúndio

Exemplo 2:

oração adverbial temporal — oração principal

Quando você **chegar**, **ligue** para sua mãe.

conjunção temporal

Veja como pode ficar essa oração reduzida:

or. reduzida de gerúndio — oração principal

- **Chegando**, **ligue** para sua mãe.

verbo no gerúndio

or. reduzida de infinitivo — oração principal

- Ao **chegar**, **ligue** para sua mãe.

verbo no infinitivo

No dia a dia

Período composto

No dia a dia, empregamos em um mesmo período orações coordenadas e subordinadas, sem atentar para essa classificação. Isso acontece porque as necessidades de estruturação de nossas ideias mesclam também inúmeras possibilidades, que utilizamos sem perceber. Veja o quadrinho:

SOUSA, Mauricio de. *Almanaque Turma da Mônica. Historinhas de uma página.* Rio de Janeiro: Panini Comics, n. 6, fev. 2011. p. 12.

1º período — 2º período

Puxa, Cebolinha! Quando você me convidou pra passear de carrinho, pensei que ia correr um pouquinho mais!

Trata-se de uma fala formada de dois períodos.

O primeiro período é uma frase nominal, isto é, uma frase sem verbo.

O segundo período é formado por quatro orações. Veja:

Quando você me **convidou**	1ª oração — or. subordinada adverbial temporal
pra **passear** de carrinho,	2ª oração — or. reduzida de infinitivo objetiva indireta
pensei	3ª oração — oração principal
que **ia correr** um pouquinho mais!	4ª oração — or. subordinada substantiva objetiva direta

Na linguagem do dia a dia, mais espontânea, menos monitorada, empregamos vários tipos de orações sem nos darmos conta do que expressam efetivamente.

Por que então conhecer os tipos de orações e suas respectivas conjunções? Porque ao escrevermos um texto poderemos fazer as relações entre nossas ideias de forma mais precisa e até mais lógica.

- Releia o período abaixo, do romance *Memórias póstumas de Brás Cubas*. Observe como o autor organizou o período, empregando recursos tanto de coordenação quanto de subordinação.

  O mais singular é que, se o relógio parava, eu dava-lhe corda, para que ele não deixasse de bater nunca, e eu pudesse contar todos os meus instantes perdidos.

  Sob a orientação do professor e com a ajuda dos colegas, analise o período: identifiquem as orações e procurem perceber o sentido de cada uma delas no período.

Reconhecer as relações que existem entre as orações, estabelecidas principalmente pelos **elementos coesivos**, ou seja, pelas conjunções, em muito contribuirá para que você faça interpretações mais precisas dos textos lidos, bem como produza textos (orais ou escritos) com mais **coerência**.

Hora de organizar o que estudamos

Período composto por subordinação

- **Oração principal**
  - Oração que não exerce função sintática em relação a outras orações.
- **Oração subordinada adverbial**
  - Oração que indica uma circunstância exercendo a função sintática de adjunto adverbial.
    - Final
    - Causal
    - Condicional
    - Comparativa
    - Concessiva
    - Conformativa
    - Consecutiva
    - Temporal
    - Proporcional

Atividades: coesão textual e orações subordinadas adverbiais

1. Leia a tira a seguir.

SCHULZ, Charles M. *Snoopy – Pausa para a soneca*. Porto Alegre: L&PM, 2013. p.16.

a) No primeiro quadrinho, a personagem Charlie Brown fala:

Quando o meu avô caminha pelo estacionamento do shopping [...].

Essa frase dá ideia de tempo, indica quando ocorre a ação da oração principal: "caminha de um jeito todo malandro". Qual das expressões a seguir pode substituir a conjunção *quando*, na oração acima, sem alterar o sentido da frase?

- assim que
- sempre que
- logo que
- enquanto

b) A personagem Franklin, amigo de Charlie Brown, ao ouvir esse comentário pergunta:

Por que caminha de um jeito malandro?

Com essa pergunta, o que ele pretende saber? Copie no caderno a resposta adequada.

- Saber sobre o tempo em que ocorre a caminhada.
- Saber a causa da atitude do avô de Charlie Brown.
- Comparar o que o avô faz com outra ideia.
- Indicar a atitude oposta à do avô de Charlie Brown.

c) Ao responder, Charlie Brown inicia sua fala com a expressão *para que*... Ao empregá-la, que tipo de informação ele pretende dizer? Copie no caderno a resposta adequada.

- Uma contradição da ação do avô.
- O tempo em que ocorre a ação.
- Uma finalidade da ação do avô.
- Uma comparação com algo que já conhece.

2. Em seu caderno, reescreva os pares de orações a seguir em um só período, empregando a conjunção adverbial (elemento coesivo) que estabeleça a relação determinada entre parênteses. Se houver necessidade, faça alterações em outros elementos do texto para garantir a coerência.

a) Os recursos naturais estão se esgotando. Não há utilização racional daquilo que a natureza oferece. (**relação de causa**)

b) O jovem tem certeza de seus sentimentos. O jovem não se sente seguro para tomar decisões definitivas em relação ao amor. (**relação de concessão, oposição**)

c) Os jovens devem praticar atividades esportivas. Eles terão uma vida mais saudável. (**relação de finalidade**)

d) A atmosfera do planeta está sendo alterada. Os gases emitidos pelas indústrias comprometem a camada de ozônio. (**relação de alteração proporcional**)

e) O estado de saúde do paciente é grave. Os médicos dizem que ele pode melhorar. (**relação de oposição**)

f) Não poderemos montar o acampamento. Chove forte. (**relação de condição**)

g) Não poderemos montar o acampamento. Chove forte. (**relação de causa**)

3. De acordo com o que você estudou sobre as orações adverbiais, escreva no caderno a relação que a conjunção grifada estabelece entre as orações do período.

a) Avise o horário de volta, **caso** você decida chegar mais tarde.
- tempo • causa • condição • oposição/concessão • finalidade

b) **Mesmo que** os políticos justifiquem a origem do dinheiro, dificilmente os eleitores manterão a confiança.
- tempo/comparação • condição • oposição/concessão • finalidade

c) Não poderemos montar o acampamento **enquanto** estiver chovendo forte.
- tempo • causa • condição • proporção • finalidade

d) Após a calmaria, uma onda enorme atingiu toda a costa **como se** fosse uma muralha de água.
- tempo • comparação • consequência • oposição/concessão • finalidade

e) Clara ficou com uma aparência tão legal **que** todas as meninas sentiram inveja.
- tempo • consequência • condição • proporção • finalidade

f) **À medida que** o dia do casamento se aproximava, ela ia ficando mais insegura em relação a seus sentimentos.
- tempo • comparação • consequência • oposição/concessão • proporção

4. Reescreva no caderno os períodos a seguir, mantendo a ideia de contraste ou de oposição, mas alterando a construção: passe de coordenação adversativa para subordinação adverbial concessiva. Para isso, você deverá fazer as alterações que forem necessárias, especialmente no que se refere ao uso do verbo.

Observe o exemplo:

> Ele dificilmente perde a calma, **mas** hoje o susto o fez perder o controle.
>
> **Embora** dificilmente **perca** a calma, hoje o susto o fez perder o controle.

a) As novas propostas do governo foram aprovadas na Câmara, mas não passaram no Senado.

b) A população de Londres ficou assustada com o ataque de terroristas ao metrô, mas não deixou de utilizar esse meio de transporte.

c) Os grandes maremotos dos últimos tempos causaram prejuízos incalculáveis, mas não impediram a ida de turistas aos países atingidos.

Theo/Arquivo da editora

d) A emissão de gases poluentes aumenta no planeta, mas os EUA se recusam a assinar o acordo para controlar essa emissão em seu território.

e) O controle de doenças infectocontagiosas aumenta em todo o mundo, mas nem todas as pessoas têm acesso às informações fundamentais para evitar o risco de contrair esse tipo de doença.

5. Leia os quadrinhos a seguir.

Ziraldo Alves Pinto/Acervo do cartunista

ZIRALDO. *Julieta, a Menina Maluquinha. Ah, se ela pega o Maluquinho com outra!!!*, n. 25, ago. 2007. São Paulo: Globo, p. 24.

Julieta parece ter se atrapalhado em suas conclusões sobre Maluquinho. Responda:

a) Em um primeiro momento, quem Julieta pensou que estivesse de mãos dadas com Maluquinho?

b) Qual foi a reação dos outros meninos quando perceberam que era a mãe?

c) Percebe-se que Maluquinho ficou sem jeito. Observe o terceiro quadrinho e diga o que pode indicar isso.

d) Releia a fala de Julieta no último quadrinho, quando sua amiga lhe diz que ela se enganou muito. Observe o esquema e as expressões destacadas:

Oração principal | oração subordinada

Quanto mais eu penso **mais** eu fico com vergonha!

Copie no caderno a alternativa que melhor expressa o efeito de sentido produzido por essa organização do período:

- Relação de oposição entre as ideias das duas orações.
- Ideia de tempo entre o que expressam os verbos nas duas orações.
- Relação de aumento proporcional na intensidade do que Julieta sente.
- Uma relação de comparação entre os dois momentos expressos no período.
- A segunda oração expressa uma finalidade do que é dito na primeira.

6. No quadrinho a seguir, foram empregadas várias orações comparativas. Uma das características das orações comparativas é ter o verbo subentendido. Leia o quadrinho e responda no caderno: qual é o verbo que pode estar subentendido nessas orações?

© 2004 Chris Browne/King Features Syndicate, Inc.

BROWNE, Chris. Hagar. *Folha de S.Paulo*, 3 abr. 2005, p. E17.

7. Observe os quadrinhos a seguir.

© 1995 Bill Watterson/Universal Press Syndicate

WATTERSON, Bill. O melhor de Calvin. *O Estado de S. Paulo*. São Paulo, 7 jul. 2005. p. D4.

a) No primeiro quadrinho, Calvin usa uma frase que é comum, especialmente na fala das pessoas adultas:

Eu sou um homem de poucas palavras.

A graça da tira está no fato de a personagem Haroldo, no segundo quadrinho, desmascarar a razão de Calvin falar pouco. Releia:

Se você lesse mais, teria um vocabulário maior.

Responda no caderno: qual é a oração que estabelece a condição para Calvin não ser um homem de poucas palavras?

b) Ao estabelecer tal condição para a mudança de Calvin, Haroldo interpreta a ideia de "poucas palavras" como:

- Condição de uma pessoa que não gosta de conversar com outras pessoas.
- Condição de pessoa que gosta de ser objetiva ao falar.
- Condição de ser uma pessoa que fala pouco para expressar o que sente.
- Condição de pessoa que tem preguiça de falar.

8. Leia a tira a seguir:

SCHULZ Charles M. *Snoopy 9. Pausa para soneca.* Porto Alegre: L&PM, 2013. p. 11.

a) No primeiro quadrinho, a personagem Charlie Brown quer orientar a conduta da personagem Snoopy: não usar a base de jogo como travesseiro. Qual é o elemento de coesão que indica a contrariedade na fala de Charlie?

b) No segundo quadrinho, Charlie Brown apresenta argumentos para convencer Snoopy a mudar de atitude. Ele fala sobre a possibilidade de um acidente e mostra que algo poderá acontecer caso Snoopy não se levante. Transcreva da fala a oração que indica a condição para o acidente.

9. Um esforço de concisão: em seu caderno, reescreva os períodos a seguir, transformando as orações subordinadas adverbiais em orações reduzidas. Para isso, empregue as formas nominais do verbo — **infinitivo**, **gerúndio** ou **particípio**. Escolha a forma que considerar melhor para a transformação, fazendo as adequações que forem necessárias. Observe o exemplo:

> **Quando relembrava fatos de sua vida**, ele sentia um gosto amargo de derrota.
>
> **Ao relembrar fatos de sua vida**, ele sentia um gosto amargo de derrota.
>
> **Relembrando fatos de sua vida**, ele sentia um gosto amargo de derrota.

a) Se as testemunhas forem ouvidas, certamente todos mudarão de ideia sobre o réu.

b) Depois que os jornais publicaram a foto de sua prisão, ele não quis mais sair de casa, mesmo não sendo culpado.

c) Mesmo que consiga abafar o escândalo, a empresa deverá se esforçar para recuperar sua credibilidade.

d) A torcida não perdoou o jogador porque ele perdeu o pênalti.

10. **Em dupla.** Imagine que vocês trabalham como revisores de texto. Receberam o texto a seguir, que poderá ser publicado em um jornal. Geralmente nesse veículo de comunicação, os textos devem ser concisos e objetivos.

No caderno, reescrevam o trecho a seguir, de modo a torná-lo **mais conciso**, sem tirar-lhe a **coesão** e a **coerência**.

Quando as duplas terminarem, deverão ler seus textos para a classe. Todos avaliarão e escolherão qual deles é o mais adequado para ser publicado no jornal.

Quando os soldados chegaram à fronteira e quando já tinham vasculhado todas as casas vazias em busca de rebeldes, ouviram um estampido vindo do alto de um morro. Embora não tivessem ordem de se desviarem da cidade, solicitaram que o comandante autorizasse que o grupo que estivesse mais à frente pudesse fazer uma vistoria no morro para que não fossem surpreendidos por inimigos sem que pudessem se proteger a tempo dos ataques.

Produção de texto

Retextualização: sequência conversacional

Diálogo

O quê?
Diálogo a partir do que é sugerido em um dos capítulos de romance lidos.

Para quê?
Reconstruir possibilidades de sentido para o texto lido. Motivar a leitura do romance.

Para quem?
Para os colegas da classe lerem essa história.

Seu desafio nesta seção é preencher os vazios do capítulo "O velho diálogo de Adão e Eva", de *Memórias póstumas de Brás Cubas*, criando a conversa entre os pensamentos de Brás e os de Virgília. Sobre o que estariam conversando?

1. Para planejar o diálogo, pense no que você já conhece da história e leve em conta os seguintes aspectos:
   - Contexto histórico-social da narrativa: sociedade da cidade do Rio de Janeiro do século XIX.
   - Circunstância da primeira publicação do texto: como folhetim, em sequências de jornal destinado ao público em geral.
   - Enredo e caracterização das personagens do romance (uso da linguagem, modo de se expressar, comportamento, idade, o que estão vivendo naquele momento).
   - Marcas da fala na escrita: pontuação, turnos de fala, isto é, ora fala uma personagem, ora outra, em alternância.
2. Imagine as falas de cada personagem na sequência conversacional, considerando a pontuação feita pelo autor.
3. Registre em seu caderno esse diálogo.
4. Junte-se a um colega e troquem as produções, comparando as soluções que cada um encontrou para a elaboração do diálogo.
   - Escolham uma das produções para ser apresentada oralmente à classe: cada participante da dupla dará voz a uma das personagens, concretizando o diálogo.
   - Em conjunto, analisem semelhanças e diferenças entre as produções. Conversem sobre quais elementos que se revelaram fundamentais na hora de cada um de vocês, leitores, construir o diálogo organizado por Machado de Assis.
5. A classe deve eleger as sinopses que mais agradarem à maioria dos alunos, despertando neles o desejo de ler a obra. Se possível, as melhores poderão ser divulgadas no mural da escola, no *site* da escola ou no *blog* da classe.

Outro texto do mesmo gênero

Theo/Arquivo da editora

Os vizinhos

Luiz Antonio Aguiar

Havia uma coisa com que Túlio não se conformava: morar colado ao cemitério. Principalmente quando tinha de voltar para casa já tarde da noite. Não dava para evitar passar por aqueles muros, que eram como uma larga ferradura, envolvendo a vila de casas em que Túlio vivia.

Quando queriam implicar com Túlio, perguntavam o endereço dele: "Sepultura, número...?".

Ou: "Na fachada da sua casa você tem placa com número, ou uma lápide?".

Túlio só fazia arreganhar os dentes, num sorriso tipo *sardônico*, ou seja, quase uma careta – por coincidência, embora Túlio não conhecesse o significado da palavra *sardônico*, um sorriso desses que se diz que é sorriso de morto. No instante final. Sorriso de quem não acha graça nenhuma em morar *dentro do cemitério*.

– Não exagera, Túlio. Dentro, não! – E a mãe dava uma risadinha. – Somos só vizinhos!

– ... Dos defuntos! – completava Túlio.

Era uma discussão que não acabava. Já durava anos. Túlio tinha seus dezesseis anos, agora. Mas continuava se arrepiando quando acordava no meio da noite com uma janela batendo, ou quando o vento uivava ao entrar por uma fresta – e sempre que tinha de passar em frente aos portões do cemitério, de noite, naquela rua escura, muito escura, onde morava.

— Quem já está morto não faz mal à gente — resmungava o pai de Túlio, mecânico de automóveis dono da oficina nos fundos da vila. — Tá achando que um deles vai se levantar da sepultura e... fazer o quê? Ora, garoto, francamente! Eles não estão mais interessados nas coisas deste mundo.

Mas e se...?

Naquela noite, então, voltando de bicicleta para casa, já bem depois das onze horas, o garoto tinha mais uma razão para estar atormentado. Dali a menos de duas semanas, ia enfrentar a prova do "livro do bimestre". Teria de ler *Memórias póstumas de Brás Cubas*, de Machado de Assis.

Túlio havia passado a tarde no treino de vôlei — ele jogava de ponta na seleção do colégio. Depois, saiu com a turma, já escurecendo; ficaram de papo, rolando de bicicleta para cima e para baixo pelo centro da cidade, e quando viu já eram onze horas.

— Puxa, e eu ia começar a ler o livro esta noite. Agora, não vai dar!

Então, tomou o caminho para casa. E foi quando o livro, sepultado fazia tempo no fundo da sua mochila, começou a incomodar. Principalmente no que o garoto entrou na sua rua e se lembrou do cemitério. Era o *póstumas* do título. Se fossem perguntar, Túlio ia logo, de preguiça, responder que não sabia o que queria dizer essa palavra. Só que em alguma ocasião já a escutara. E, caso se esforçasse um pouco, ia se lembrar de que tinha a ver com defunto. Póstumo: depois da morte. Memórias póstumas: as memórias contadas por um morto.

Mas isso é absurdo. Como assim?... Um morto renasce, vira para a gente e...

Não, não renasce. Continua morto. Só que vira escritor, depois de morto. E para escrever suas memórias...

E aí, quer ver um morto contando sua história? Quer descobrir como é a vida vista por um defunto? E um defunto com um jeito todo dele de ver e se lembrar dos vivos, que tal?

Quem sabe esse papo sem palavras estivesse acontecendo na cabeça do Túlio? Assim, de ouvir dizer, de alguém já ter comentado algo sobre o livro, perto dele? Quem sabe o professor, num momento em que Túlio estava mais ou menos distraído? No entanto, o garoto não saberia dizer nem onde nem quando ouvira isso.

Só sabia que continuava se recusando a pensar a respeito de mortos. Principalmente na hora de passar junto ao paredão, e depois diante do portão de ferro do cemitério. "Aqui terás tua eterna morada!", estava escrito em letras forjadas também em ferro, no alto do portão. Túlio fez uma careta ao se lembrar disso. E quase, bem naquela hora, respondia: "Nunca! Morar aí, nunca!".

Mas foi então que escutou o violino.

AGUIAR, Luiz Antonio. *O voo do hipopótamo*. 2. ed. São Paulo: Ática, 2008. p. 11-13.

Autoavaliação

Chegou o momento de fazer um balanço de tudo o que foi estudado no Capítulo 4. Leia o quadro de conteúdo para recordar o que estudou e, no caderno, avalie seu desempenho usando os tópicos propostos a seguir como orientação. Isso o ajudará na hora de organizar seus estudos.

Meu desempenho

- **Avancei em** (identifique os itens em que você melhorou)
- **Preciso rever** (identifique os itens que você precisa estudar mais)
- **Outras observações e/ou outras atividades**

CONTEÚDOS	
1. Gênero	Romance • *Memórias póstumas de Brás Cubas*, Machado de Assis
2. Leitura e interpretação de texto	Recursos de linguagem empregados no romance • Metáfora • Prosopopeia ou personificação • Antítese Unidade narrativa: capítulo de romance Emprego de turnos conversacionais
3. Língua: usos e reflexão	O processo de subordinação e coesão textual (II) • Orações subordinadas adverbiais: classificação
4. Produção textual	**Escrita** Retextualização: criação de sequência conversacional
5. Participação	**Prática de oralidade** Discussão em grupo : o beijo entre jovens
6. Ampliação de leitura	Leitura de *Outras linguagens*: quadrinhos e unidades narrativas Leitura e produção de relações entre textos da seção *Conexões* Leitura de *Outro texto do mesmo gênero*: • "Os vizinhos", Luiz Antonio Aguiar

Theo/Arquivo da editora

Sugestões

Sugestões para você conhecer outros livros, filmes, *sites* e CDs que podem fazer você rir, se emocionar e, ao mesmo tempo, ampliar seu conhecimento do mundo, do outro e de si mesmo.

Editora Companhia das Letras/Arquivo da editora

Leia mais

***Antes do baile verde*. Lygia Fagundes Telles. Companhia das Letras.**

Com 18 contos de finais inesperados, o livro *Antes do baile verde* é um dos mais importantes da autora Lygia Fagundes Telles. Entre as histórias em destaque, estão "Venha ver o pôr do sol", "Apenas um saxofone", "O jardim selvagem", "Meia-noite em ponto em Xangai", "Natal na barca" e o conto que dá nome ao livro. A narrativa fluente e turbulenta sempre termina com surpresas e sustos.

Editora Companhia das Letras/Arquivo da editora

***Olhai os lírios do campo*. Érico Veríssimo. Companhia das Letras.**

Um dos livros de maior sucesso do escritor Érico Veríssimo, *Olhai os lírios do campo* convida os leitores à reflexão sobre os verdadeiros valores da vida. Retrata a história de Eugênio Pontos, um rapaz de origem humilde que, com muita dificuldade, consegue concluir a faculdade de medicina. Apaixonado por uma moça chamada Olívia, prefere casar-se com Eunice, mulher rica, e ingressar na elite da sociedade.

Veja mais

http://portaldoprofessor.mec.gov.br/link.html?categoria=1

No Portal do Professor, você vai encontrar um guia de bibliotecas digitais do Brasil e do mundo. É possível fazer uma busca por estado brasileiro ou clicar em "*Links* de outros países" para ter acesso ao guia de acervos internacionais. (Acesso em: 30 mar. 2015.)

Reprodução/<http://portaldoprofessor.mec.gov.br>

Europa Filmes/Arquivo da editora

***Memórias póstumas de Brás Cubas*. Europa Filmes. DVD.**

Esta é a versão cinematográfica do livro *Memórias póstumas de Brás Cubas*, clássico da literatura brasileira, que você conheceu nesta unidade. Após sua morte, Brás Cubas decide relatar sua história e comentar fatos de sua vida.

Editora Universidade Falada/Arquivo da editora

Ouça mais

***A moreninha*. Joaquim Manuel de Macedo. Editora Universidade Falada. Audiolivro.**

Outro clássico da literatura brasileira, este romance em audiolivro narra a história de personagens que representavam a classe burguesa em ascensão no Brasil imperial. Centrado nos conflitos que permeiam o romance de Augusto e Carolina, *A moreninha* é um marco do Romantismo brasileiro.

Ponto de chegada

1. O que estudamos nesta Unidade

Gêneros textuais

- A proposta aqui é que você organize o que aprendeu sobre dois gêneros do narrar: o conto e o romance. Copie o esquema abaixo no caderno. Complete cada uma das divisões utilizando as expressões reproduzidas a seguir. Se for necessário, sinta-se à vontade para consultar os capítulos estudados nessa unidade.

romance	conto	curta	longa	emoções
atenção	momentos	em partes	estilo	acordo

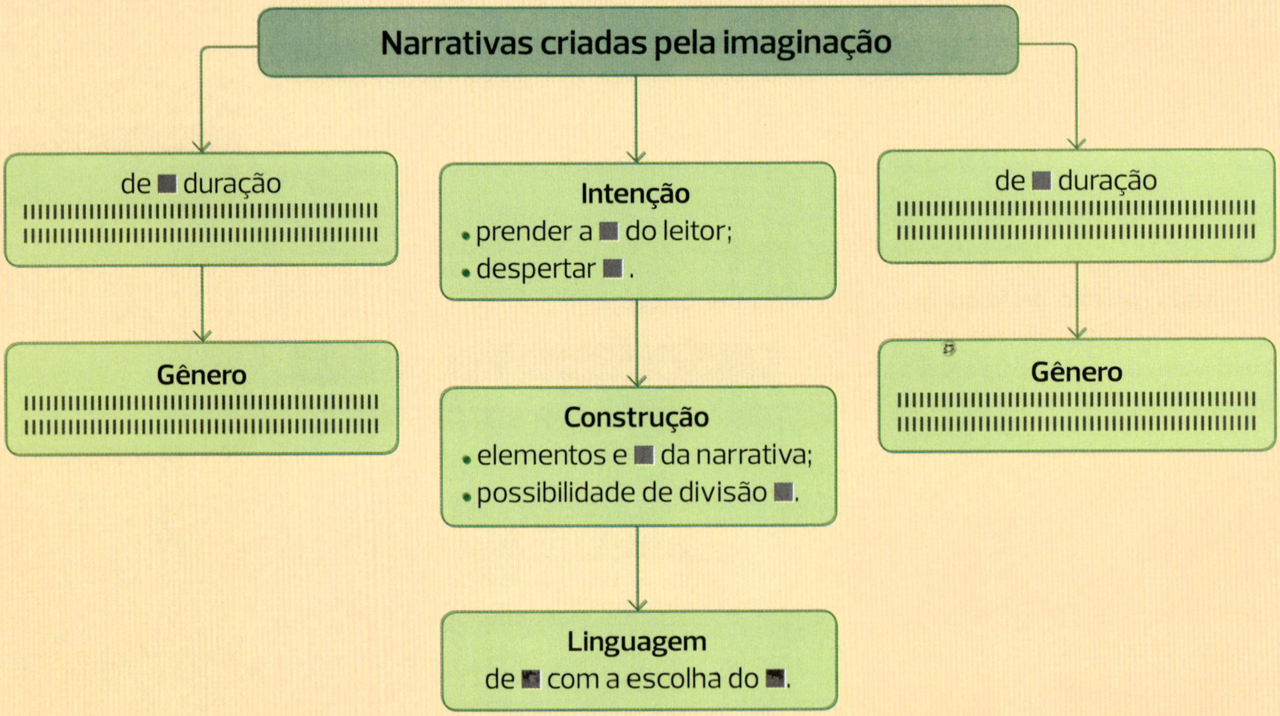

Língua: usos e reflexão

- Nesta Unidade estudamos um pouco mais sobre períodos compostos por subordinação e algumas formas de coesão. Copie o esquema desta página no caderno. Lembrando-se do que estudou neste capítulo e no anterior, complete-o. Para isso, use as expressões propostas a seguir. Se considerar necessário, empregue outras.

Exercem funções de substantivos em relação a termos da oração principal.

conformativas	**objetivas diretas**	**comparativas**
temporais	**objetivas indiretas**	**predicativas**
proporcionais	**completivas nominais**	**condicionais**
apositivas	**consecutivas**	**finais**
concessivas	**causais**	**subjetivas**

Indicam circunstâncias em relações à oração principal.

Período composto por subordinação

- **Orações subordinadas substantivas**
  - Característica principal: ||||||||||||||||||||
  - Tipos de acordo com a função que exercem: ||||||||||||||||||||
- **Orações subordinadas adverbiais**
  - Característica principal: ||||||||||||||||||||
  - Tipos de acordo com a função que exercem: ||||||||||||||||||||

Suryara Bernardi/Arquivo da editora

2. Produção: conto

A. Aquecimento

Recordando. O **conto**, uma narrativa, caracteriza-se por:

- ter a intenção de contar de forma curta o que foi imaginado;
- poder estruturar-se com estilo: encadeamento de unidades narrativas e indícios de desfecho;
- ter escolhas de tipo de narrador: narrador-observador, narrador-personagem ou narrador intruso.

B. Proposta de trabalho: produção de continuação de conto

1. Leia a parte do conto "Daqui ninguém sai!", de Dalton Trevisan, reproduzida a seguir.

Fim de tarde, ele encurta o caminho pelo cemitério. No escuro cai numa cova aberta para o enterro da manhã. Aos pulos, tenta alcançar as bordas, e nada. "Se eu grito, acham que é um fantasma. Em vez de acudir, fogem."

Exausto, se encolhe num canto, bem quieto. De manhã, pede ajuda. Já cochilando, ouve passos. Alguém usa o mesmo atalho.

De repente cai uma sombra ali dentro. Habituado à escuridão, enxerga o outro, que não o vê. "Se eu falo, esse aí tem um ataque." O qual repete as suas tentativas: pula, quer agarrar-se às beiras, e nada. Cabeça baixa, ofegante, mãos contra a parede. Vencido.

O primeiro se ergue em silêncio. Uma batidinha no ombro:

– É, meu chapa. Daqui ninguém sai.

[...]

TREVISAN, Dalton. *Duzentos ladrões*. Porto Alegre: L&PM, 2008. p. 25.

2. Imagine a continuação da história de modo a demonstrar o que aconteceu naquela cova. Qual foi a reação do segundo homem ao sentir a batida no ombro e ouvir a frase "Daqui ninguém sai"? O que aconteceu?

3. Decida qual será sua intenção ao dar continuidade ao conto: fazer rir, aumentar o suspense, causar medo.

4. Escolha os recursos de estilo que utilizará: recursos de linguagem, tais como metonímia ou ironia, ou de construção, tais como narrador intruso, mais unidades narrativas ou só continuação desse início de conto.

5. Elabore a estrutura da história: os elementos e suas características e os momentos da narrativa. Pelo texto de Dalton Trevisan, você já tem a situação inicial e o desequilíbrio.

C. Preparo da produção escrita

Características do gênero

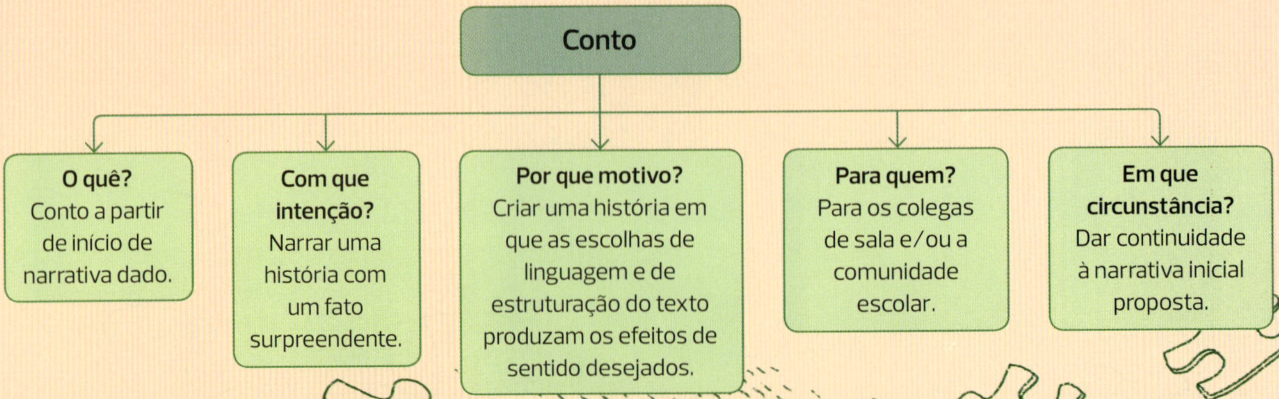

Como fazer

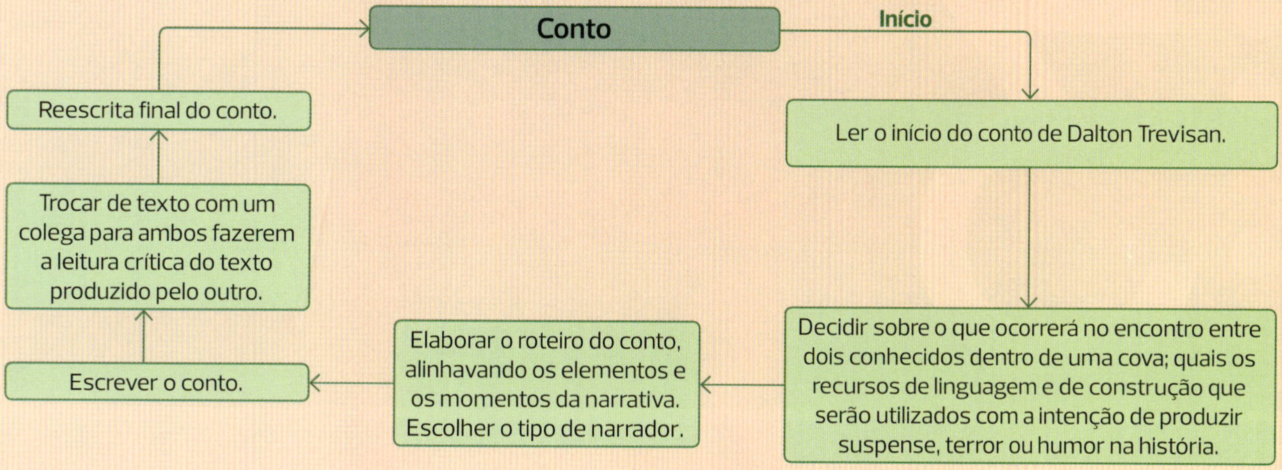

Roteiro

Elementos

Personagem: ■ Tempo: ■ Espaço: ■ Tipo de narrador: ■

Enredo: momentos da narrativa

Situação inicial: [respeitar o início e o desequilíbrio da história conforme a narrativa de D. Trevisan transcrita aqui]

Conflito: ■ Clímax: ■ Desfecho: ■

Rascunho

Elabore um rascunho em uma folha do caderno.

Reescrita definitiva

1. Releia seu conto procurando observar o efeito que causa. Considere estes itens:
   - o gênero textual proposto;
   - intenção do texto (reveja sua escolha no item 3 acima);
   - a linguagem empregada pelas personagens e pelo narrador no início do conto de Dalton Trevisan.

   Em caso de dúvida, reveja as características essenciais do gênero no esquema acima.

2. Troque de texto com um colega para alertar e ser alertado por meio de observações e comentários a respeito do conto. Depois de receber seu texto comentado, verifique o que é preciso mudar. Escreva a versão definitiva do texto.

D. Roda de contos

- Leia a continuação dada por você ao conto e ouça as versões dos colegas para o mesmo conto, na roda a ser formada, de modo a comparar como a imaginação de cada um deu continuidade à história de Dalton Trevisan.

Suryara Bernardi/Arquivo da editora

Unidade 3

Maksud/Shutterstock/Glow Images

Artista gráfico desenhando caricatura.

Gêneros jornalísticos

A rapidez das comunicações no mundo atual tem cada vez mais destacado as formas de comunicação da mídia — TV, rádio, revistas e jornais (falados, impressos ou pela internet) — e as redes sociais. Nesse contexto os gêneros jornalísticos ganharam força especialmente nos últimos anos, pois são formas de estabelecer comunicação ágil, divulgar ideias, opiniões, fatos atingindo número cada vez maior de pessoas e em tempo real.

Nesta Unidade você lerá dois gêneros jornalísticos muito comuns: a entrevista e a crônica jornalística.

Ponto de partida

- Você costuma ler revistas e jornais? Geralmente, o que mais chama sua atenção nesses veículos?

Capítulo 5

Entrevista jornalística

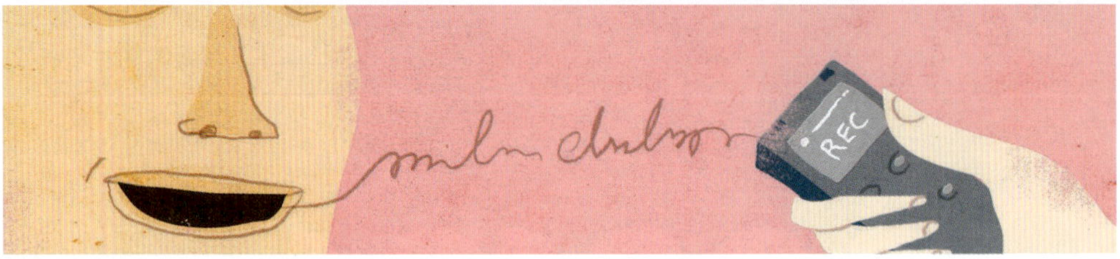

Mauricio Pierro/Arquivo da editora

Uma das maneiras de obtermos **informações** sobre determinado campo do conhecimento é conversar com alguém que domine o assunto investigado.

Essa conversa é considerada uma **entrevista** quando uma das pessoas envolvidas na situação — o **entrevistador** — segue um roteiro de perguntas planejadas para serem respondidas pelo **entrevistado**, com ordenação dos turnos de fala: um pergunta, o outro responde.

A entrevista, oral ou escrita, pode ter como objetivo levar o entrevistado a manifestar uma **opinião** a respeito de um assunto ou levá-lo a dar seu depoimento sobre um acontecimento que interessa ao público provável do veículo em que essa matéria vai ser divulgada — rádio, internet, revista, jornal, TV, etc.

Algumas características desse gênero dependem de sua finalidade, das circunstâncias em que ocorre, do perfil do entrevistado, de onde e de como será veiculada, bem como do público a que se destina.

Uma entrevista com pessoas que se destacam em alguma área da ciência, da política ou da arte pode ser uma oportunidade de divulgar ao público aspectos da realidade que não fazem parte de seu dia a dia.

Imagine uma entrevista com quem faz da arte de desenhar sua profissão. Que informações você desejaria obter dessa conversa? Ganhar a vida desenhando costuma ser prazeroso? É somente uma atividade criativa ou exige do artista um trabalho rotineiro, metódico?

As entrevistas transcritas neste capítulo vão contribuir para que você obtenha algumas respostas a essas questões. Uma delas tem como entrevistado alguém que está há muito tempo na profissão, criou personagens bem conhecidas por adultos e crianças, pois suas tirinhas são diariamente publicadas em jornais e revistas. A outra foi feita com um jovem, mais ou menos de sua idade, e que, de maneira inteligente e bem-humorada, procura fazer os leitores de um jornal refletirem sobre algum acontecimento da semana.

Qual entrevista ou entrevistado despertará mais seu interesse? É ler para saber!

Leitura 1

Laerte

Gozações e revelações

Ao final de longa e divertida entrevista, combinamos com Laerte que ele inventaria, com sua invejável criatividade, uma forma de ilustrar o bate-papo. Passados os dias, ele liga para dizer que não estava achando um caminho, que era melhor reproduzirmos desenhos dele já publicados. Insistimos, mais alguns dias se passaram e ele de novo liga para dizer que a coisa não saía. Conversa vai, conversa vem, fica dito que haverá uma última tentativa, ele mesmo se dá dois dias de prazo. Em 48 horas chegam as tiras. Sensacionais [...].

Entrevistadores: Marina Amaral, Natalia Viana, Flávia Castanheira, Mylton Severiano, Antonio Martinelli Jr., Rodolfo Torres, Sérgio de Souza.

Marina Amaral – Então, Laerte, o nosso começo de praxe: como foi a sua infância, o início da sua vida até se tornar artista?

Não me considero um artista, essa é uma diferença interessante, faço histórias em quadrinhos, faço ficção, mas a ideia de que esteja fazendo arte ou tenha uma profissão é meio nebulosa pra mim, tanto quanto essa fronteira de infância e adolescência e idade madura, se é que estou maduro, é confusa, não é uma coisa muito clara. Eu nasci em São Paulo e a minha memória mais antiga é morar na rua Pamplona. Morávamos num sobrado e depois, quando eu tinha uns 5 ou 6 anos, minha família se mudou para o Alto de Pinheiros. Era uma espécie de subúrbio à maneira americana, todas as casas com grandes gramados e cerquinha baixa na frente, meio que seguindo um padrão imobiliário...

Mylton Severiano – Você começou copiando as histórias?

Eu copiava bastante coisa, copiava **cartuns** que saíam em revistas, copiava o estilão Hanna-Barbera, o estilão Disney, mil coisas assim, e ia montando as minhas histórias. Era uma espécie de **DJ** que pegava ***samplers*** de tudo quanto é coisa. Eu adorava desenhos e pinturas de um ilustrador americano chamado Norman Rockwell, muito famoso. A concepção gráfica dele é um troço muito caretão, muito clássico, mas eu simplesmente amava aquela coisa fotográfica, hiper-realista que ele fazia, as capas da *Life*... E meu objetivo era fazer aquilo, mas quando começava a perseguir esse objetivo é que eu via como era duro... Aí, eu meio que dava a coisa por terminada.

cartum: desenho humorístico ou caricatural.

DJ: sigla de *disc jockey*, discotecário. Costuma ser usada para definir quem faz mixagem de músicas.

samplers: equipamento que armazena segmentos de sons e os reproduz posteriormente.

Caros Amigos/Arquivo da editora

Willian Hussar/Salão Internacional de Humor de Piracicaba/ Arquivo da editora

O Salão Internacional de Humor de Piracicaba, no interior de São Paulo, desde 1974 reúne profissionais da área e interessados em geral.

Sérgio de Souza – Se um garoto pensar "quero ser desenhista na vida", o que tem no Brasil pra ele?

É uma boa pergunta. Não tem nada. No exterior tem. Em alguns países, desenhar quadrinhos, desenhar humor são atividades tão consagradas e já cristalizadas que a elas correspondem cursos e existem centros onde funcionam escolas em que você pode ir e sair mais ou menos bem formado, por exemplo, em Angoulême, na França. Rolou uma ideia de construir isso em Piracicaba, a partir do Salão e do Museu do Humor, fazer uma espécie de escola lá. Mas é um projeto bem complicado.

Mylton Severiano – Como é seu dia, o processo de criação... Você tem disciplina?

Uma parte tem que ser disciplinada, porque estou trabalhando com jornal diário.

Hanna-Barbera/Nbc/Abc/Warner Bros TV/Album/Latinstock

Os norte-americanos William Hanna e Joseph Barbera, em 1944, criaram a empresa de animações Hanna-Barbera, responsável pela produção de desenhos animados como *Pepe Legal*, *Zé Colmeia*, etc. Na foto, as personagens de *Os Flintstones*: Fred, Wilma, Barney e Betty.

Walt Disney Pictures /Album/Latinstock

Fundada em 1923 como estúdio de animação, a Disney tem sua sede na Califórnia, Estados Unidos. Na foto, a personagem Mickey Mouse, mascote oficial da empresa, em cena do filme *Fantasia*, de 1940.

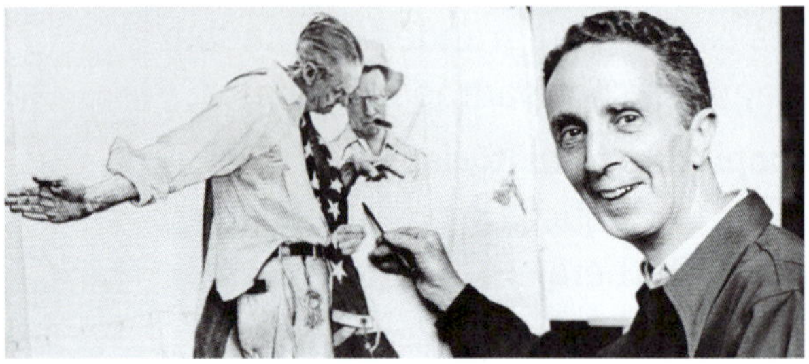

Bettmann/Corbis/Latinstock

Norman Rockwell, pintor e ilustrador norte-americano (1894-1978), ficou muito popular em seu país por ilustrar cenas do cotidiano de pequenas cidades.

Rodolfo Torres – É só *Folha de S.Paulo*?

Não, a mesma tira que sai na *Folha* eu mando pra PacaTatu, uma agência lá do Rio de Janeiro que distribui pra mais dez jornais no Brasil, mais o *Diário de Notícias*, em Lisboa.

Natália Viana – Mas tem uma hora que você senta e diz: agora vou desenhar...?

O meu momento da rotina é de manhã. Acordo, tomo café, leio o jornal, faço outras coisas... e daí trabalho, resolvo tudo que é da *Folha*, como a Folhinha, o Caderno de Informática, enfim, essa produção toda é na parte da manhã e na parte da tarde são projetos em que há mais prazo, são um pouco diferenciados e tal.

Marina Amaral – Você desenha quantas tiras por semana?

As sete da *Folha*, mais uma tira da Suriá, mais... deve dar umas duas por dia.

Flávia Castanheira – Noto que você não trabalha muito em cima de acontecimentos, trabalha mais com o comportamento humano...

A última vez que tentei fazer **charge** foi num jornal de Manaus, chamado *Jornal do Norte*.

Fiz charge durante um ano e tanto. Mas não é uma coisa confortável, não fico à vontade. Primeiro, desenhar caricatura... Eu não pego direito a coisa. Segundo, é a ideia de emitir opinião política, sempre paro no meio e falo: será que é isso mesmo, será que eu tô falando bobagem?

charge: desenho humorístico e crítico que tem como tema algum acontecimento atual.

Natália Viana – Quando você faz uma tira, faz para quem? Você acha que fala com o povão?

Não sei, em princípio faço pra mim mesmo. Eu é que tenho que achar legal, e dar risada.

Flávia Castanheira – Fazer humor infantil é muito diferente? Você faz a Suriá, fez a TV Colosso...

Laerte/Acervo do cartunista

Suriá é uma personagem de Laerte: uma garota de 9 anos que mora no circo com sua família.

Paulo Jares/Arquivo da editora

TV Colosso, concebido e transmitido pela TV Globo, foi um programa da década de 1990. Suas personagens eram interpretadas por bonecos que formavam uma equipe de programa diário de TV vivendo suas aventuras para levar ao ar cada episódio. Da concepção do programa participaram, entre outros, o cartunista Laerte.

É a mesma coisa. Só me preocupo com o repertório de criança, não adianta ficar fazendo citações de coisas que a criança não vai entender.

Flávia Castanheira – Você testava as piadas antes com algum filho?

Sim, a Suriá eu bem que testo ainda. Bom, é que a minha filha já está com 13 anos.

Flávia Castanheira – A mais nova? Você tem quantos filhos?

Tenho três filhos, dois meninos e uma menina.

Marina Amaral – O que você lê?

Romances, histórias, ficção. De uns tempos pra cá, tenho lido muito sobre religião, tenho me interessado pelo tema.

Conrad Editora/Arquivo da editora

Vagabond (Vagabundo), mangá — história em quadrinhos ao estilo japonês — desenhado por Takehiko Inoue desde 1998, conta as aventuras de um famoso guerreiro do Japão, Musashi Myamoto.

Mondadori/Arquivo da editora

Ken Parker é a personagem principal de uma história em quadrinhos que leva seu nome e cujas histórias se passam no tempo do faroeste norte-americano, pois Ken teria nascido em 1844.

Flávia Castanheira — Você tem o hábito de ler quadrinhos ainda?

Tenho visto o de sempre. Leio *Vagabond*, leio alguma coisa de mangá, super-heróis eu nem vejo mais, leio *Ken Parker*, que acabou, não sai mais. A verdade é que tem poucos quadrinhos nas bancas. Estamos num momento de crise.

Marina Amaral — Por que é tão raro mulheres fazendo quadrinhos? Você já pensou nisso?

Já, já... Você quer que eu cite **Freud**?... Fazer humor é um exercício de liberdade intelectual absurdo, é a coisa mais sofisticada em matéria de uso de equipamento social, poder e tudo, e essa coisa está na mão de masculinos há milênios. A ascensão e o comparecimento de minas nesse mundo é relativamente recente. E, outra coisa, o humor não costuma conviver bem com situações dramáticas de luta e tal. Por isso, talvez também haja poucos humoristas negros. Não que eles não tenham humor, mas porque a situação deles é mais dramática, não estão na situação confortável de machos brancos, que é a melhor situação pra fazer humor.

Mylton Severiano — Será que o bom humorismo exige uma agressividade que a mulher talvez não tenha?

Não, não acho isso. A mulher é um ser humano normal... Como qualquer outro... O que acho é que é política mesmo. É como as mulheres estão na sociedade há milênios. Até hoje, as minas têm menos cargos de comando, até hoje, o salário das minas é menor. Não só no Brasil, é nos Estados Unidos, na Europa. É muito lento esse processo, por mais que elas estejam participando de igual pra igual. Eu li esse livro do Michael Moore, *Stupid white men*. Tem dados ali que são de arrepiar, tanto em relação a mulheres quanto em relação aos negros.

Natália Viana — Dos seus personagens, quais você mais gosta?

Gosto muito desses que trabalham sozinhos. É uma descoberta recente que fiz: tem alguns personagens que são tão redondos que você só joga a situação ali e eles meio que resolvem tudo junto. O Overman é assim. Com o Mutuca, que é um cartunista novo que uso de vez em quando e que se acha genial, também é assim, você propõe a situação. Outros, não, os Piratas do Tietê, por exemplo, já é luta, a piada tem que ser construída...

Antonio Martinelli Jr. — Você já matou algum personagem?

Ah, várias vezes, mas eles voltam sempre. Já parei de trabalhar com alguns, tipo o Grafiteiro, ficam parecidos com outras coisas... Gosto mais de trabalhar situações que personagens.

Caros Amigos. São Paulo: Casa Amarela, ano VII, n. 84. p. 32-38.
Seleção de parte da entrevista para fins didáticos.

A Z

Sigmund Freud (1856--1939): médico neurologista judeu--austríaco, elaborou os fundamentos da psicanálise.

Laerte Coutinho nasceu em São Paulo, em 1951. Desenhista, produz tiras e histórias em quadrinhos para diversos jornais e revistas, além de escrever textos para programas de TV e peças de teatro.

Caros Amigos/Editora Casa Amarela

Leitura 2

Prodígio responsável

Estela Cotes

João Montanaro está cursando o nono ano do Ensino Fundamental como qualquer garoto de 14 anos, mas seu currículo é de gente grande. Ele é colunista da revista Mad, *publica tiras na página de Opinião do jornal* Folha de S.Paulo *e acaba de lançar seu primeiro livro,* Cócegas no raciocínio *(Garimpo).*

Apesar da jovialidade, João tem um humor ácido e usa desenhos simples, feitos exclusivamente à mão, para falar sobre cenas cotidianas. E não gosta de faltar à escola.

Como você faz para conciliar a escola com o trabalho?

Tá fácil [Ri]. A tira da *Folha de S.Paulo* é semanal (aos sábados), mas eu tenho de ler o jornal todos os dias para me informar. Acordo umas 7 horas e faço isso antes de ir para a escola. A sexta-feira é mais corrida porque eu começo a desenhar para o jornal de manhã, vou para a aula, volto e termino o trabalho para entregar até as 20 horas.

O que acha da repercussão?

É bom, eu gosto de dar entrevistas. Só não gosto quando isso acontece todos os dias, porque acaba atrapalhando na escola [N.R.: a mãe, Sueli, complementa dizendo que João fica furioso quando tem de faltar à aula e proíbe qualquer compromisso na época das provas].

New Content Editora/Arquivo da editora

João Montanaro está cursando o nono ano do Ensino Fundamental como qualquer garoto de 14 anos, mas seu currículo é de gente grande. Ele é colunista da revista *Mad*, publica tiras na página de Opinião do jornal *Folha de S. Paulo* e acaba de lançar seu primeiro livro, *Cócegas no Raciocínio* (Garimpo). Apesar da jovialidade, João tem um humor ácido e usa desenhos simples, feitos exclusivamente à mão, para falar sobre cenas cotidianas. E não gosta de faltar à escola. // João Montanaro is a ninth grader like any other 14-year-old boy, but his résumé is that of a grown-up. He is a columnist for *Mad* magazine, has his comic strips published in the Opinion section of newspaper *Folha de S.Paulo* and has just launched his first book, *Cócegas no Raciocínio* (published by Garimpo). In spite of his youth, Montanaro has an acid sense of humor and keeps it simple as he draws exclusively by hand to depict scenes of every-day life. And he does not like to miss classes at school.

POR / BY ESTELA COTES • FOTO / PHOTO ROGÉRIO ALONSO

Como você faz para conciliar a escola com o trabalho?
Tá fácil [Ri]. A tira na *Folha de S. Paulo* é semanal (aos sábados), mas eu tenho de ler o jornal todos os dias para me informar. Acordo umas 7 horas e faço isso antes de ir para a escola. A sexta-feira é mais corrida porque eu começo a desenhar para o jornal de manhã, vou para a aula, volto e termino o trabalho para entregar até as 20 horas.

O que acha da repercussão?
É bom, eu gosto de dar entrevistas. Só não gosto quando isso acontece todos os dias, porque acaba atrapalhando na escola. [N.R.: a mãe, Sueli, complementa dizendo que João fica furioso quando tem de faltar à aula e proíbe qualquer compromisso na época das provas].

Como se interessou por política?
Quando eu tinha uns 9 anos já tentava fazer umas charges, então, comecei a me interessar por política, me inspirando naquele livro *Brasil 85* [N.R.: com charges de autores como Glauco, Jaguar e Paulo Caruso]. Passei a ver o *Jornal Nacional* e a tirar umas informações dele também. Quando a *Folha* me chamou, comecei a ler o jornal impresso sempre.

Você assiste ao horário eleitoral?
O meu trabalho é criticar e, para isso, tenho de ler muito, assistir à propaganda, tudo para ficar bem informado. Mas ainda não posso dizer que entendo muito, pois preciso aprender mais sobre o passado.

O que você faz com o dinheiro que ganha?
Guardo uma parte e compro o material que utilizo, que é um pouco caro. Já consegui trocar de computador. Outra extravagância foi o iPhone e a minha guitarra. Quero guardar dinheiro para, um dia, comprar um Fusca e montar meu estúdio. Meus pais me aconselham sobre como gastá-lo, e eu também não esbanjo. □

How do you reconcile school and work?
It's been easy. *[laughs]*. The comic strip for *Folha de S.Paulo* comes out once a week (Saturdays), but I must read the paper every day to be well informed. I wake up at 7 and do that before I go to school. Fridays are busy, because I begin drawing for the paper in the morning, go to school, come back and finish the strip for delivery by 8 p.m.

What do you think of the feedback?
It's good, I like to be interviewed. I just don't like it on an everyday basis, because it upsets my schedule at school. [Editor's Note: his mother, Sueli, adds that João becomes furious when he can't go to school and refuses all professional calls when it is tests time].

How did your interest for politics come about?
When I was around 9, I already started to make some cartoons, I was beginning to be interested in politics inspired by a book entitled *Brasil 85* [Editor's Note: Cartoons in the book were drawn by authors such as Glauco, Jaguar and Paulo Caruso]. I would watch *Jornal Nacional* and get information from that, too. When *Folha* invited me, I started to read the paper every day.

Do you watch the political campaigns on TV?
My work is to criticize and with, that in mind, I must read a lot, watch the political campaign, do everything to be well informed. But I can not say that I understand much, because I need to learn more about the past.

What do you do with the money you make?
I save part of it and buy the material I need for my work, which is somewhat expensive. I managed to buy a new computer. Other luxuries were an iPhone and my guitar. I want to save money to buy a classic Volkswagen Beetle one day and to set up my own studio. My parents give me advice on how to spend it, and, also, I am not a spendthrift. □

25

New Content Editora/Arquivo da editora

Como se interessou por política?

Quando eu tinha uns 9 anos já tentava fazer umas charges, então comecei a me interessar por política, me inspirando naquele livro *Brasil 85* [N.R.: com charges de autores como Glauco, Jaguar e Paulo Caruso]. Passei a ver o *Jornal Nacional* e a tirar umas informações dele também.

Quando a *Folha* me chamou, comecei a ler o jornal impresso sempre.

Você assiste ao horário eleitoral?

O meu trabalho é criticar e, para isso, tenho de ler muito, assistir à propaganda, tudo para ficar bem informado. Mas ainda não posso dizer que entendo muito, pois preciso aprender mais sobre o passado.

O que você faz com o dinheiro que ganha?

Guardo uma parte e compro o material que utilizo, que é um pouco caro. Já consegui trocar de computador. Outra extravagância foi o iPhone e a minha guitarra. Quero guardar dinheiro para, um dia, comprar um Fusca e montar meu estúdio. Meus pais me aconselham sobre como gastá-lo, e eu também não esbanjo.

TAM nas Nuvens. São Paulo: New Content, ano 3, n. 34, out. 2010, p. 24-25.

Jaguar/Acervo do cartunista

Jaguar, cartunista carioca (1932), foi um dos fundadores do semanário *O Pasquim*, no Rio de Janeiro, em 1969. Esta tirinha foi publicada em 1980 no semanário carioca.

Glauco/Acervo do cartunista

Glauco (1957-2010), desenhista e cartunista, publicou em jornais como *Folha de S.Paulo*. Algumas de suas personagens mais famosas são Geraldão e Dona Marta (acima).

Paulo Caruso/Acervo do cartunista

Paulo Caruso (1949), chargista e cartunista brasileiro, conhecido pelos cartuns com caricaturas de personalidades brasileiras de diferentes áreas.

Interpretação dos textos

Compreensão

1. Pela **introdução**, antes mesmo de ler a entrevista em geral, o leitor tem **informações** sobre o entrevistado. Releia a introdução da entrevista de João Montanaro:

> ***João Montanaro está cursando o nono ano do Ensino Fundamental como qualquer garoto de 14 anos, mas seu currículo é de gente grande. Ele é colunista da revista* Mad*, publica tiras na página de Opinião do jornal* Folha de S.Paulo *e acaba de lançar seu primeiro livro,* Cócegas no raciocínio *(Garimpo). Apesar da jovialidade, João tem um humor ácido e usa desenhos simples, feitos exclusivamente à mão, para falar sobre cenas cotidianas. E não gosta de faltar à escola.***

a) Por essas informações, em sua opinião, o jornalista que produziu a entrevista considera que o leitor da revista conhece o entrevistado? Responda à questão no caderno e justifique sua resposta.
b) Esse modelo de introdução é usado em muitas entrevistas. Então podemos dizer que, em geral, qual é o objetivo desse texto?
c) Quanto a Laerte, você já conhecia os trabalhados dele? Ele precisaria de apresentação?

2. As duas entrevistas giram em torno do trabalho dos desenhistas, como ele acontece no dia a dia, que profissionais influenciaram a formação deles. Faça, no caderno, o que se pede a seguir:
a) Os entrevistados mantêm uma rotina de trabalho, embora não se desloquem todos os dias de casa para um escritório, por exemplo?
b) O tempo de vida e de profissão de cada um dos entrevistados se percebe nas influências que eles contam ter recebido?

3. Quando indagado sobre o que o Brasil tem para oferecer a um garoto que deseja ser desenhista, Laerte diz que "não tem nada".
a) O que, para ele, significa **não ter nada**?
b) Por que a ideia de se construir escolas para desenhistas ainda não foi concretizada, segundo ele?
c) A entrevista de João Montanaro confirma ou desmente essa falta de cursos específicos para a formação de desenhistas no Brasil?

4. Apesar da falta de escolas para formar desenhistas, os dois entrevistados conseguiram aprender a profissão como autodidatas. Copie em seu caderno a(s) alternativa(s) que indica(m) as atitudes que eles tomaram para alcançar seu objetivo.
a) Experimentaram e treinaram traçados observando e imitando a técnica de outros desenhistas.
b) Estabeleceram uma rotina de trabalho.
c) Apenas deixaram a criatividade aflorar.
d) Leram, informaram-se, refletiram sobre acontecimentos e comportamentos humanos.

5. Releia estes trechos das entrevistas:

> **Laerte: A última vez que tentei fazer charge foi num jornal de Manaus [...] é a ideia de emitir opinião política, sempre paro no meio e falo: será que é isso mesmo, será que eu tô falando bobagem?**

João: O meu trabalho é criticar e, para isso, tenho de ler muito, assistir à propaganda, tudo para ficar bem informado. [...]

Copie em seu caderno a alternativa que responde adequadamente à questão: De acordo com as falas dos dois entrevistados, para o profissional do desenho, o que é importante conhecer?

a) Jornais de todas as partes do país.
b) O contexto histórico dos temas tratados.
c) A crítica política e a propaganda.
d) A charge e a opinião política.

6. Hoje em dia, em algumas cidades brasileiras, é possível encontrar cursos de formação para desenhistas de quadrinhos. Você teria interesse em fazer um curso para ser desenhista de charges e de quadrinhos? Por quê?

Conversa em jogo

Formação profissional

- Os dois entrevistados podem ser vistos como exemplo de autodidatas que conseguiram vencer dificuldades e se tornar desenhistas de tirinhas e charges. Em sua opinião, isso é válido para qualquer profissão? Explique. Ouça a opinião de seus colegas.

Construção dos textos

Organização das entrevistas

O gênero **entrevista** costuma obedecer à seguinte divisão:

- introdução ou abertura;
- perguntas e respostas.

1. Releia a abertura da entrevista de Laerte.
   a) Responda em seu caderno: o que ela informa ao público leitor dessa revista?
   b) Por essas informações, em sua opinião, os jornalistas responsáveis pela entrevista consideram que o leitor da revista conhece o entrevistado? Justifique sua resposta.

2. Uma entrevista se estrutura na sucessão de perguntas e respostas, de modo alternado, entre um **entrevistador** e um **entrevistado**. Que efeito provoca a presença de vários entrevistadores, e não de apenas um, na entrevista de Laerte? Explique no caderno.

Laerte/Acervo do cartunista

Hugo, personagem das tirinhas de Laerte.

3. Cada vez que muda a pessoa que fala, dizemos que mudou o **turno de fala**. Na entrevista de Laerte, qual foi o recurso encontrado para marcar, na escrita, os turnos de fala, isto é, a mudança de fala entre o entrevistador e o entrevistado?

Copie no caderno a(s) alternativa(s) que responda(m) mais adequadamente a essa questão.

a) Uso do nome completo dos entrevistadores e dos entrevistados.
b) Uso do nome completo dos entrevistadores.
c) Uso do primeiro nome dos entrevistadores.
d) Destaque em negrito para as perguntas dos entrevistadores.

4. Na entrevista de João Montanaro, identificam-se duas informações fundamentais que são fornecidas, nas respostas, não pelo entrevistado, e sim pela redatora responsável. Essas informações são acompanhadas com a abreviatura **N.R.**, ou seja, nota da redatora. Releia os trechos:

> **O que acha da repercussão?**
>
> **É bom, eu gosto de dar entrevistas. Só não gosto quando isso acontece todos os dias, porque acaba atrapalhando na escola [N.R.: a mãe, Sueli, complementa dizendo que João fica furioso quando tem de faltar à aula e proíbe qualquer compromisso na época das provas].**
>
> **Como se interessou por política?**
>
> **Quando eu tinha uns 9 anos já tentava fazer umas charges, então comecei a me interessar por política, me inspirando naquele livro *Brasil 85* [N.R.: com charges de autores como Glauco, Jaguar e Paulo Caruso]. Passei a ver o *Jornal Nacional* e a tirar umas informações dele também. [...]**

Copie em seu caderno a alternativa que responde cada pergunta a seguir.

a) No primeiro caso, a redatora fornece uma informação a que o leitor não teria acesso de outra maneira, pois não é dita pelo entrevistado nem por ela, e sim por alguém que está assistindo à entrevista. Por que esse dado é essencial?
   - Mostra que o entrevistado acabou de dizer uma bobagem.
   - Reforça o que o entrevistado acabou de dizer.
   - É uma opinião divertida, embora nada tenha a ver com o que é comentado pelo entrevistado.

b) No segundo caso, a redatora fornece que tipo de informação?
   - Acrescenta uma informação que não complementa o que é dito pelo entrevistado.
   - Esclarece a importância do livro citado para o trabalho desenvolvido pelo entrevistado.
   - Mostra que o livro citado é só uma leitura curiosa do entrevistado.

5. Na organização das entrevistas, publicadas em revistas diferentes, que recursos visuais foram utilizados em cada caso, logo no início, para chamar a atenção dos leitores?

Informação na entrevista

De acordo com a intenção do entrevistador, a entrevista jornalística pode ter como foco as informações sobre a vida do entrevistado ou sobre outro tema.
Observe as perguntas formuladas pelos entrevistadores e copie em seu caderno a(s) alternativa(s) que melhor caracteriza(m) essas duas entrevistas quanto ao **foco**.

a) Na entrevista com Laerte o foco é o entrevistado.
b) Na entrevista com João o foco é o entrevistado.
c) Nas duas entrevistas as perguntas estão mais focadas em um tema: desenhar profissionalmente.
d) Nas duas entrevistas as perguntas estão mais focadas na vida dos entrevistados.

Argumentação na entrevista

A entrevista pode ter como objetivo não só obter informações da pessoa entrevistada, mas também conhecer sua **opinião** sobre algum assunto, ou seja, saber o que o entrevistado pensa a respeito do assunto proposto.

Por exemplo, quando um jornalista pergunta a Laerte "Fazer humor infantil é muito diferente?", essa questão leva o entrevistado a dar a opinião dele. Em sua resposta, Laerte não conta uma experiência, nem transmite um conhecimento. Ele apresenta um ponto de vista, uma opinião, que pode ser questionada pelo leitor.

1. Transcreva da entrevista com Laerte outra(s) pergunta(s) cujo objetivo seja conhecer a opinião do artista.

2. Transcreva da entrevista um **argumento** de Laerte que justifique a opinião dele sobre o fato de não existirem muitas mulheres que trabalhem como desenhistas de quadrinhos.

Argumentos são recursos apresentados para sustentar uma opinião ou uma ideia. Podem ser trechos de livros de especialistas no assunto, dados de pesquisa, fatos históricos, etc.

3. Copie em seu caderno a alternativa adequada em relação ao ponto de vista de Laerte sobre a participação das mulheres como desenhistas de quadrinhos.
   a) Ele percebe que há mulheres importantes fazendo quadrinhos no Brasil.
   b) Ele considera o preconceito contra as mulheres responsável pelo fato de haver poucas mulheres fazendo humor.
   c) Ele parece acreditar que as mulheres não fazem muitos quadrinhos porque não têm senso de humor.
   d) Ele não vê diferença entre homens e mulheres fazendo quadrinhos.

4. Ao responder à questão sobre as mulheres, Laerte aproveita para comentar outro preconceito que se percebe em seu universo profissional. Que preconceito é esse? Qual é a opinião de Laerte a respeito do assunto? Explique.

5. E você? Qual é a sua opinião sobre a situação das mulheres em relação ao mercado de trabalho no Brasil? Escreva no seu caderno:
   a) sua opinião;
   b) um **argumento** que a apoie.

   Aguarde sua vez de ler para os colegas o que escreveu. Enquanto isso, ouça com atenção a opinião e os argumentos da turma sobre o assunto.

Mauricio Pierro/arquivo da editora

6. João Montanaro expressa sua opinião a respeito de dar entrevista. Escreva a resposta aos itens a seguir em seu caderno.
   a) Qual é ela?
   b) Montanaro afirma que há uma exceção a respeito dessa opinião. Reflita: ao comentar essa exceção, o jovem mostra que ele dá importância a quê?

7. Montanaro informa ao leitor o que faz com o dinheiro que ganha com seu trabalho.
   a) Ao responder a essa questão, João Montanaro revela alguns de seus valores. Quais? Copie a(s) resposta(s) adequada(s) no caderno.
      - Ele não só acha importante guardar dinheiro, como faz isso. Tem planos para o futuro.
      - Ele procura gastar com certa precaução, considera algumas compras certo exagero.
      - João segue os conselhos dos pais a respeito de dinheiro, e esses conselhos são coerentes com o que ele pensa.
   b) Qual é sua opinião sobre como ele administra o dinheiro que recebe pelo trabalho?
   c) Escreva em seu caderno um argumento contra ou a favor da atitude de João.

Linguagem dos textos

Embora nosso contato com as entrevistas de Laerte e de João Montanaro seja apenas por meio do texto escrito, percebemos certas marcas da oralidade caracterizando a circunstância em que foram realizadas, ou seja, oralmente.

1. Em seu caderno, copie das entrevistas exemplos de marcas de oralidade tais como:
   a) palavras ou expressões usadas no dia a dia, comuns em situações de fala;
   b) gírias;
   c) pausas, hesitações, interrupções que marcam momentos de dúvida.

2. Comparando as respostas de Laerte e de João Montanaro quanto à formalidade ou informalidade da linguagem, responda no caderno:
   a) Qual dos entrevistados parece ter formulado as respostas de maneira mais informal?
   b) Qual é o provável motivo de isso ter acontecido com esse entrevistado? Copie a(s) resposta(s) mais adequada(s):
      - Ele estava entre pessoas que conhecia.
      - Ele queria convencer os entrevistadores.
      - Ele estava despreocupado com a situação.
      - Ele queria parecer formal para os entrevistadores.

3. Em uma entrevista, as perguntas podem ser:
   - abertas, deixando o entrevistado discursar mais livremente;
   - fechadas, limitando a resposta do entrevistado a sim ou não;
   - objetivas, mais diretas, sem rodeios (por exemplo: Por que o senhor não gosta de política?);
   - menos objetivas, com tratamento mais cerimonioso ao se dirigir ao entrevistado (por exemplo: Seria possível o senhor dizer por que não gosta de política?).

   Com base nessas informações, responda:
   a) Como você classificaria as perguntas feitas:
      - para João?
      - para Laerte?
   b) Em sua opinião, o modo de formular as perguntas influencia o modo de as respostas serem estruturadas: mais ou menos longas, com mais ou menos detalhes? Explique.

4. Observe o título da seção de cada uma das revistas em que as entrevistas foram publicadas:

ENTREVISTA RISONHA E FRANCA

DECOLANDO

Em seu caderno, responda: o que o leitor pode esperar de uma entrevista veiculada:
   a) em uma revista intitulada *Caros amigos* e publicada na seção denominada *Entrevista risonha e franca*?
   b) em uma revista de bordo (de uma companhia aérea) e publicada na seção intitulada *Decolando*?

5. Releia o título de cada uma das entrevistas:

Laerte: **Gozações e revelações**

João Montanaro: **Prodígio responsável**

Qual é a provável intenção do repórter ao definir cada título? Copie em seu caderno a(s) resposta(s) mais adequada(s).

a) Criar expectativa no leitor em relação ao que irá ler.
b) Despertar o interesse de todos os tipos de leitor.
c) Indicar o foco da entrevista.
d) Revelar quem é o entrevistado.

Hora de organizar o que estudamos

Entrevista jornalística

Conversa com turnos de fala determinados (um pergunta, outro responde), entre um entrevistador e um entrevistado, registrada para ser veiculada em determinada mídia.

Intenção
Obter do entrevistado informações ou opiniões sobre assunto de interesse do público-alvo do veículo de publicação.

Linguagem
- varia de acordo com as circunstâncias comunicativas — entrevistador/entrevistado, a intenção, o suporte, o assunto, o público a que se destina — e o contexto histórico da situação;
- marcas de oralidade.

Construção
- introdução ou abertura;
- entrevistador/entrevistado: perguntas e respostas com turnos de fala determinados;
- informações, opiniões e argumentos;
- recursos: imagens, letras em tamanhos e formatos diferentes.

Leitor
Interessado em conhecer aspectos da vida, da profissão e opiniões de personalidades.

Prática de oralidade

Debate com mediação e regras

Escolha de caminhos profissionais: um desafio

Nas entrevistas lidas, Laerte e João Montanaro relatam suas experiências como desenhistas apontando, cada um a seu modo, o que gosta e o que não gosta de fazer profissionalmente.

Os critérios para escolher um rumo profissional constituem um tema polêmico. As pessoas muitas vezes ficam divididas: o melhor é perseguir seus sonhos, desenvolver seu talento, ou escolher um trabalho que apresente certa segurança financeira, independentemente do que se goste de fazer?

A seguir, você vai ler trechos de um artigo de opinião que expressa uma reflexão — os prós e os contras — de cada uma dessas escolhas, mas que defende um ponto de vista firmemente: o fundamental é fazer bem-feito o que se faz.

Observe ainda: a apresentação do tema desenvolvido (**1**) logo no primeiro parágrafo; os argumentos contra a opinião defendida pelo articulista (**2**); o contra-argumento que permite ao articulista defender seu ponto de vista (**3**); o ponto de vista do articulista (**4**).

Fazer o que se gosta

Stephen Kanitz

Maurício Pierro/Arquivo da editora

A escolha de uma profissão é o primeiro calvário de todo adolescente (**1**). Muitos tios, pais e orientadores vocacionais acabam recomendando "fazer o que se gosta", um conselho confuso e equivocado (**2**).

Empresas pagam a profissionais para fazer o que a comunidade acha importante ser feito (**3**), não aquilo que os funcionários gostariam de fazer, que normalmente é jogar futebol, ler um livro ou tomar chope na praia.

[...]

Então teremos de trabalhar em algo que odiamos, condenados a uma vida profissional chata e opressiva? Existe um final feliz. A saída para esse dilema é aprender a gostar do que você faz (**4**). E isso é mais fácil do que se pensa. Basta fazer seu trabalho com esmero, bem-feito. Curta o prazer da excelência, o prazer estético da qualidade e da perfeição.

Stephen Kanitz é administrador por Harvard (www.kanitz.com.br).

Veja. São Paulo: Abril, 24 nov. 2004. p. 22.

Preparação para o debate

1. Em dupla. Reflitam: vocês concordam com a opinião de Stephen Kanitz ou não? É melhor fazer o que se gosta ou é possível gostar do que se faz?

a) Registrem alguns argumentos para defender o posicionamento escolhido.

b) Cada dupla apresentará aos colegas de sala os argumentos que sustentam sua posição.

2. Em grupo. Sob a orientação do professor, as duplas deverão se organizar em quatro grupos:

a) os que concordam com o ponto de vista de Laerte e de João: é importante fazer aquilo de que se gosta;

b) os que concordam com o ponto de vista de Stephen Kanitz: é importante aprender a gostar do que se faz;

c) os que concordam parcialmente com uma dessas posições;

d) os que concordam parcialmente com as duas posições.

3. Produzam uma lista dos argumentos que embasem o posicionamento do grupo levando em conta o que as duplas registraram anteriormente.

Representante e mediador

Em grupo. Escolham, do grupo, um ou dois alunos para representar a equipe no debate. É necessário também escolher um mediador, que terá as seguintes funções:

- fazer a abertura do debate, apresentando o tema e os debatedores;
- dar a palavra aos debatedores e estabelecer a ordem das falas de cada um;
- fazer cumprir o tempo de fala determinado;
- dar a palavra aos outros alunos que estão assistindo ao debate.

Regras do debate

- Com o professor, definam as regras do debate:
  - tempo de fala dos debatedores;
  - forma de intervenção dos demais (perguntas, pedidos de esclarecimento, inscrição para ter a palavra, etc.) e tempo dessa intervenção;
  - duração do debate.

Avaliação do debate

1. Avaliem por escrito o debate, respondendo às seguintes questões:
   - Houve um bom desenvolvimento do debate, com respeito aos momentos de falar e de ouvir e, consequentemente, sem tumulto?
   - As opiniões divergentes foram respeitadas?
   - O mediador cumpriu as funções atribuídas a ele?
   - Como foi a sua participação no debate?
2. O professor fará um levantamento dos itens sugeridos por vocês para que um próximo debate tenha organização mais adequada.

Outras linguagens

Pintura

Em busca de público para seus veículos de comunicação — rádio, TV, internet, jornais e revistas —, repórteres e jornalistas entrevistam os artistas que estão na mídia — cantores, atores, modelos e famosos em geral —, fazendo-lhes as perguntas que o público gostaria de fazer. E esse interesse não é de hoje.

Norman Rockwell, um dos ilustradores admirados por Laerte, em 1936 registrou a cena de uma entrevista radiofônica.

- Veja a imagem.

Norman Rockwell/Arquivo da editora

Norman Rockwell, *Movie star*, 1936.

1. Observe a cena como um todo: uma mulher rodeada por alguns homens que, muito próximos de seu rosto, a encaram e a observam.

2. Foque na figura da mulher, que ocupa o centro da imagem, e repare:
   - na maneira como ela está vestida;
   - nos acessórios que usa;
   - nas malas perto dela.

   Observe ainda:
   - a postura elegante, meio afetada, que sugere tratar-se de pessoa com posição de destaque na sociedade;
   - o que parece caracterizar uma ocasião especial: a faixa e as flores em sua mão sugerindo alguma homenagem;
   - a ideia de viagem devido à presença das malas;
   - seu olhar distante e sua postura física, que dá a impressão de ela estar acostumada a ser rodeada assim e questionada.

3. Foque sua atenção nos homens que rodeiam a mulher: um com lápis e papel na mão, pronto para anotar o que ela vai dizer, e outro segurando um microfone de rádio (antigo) próximo a sua boca; no chão parece haver uma máquina fotográfica próxima ao pé direito da mulher. Todos esses aspectos caracterizam o momento que o artista quis registrar. Relacione:
   - a data da criação da imagem com os trajes e os objetos que foram retratados na cena: tudo parece estar ligado a um passado distante;
   - o título em inglês da criação de Rockwell, *Movie star* (Estrela de cinema), com o início da palavra da mala – HOLLYWO(OD) – e com o que está escrito na faixa que prende o ramalhete de flores: *Welcome* (Bem-vinda).

4. A estrela parece pronta para dar uma entrevista. Se essa cena fosse real, em que veículos de comunicação provavelmente seria divulgada essa entrevista? Conversem sobre as possibilidades de resposta a essa questão.

Conexões — RELAÇÕES ENTRE TEXTOS, ENTRE CONHECIMENTOS

1. Cartum na História

A palavra *cartum* nasceu de um concurso de desenhos feitos em grandes cartões (*cartoons* em inglês), para decorar as paredes do Palácio de Westminster, em Londres, em 1841. A revista *Punch*, considerada na época a primeira revista humorística do mundo, resolveu criticar a atitude, publicando seus próprios *cartoons*.

O pai do cartum foi o artista francês Honoré Daumier que, a princípio, fazia desenhos para jornais e revistas. Daumier nasceu na França em 1808 e começou a estudar arte aos 16 anos. Tornou-se pintor e escultor, mas ficou mais conhecido por suas caricaturas. Quando a sátira política se tornou popular, Daumier aproveitou a evidência desse gênero e publicou inúmeras sátiras em forma de cartum.

Victor Laisné/Wikimedia Commons

Retrato de Honoré Daumier.

Entretanto, nem sempre as críticas políticas são bem recebidas pelas personalidades que ficam em evidência na mídia. Por exemplo, Daumier ficou preso por seis meses por ter publicado uma caricatura do rei devorando o povo e o dinheiro. O título da caricatura é *Gargântua*, de 1832. Veja:

Honoré Daumier/Arquivo da editora

Gargântua: personagem de François Rabelais (1493-1553), que criou também Pantagruel, filho do primeiro. Essas duas personagens são gigantes de apetite voraz e hábitos grotescos. Na foto, caricatura *Gargântua*, publicada por Honoré Daumier em 1832.

2. Cartunistas e seus trabalhos

Na entrevista, Laerte diz que no Brasil não há um curso que facilite a formação de um desenhista de cartuns, tiras e quadrinhos. Entretanto, ele mesmo tornou-se uma prova de que talento, além de estudo e treino, conquista bons resultados profissionais.

João Montanaro é um exemplo de quem acredita nesse processo: apesar de já ter alcançado certo sucesso para sua idade, acha que ainda tem muito o que aprender.

Veja aqui alguns trabalhos dos entrevistados deste capítulo. Divirta-se e fique atento às conexões.

Laerte

Laerte é um cartunista que tem seu trabalho bastante divulgado. Observe se reconhece algumas características de seu trabalho ou de suas personagens nas tiras abaixo.

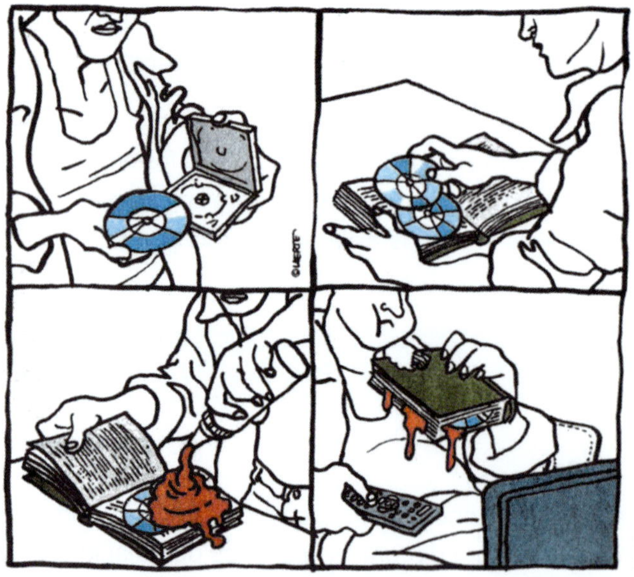

Laerte/Acervo do cartunista

LAERTE. *Folha de S.Paulo*. São Paulo, 1º out. 2011, p. E13.

Laerte/Acervo do cartunista

LAERTE. *Folha de S. Paulo*. São Paulo, 7 jan. 2012, p. E1.

João Montanaro

O jovem João Montanaro afirma que o trabalho dele é criticar e que, para isso, ele precisa ler muito, assistir à propaganda política, ou seja, ficar bem informado. As charges e as tiras de Montanaro você pode observar a seguir.

Relacionar charges e tirinhas publicadas em jornais com fatos da época em que esses textos são produzidos ajuda o leitor a compreender melhor o humor e a reflexão propostos pelo artista. Confira:

- Fato: festival de *rock* 2011 (Rio de Janeiro, setembro de 2011).

João Montanaro/Acervo do cartunista

MONTANARO, João. *Folha de S.Paulo*. São Paulo, 24 set. 2011.

- Fato: lançamento de produto tecnológico da marca criada por Steve Jobs (abril de 2010).

João Montanaro/Acervo do cartunista

MONTANARO, João. Revista *INFO*. São Paulo: Abril, dez. 2010. p. 22.

- Fato: *tsunami* no Japão (março de 2011).

No dia em que o terremoto seguido de *tsunami* arrasou a costa nordeste do Japão, em março, o cartunista João Montanaro já tinha as três opções de charge que envia toda sexta-feira aos editores da *Folha de S.Paulo*. No entanto, mudou de ideia e jogou todas no lixo. "Tinha muita coisa acontecendo no Brasil que daria uma boa charge, mas não queria fazer algo que ninguém visse. E todo mundo ia querer ler sobre a tragédia", lembra João, revelando um tino jornalístico surpreendente para seus 15 anos. É por essas e outras que ele, sem um fio de barba no rosto, se tornou responsável pela charge política de sábado de um dos maiores jornais do Brasil.

Revista *Galileu*. São Paulo: Globo, ago. 2011. p. 78.

Erich Lessing/Album/Latinstock

Xilogravura tradicional de Katsushika Hokusai, criada entre 1830 e 1833.

João Montanaro/Acervo *Folha de S.Paulo*

Desenho de João Montanaro publicado na *Folha de S.Paulo* em 17 de março de 2011, ou seja, um dia depois da tragédia.

Maurício Pierro/Arquivo da editora

Língua: usos e reflexão

Período composto (III)

Processo de subordinação e coesão (III)

Orações subordinadas adjetivas

Nos capítulos anteriores você estudou processos de subordinação com as orações subordinadas substantivas e com as orações subordinadas adverbiais. Cada um dos recursos de ligação — coesão — se alteram para estabelecer relações de sentido diferentes.

Neste capítulo você estudará o processo de subordinação com orações que acrescentam características a algum termo de outra oração. São as orações subordinadas adjetivas.

Releia uma frase da entrevista de Laerte e veja como ela poderia ficar:

Frase I	Frase II
"Fazer humor infantil é muito diferente." humor → substantivo; infantil → adjetivo	oração subordinada que caracteriza um termo de outra oração **Fazer humor que é destinado a crianças é muito diferente.** humor → substantivo caracterizado pela oração subordinada
Na frase I a palavra *infantil* caracteriza o termo *humor*. É um **adjetivo**.	Na frase II o termo *humor* é caracterizado pela oração "*que é destinado a crianças*". Essa oração tem o valor de um adjetivo. É uma **oração adjetiva**.

A palavra *humor* é chamada de **termo antecedente**: o termo a que a caracterização vai se referir.

Observe, no exemplo a seguir, uma construção próxima à frase II acima: na frase de Laerte, é empregada uma oração com valor de **adjetivo**. Veja:

oração principal: **[...] não adianta ficar fazendo citações de coisas**
oração subordinada adjetiva: **que a criança não vai entender.**

coisas → termo antecedente a que a oração se refere

que a criança não vai entender → A oração acrescenta uma característica a um termo da oração anterior determinando-o ou explicando-o.

Observe como pode ficar se a oração for transformada em uma expressão adjetiva:

Não adianta ficar fazendo citações de coisas incompreensíveis para a criança.

coisas → termo antecedente; incompreensíveis para a criança → expressão adjetiva

Note que a expressão "incompreensíveis para a criança" é um adjunto adnominal ligado ao substantivo *coisas*.

A oração subordinada adjetiva tem o valor de um adjunto adnominal, pois também funciona como adjetivo que caracteriza ou determina um substantivo.

As orações adjetivas são subordinadas ao termo a que se referem em outra oração.

As orações subordinadas que caracterizam um termo de outra oração são chamadas de **orações subordinadas adjetivas**.

1. No caderno, reescreva as frases a seguir substituindo a oração destacada por um adjetivo correspondente.
   a) Faz desenhos **que emocionam**.
   b) Os meios de comunicação modernos precisam de pessoas **que tenham criatividade**.
   c) Os jornais **que circulam diariamente** exigem profissionais responsáveis.
   d) Montanaro faz desenhos **que divertem e criticam**.

2. Copiem em seu caderno os trechos a seguir. São períodos compostos por subordinação. Faça o que se pede.
   - Você testava as piadas que fazia com algum filho?
   - João não gosta de compromisso que importune o horário da escola.

   a) Em cada caso, identifique a oração subordinada adjetiva e o termo antecedente, isto é, o termo a que a oração adjetiva se refere na oração principal.
   b) Reescreva esses trechos transformando as orações subordinadas adjetivas em uma expressão adjetiva e mantendo o sentido original das frases.

Leia estas manchetes:

oração subordinada adjetiva

Peça que utiliza tecnologia de holograma entra em cartaz em Santos

termo antecedente

A Tribuna. Santos, 11 maio 2015.

oração subordinada adjetiva

Dia das Mães: 10 presentes que você deve evitar nessa data

termo antecedente

Disponível em: <www.purebreak.com.br>. Acesso em: 11 maio 2015.

Observe que as orações adjetivas foram iniciadas com a palavra *que*.

Uma forma de verificar se a palavra *que* é um pronome relativo é verificar se ele se refere a um antecedente. Outra possibilidade é substituí-lo por outros pronomes relativos: *o qual*, *a qual*, *os quais*, *as quais*. Observe:

A palavra *que*, iniciando uma oração adjetiva, é um elemento de ligação chamado de **pronome relativo**. Relaciona a caracterização a um termo antecedente.

Peça a qual utiliza tecnologia [...].

10 presentes os quais você deve evitar [...]

O pronome *o qual* varia: deve concordar em gênero e número com o termo antecedente a que se refere e ser precedido de artigo definido (*o*, *a*, *os*, *as*).

No dia a dia os pronomes *o qual*, *os quais*, *a qual*, *as quais* são menos empregados.

As orações adjetivas são introduzidas por **pronomes relativos**.

Leia o boxe a seguir:

Pronomes relativos: *que*, *o/a qual*, *os/as quais*, *cujo(s)/cuja(s)*, *onde*, *quem*.

> O **pronome relativo**, ao ligar a oração adjetiva a um termo da oração anterior, para explicá-lo ou determiná-lo, pode ser acompanhado por preposição.

Leia alguns exemplos desse uso dos pronomes relativos acompanhados por preposições:

- **Que**. Exemplos:

Não sei o nome da pessoa a que encaminhei a encomenda.

= à qual

Nem sempre as coisas de que gostamos são as melhores para nós.

= das quais

Maurício Pierro/Arquivo da editora

Este é o computador com que desenvolvemos os projetos.

= com o qual

A paz é algo pelo que devemos lutar permanentemente.

= pelo qual

Você já estudou que o pronome relativo *que* pode ser substituído por *qual*. Há casos em que é possível usar outros pronomes relativos também. Observe:

- **Quem** – sempre faz referência a pessoas. Exemplos:

Estes são os amigos **de quem** falei.

Essa é a garota **com quem** partilharei o quarto?

Aquela é a pessoa **a quem** você deverá encaminhar seu currículo.

- **Cujo(s), cuja(s)**: equivalem a *do qual, da qual, dos quais, das quais*. Exemplos:

Este é o condomínio **cujas** casas foram assaltadas por uma quadrilha.

Este é o condomínio **do qual** as casas foram assaltadas por uma quadrilha.

Terminei a redação **cujo** tema parecia tão difícil.

Terminei a redação **da qual** o tema parecia tão difícil.

Observação: Não se deve empregar os pronomes relativos *cujo(s)/cuja(s)* precedidos ou sucedidos de artigo. Exemplos:

Este é o arquiteto **a cuja** obra me referi.

Não deve haver sinal de crase no termo *a*, pois as palavras *cuja/cujo* não aceitam artigo. Assim este ***a*** é apenas uma preposição solicitada pelo verbo *referir* (refiro-me ***a*** alguma coisa).

Só compramos os livros **cujos** autores foram indicados pela crítica.

Não pode haver artigo logo após o pronome *cujo* e suas variantes.

No dia a dia

Uso do pronome relativo *onde*

Leia as duas frases a seguir:

As montanhas onde o avião caiu são de difícil acesso.

lugar — em que, no qual

Houve um tempo onde você me amou.

não é lugar físico

Por se referir à palavra *tempo*, que não indica lugar físico, a gramática normativa sugere que sejam empregados outros pronomes relativos. Veja:

Houve um tempo **em que** você me amou.

Houve um tempo **no qual** você me amou.

No dia a dia, principalmente na linguagem menos monitorada ou menos planejada, o pronome relativo *onde* é empregado tanto para referir-se a um termo que indica lugar como para se referir a um termo não indicativo de lugar.

Na linguagem mais formal, prefere-se que o pronome relativo *onde* seja empregado apenas quando fizer referência a **lugar** ou **espaço físico**.

Leia e compare os períodos a seguir:

Moro em um bairro onde o índice de casos de dengue aumentou muito.

lugar físico

Em referências a termos que não significam lugares físicos, a gramática sugere que sejam empregados os pronomes relativos: *que*, *em que*, *no qual*, *na qual*...

Todos querem um tempo de mais paz em que não haja tanta violência.

espaço não físico

As conclusões dos cientistas sobre a dengue em que (nas quais) as autoridades se baseiam ainda são insuficientes para a vacinação.

termo antecedente

A situação na qual/em que os desabrigados se encontram é desesperadora.

termo antecedente

Veja mais sobre o uso de *onde*, *aonde*, *de onde*, *donde* na Unidade Suplementar deste volume (p. 303).

Os termos *tempo*, *conclusões* e *situação* são abstratos e não se referem a lugares físicos concretos. Por isso a gramática orienta o uso, nas situações mais formais, de outros pronomes.

Orações subordinadas adjetivas restritivas e orações subordinadas adjetivas explicativas

Releia a frase que se refere à opinião de Laerte sobre como iniciou seus desenhos copiando histórias.

oração principal — oração subordinada adjetiva

[...] copiava cartuns que saíam em revistas [...].

termo antecedente

Maurício Pierro/Arquivo da editora

Nesse caso a oração adjetiva foi empregada para detalhar a caracterização **restringindo**, isto é, limitando, particularizando a significação, a ideia de *cartuns*. Não são quaisquer cartuns, apenas os que saíam em revistas.

Compare esse exemplo com a frase:

oração principal — oração subordinada adjetiva

Eu adorava desenhos de Norman Rockwell, que é um famoso ilustrador americano.

termo antecedente

Nesse período, a oração subordinada adjetiva **não restringe** o termo *Norman Rockwell*, e sim acrescenta uma explicação que já é de conhecimento geral: "é um famoso ilustrador americano". Não particulariza ou restringe o significado, apenas fornece mais um dado. Dizemos que essa oração **subordinada adjetiva** é **explicativa** porque explica o termo que a antecede, sem limitar o significado do antecedente (já se sabia de quem eram os desenhos adorados).

Orações reduzidas

Nos capítulos anteriores viu-se que há mecanismos para tornar as frases mais concisas, reduzidas.

Os mesmos recursos podem ser empregados com as orações subordinadas adjetivas. Leia e compare os períodos a seguir.

Frase I	Frase II
O desenhista que entrevistamos é muito jovem. ↓ or. subordinada adjetiva restritiva desenvolvida	**O desenhista entrevistado por nós é muito jovem.** ↓ or. subordinada adjetiva reduzida de particípio

Observe que na frase II o pronome relativo *que* não é empregado. Além disso, nessa construção a oração adjetiva da frase I é substituída por uma forma verbal no particípio: *entrevistado*, que tem valor de um adjetivo.

Mauricio Pierro/Arquivo da editora

Observe este outro exemplo:

Os pássaros que cantam na árvore do quintal alegram nossas manhãs.

↓ or. subordinada adjetiva restritiva desenvolvida

Os pássaros cantando na árvore do quintal alegram nossas manhãs.

↓ or. subordinada adjetiva restritiva reduzida de gerúndio
não há pronome relativo

Hora de organizar o que estudamos

Período composto por subordinação

- **Oração principal**: é independente, não exerce função sintática em relação a outra oração do período.
- **Oração subordinada**: exerce função sintática em relação a outra oração do período. Ela pode ser:
  - **Adjetiva**: exerce função de adjetivo ou de expressão adjetiva de um termo antecedente.
    - **Conectivos**: pronomes relativos: *que, quem, onde, o qual, a qual, os quais, as quais, cujo, cuja, cujos, cujas, quanta...*
  - **Substantiva**
  - **Adverbial**

Atividades: orações adjetivas e formas de coesão

1. Copie no caderno os períodos a seguir, destaque as orações subordinadas adjetivas e grife os pronomes relativos que as introduzem
   a) "Da pessoa que varre o chão até o diretor do centro, todos têm muito orgulho de 'participar do grupo' e dar sua contribuição."

b) "Um justo reconhecimento a um dos maiores desenhistas brasileiros, cuja obra equilibra crítica e humor na reflexão sobre a natureza humana..."

c) O livro de João Montanaro, *Cócegas no raciocínio*, com charges que estavam "no baú" há algum tempo.

d) "Amizade, coisa que já não existe — algo maravilhoso."

2. Reescreva os períodos a seguir transformando a expressão adjetiva destacada em uma oração subordinada adjetiva desenvolvida. Empregue o pronome relativo que considerar mais adequado ao encadeamento das orações:

a) Após o ataque terrorista, o mundo assistiu a cenas **comoventes**.

b) Há insetos **de picada indolor**, mas que são mais venenosos do que aqueles que têm uma picada dolorosa.

c) Os jovens têm uma espontaneidade **surpreendente**.

d) Histórias **de nosso passado** nos ajudam a recuperar nossa identidade.

e) O pior terremoto dos últimos sessenta anos atingiu a Índia e a Caxemira — países **superpovoados**.

3. Leia a tira a seguir.

Charles Schulz/United Feature Syndicate, Inc.

SCHULZ, Charles M. Minduim. *O Estado de S. Paulo*. São Paulo, 7 maio 2005.

a) Responda no caderno: o que Snoopy usa para tirar conclusões a respeito dos dinossauros?

b) Releia a fala de Charlie Brown no primeiro quadrinho:

> **Houve épocas em que havia dinossauros aqui.**

Qual é o elemento a que o pronome relativo destacado se refere?

c) Reescreva no caderno essa fala substituindo o pronome relativo por outro equivalente.

4. Leia este trecho de Marcelo Leite falando sobre a cultura da região amazônica:

> **[...]**
>
> **Outro elemento muito importante da cultura local são as lendas amazônicas, povoadas por seres fantásticos como o Curupira, que protege a floresta e os animais dos predadores, e sereias como a Iara. Os animais também têm seu papel nas histórias do cotidiano dos moradores da floresta, como a do boto, que, conforme a tradição oral da região, se transforma em moço bonito nas noites de festa para seduzir as mulheres. Boa parte dos casos narrados tem por tema o *panema*, uma espécie de azar na caça e na pesca, que se abate sobre aqueles que desrespeitam as regras da natureza.**

LEITE, Marcelo. *Brasil, paisagens naturais*. São Paulo: Ática, 2007. p. 31.

a) Copie no caderno a(s) alternativa(s) que considera mais adequada(s) para referir ao trecho lido:

- O autor sintetiza que as lendas são elementos fundamentais na cultura da Amazônia.
- O autor aponta que lendas, animais e crenças fazem parte da tradição que alimenta histórias do povo daquela região.
- O autor afirma que apenas as lendas são responsáveis pelas histórias que circulam na região.
- O autor afirma que o azar se abate sobre todos os que desrespeitam a natureza.

b) Releia o período abaixo:

> **Outro elemento muito importante da cultura local são as lendas amazônicas, povoadas por seres fantásticos como o Curupira, que protege a floresta e os animais dos predadores, e sereias como a Iara.**

- A oração destacada é uma oração subordinada adjetiva. Qual é o termo a que essa oração está se referindo?
- No período essa oração foi escrita entre vírgulas. Por quê? Explique em seu caderno.

c) Releia:

> **Os animais também têm seu papel nas histórias do cotidiano dos moradores da floresta, como a do boto, que, conforme a tradição oral da região, se transforma em moço bonito nas noites de festa para seduzir as mulheres.**

- O pronome destacado – *que* – inicia uma oração que se refere ao termo *boto*. Copie no caderno a oração adjetiva que está ligada a esse pronome.
- Que outro pronome relativo poderia substituir o *que*, sem alterar o sentido?

d) Releia este período:

> **Boa parte dos casos narrados tem por tema o *panema*, uma espécie de azar na caça e na pesca, que se abate sobre aqueles que desrespeitam as regras da natureza.**

Responda no caderno: qual é o antecedente, isto é, o termo a que o pronome relativo destacado está se referindo?

5. Leia a tirinha a seguir.

1986 Watterson / Dist. by Universal Uclick

WATTERSON, Bill. *O Estado de S. Paulo*. São Paulo, 16 jul. 2011. p. D4.

a) Ao dizer que Moe "sabe o valor das coisas", a que tipo de valor Calvin se refere?

b) Reescreva no caderno a fala de Calvin a seguir, substituindo a oração adjetiva destacada por uma oração reduzida equivalente.

> Principalmente das coisas **que ele toma da gente**.

6. Há formas de tornar nosso texto mais conciso por meio de orações reduzidas. Reescreva os períodos a seguir em seu caderno transformando as orações adjetivas desenvolvidas destacadas em orações reduzidas. Para isso, empregue formas nominais do verbo.

a) O gado **em que se identificou a febre aftosa** foi sacrificado.

b) A ajuda **que países mais ricos enviaram** chegou com atraso para as vítimas.

c) Pessoas **que os jornalistas encontraram depois do vendaval** ainda estavam em estado de choque.

d) A economia de água **que todos devem fazer** será um benefício também para as gerações futuras.

7. Hagar está contratando novos guerreiros... Observe:

Chris Browne/King Features Syndicate, Inc.

BROWNE, Chris. Hagar. *Folha de S.Paulo*. São Paulo, 19 jun. 2005. p. E11.

a) Em seu caderno, produza um quadro conforme o modelo a seguir e relacione nele as características que Hagar pretende encontrar em seus guerreiros (quadrinhos 5, 6 e 7). Organize-as na coluna adequada: expressões adjetivas ou orações adjetivas.

Expressões adjetivas	Orações adjetivas

b) Como é provocado o efeito de humor a partir da lista de expressões e orações adjetivas que Hagar propõe?

8. Reescreva no caderno as orações juntando-as em um só período, empregando o pronome *cujo* para fazer a ligação entre elas. Observe o exemplo:

Meu pai é um homem muito ponderado. Pode-se confiar nas suas críticas.

Meu pai é um homem muito ponderado, em cujas críticas se pode confiar.

a) Estivemos com Pedro. Dormimos na casa de Pedro.

b) A pesquisa ainda não foi feita. O assunto da pesquisa é muito polêmico.

c) Há remédios perigosos. A venda desses remédios é controlada.

d) Os ladrões arrombaram o cofre. A fechadura do cofre tinha esquemas de segurança.

e) Os jovens chegaram atrasados ao congresso. A bagagem dos jovens extraviou.

9. Em seu caderno, reescreva as frases a seguir substituindo o ■ por pronomes relativos adequados.

a) Esta é a sala ■ você deverá trabalhar.

b) Estudei algumas teorias ■ descobri o quanto a vida na Terra está ameaçada!

c) Essa ideia ■ você defende é muito fora da realidade!

d) O lugar ■ alguns animais do zoológico foram transferidos não é adequado.

e) Estes são os livros ■ você poderá fazer sua pesquisa.

Produção de texto

Gênero: entrevista

CONTEÚDO DIGITAL

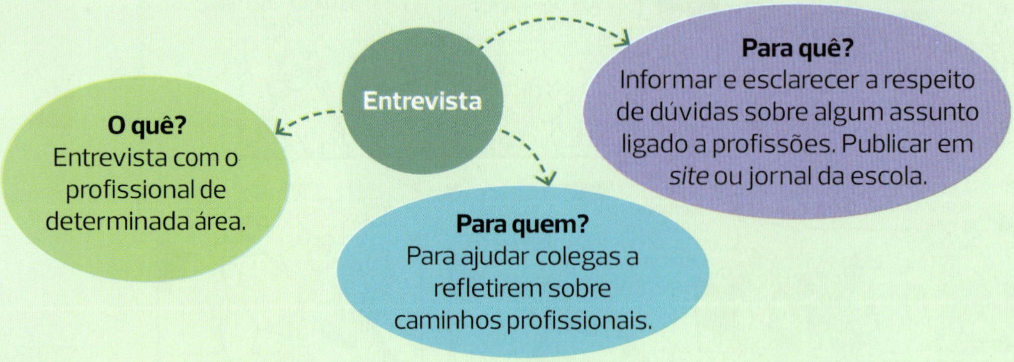

Mauricio Pierro/Arquivo da editora

Segundo Stephen Kanitz, "a escolha de uma profissão é o primeiro calvário de todo adolescente". Essa preocupação já faz parte da sua vida?

Para ampliar a discussão sobre esse assunto tão presente na vida dos jovens, você e seus colegas vão produzir uma entrevista sobre "Vocação e realização pessoal".

Sob a orientação do professor, organizem-se em grupos de acordo com as áreas profissionais ou as profissões que desejam conhecer melhor. Em seguida, cada grupo vai escolher uma pessoa que possa ser entrevistada para falar a respeito dessa profissão.

Preparando-se para fazer a entrevista: contato com o entrevistado e roteiro de questões

1. Façam contato com a pessoa a ser entrevistada para saber se ela tem disponibilidade para agendar esse compromisso. Informem a ela qual é o tema da entrevista e perguntem: se permite gravação desse evento, se quer que seja dada ênfase a algum aspecto, se há detalhes sobre os quais não gostaria de falar.
2. Pesquisem na internet, em livros e revistas o assunto de que se vai tratar, pois isso facilitará a elaboração das perguntas.
3. Preparem por escrito cinco perguntas que possam nortear a conversa, para permitir que o entrevistado desenvolva mais abertamente suas ideias e valorize o assunto. No decorrer da entrevista, certamente surgirão outras questões que vocês poderão explorar.
4. Tendo em vista o perfil do entrevistado e o público que deverá ler o texto — principalmente jovens —, planejem o nível de linguagem a ser utilizado: mais formal ou mais informal.
5. Façam uma previsão do tempo a ser gasto na entrevista. Procurem evitar que seja muito longa.

A entrevista

1. Se forem gravar em áudio ou audiovisual, preparem os aparelhos, de forma que eles possam ser usados por tempo suficiente para a entrevista. Se não forem gravar, combinem quem do grupo vai ficar responsável pelo registro da entrevista.
2. Procurem não interromper o entrevistado durante sua fala: é preciso respeitar o turno para falar.
3. Com o andamento da conversa, as perguntas podem ser redirecionadas, adaptadas, outras podem surgir em vista das respostas do entrevistado. Por isso é necessário prestar atenção no que o entrevistado estiver falando para não perguntar algo que ele já tenha dito.

Registro

1. Se a conversa for gravada, transcrevam as perguntas e as respostas, fazendo uma primeira versão para montar o texto e editá-lo. Não joguem fora essa versão. Vocês poderão usá-la em outra etapa da produção.
2. Se tiverem acesso a um computador, vocês podem empregar recursos gráficos na edição da entrevista. Se não, usem canetas de cores diferentes para marcar os turnos de fala.
3. Observem o encadeamento entre perguntas e respostas, se não há repetições, se as informações estão claras. Na edição por escrito da entrevista, vocês podem até eliminar uma ou outra pergunta que não esteja se encaixando bem no contexto ou acrescentar uma pergunta pertinente que os ajude a dividir uma resposta muito longa.
4. Como se trata de uma entrevista mais informativa, verifiquem se é adequado registrar gestos, reações, pausas, hesitações do entrevistado por meio de sinais de pontuação tais como reticências, exclamação ou interrogação ou mesmo por meio de palavras escritas entre parênteses tais como (dúvida, gesto de discordância) ou se isso deve ser eliminado do texto.
5. Observem se há alguma informação citada pelo entrevistado que merece ser esclarecida ao leitor. (Lembrem-se das observações feitas pela entrevistadora de João Montanaro.)
6. Selecionem alguns trechos significativos das respostas do entrevistado para destacar na montagem do texto.
7. Preparem a introdução com dados do entrevistado, situando também as circunstâncias em que a entrevista se deu (como, onde e quando).
8. Providenciem os demais recursos: um título atraente, fotos conseguidas nas pesquisas, etc. Verifiquem se o entrevistado concorda em acrescentar uma foto dele para ilustrar a introdução, assim como fazem alguns jornais e revistas. Não se esqueçam de criar legendas curtas e bem informativas para as imagens.
9. Releiam o texto para verificar se está tudo se encaixando e se não há problemas de linguagem: verifiquem a coerência entre perguntas e respostas, a pontuação, etc.

Avaliação

- Finalizada a edição do texto, escolham um leitor para dar um parecer sobre o trabalho de vocês — alguém da família, um amigo, um colega de outra classe, ou quem sabe até um jornalista. Depois, conforme os comentários desse leitor, façam na entrevista os ajustes que considerarem adequados.

Circulação do texto

- Vocês podem publicar a entrevista no jornal e/ou *site* da escola, se houver. Também podem encaminhar a entrevista para revistas de sua região voltadas para o público jovem. Um assunto como esse, tão discutido nos dias de hoje, merece ser compartilhado.

Outro texto do mesmo gênero

Ziraldo, o bom

Campeão de vendas, o autor de Menino maluquinho *encanta-se pelo livro infantil e diz: "Não tenho mais paciência para os quadrinhos".*

DOSSIÊ) QUADRINHOS

Ziraldo, o bom

Campeão de vendas, o autor de *Menino maluquinho* encanta-se pelo livro infantil e diz: "Não tenho mais paciência para os quadrinhos"

Mineiro de Caratinga, Ziraldo Alves Pinto, ou apenas Ziraldo largou o diploma de Direito para dedicar-se ao desenho. Foi uma escolha feliz. Hoje é conhecido e reconhecido pelos inúmeros e memoráveis personagens. Um deles, o Jeremias, ganha nova versão. O livro *Jeremias, o bom* (ed. Melhoramentos) foi publicado pela primeira vez na década de 1960 e volta agora repaginado e com histórias censuradas pela ditadura militar. Nessa entrevista para a CULT, o escritor, jornalista e principalmente desenhista fala de seu encantamento com a escrita, sobretudo de livros infantis, e diz: "Tenho tanta coisa ainda para fazer!".

CULT – O que você prefere fazer? Um cartum, uma história em quadrinhos ou um livro infantil?

Ziraldo Alves Pinto – Ando muito encantado com a escrita. Não tenho mais muita paciência para fazer história em quadrinhos, não. Gosto do cuidado e do zelo com que preparo um livro para crianças.

Revista Cult/Arquivo da editora

Mineiro de Caratinga, Ziraldo Alves Pinto, ou apenas Ziraldo, largou o diploma de Direito para dedicar-se ao desenho. Foi uma escolha feliz. Hoje é conhecido e reconhecido pelos inúmeros e memoráveis personagens. Um deles, o Jeremias, ganha nova versão. O livro *Jeremias, o bom* (ed. Melhoramentos) foi publicado pela primeira vez na década de 1960 e volta agora repaginado e com histórias censuradas pela ditadura militar. Nessa entrevista para a *Cult*, o escritor, jornalista e principalmente desenhista fala de seu encantamento com a escrita, sobretudo de livros infantis, e diz: "Tenho tanta coisa ainda para fazer!".

Cult – O que você prefere fazer? Um cartum, uma história em quadrinhos ou um livro infantil?

Ziraldo Alves Pinto – Ando muito encantado com a escrita. Não tenho mais muita paciência para fazer histórias em quadrinhos, não. Gosto do cuidado e do zelo com que preparo um livro para crianças.

Cult – Valeria a pena lançar hoje uma revista infantil de quadrinhos? O público se interessaria ou só *videogames* e internet?

Z. A. P. – Sempre vale a pena. Tem público para tudo. Agora, uma coisa: história em quadrinhos não faz mais parte do que se chamou cultura de massa. Agora, é *cult*. Não dá mais para vender milhões de exemplares de uma revistinha infantil por mês como fazia o Mauricio de Sousa. Meus personagens estão aí, em revistinhas editadas pela Globo. Tudo muito bem-feitinho por uma linha de produção que foge um pouco da minha criação exclusiva. A Globo tem roteiristas, arte-finalistas, *webdesigners*, uma equipe grande. Tenho um diretor de arte e de criação chamado Miguel Mendes – que se assina Mig – e que é um gênio das histórias em quadrinhos. Trabalha comigo desde adolescente. Juntos, a gente comanda a equipe. Não considero minhas histórias em quadrinhos de hoje obra de autor. Obra de autor para valer, mesmo, eu fiz com a *Turma do Pererê*, mas isso são outros tempos. Ali, eu estava escrevendo a minha biografia.

Cult – O seu traço é facilmente reconhecível e original. Quem o influenciou para chegar a ele?

Z. A. P. – Não sei se os meninos de hoje passaram por isso. Quase todos os jovens profissionais do humor gráfico no Brasil inteiro tiveram contato comigo para me mostrar seus primeiros desenhos. Quase todos. Naquela época, porém, o núcleo aqui do Rio, os meninos do **Millôr** (Fortuna, Jaguar, Claudius e eu), éramos muito influenciados pelos grandes nomes do desenho de humor universal: **Steinberg**, **Ronald Searle** e **André François**. Manzi, um artista italiano do nível deles, dizia que um bom desenho de humor salvava qualquer piada. Nós queríamos fazer humor, mas desenhar melhor do que o **Aldemir Martins**. E desenhávamos muito bem. Não gostávamos de ser chamados de caricaturistas, mas de desenhistas de Humor. Humor com H maiúsculo. Coisas que caíram de moda.

Cult – Em quem você se inspirou para criar personagens como a Supermãe, o Menino Maluquinho, o Mineirinho Come-quieto, o Jeremias? Ou todos são você, como diria Flaubert?

Z. A. P. – O Flaubert não disse que todos os personagens dele eram ele. Só a Emma (de *Madame Bovary*). Agora, tanto ele quanto eu (coleguinhas!!!) criamos nossos personagens tirando todos eles das nossas províncias.

Cult – *Flicts* é seu livro mais publicado internacionalmente? Como surgiu o tema para você?

Z. A. P. – O *Flicts* tem tido uma razoável vida internacional. Agora mesmo, acaba de sair em coreano, na íntegra, com bandeira do Brasil e tudo. Não vou contar de novo como foi que ele surgiu. Não aguento mais.

Cult – Ele é ao mesmo tempo simples e sofisticado. Essa dupla qualidade foi intencional? Como foi o desenvolvimento da ideia?

Z. A. P. – Claro que não tem nada de dupla qualidade intencional. De repente, lhe ocorre uma ideia. Como é que você reage a ela? Dizendo: vou fazer, com ela, o melhor possível. É isso.

Cult – Profissionalmente, quais são os seus maiores desafios hoje? Você é muito cobrado?

Z. A. P. – Agora, não sou mais não. E nem tenho de provar mais nada. O que eu sei ou soube fazer já fiz. Agora, é repetir com um pouco mais de competência e segurança. Meus desafios sou eu mesmo quem faço. Tenho tanta coisa ainda para fazer! Ou, como diria minha mãe se referindo a mim: "Ele tem tanta ideia na cabeça". Ainda.

Cult – Você já teve algum livro que foi um fracasso editorial? Em caso afirmativo, por que aconteceu isso?

Z. A. P. – Você não vai acreditar: não tem um só livro meu (da Melhoramentos) que esteja fora de catálogo.

A Z

Millôr Fernandes (1923-2012): escritor e cartunista brasileiro. Um dos fundadores de *O Pasquim*, Millôr convidou estes, entre outros, cartunistas para participar, em 1969, da elaboração desse periódico de humor e crítica: o próprio Ziraldo; Reginaldo José Azevedo Fortuna (1931-1994); Jaguar ou Sérgio de Magalhães Gomes Jaguaribe (1932); Claudius Ceccon (1937).

Saul Steinberg (1914-1999): cartunista romeno.

Ronald Searle (1920-2011): cartunista britânico.

André François (1915-2005): cartunista húngaro.

Aldemir Martins (1922-2006): artista plástico brasileiro. Primeiro brasileiro a ganhar um prêmio na Bienal de Veneza.

Gustave Flaubert (1821-1880): escritor francês, autor, entre outras obras, do romance *Madame Bovary*, lançado em 1857. Nesse romance, Flaubert critica a sociedade burguesa e é acusado de imoralidade. É absolvido da acusação. Ao lhe perguntarem quem era Emma Bovary, a protagonista de sua história, Flaubert apenas respondeu: "Madame Bovary sou eu".

Cult – A facilidade de comunicação com vários tipos de público lhe dá um grande poder, mas também é uma enorme responsabilidade. Como você trabalha com isso? Que vantagens é possível tirar e quais os maiores riscos?

Z. A. P. – Poder e responsabilidade, honestamente, a gente não registra. Somos todos iguais, cheios de problemas e dificuldades e dores na coluna e carências afetivas. "Trabalho com isso" como quem respira. Quando vi, já aconteceu. As vantagens? Furar fila é a principal delas. Pagar com cheque em qualquer lugar (quando ainda se pagava alguma coisa com cheque!!!). Riscos? Quer saber? Não tomo conhecimento. Juro.

Cult – Como você avalia hoje os tempos de *O Pasquim*? Foi uma experiência "válida e inserida no contexto"? A produção, bem livre, para o jornal, afetou de alguma forma as suas criações?

Z. A. P. – Ter tido *O Pasquim* na minha vida para atravessar os chamados anos de chumbo foi um privilégio. Foi uma experiência válida e inserida no contexto, foi mesmo. Não sei se a palavra é *afetou* quando você se refere às formas de criação. *Afetou* não é pejorativo? *Tou perguntando*. Não seria melhor dizer *influiu*? Quando você diz afetar, já vem com um preconceito. Já está me dizendo que achou que *O Pasquim* me fez mal. Fez não. Era o que a vida podia me oferecer para que eu a seguisse construindo naquele momento.

Cult – Você já foi muito criticado pela "popularização" dos seus personagens, como alguém que teria se rendido ao mercado para ganhar dinheiro. O que você diria aos seus críticos?

Z. A. P. – Fui, é? Se fui, me esqueci. Não sou nem nunca quis ser pintor. Sempre fiz arte narrativa e nunca separei qualquer imagem que eu criei de um significado fora dela. Fiz arte aplicada. O que um artista como eu chama de obra – odeio chamar o que faço por esse nome: minha obra!... que coisa pedante! – só fica pronta quando o decodificador a "decifra". A obra tem duas pontas: a feitura e o entendimento. Eu procurava fazer, com a maior qualidade a meu alcance, um trabalho que atingisse o seu fim. E deu sempre muito certo. Quanto aos meus críticos – ou descobre – o meu trabalho desses anos todos – as novas gerações – salvo engano, têm o maior respeito pelo que eu fiz.

[...]

Cult – Você diz que, quando criança, uma de suas manias era a de querer salvar o mundo. Do alto de sua experiência de vida, você ainda tem alguma esperança disso?

Z. A. P. – Todo dia eu tenho uma ideia para salvar o mundo. Todo dia! No princípio, elas me angustiavam – "Meu Deus, não há nada que eu possa fazer" –, mas, hoje, isto não acontece mais. Eu sei, meu Deus, que não há nada que eu possa fazer, mas estou aqui, ó, tranquilo, tranquilo!

CULT – Revista brasileira de cultura. São Paulo: Bregantini, mar. 2007, n. 111, p. 62-63.

Autoavaliação

Chegou o momento de fazer um balanço de tudo o que foi estudado no Capítulo 5. Leia o quadro de conteúdos para recordar o que estudou e, no caderno, avalie seu desempenho usando os tópicos propostos a seguir como orientação. Isso o ajudará na hora de organizar seus estudos.

Meu desempenho

- **Avancei em** (registre no caderno os itens em que você melhorou)
- **Preciso rever** (registre no caderno os itens que você precisa estudar mais)
- **Outras observações e/ou outras atividades**

CONTEÚDOS	
1. Gênero	Entrevista jornalística • "Laerte: gozações e revelações", entrevista • "Prodígio responsável", entrevista
2. Leitura e interpretação de texto	Organização de uma entrevista: introdução e sequência de perguntas e respostas Turnos de fala na entrevista Informação na entrevista Argumentação na entrevista • Marcas de oralidade • Tipos de pergunta
3. Língua: usos e reflexão	Período composto O processo de subordinação e coesão textual (III) • Pronomes relativos Orações subordinadas adjetivas restritivas e orações subordinadas adjetivas explicativas Orações adjetivas desenvolvidas e orações adjetivas reduzidas
4. Produção textual	**Oral e escrita** Entrevista
5. Participação	**Prática de oralidade** Debate com mediação e regras • Escolha de caminhos profissionais: um desafio
6. Ampliação de leitura	Leitura de *Outras linguagens*: pintura Leitura e produção de relações entre textos da seção *Conexões* Leitura de *Outro texto do mesmo gênero* • "Ziraldo, o bom", entrevista

Maurício Pierro/Arquivo da editora

Capítulo

6 Crônica jornalística

crônica: palavra de origem grega que tem em sua raiz a palavra tempo (*Khrónos*).

No Brasil, o gênero **crônica** é registrado desde o século XVI. As crônicas feitas sobre o Brasil na época eram registros sobre a terra que os portugueses aqui encontraram. Esses textos ficaram conhecidos como **crônicas dos viajantes**. A crônica já era feita em Portugal para narrar fatos históricos, histórias de reis e de nobres.

Esse gênero foi se transformando e passou a ser desenvolvido por vários escritores para retratar a vida social, o cotidiano de seu tempo, misturando imaginação e realidade.

Atualmente a crônica é um gênero bastante comum na imprensa: há crônica literária, crônica policial, crônica esportiva, crônica política...

A crônica jornalística costuma ser publicada em colunas de periódicos (jornais e revistas). É assinada e trata de temas inspirados no cotidiano. Costumam apresentar comentários críticos — com ou sem humor — sobre acontecimentos atuais, políticos ou fatos da sociedade em geral. Trata-se de textos curtos, com linguagem mais informal e espontânea, chegando a se aproximar da língua falada. Muitos desses textos têm características literárias.

Parte das crônicas jornalísticas é inspirada por notícias publicadas nos meios de comunicação.

Na página seguinte, você encontra uma crônica que se inicia com o detalhe curioso de uma notícia: **o desenforcamento de Tiradentes**. Imagine como pode ser uma crônica sobre esse assunto.

Antes, leia trecho da notícia sobre o fato acontecido no dia 21 de abril de 2105:

Joaquim José da Silva Xavier, o Tiradentes, foi absolvido por sua participação na Inconfidência Mineira, em julgamento teatralizado, realizado hoje (21), no Rio de Janeiro. Batizado de Desenforcamento de Tiradentes, o ato atraiu um grande número de pessoas, lotando completamente o salão do tribunal do júri do antigo Palácio da Justiça. O papel do mártir coube ao ator Milton Gonçalves.

Disponível em: <http://agenciabrasil.ebc.com.br/geral/noticia/2015-04/tiradentes-absolvido-em-encenacao-teatral-que-reviveu-seu-julgamento>. Acesso em: 18 maio 2015.

Maurício Pierro/Arquivo da editora

Leitura

A desoras, desfeliz

Roberto Pompeu de Toledo

1 Encenou-se no Tribunal de Justiça do Rio de Janeiro, no feriado de 21 de abril, em forma de peça teatral, uma celebração chamada "desenforcamento de **Tiradentes**". Com advogado, promotor e júri popular, refez-se o julgamento do herói da Inconfidência Mineira, tudo mais ou menos conforme o que registram os autos de dois séculos atrás, mas com resultado inverso: no final o réu é inocentado. Ou seja, desenforcado. O melhor de tudo foi o título. "Desenforcamento" entra para o rol de mágicas palavras que o *des* inicial permite criar, invertendo significados e instituindo um mundo às avessas.

2 Em *Apesar de você*, sua música contra a ditadura, Chico Buarque pediu: "Você, que inventou a tristeza, ora tenha a fineza de "desinventar". Talvez já se invocasse o "desinventar" antes; depois, invocou-se mais ainda. Até foi acolhido no dicionário digital *Aulete*, que lhe dá o significado de "retroceder, retroagir na ação de inventar", e oferece como exemplo um trecho do poeta Manoel de Barros: "É preciso desinventar os objetos. O pente, por exemplo. É preciso dar ao pente a função de não pentear. Até que ele fique à disposição de ser uma begônia".

3 Numa de suas malucas aventuras no País das Maravilhas, Alice comemora seu *unbirthday*, como escreveu o autor do livro, o inglês Lewis Carroll. *Unbirthday* foi traduzida em português para "desaniversário", bela palavra para significar um belíssimo não evento. E, por falar em belo, a escritora Ana Miranda deu o título de *Desmundo* ao romance em que narra a **sina** de uma órfã portuguesa enviada à força ao Brasil da época do Descobrimento para servir de esposa a um dos desbravadores da terra. "Desmundo" é mais que fim do mundo; é o mundo ao avesso.

4 É o que aguarda, no romance, a inocente Oribela. Há bons exemplos mais antigos. No livro *Roteiro de Macunaíma*, de 1950, o crítico M. Cavalcanti Proença escreveu que o personagem de **Mário de Andrade** resumia as "desvirtudes nacionais". O próprio Mário de Andrade **engendrou** por sua vez outro oportuno *des* ao lamentar, num poema (*Louvação da tarde*), a "pátria tão despatriada".

5 Desvirtudes nacionais e despatriamentos da pátria continuam em cartaz, 87 anos depois da publicação de *Macunaíma* e setenta depois da morte de Mário de Andrade, completados neste ano, mas não é disso que se trata aqui – por que raios, ó insistente leitor, o colunista teria sempre de afundar no mar de nossas misérias públicas?

A Z

Tiradentes: o mineiro Joaquim José da Silva Xavier (1746-1792) foi tropista, minerador, dentista, comerciante e militar. Fez parte de um movimento político em Minas Gerais para tornar o Brasil independente de Portugal. Nessa época, o rei de Portugal decidiu reforçar a cobrança de impostos das minas obrigando os mineiros a pagar semestralmente cem arrobas de prata, o que era extorsivo para as condições econômicas desses indivíduos. Os conspiradores se revoltaram com o decreto da "derrama", medida que permitia a cobrança forçada de imposto, dando liberdade para prender aquele que se recusasse a pagá-lo. O movimento contra Portugal foi delatado e seus integrantes punidos, mas o único condenado à morte foi Tiradentes, enforcado e esquartejado em 21 de abril de 1792.

sina: destino, sorte.

Mário de Andrade (Macunaíma): Mário de Andrade (1893-1945), professor de piano e estudioso da cultura popular brasileira, em 1928 publica *Macunaíma*, obra que tem como título o nome da personagem principal dessa narrativa, considerada pelo narrador um "herói sem nenhum caráter", pois, inspirado em diversas personagens da literatura popular, Macunaíma não tem preconceitos, não se prende à moral de uma época concentrando em si próprio virtudes e defeitos vários.

engendrar: dar existência a alguma coisa, imaginar, gerar.

prefixo: elemento que se junta antes do radical das palavras, altera o significado, formando uma nova palavra.

eximio: algo que é perfeito, excelente.

Refugiemo-nos nas palavras. O tema de hoje são as que portam o **prefixo** *des*, começando com as inventadas, mas não se esgotando nelas. O **exímio** criador/recolhedor de palavras que foi Guimarães Rosa espalhou por suas obras, entre muitas outras, *desamigo*, *desendoidecer*, *desdormido*, *desexistir*, *destriste*, *desfeliz*, *desviver*, *desfalar*.

6 No precioso livro *O léxico de Guimarães Rosa*, da professora Nice Sant'Anna Martins, registram-se exatas 230 palavras com *des*, sinal de que o *des* é uma tentação irresistível para quem gosta de brincar com as possibilidades do idioma. Até "desmim" Guimarães Rosa inventou. "Querer mil gritar, e não pude, desmim de mim mesmo, me tonteava, numas ânsias", diz Riobaldo, no *Grande sertão: veredas*.

7 O *des* traz em si a atração anarquista de pôr o mundo de cabeça para baixo. Mesmo as palavras em *des* perfeitamente acomodadas à língua, e acolhidas nos dicionários há muitos anos, nos chegam com novo viço quando nos detemos a examiná-las. A uma família melancólica pertencem *desamor*, *desventura*, *desencanto* e a fatal *desespero*, ao inverter o alto significado moral de *amor*, *ventura*, *encanto* e *esperança*. *Desassossego* vai no mesmo caminho.

***Alferes Joaquim José da Silva Xavier, o Tiradentes*, em pintura de José Wasth Rodrigues, 1940.**

8 *Desentendimento* é mais bruta; é eufemismo para briga. Ao contrário, de alto valor moral são *destemor* e *desassombro* ao opor-se ao temor e ao assombro. *Desatino* é humilhante; é perder o tino. *Desoras* só pode ter sido criada por um surrealista. Usa-se no sentido de "altas horas", mas na pura raiz etimológica significa estar fora das horas – como assim, fora das horas? *Desasnar* é o inspirado sinônimo de aprender pela via de deixar de ser asno.

9 Uma ida ao dicionário, onde dormem as palavras em estado de inocência, revela maravilhas. O leitor não deve saber, como o colunista não sabia, que existe a palavra *desnamorar*, assim como *desnamorado*. A difícil arte do dicionarista revela-se em seu melhor na definição de *namorar* do *Houaiss*: "terem duas pessoas relacionamento amoroso em que a aproximação física e psíquica, fundada numa atração recíproca, aspira à continuidade". Descontinuada tal relação, fica-se com a desconsolada figura do desnamorado, que se imagina desamparado, a desoras, desnorteado e desterrado de si mesmo, desfeliz.

Disponível em: <http://veja.abril.com.br/blog/augusto-nunes/feira-livre/roberto-pompeu-de-toledo-a-desoras-desfeliz/#more-849312>. Acesso em: 17 maio 2015.

Interpretação do texto

Compreensão

1. Responda no caderno: nesse texto, qual é o fato real que desencadeou a crônica?
2. Releia o primeiro parágrafo e responda no caderno:
   a) Qual o aspecto apontado pelo autor para dar veracidade ao fato encenado?
   b) O que diferenciou o fato verdadeiro da apresentação teatral?
3. Releia a frase:

   Encenou-se no Tribunal de Justiça do Rio de Janeiro, no feriado de 21 de abril, em forma de peça teatral, uma celebração chamada "desenforcamento de Tiradentes."

   Segundo o *Dicionário Aurélio celebrar* é realizar algo com solenidade, promover, comemorar, festejar, publicar com louvor, exaltar. Qual seria a melhor palavra para substituir *celebração* nessa frase? Reescreva a frase em seu caderno substituindo-a por um termo equivalente.
4. No segundo parágrafo, o cronista menciona alguns versos de Chico Buarque. Releia-os:

   Você, que inventou a tristeza, ora tenha a fineza de desinventar

   Essa composição refere-se à situação enfrentada no Brasil durante a ditadura militar, que durou de 1964 a 1986. Tendo em vista esse fato, a que tristeza os versos podem estar se referindo?
5. Releia:

   No precioso livro *O léxico de Guimarães Rosa*, da professora Nice Sant'Anna Martins, registram-se exatas 230 palavras com *des*, sinal de que o *des* é uma tentação irresistível para quem gosta de brincar com as possibilidades do idioma. Até "desmim" Guimarães Rosa inventou. "Querer mil gritar, e não pude, desmim de mim mesmo, me tonteava, numas ânsias", diz Riobaldo, no *Grande sertão: veredas*.

   Nesse parágrafo, ao tratar exclusivamente do emprego do prefixo *des-*, o que o cronista procura mostrar? Copie a resposta adequada em seu caderno.
   a) A multiplicidade de sentidos que o prefixo *des-* possibilita criar.
   b) A dificuldade de se usar palavras formadas com *des-*.
   c) A inutilidade desse prefixo, que não modifica o sentido da palavra em que é empregado.
6. Releia o trecho de Manoel de Barros, citado pelo cronista:

   É preciso desinventar os objetos. O pente, por exemplo. É preciso dar ao pente a função de não pentear. Até que ele fique à disposição de ser begônia.

   Explique o que pode ser a "desinvenção" de objetos para o poeta?
7. Releia este trecho:

   O *des* traz em si a atração anarquista de pôr o mundo de cabeça para baixo.

   Essa frase sobre o prefixo *des-* é uma das ideias centrais da crônica. Leia acepções de *anarquista* e da palavra *anarquismo*:

Anarquista:

1. partidário do anarquismo.

2. que ou aquele que é dado à anarquia, desordeiro.

Anarquismo:

1. teoria social e movimento político, presente na história ocidental do século XIX e da primeira metade do século XX, que sustenta a ideia de que a sociedade existe de forma independente e antagônica ao poder exercido pelo Estado, sendo este considerado dispensável [...].

2. qualquer ataque ou afronta à ordem social estabelecida ou aos costumes reinantes

INSTITUTO ANTÔNIO HOUAISS. *Dicionário eletrônico Houaiss da língua portuguesa.* Rio de Janeiro: Objetiva, 2009.

Com base nessas informações, copie em seu caderno a(s) alternativa(s) que melhor expressa(m) a ideia contida na frase da crônica.

a) O uso de palavras com o prefixo *des-* deve ser evitado, pois pode gerar muita desordem no mundo em que vivemos.

b) O uso do prefixo *des-* cria novos sentidos para as palavras e por isso deve ser empregado com cuidado para não produzir desordem.

c) O prefixo *des-*, ao juntar-se às palavras, cria significados novos, ajudando a representar o mundo de outras formas, dando-lhe novos sentidos.

d) As palavras com o prefixo *des-* ajudam o usuário da língua a ver o mundo com outros olhos, muitas vezes ao contrário do que habitualmente é visto.

e) O uso do prefixo *des-* cria palavras que só podem ser empregadas em um mundo mágico, de fantasia e da imaginação.

8. No último parágrafo, o cronista , fala de seu encantamento com o dicionário. Releia:

Uma ida ao dicionário, onde dormem as palavras em estado de inocência, revela maravilhas.

a) Em seu caderno, explique o que pode significar essa frase.

b) Responda no caderno: que exemplo curioso o cronista apresenta para confirmar esse encantamento?

9. Releia: "...Mário de Andrade engendrou outro oportuno *des* ao lamentar , num poema... a "*pátria despatriada*". Desvirtudes nacionais e despatriamentos da pátria continuam em cartaz, 87 anos depois da publicação de *Macunaíma*..."
Em sua opinião, o que poderia significar a expressão "*pátria despatriada*" na crônica lida?

10. A respeito de fatos nacionais, o cronista faz um desabafo:

[...] por que raios, ó insistente leitor, o colunista teria sempre de afundar no mar de nossas misérias públicas?

Em sua opinião, de que maneira o cronista considera os fatos nacionais que o cercam? Responda no caderno.

11. O título *Desmundo* foi dado por Ana Miranda a seu romance sobre uma menina órfã, Oribela, que é trazida à força para o Brasil, para servir de esposa a um desbravador, segundo o autor da crônica pode revelar:

a) como o mundo ficou depois do descobrimento;

b) como a ação das pessoas pode transformar o mundo para melhor;

c) como ações autoritárias mostram um mundo cruel e agressivo;

d) a evolução do Brasil depois que os portugueses chegaram ao Brasil.

12. Releia o trecho e observe o espanto do autor diante de palavras com novos sentidos:

> **"Desoras" só pode ter sido criada por um surrealista. [...] estar fora das horas – como assim fora das horas?**

A seguir leia os significados das palavras:

> **desoras:**
>
> **V. horas mortas**
>
> **A desoras: fora de horas, tarde; por desoras.**
>
> **horas mortas:**
>
> **Horas da noite em que tudo está em silêncio; altas horas da noite; altas horas; desoras.**

FERREIRA, Aurélio B. de H. *Novo dicionário eletrônico Aurélio da língua portuguesa*. Curitiba: Positivo, 2009.

Pensando na peça mencionada no parágrafo inicial da crônica, que inocenta Tiradentes, uma personalidade da história do Brasil, é possível pensar que:

- A peça, ao mudar o fato histórico, modifica o que aconteceu na realidade.
- A peça permite uma defesa de Tiradentes, mostrando que, na arte, é possível criar um outro mundo, ainda que imaginário.
- A peça propõe a reflexão sobre os fatos passados, ainda que em outro momento da história, quando não é mais possível mudar os fatos, mas ainda é possível pensar sobre eles.

Conversa em jogo

Patriotismo: como percebemos esse sentimento hoje em dia?

- Conversem sobre os fatos – antigos e recentes – que chegam até vocês sobre o Brasil, sobre a sociedade em que vivem. Que tipo de fatos podem ser considerados *desvirtudes* nacionais, ou podem fazer parte de uma *pátria despatriada*? Como vocês percebem o sentimento de patriotismo em nosso tempo?

***Tiradentes*, painel pintado por Candido Portinari, 1949. Nesse detalhe, o artista procura mostrar sua interpretação do enforcamento dessa personalidade da história nacional.**

Linguagem do texto

1. Na crônica lida, o autor faz da formação de palavras com prefixos um dos focos de sua reflexão. Releia o significado de *desinventar*, colhido pelo autor no dicionário *Aulete digital*:

> **desinventar:**
> **retroceder, retroagir na ação de inventar (algo).**
>
> Disponível em: <www.aulete.com.br>. Acesso em: 19 maio 2015.

Ao formular os sinônimos possíveis, pode-se dizer que o dicionarista também empregou um prefixo com sentido de oposição, de ação contrária. Em seu caderno, responda:

a) Qual é o prefixo?
b) Qual é o sentido desse prefixo?
c) No verbete acima, quais seriam as palavras originais a que foi acrescentado esse prefixo?
d) Escreva mais três palavras em que esse prefixo tenha sido aplicado. Se precisar, consulte um dicionário.

Na Unidade Suplementar deste volume (p. 310), veja mais sobre os processos de **formação de palavras** na língua portuguesa.

2. O autor da crônica chama de "família de palavras melancólicas" termos como: *desamor*, *desventura*, *desencanto* e *desespero*. Em seu caderno, escreva palavras que possam formar uma família de palavras contrárias à família de palavras melancólicas.

3. A crônica apresenta uma reflexão sobre os significados que o prefixo *des-* possibilita à palavra em que ele é inserido. Transcreva do texto duas palavras com esse prefixo que tenham surpreendido você. Explique sua escolha.

4. Léxico é o conjunto de palavras de uma língua. A língua portuguesa tem um vasto léxico. Uma forma de conhecer melhor esse conjunto é observar processos de formação de palavras. Um deles é a prefixação, ou seja, a possibilidade de criar nova palavra acrescentando um elemento no início do termo original.
Em seu caderno, crie novas palavras a partir das propostas a seguir empregando o prefixo *des-*.

motivar entender ver articular dobrar crer

5. Das palavras abaixo transcreva no caderno aquelas em que o elemento *des-* não fornece sentido de algo contrário, não "inverte" o significado original.

desentender deserto desgastar desatar
descarregar deslanchar desenho

6. **Coesão textual**. Estabelecer relações entre as ideias é essencial quando é preciso articular argumentos para defender uma opinião. Essas relações são estabelecidas por **elementos de coesão**: palavras ou expressões que ligam palavras, frases ou períodos, contribuindo para a unidade e a coerência de um texto.
Reflita sobre os elementos que "ligaram" ideias da crônica, estabelecendo entre elas uma relação lógica. Para isso, releia os parágrafos abaixo observando as relações que os termos destacados e numerados ajudam a construir.

> **Encenou-se no Tribunal *de* Justiça do Rio de Janeiro, no feriado *de* 21 *de* abril, em forma *de* peça teatral, uma celebração chamada "desenforcamento *de* Tiradentes". Com advogado, promotor e júri popular, refez-se o julgamento do herói da Inconfidência Mineira,** tudo [1] mais ou menos **conforme [2]** o que registram os

autos de dois séculos atrás, **mas [3]** com resultado inverso: no final o réu é inocentado. **Ou seja [4]**, desenforcado. O melhor de tudo foi o título. "Desenforcamento" entra para o rol de mágicas palavras que o des inicial permite criar, invertendo significados e instituindo um mundo às avessas.

Em Apesar *de você*, sua música contra a ditadura, Chico Buarque pediu: "Você, que inventou a tristeza, ora tenha a fineza de "desinventar". **Talvez [5]** já se invocasse o "desinventar" antes; **depois [6]**, invocou-se mais ainda. **Até [7]** foi acolhido no dicionário digital *Aulete*, que lhe dá o significado de "retroceder, retroagir na ação de inventar", e oferece como exemplo um trecho do poeta Manoel de Barros: "É preciso desinventar os objetos. O pente, por exemplo. É preciso dar ao pente a função de não pentear. **Até que [8]** ele fique à disposição de ser uma begônia".

A lista abaixo indica relações possíveis que essas palavras ajudam a estabelecer no texto. Copie-a no caderno e identifique qual dos termos destacados estabelece cada uma dessas relações.

- Ideia de dúvida na afirmação
- Ideia de inclusão.
- Ideia de conclusão.
- Acrescenta uma explicação
- Faz referência a palavras ou ideias já citadas
- Ideia de tempo
- Apresenta uma contrariedade, uma ideia oposta ao que já foi dito
- Ideia de acordo, conformidade

Construção do texto

Em uma crônica jornalística, geralmente o cronista deixa claro seu posicionamento, sua opinião a respeito de um assunto. E geralmente, quando expressa sua opinião, apresenta os argumentos que a sustentam. A seguir, você pode observar como isso acontece na crônica lida.

1. Releia o trecho:

> **[...] por que raios, ó insistente leitor, o colunista teria sempre que se afundar no mar de suas misérias públicas?**

Responda no caderno: a que o autor parece se referir?

2. Transcreva no caderno o trecho em que o próprio autor determina o tema de sua crônica.

3. O autor organizou sua crônica em partes que lhe deram unidade no desenvolvimento. Vamos analisar quais são essas partes.

a) **Tema**: todo texto deve se apoiar em um tema principal.
Baseando-se na atividade anterior, explique qual é o tema/assunto principal do texto.

b) **Ancoragem**: parte desenvolvida para introduzir o leitor no assunto a ser tratado no texto. De maneira geral pode ser produzida com base em:
- um saber partilhado ou de conhecimento que seja comum entre as pessoas;
- informações, dados históricos, estatísticas, etc.;
- citação de alguém que tenha credibilidade ou que seja um especialista no assunto tratado.

Qual é a ancoragem desta crônica?

c) **Desenvolvimento**: a crônica foi desenvolvida com base na observação de um detalhe do título de uma peça de teatro. A partir dela amplia suas observações com opiniões que manifesta ao considerar o uso do prefixo ***des-***. Para fundamentar seus posicionamentos apresenta **argumentos**. Localize no texto e transcreva uma frase que revele a opinião do autor.

d) **Conclusão**: há um trecho bem marcado que pode ser considerado a conclusão do autor para todas as ideias lançadas em torno do *des-*. Transcreva-o no caderno.

***Tiradentes ante o carrasco*, em trabalho de Rafael Falco, 1941.**

Muitos são os tipos de argumento que podem ser desenvolvidos em um texto. Além dos que você observou na crônica reproduzida neste capítulo, observe estes:

1. Argumento de autoridade ou citações — É o argumento baseado no que falam ou escrevem pessoas consideradas autoridades ou especialistas em determinados assuntos.

- por **citação indireta** de especialista ou autoridade no assunto. Exemplo:

> **Paul Allen, empresário e fundador da Microsoft, anunciou nesta terça-feira [13/12/2011] o que pode ser o futuro das viagens espaciais: um avião gigantesco que, na metade do voo, é capaz de lançar um foguete para enviar cargas e até mesmo pessoas à galáxia.**

Disponível em: <www.uol.com.br>. Acesso em: 11 jan. 2012.

- por **citação direta** da fala de um especialista ou autoridade no assunto; neste caso, empregam-se aspas em sua reprodução. Exemplo:

> **"Há anos, os Estados Unidos não podem enviar seus próprios astronautas ao espaço. Hoje estamos à beira de uma mudança radical na indústria do lançamento espacial", disse o empresário aos jornalistas.**

Disponível em: <http://olhardigital.uol.com.br>. Acesso em: 11 jan. 2012.

2. Argumento com o uso de ironia — A ironia é uma forma de deixar transparecer o posicionamento do autor contra alguma coisa. Por meio dela o usuário da língua diz algo querendo expressar exatamente o contrário, com a intenção de criticar. Dependendo do modo como é expressa, torna-se um argumento. Exemplo:

> **A restrição – alardeada por alguns como uma panaceia contra a violência – precisa ser considerada com cautela, para não alimentar ilusões.**

Folha de S.Paulo. São Paulo, 27 jun. 2005.

A Z

panaceia: planta, simpatia ou qualquer coisa que se acredite poder remediar vários ou todos os males.

Essas formas de argumentar, quando bem empregadas, tornam o discurso mais persuasivo, convincente.

Para não comprometer o texto, devem-se **evitar argumentos inconsistentes** como:

- **apelo emocional** — apelar para os sentimentos dos interlocutores em relação a filhos, mãe, medos, sonhos, etc. Exemplo: *Pense no que você faria se isso estivesse acontecendo com o seu filho!*
- **clichês ou chavões** — repetir o que todo mundo diz sobre determinado assunto, sem analisar se é realmente verdadeiro. Exemplo: *Políticos são todos iguais...*
- **exemplos pessoais** — fazer generalizações com exemplos muito particulares. Exemplo: *Quando fico com raiva, tenho vontade de gritar com a pessoa com quem estou falando.*

Hora de organizar o que estudamos

Crônica jornalística

Gênero jornalístico veiculado pelos meios de comunicação, principalmente por jornais e revistas.

Intenção
- Relatar e comentar fatos do cotidiano de modo a fazer o leitor refletir sobre determinado tema;
- apresentar um ponto de vista sobre determinado assunto ou fato.

Construção
- Ancoragem ou introdução geralmente a partir de fatos reais;
- argumentos para defender opinião ou posicionamento;
- conclusão.

Linguagem
Escolha de palavras ou de expressões que com maior grau de precisão para exprimir o ponto de vista exposto em relação ao fato apontado no início do texto.

Leitor
Pessoas que gostam de ler textos críticos com certo humor.

Prática de oralidade

Roda de leituras

A crônica jornalística que você leu traz uma série de palavras que não costumamos usar no dia a dia, como *desexistir*, *desassombro*, *desaniversário*. Para lê-las sem hesitar em geral é preciso treinar um pouco.

Para ler esse ou qualquer outro texto em voz alta é preciso treinar, principalmente se for uma leitura a ser feita em público, pois a leitura fluente e bem ritmada pode ajudar o ouvinte a se interessar pelo texto.

O desafio proposto nesta seção é este: escolher uma crônica interessante e lê-la com **fluência** para os colegas da sala.

A Z
fluência: habilidade de ler um texto com expressividade, clareza e compreensão, sem tropeços.

1. Pesquise em jornal, revista ou internet e selecione uma crônica jornalística que chame sua atenção pelo assunto, pelo humor, pelo modo como foi escrita ou simplesmente por você ter gostado dela.
2. Considere o público que vai ouvir a leitura: os colegas da sala de aula. O assunto da crônica pode chamar a atenção deles?

3. Prepare-se para ler sua crônica em uma roda de leituras. Para isso, sugerimos que você:
   - leia e releia a crônica várias vezes, pronunciando bem as palavras e fazendo as pausas indicadas por pontuação e parágrafos, até se sentir seguro na leitura;
   - procure entendê-la bem, destacando o trecho que você considerar mais interessante;
   - procure perceber a intenção do cronista: fazer humor, fazer crítica, despertar sentimentos, comentar um assunto que pode ser considerado banal.
   - ensaie a leitura, dando o tom adequado: mais irônico, mais humorístico, mais sentimental, conforme a intenção que você perceber.

4. Na roda de leitura:
   - Aguarde sua vez de ler.
   - Fale o título de sua crônica, o nome do autor e em que suporte ela foi publicada: jornal, revista, internet.
   - Revele o motivo de sua escolha e de sua apreciação sobre a crônica escolhida.
   - Leia com calma, em tom de voz que todos possam ouvir, em posição que facilite a leitura.
   - Lembre-se de pronunciar bem as palavras e de fazer as pausas necessárias.
   - Dê o destaque que você pretende e o tom de acordo com a intenção.
   - Ao terminar sua leitura, aguarde a apreciação de seus colegas sobre a crônica que você leu.

Monkey Business Images/Shutterstock/Glow Images

Outras linguagens

Tirinha

Não é apenas por meio de textos exclusivamente verbais que podemos expressar nossas ideias.

O autor da crônica "A desoras, desfeliz", apresenta a ideia do ***des*** como prefixo que põe o "mundo de cabeça para baixo" no universo das **palavras**.

Veja a tirinha a seguir, que também concretiza a ideia de "mundo de cabeça pra baixo" por meio das **imagens**:

QUINO. *Toda Mafalda.* São Paulo: Martins Fontes, 2000. p. 5.

Leia os quadrinhos de Quino e converse com os colegas sobre eles, levando em consideração as seguintes questões:

a) O que faz a personagem Mafalda concluir que está de cabeça para baixo?

b) A partir do quadrinho 4 há uma inversão das imagens, ainda que seja possível ler os balões de fala. O que, na reação de Mafalda, levou o cartunista a usar esse recurso de construção de imagens?

c) No quadrinho 4, Mafalda usa a expressão: "**apegada** a este chão". A palavra destacada pode ser definida de duas maneiras:

apegada → que tem ligação afetuosa, estima
→ que se gruda, se agarra

Qual das acepções corresponde à que Mafalda usou?

d) O mapa é uma forma de representação da realidade. É um suporte de informações sobre os elementos naturais e humanos do espaço: área ocupada, posição, distribuição, etc. A interpretação de um mapa depende do conhecimento dos códigos utilizados pela linguagem cartográfica e de processos de sua elaboração: a escala, os sistemas de projeção, as convenções, etc. A localização no espaço geográfico é estabelecida por um sistema de coordenadas formadas por linhas imaginárias: os **meridianos** e os **paralelos**. Estar acima ou abaixo do que se considera o centro do globo, ou seja, estar ou não de cabeça para baixo, depende de uma convenção, de um acordo. Os países considerados economicamente desenvolvidos são os do hemisfério norte; os demais são os que estão de cabeça para baixo. Que argumento é usado na história para comprovar isso?

e) O cartunista dessa história é o argentino Quino, nascido em 1932. Considere que tanto a Argentina quanto o Brasil se localizam no hemisfério sul. Pode-se considerar que há uma ironia na tira em relação a esses países? Em sua opinião, qual é a crítica feita pelo cartunista?

meridiano: linha traçada que liga o polo geográfico norte ao polo geográfico sul.

paralelo: circunferência paralela à linha do equador.

Conexões — RELAÇÕES ENTRE TEXTOS, ENTRE CONHECIMENTOS

Ao construir um texto, muitas vezes o autor vale-se de outros que já conhece, de outras linguagens ou não, em sua elaboração. O escritor estabelece uma espécie de diálogo com outras obras literárias indicando a fonte ao leitor ou não. A esse procedimento dá-se o nome de **intertextualidade**. Na crônica lida neste capítulo, o autor remete a outros textos: música de Chico Buarque, texto de Guimarães Rosa, romance de Ana Miranda, obras de Mário de Andrade, etc.

Esse diálogo entre textos ocorre mesmo em outras linguagens, pode acontecer de diversas maneiras. Confira nesta seção!

1. Intertextualidade na pintura

Observe as obras a seguir, pintadas em momentos e em situações distintas:

Chico violeiro, de Mauricio de Sousa, 1995.

O violeiro, de Almeida Júnior, 1889.

Meninas do limoeiro dançando, Mauricio de Sousa, 1993.

Meninas bretãs dançando, Paul Gauguin, 1888.

Nas obras à esquerda, Mauricio de Sousa faz uma releitura das obras de grandes pintores, apropria-se do tema, inserindo personagens criadas para suas histórias em quadrinhos em situações semelhantes. Ao escolher o título para essas obras, Mauricio de Sousa os compõe próximos aos das obras originais, de maneira que o leitor possa observar a brincadeira. Assim, por exemplo, a obra que homenageia *O violeiro* é denominada *Chico violeiro*.

Observe que os elementos em geral são preservados: cores, posições das personagens, cenário, enquadramentos, o que torna a intertextualidade explícita, com indicação das fontes. No livro em que foram publicadas as criações de Mauricio de Sousa, as obras são acompanhadas, página a página, pelas pinturas originais e por informação a respeito dos grandes pintores homenageados.

2. Intertextualidade e repertório cultural

Na crônica lida, o autor faz uso da intertextualidade explícita com nomes e citações de diferentes fontes que puderam contribuir para a defesa de seu ponto de vista: as palavras com o prefixo *des* põem o mundo de cabeça para baixo.

As relações feitas pelo autor da crônica mostram que ele tem um grande repertório cultural, o que colaborou para a riqueza de seu texto. Você conhece as personalidades citadas? A seguir, leia um pouco sobre elas.

Personalidade	Quem é	Referência
 Israel Antunes/Folhapress Chico Buarque.	Músico, dramaturgo e escritor brasileiro, Chico Buarque nasceu no Rio de Janeiro (RJ) em 1944. Um dos grandes compositores brasileiros, tem parceiros famosos como Caetano Veloso, Vinicius de Moraes, Tom Jobim, entre outros. Suas peças são encenadas e seus romances premiados. • **desinventar**	 Reprodução/Philips "Apesar de você" foi composta em 1970 e gravada no disco *Chico Buarque*, lançado pela Philips em 1970.
 Adriana Elias/Folhapress Manoel de Barros.	Poeta brasileiro nascido em Cuiabá (MT), Manoel de Barros viveu de 1916 a 2014. Conquistou prêmios literários, escreveu sobre coisas simples da terra, da natureza, do campo, do pantanal, mas que possibilitam a identificação mesmo com quem vive em uma realidade completamente diferente. • **desinventar**	 Reprodução/Editora Leya Capa do livro *Poesia completa*, de Manoel de Barros, publicado pela editora Leya Brasil em 2013.
 Rischgitz/Getty Images Lewis Carroll.	Escritor, matemático, professor e conferencista, Lewis Carroll viveu na Inglaterra de 1832 a 1898. É o autor do livro *Alice no País das Maravilhas*, que o consagrou. Ao criar suas personagens, baseou-se em pessoas da sociedade e da aristocracia inglesa. • ***unbirthday*/desaniversário**	 Reprodução/Editora Ática Capa do livro *Alice no País das Maravilhas*, de Lewis Carroll, publicado pela editora Ática em 2000, em tradução de Ana Maria Machado.
 Hélvio Romero/Agência Estado/AE Ana Miranda.	Romancista, Ana Miranda nasceu em Fortaleza (CE), em 1951. Entre suas obras, destaca-se o romance *Boca do Inferno*, que reconta com poesia a vida do poeta baiano Gregório de Matos e a socidade brasileira de sua época, o século XVII.. • **desmundo**	 Reprodução/Companhia das Letras Capa do livro *Desmundo*, de Ana Miranda, publicado pela editora Companhia das Letras em 2003.
 Arquivo Mário de Andrade/Instituto de Estudos Brasileiros da Universidade de São Paulo, SP. Mário de Andrade.	Escritor brasileiro, Mário de Andrade (1893-1965) foi um dos responsáveis pela formação, na década de 1920, do movimento literário conhecido como Modernismo no Brasil. Foi também pesquisador da cultura e do folclore nacional, o que o levou a escrever a obra *Macunaíma: o herói sem nenhum caráter*, comentado pelo cronista. • **despatriada**	 Reprodução/PubliFolha Capa do livro *Macunaíma:* o herói sem nenhum caráter, de Mário de Andrade, publicado pela editora Publifolha em 2001.
 O Cruzeiro/Arquivo Estado de Minas Guimarães Rosa.	Escritor e médico, Guimarães Rosa (1908-1967) é um dos grandes escritores que revolucionou a prosa brasileira no século XX, trabalhando com expressões populares colhidas em suas viagens sobretudo pelo interior de Minas Gerais e pelo sertão. Uma de suas obras mais famosas, e citadas pelo cronista, é o romance *Grande sertão: veredas*. • **desamigo, desexistir, desfeliz, desmim...**	 Reprodução/Editora Nova Fronteira Capa do livro *Grande sertão: veredas*, de Guimarães Rosa, publicado pela editora Nova Fronteira em 2006.

3. Notícia

O autor da crônica "A desoras, desfeliz" inspirou-se em uma notícia e com ela iniciou seu texto. Releia o trecho inicial da crônica:

Encenou-se no Tribunal *de* Justiça do Rio de Janeiro, no feriado *de* 21 *de* abril, em forma de peça teatral, uma celebração chamada "desenforcamento *de* Tiradentes".

A seguir leia a notícia que o levou a refletir sobre as palavras iniciadas por *des-* como em *desenforcamento*.

Tiradentes é absolvido em encenação teatral que reviveu seu julgamento

Vladimir Platonow

Joaquim José da Silva Xavier, o Tiradentes, foi absolvido por sua participação na Inconfidência Mineira, em julgamento teatralizado, realizado hoje (21), no Rio de Janeiro. Batizado de *Desenforcamento de Tiradentes*, o ato atraiu um grande número de pessoas, lotando completamente o salão do tribunal do júri do antigo Palácio da Justiça. O papel do mártir coube ao ator Milton Gonçalves.

Durante cerca de 90 minutos, o público pôde acompanhar a acusação e a defesa de Tiradentes, interpretada por nomes consagrados do direito brasileiro, como o desembargador Claudio dell´Orto, que fez o papel de juiz, e o criminalista Técio Lins e Silva, que interpretou o advogado de defesa do alferes. A acusação coube a Jorge Vacite Filho. O texto foi de Ricardo Leite Lopes e a direção, de Silvia Monte.

A idealização e coordenação da encenação ficou com Joel Rufino, que fez um paralelo aos dias atuais: "O objetivo é reatualizar os temas que levaram Tiradentes à morte, como a identidade nacional, o ensino para todos, a justiça para todos e a defesa das minorias. Isso continua atual. A história é assim, umas coisas mudam e outras permanecem".

Ao final, os participantes e o público seguiram em cortejo festivo até a Praça Tiradentes, local onde o mártir foi enforcado, em 21 de abril de 1792, no centro do Rio.

Disponível em: <http://agenciabrasil.ebc.com.br/geral/noticia/2015-04/tiradentes-absolvido-em-encenacao-teatral-que-reviveu-seu-julgamento>. Acesso em: 19 maio 2015.

Língua: usos e reflexão

Coerência e coesão textual

Na seção *Linguagem do texto* você reviu algumas formas de coesão estudadas nos capítulos anteriores, quando foram trabalhados os períodos compostos e as relações de coesão que podem ser estabelecidas nos textos.

Um texto com coesão garante a **coerência textual**. Vamos rever o que significa coerência textual.

Se o cronista apenas empregasse os termos *desoras* e *fesfeliz* sem desenvolver toda a exemplificação e fundamentação, provavelmente diríamos que o texto não teria sentido, estaria incoerente.

Para manter a coerência ele desenvolveu o tema, deu esclarecimentos, concluiu.

A coerência ajuda a conferir **unidade** ao texto, evitando que ele se torne um amontoado de ideias sem relação.

Vamos ver um pouco mais sobre isso.

1. Leia um trecho da música "Lunik 9", de Gilberto Gil. Nela o compositor fala da conquista do espaço e o que isso poderia significar para a humanidade. Observe:

Poetas, seresteiros, namorados, correi
É chegada a hora de escrever e cantar
Talvez as derradeiras noites de luar

Momento histórico
Simples resultado
Do desenvolvimento da ciência viva
Afirmação do homem
Normal, gradativa
Sobre o universo natural
Sei lá que mais
[...]

Lá se foi o homem
Conquistar os mundos
Lá se foi
Lá se foi buscando
A esperança que aqui já se foi
Nos jornais, manchetes, sensação
Reportagens, fotos, conclusão:
A Lua foi alcançada afinal
Muito bem
Confesso que estou contente também
[...]

GIL, Gilberto. *Louvação*. Unimar Music, 1967. Disponível em: <www.gilbertogil.com.br>. Acesso em: 15 maio 2015.

Maurício Pierro/Arquivo da editora

a) Copie em seu caderno a alternativa que indicar o que significa "momento histórico" na letra da canção:
- o instante em que escreveu a letra da canção.
- a perda da esperança pelos homens.
- a conquista do espaço pelo homem.
- o conhecimento total do universo.
- a presença de manchetes e reportagens sobre a Lua.

b) Releia estes versos:

Momento histórico
Simples resultado
Do desenvolvimento da ciência viva

Responda no caderno: como pode ser explicada a expressão "desenvolvimento da ciência viva"?

c) Não há um elemento explícito de coesão ou de ligação entre as duas partes. O que mantém a relação entre as partes? Copie no caderno a alternativa que melhor expressa essa relação:
- a relação entre as partes é dada pela chegada à Lua.
- a relação é mantida pelo ritmo que a canção terá quando for cantada.
- a relação é garantida pelas palavras que se referem a Lua e mundos.
- a relação é garantida pela emoção que o poeta sente em noites de luar.

d) Copie no caderno um verso que comprove sua resposta à alternativa anterior e que evita que a letra da canção seja um amontoado de frases soltas, sem sentido.

A **unidade do texto** é um elemento fundamental para garantir a coerência: manter a progressão textual, o desenvolvimento, sem perder de vista o assunto, o tema.

Se os versos fossem apenas um amontoado de frases, sem relação entre eles, diríamos que não teriam **coerência**. Mas mesmo sem elementos de coesão explícitos entre alguns versos, o sentido é garantido pela relação de sentido entre eles.

No trecho acima um elemento importante para manter a coerência foi o **assunto**, o **tema** – *a chegada do homem à Lua:* que garantiu a **unidade** no desenvolvimento do texto.

Coerência é a relação entre as partes do texto que cria uma unidade de sentido.

Mesmo em textos em que não há elementos explícitos (aparentes) de coesão, pode haver coerência. As atividades a seguir vão ajudá-lo a perceber mais sobre coerência textual.

Atividade: coerência textual

Leia abaixo um **haicai** composto por um poeta brasileiro.

haicai: forma de poesia japonesa, do século XVI, que ainda hoje é trabalhada; composta de três versos, com cinco, sete e cinco sílabas, geralmente tem como tema a natureza ou as estações do ano.

O pensamento

Guilherme de Almeida

O ar. A folha. A fuga.
No lago, um círculo vago.
No rosto, uma ruga.

ALMEIDA, Guilherme de. *Os melhores poemas de Guilherme de Almeida*. São Paulo: Global, 2001. p. 85.

Maurício Pierro/Arquivo da editora

a) Nesse poema os elementos de coesão não estão explícitos. Entretanto, é possível atribuir um significado ao poema, estabelecendo relações entre as ideias. Releia o título e o último verso. Que relação pode existir entre eles? Explique no caderno.

b) Considerando a resposta que você deu à questão anterior, responda no caderno: é possível afirmar que esses versos constituem um todo com sentido ou se trata apenas de um amontoado de versos sem relação entre si?

c) Que palavra dá unidade e sentido ao texto?

Coesão textual: uso de pronomes

Além da unidade temática, a coerência de um texto está também relacionada às formas de estabelecer a **coesão textual**.

Releia um trecho da crônica sobre o prefixo *des-*:

[...] refez-se o julgamento do herói da Inconfidência Mineira, tudo mais ou menos conforme o que registram os autos de dois séculos atrás [...]

A palavra *tudo* é um pronome indefinido que, no trecho acima, faz referência ao que foi mencionado anteriormente, ou seja, o julgamento, na peça comentada, tem todos os elementos registrados nos autos.

Os pronomes podem ser empregados para fazer referência a termos já citados ou podem antecipar e situar termos que ainda serão citados. Nesse caso, os pronomes são empregados como elementos de **coesão de referência**.

Vamos ver um pouco mais sobre isso:

Leia a piada a seguir.

Tapa-buracos

Dois funcionários do departamento de urbanismo trabalhavam em um daqueles bairros movimentados da cidade. Um escavava um buraco e o outro vinha atrás e o tapava. Eles fizeram a mesma coisa em dezenas de ruas. Um pedestre que observava aquilo pergunta ao homem que cavava:

– Eu estou impressionado com o esforço de vocês, mas não entendo isso. Por que é que o senhor escavou este buraco e, mal acabou, ele veio atrás e voltou a encher.

O cavador, limpando a testa, suspira:

– É que hoje aquele que planta as árvores faltou.

Adaptado de: *Almanaque de Cultura Popular*. São Paulo: Andreato, n. 97.

Maurício Pierro/arquivo da editora

1. As personagens do texto não são identificadas por meio de nomes próprios. Mas há palavras que fazem referência a elas: são os **pronomes pessoais**. Copie no caderno três desses pronomes que substituem os nomes das personagens.

2. No texto, foram destacados os pronomes **pessoais** e **demonstrativos** que são empregados com mais frequência. Observe o uso que foi feito deles e responda às questões a seguir no caderno.
   a) O pronome demonstrativo *este* faz referência a que termo do texto?
   b) No último parágrafo, qual é a ideia subentendida no uso do pronome demonstrativo *aquele*?
   c) Reescreva a frase a seguir, trocando o pronome *ele* pela expressão que, no texto, é substituída por esse pronome.

   [...] ele veio atrás e voltou a encher.

3. No fragmento "Um pedestre que observava aquilo pergunta [...]", o uso do pronome demonstrativo *aquilo* faz referência a determinada ideia. Responda às questões em seu caderno:
   a) Que ideia é essa?
   b) Qual é a finalidade de empregar o pronome *aquilo* em vez de reproduzir a ideia anterior?

Os **pronomes** contribuem para estabelecer relações no texto, ligar ideias remetendo a termos anteriores ou posteriores, além de tornar o texto mais conciso, evitando repetições. São elementos de coesão textual.

Uso dos pronomes demonstrativos

O pronome demonstrativo é um recurso frequente para estabelecer as coesões de referência nos textos.

> *Este*, *esse*, *isso*, *aqueles* são **pronomes demonstrativos**.
> Os pronomes demonstrativos ajudam a localizar no tempo e no espaço os elementos a que se referem.

A gramática faz indicações de uso do pronome demonstrativo, especialmente se for empregado em textos mais formais, quando há necessidade de um maior grau de monitoramento dos usos que fazemos da língua. Veja no quadro a seguir.

Pronomes demonstrativos	Função		Exemplo
Este(s), esta(s), isto	no espaço no tempo	• fazer referência a objetos ou pessoas próximos de quem fala — 1ª pessoa. • fazer referência a fato próximo do momento vivido pelos interlocutores.	• **Esta** moto que guardo em minha garagem não tem mais conserto. • **Estas** enchentes causaram muitas mortes e enormes prejuízos.
Esse(s), essa(s), isso	no espaço no tempo	• fazer referência a objetos ou pessoas próximos da pessoa com quem se fala — 2ª pessoa. • fazer referência a fato relativo a um momento passado ou futuro mais distante de quem fala.	• **Essa** moto que você guarda em sua garagem não tem mais conserto. • **Isso** aconteceu comigo há uma semana.
Aquele(s), aquela(s), aquilo	no espaço no tempo	• fazer referência a objetos distantes, tanto da pessoa que fala quanto da pessoa com quem se fala. • fazer referência a fato muito distante dos interlocutores.	• **Aquela** moto que ele guarda na garagem dele não tem mais conserto. • **Aquilo** aconteceu quando ainda éramos crianças.

Além de localizar elementos no espaço e no tempo, os pronomes demonstrativos são empregados para fazer referências no próprio texto.

A gramática sugere que, ao se empregar os pronomes demonstrativos na linguagem mais formal, mais monitorada, sejam seguidos os seguintes critérios:

- empregue-se *este* ou *esta* se o termo a que o pronome se refere no texto estiver **depois** desse pronome. Exemplo:

O objeto da pesquisa é este: o que pensam nossos leitores.

- empregue-se *esse* ou *essa* se o termo a que o pronome se refere no texto estiver **antes** do pronome. Exemplo:

O que pensam nossos leitores: é esse o objeto da pesquisa.

Atividades: coesão textual e uso de pronomes

1. Leia a tira a seguir.

BROWNE, Chris. Hagar. *Folha de S.Paulo*. São Paulo, 15 jul. 2005.

a) A que ideia o pronome demonstrativo *isso* está se referindo no segundo quadrinho?
b) E a que ideia o pronome demonstrativo *esta* está se referindo no último?
c) O que se pode deduzir ao comparar o uso dos pronomes na tira, quanto à localização do termo a que se referem?

2. Copie as frases a seguir, substituindo o ■ pelo pronome demonstrativo adequado.

a) Morreram milhares de pessoas na passagem do furacão. ■ tragédia deixou as autoridades confusas e retardou o socorro aos sobreviventes.

b) Você tem razão em suas reivindicações. Mas ■ não significa que tenha o direito de ofender quem discorda delas.

c) ■ é o problema: você ainda não tem idade para ficar até tarde na rua.

d) Alguns políticos do Brasil ainda não se conscientizaram da importância de seu papel na sociedade. ■ políticos precisam conversar mais com o povo.

3. Os pronomes demonstrativos também podem ser um recurso expressivo marcante em textos poéticos. Junte-se a um colega para ler o poema a seguir, de José Paulo Paes. Depois troquem suas impressões com os demais colegas da classe, com base nas questões propostas adiante.

A marcha das utopias

José Paulo Paes

não era esta a independência que eu sonhava
não era esta a república que eu sonhava
não era este o socialismo que eu sonhava
não era este o apocalipse que eu sonhava

PAES, José Paulo. *Melhores poemas*. São Paulo: Global, 2003. p. 158.

Maurício Pierro/arquivo da editora

apocalipse: fim do mundo.

a) Segundo o dicionário Houaiss, a palavra *utopia* quer dizer:

> **[...] 2. Qualquer descrição imaginativa de uma sociedade ideal, fundamentada em leis justas e em instituições político-econômicas verdadeiramente comprometidas com o bem-estar da coletividade. 3. Projeto de natureza irrealizável; quimera, fantasia.**
>
> INSTITUTO ANTÔNIO HOUAISS. *Dicionário eletrônico Houaiss da língua portuguesa*. Rio de Janeiro: Objetiva, 2009.

Que relação pode ser feita entre esses significados e o emprego do termo *marcha* no título do poema? Observe também a palavra que se repete ao fim de cada verso.

b) Com base na resposta dada à questão anterior, qual seria a provável intenção do autor ao escolher esse título para o poema?

c) Explique, do ponto de vista gramatical, o uso dos pronomes demonstrativos *esta* e *este* no poema.

d) Ao repetir o emprego desses pronomes, que efeito de sentido é criado no texto:
- quanto ao tempo a que se refere?
- quanto à repetição em todos os versos?

4. Leia agora um poema de Paulo Leminski:

o amor esse sufoco,
agora há pouco era muito,
agora, apenas um sopro

ah, troço de louco,
corações trocando rosas,
e socos

LEMINSKI, Paulo. *Melhores poemas*. São Paulo: Global, 2002. p. 119.

a) Embora não tenha sido feita referência anterior ao termo *sufoco*, o eu lírico do poema emprega o pronome *esse* como se já tivesse se referido a ele. A que sufoco então provavelmente ele se refere?

b) O termo *agora* é empregado no poema em relação a dois momentos no tempo. Explique esses dois momentos.

c) Como você explica o que é o sentimento de amor para o eu lírico?

Atividades: revisando formas de coesão

1. Leia as frases e analise o elemento coesivo destacado.
   a) O presidente referiu-se aos atos solidários como imprescindíveis à reorganização do país. Afirmou que é impossível abrir mão **deles** na atual situação.
   A que termo o pronome destacado se refere?
   b) O povo quer apenas **isto**: desenvolvimento com paz.
   Qual é a função do termo *isto*?

2. Em manchetes de jornal ou revista, em geral a ideia mais importante é a que inicia a frase. Em seu caderno, reúna as duplas de frases mais abaixo escrevendo-as de duas formas diferentes, de acordo com estas instruções:
   - Em cada uma dê relevância a um termo, deslocando-o para o início do período.
   - Empregue elementos coesivos que estabeleçam relações adequadas ao sentido do período: de causa, de oposição, de finalidade, de referência...
   Faça as adaptações necessárias para articular as partes de acordo com a relevância dada.
   Veja um exemplo:
   (1) As pessoas estão decepcionadas com os políticos do país.
   (2) As pessoas continuam lutando pela ética.
   - As **pessoas** estão decepcionadas com os políticos do país, mas continuam lutando pela ética.
   - Embora continuem lutando pela **ética**, as pessoas estão decepcionadas com os políticos do país.

   a) Os jovens são autênticos.
   Os adultos nem sempre entendem a autenticidade dos jovens.
   b) Os canais de televisão, ao planejar sua programação, devem se preocupar com o que é adequado para as crianças.
   As crianças devem ter seu desenvolvimento emocional e intelectual respeitado.
   c) Mudanças climáticas drásticas podem ser indício de uma reação da natureza às agressões ao meio ambiente.
   É necessário controlar a emissão de gases na atmosfera e preservar os recursos naturais.
   d) A tolerância é o caminho possível para a paz.
   A tolerância nem sempre é praticada em nosso cotidiano.

3. Leia em voz alta e expressivamente o poema seguinte. Nele, foram destacados em negrito alguns elementos de coesão.

Mauricio Pierro/Arquivo da editora

Inscrição para uma lareira

Mário Quintana

A vida é um incêndio: **nela**
dançamos, salamandras mágicas.
Que importa restarem cinzas
se a chama foi bela e alta?
Em meio aos toros **que** desabam,
cantemos a canção das chamas!

Cantemos a canção da vida,
na própria luz consumida...

QUINTANA, Mário. *80 anos de poesia*. São Paulo: Globo, 1998. p. 158.

A Z

salamandra: anfíbio de cauda longa, com aspecto de lagarto.

toro: tronco de árvore caída, sem casca e sem galhos.

Em seu caderno, escreva o elemento coesivo correspondente à referência feita no texto que:

a) indica condição;

b) introduz uma indagação;

c) faz referência a um termo anterior do texto.

4. Leia e compare os trechos a seguir.

Texto A	Texto B
O marido comprava pães, mas o menino não queria ir à escola. Então o guarda apitou na esquina e as pessoas desligavam a televisão.	Poluição, flores, afagos, ruídos de trem. Muita confusão em sua cabecinha de criança.

a) Qual dos textos tem elementos de coesão explícitos?

b) No texto com elementos coesivos há também coerência? Explique.

c) É possível afirmar que há coerência no outro texto, que está sem os elementos coesivos explícitos?

5. Os elementos de coesão às vezes não só estabelecem relações entre as partes de um texto, como também ampliam as informações fornecidas. Leia o texto a seguir.

A mãe de todas as guerras

A catapulta foi uma das mais revolucionárias armas inventadas pela humanidade. A partir dela, as máquinas – e não o homem – é que decidiam as batalhas

Fabiano Onça

Em 1304, o rei Eduardo I da Inglaterra cercou o castelo de Stirling, na Escócia. Lá resistiam os últimos guerreiros que, anos antes, haviam apoiado a rebelião anti-inglesa promovida pelo escocês William Wallace. Sem conseguir demolir as sólidas muralhas, Eduardo I apelou. Ergueu um engenho conhecido como *trebuchet* – uma máquina de atirar pedras, parente gigante da catapulta. Por dez semanas, um batalhão de 50 operários cortou 20 grandes carvalhos para construir o monstro, ali mesmo, no local do cerco. O colosso intimidou de tal modo os defensores que, antes mesmo de ser concluído, fez com que eles tentassem se render.

Revista *Superinteressante*. São Paulo: Abril, nov. 2007.

Chris Hellier/Corbis/Latinstock

Catapulta no estilo medieval. França, 1999.

No texto, o autor, depois de informar o que é o "engenho conhecido como *trebuchet*", retoma essa expressão por meio de outros termos, que acrescentam características à sua descrição da máquina. Observe:

engenho conhecido como *trebuchet* → o monstro

engenho conhecido como *trebuchet* → o colosso

emprego dos termos *monstro* e *colosso* é coerente com a opinião expressa pelo autor no olho da reportagem: "... as máquinas — e não o homem — é que decidiam as batalhas". Que relação existe entre esses termos e essa afirmação do autor?

Produção de texto

Gênero: crônica

Crônica

O quê?
Crônica a partir de uma notícia de jornal.

Para quem?
Para os colegas da turma e para a comunidade escolar em geral.

Para quê?
Entreter, estimular a imaginação e o senso crítico. Publicar no mural da escola e, se possível, promover uma roda de leitura de crônicas.

Assim como Roberto Pompeu de Toledo, autor da crônica estudada neste capítulo, o desafio proposto aqui é você produzir sua crônica a partir de uma notícia.

Inspiração e planejamento da crônica

1. Leia a notícia sugerida para inspirar sua crônica:

Comovidos, policiais pagam fiança de ladrão e fazem compras para ele no DF

Jéssica Nascimento
Do UOL, em Brasília

Comovidos com a história de um homem que havia sido preso em S. M. por furtar carne de um supermercado, policiais civis da 20ª Delegacia de Polícia (Gama Oeste) resolveram pagar a fiança e comprar alimentos e produtos de higiene pessoal para ele e sua família.

Desempregado há três meses, o eletricista M. F. L., 47, que mora com o filho de 12 anos, tentou furtar 2 quilos de carne por volta das 16h de quarta-feira (13) em um supermercado, quando foi preso em flagrante.

Disponível em: <http://noticias.bol.uol.com.br/ultimas-noticias/brasil/2015/05/14/comovidos-policiais-pagam-fianca-de-ladrao-e-fazem-compras-para-ele-no-df.htm>. Acesso em: 17 maio 2015. Abreviamos nomes para preservar a identidade do cidadão.

2. A partir dos elementos da notícia lida – pessoas e fato –, você pode imaginar uma história baseada nesse acontecimento real. O fato pode ser abertura, o desenvolvimento ou o desfecho de sua história.
3. Decida qual será a sua intenção ao produzir esse texto: fazer rir, criticar, sensibilizar, provocar emoções...

Mãos à obra: a escrita do texto

1. Faça o rascunho de seu texto pensando que você vai tratar de um tema do cotidiano em uma narrativa breve, narrada de forma simples, valorizando o episódio da notícia. Por se tratar de uma crônica, você poderá empregar diálogos. Se desejar, poderá fazer um final que surpreenda o leitor.
2. Releia seu texto observando se deu conta de sua intenção. Para isso, procure ler a crônica como se fosse a primeira vez, como se não fosse você o autor do texto.
3. Antes da versão final, troque seu texto com um colega para que ele faça observações que o ajudem a melhorar ou a ajustar seu texto. Você vai contribuir com o trabalho dele do mesmo modo.
4. Escreva a versão definitiva de sua crônica.

Publicação das crônicas

1. Com os colegas e o professor, defina a organização do mural de crônicas. Para isso, uma possibilidade é agrupar os textos pela intenção: humor, emoção, crítica, etc.
2. É possível também convidar a comunidade escolar para uma roda de leituras de crônicas.

Outro texto do mesmo gênero

Impressionada

Vanessa Barbara

"Esse pouso do **robô Philae** num cometa a 500 milhões de quilômetros da Terra é a coisa mais incrível que a humanidade produziu desde o gol olímpico do Marcos Assunção contra o Atlético Mineiro em 2010", declarou, no Facebook, o jornalista Matheu Pichonelli.

E eu diria mais: fazer a baliza e estacionar uma geringonça do tamanho de uma máquina de lavar num cometa de verdade me parece algo tão inacreditável quanto a existência da pasta de dente com listras refrescantes. Pertence ao reino dos ornitorrincos, do catupiry, das **auroras boreais**, do Louis Armstrong. E da Muralha da China.

De vez em quando acontecem essas coisas: a gente acha que já viu de tudo, que está velho demais para se surpreender com a vida desde que assistiu àquele vídeo do indiano subindo no teto de um ônibus com uma moto na cabeça, aí vem uma sonda e pousa num cometa. E você se sente uma criança de quatro anos diante de uma girafa. (O que diabos está havendo? Que tipo de feitiçaria é essa?)

A primeira reação ao receber uma notícia desse porte é de declarar **peremptoriamente**: "É montagem". Ainda que existam fotos do Philae, não há dúvidas de que se trata de uma espetacular lorota, tal qual a primeira caminhada de **Neil Armstrong** [...]. Conheci um sujeito que, apresentado a fatos assombrosos de natureza diversa, não hesitava em proclamar: "Isso aí é grupo". Tudo fazia parte de uma conspiração para desmoralizá-lo. E é bom não acreditar em nada porque vão é rir de sua cara.

Sondas não pousam em cometas, assim como a eletricidade é bruxaria e não existe **mofo milagroso** que cura infecções. E, se vivesse na **Idade das Trevas**, passaria os dias excomungando os **ímpios** e fazendo troça de quem garante que a Terra gira em torno do Sol – e por falar nisso, ninguém ainda conseguiu me convencer de que as estrelas não estão realmente grudadas no firmamento como uma pintura. Se o nosso sol é mais brilhante que **Antares**, é porque evidentemente é maior, e ponto.

A verdade é que até hoje fico muitíssimo espantada com espetáculos de mágica, sendo absolutamente incapaz de entender como são feitos, mesmo quando se tratam de truques com baralhos falsos ou moedas com duas caras – eu me levanto e aplaudo com gosto, olhando feio para as criancinhas entediadas.

Mesmo sabendo que a sonda **quicou** antes de pousar, depois ficou sem bateria e talvez não volte mais a funcionar, as notícias da Philae podem ser resumidas num adjetivo que nossas mães usavam quando tomávamos um susto: "Não foi nada, você só está impressionada".

Pois bem, Agência Espacial Europeia: estou impressionada. Você é tão lendária quanto o gol do Marcos Assunção – e olha que eu nem sou palmeirense.

O Estado de S. Paulo. São Paulo, 24 nov. 2014. Caderno 2, p. C6.

DLR German Aerospace Center/Wikimedia Commons

O robô espacial Philae, em novembro de 2014, estaciona na superfície de um cometa.

robô Philae: robô espacial estacionado na superfície do cometa 67P/Churyumov-Gerasimenko em novembro de 2014.

aurora boreal: aurora polar (fenômeno luminoso em forma de arcos, raios ou faixas) que ocorre no hemisfério setentrional, especialmente nas regiões árticas.

peremptoriamente: definitivamente.

Neil Armstrong: astronauta norte-americano, Armstrong (1930-2012) foi o primeiro ser humano a pisar na Lua, como comandante da missão Apollo 11, em 20 de julho de 1969.

mofo milagroso: refere-se à descoberta da penicilina.

Idade das Trevas: refere-se à Idade Média, período da história ocidental que vai do século V ao século XV.

ímpio: aquele que não tem fé.

Antares: estrela gigante e vermelha da constelação de Escórpio.

quicar: pular, saltar; bater e voltar (sobretudo uma bola).

Autoavaliação

Chegou o momento de fazer um balanço de tudo o que foi estudado no Capítulo 6. Leia o quadro de conteúdos para recordar o que estudou e, no caderno, avalie seu desempenho usando os tópicos propostos a seguir como orientação. Isso o ajudará na hora de organizar seus estudos.

Meu desempenho

- **Avancei em** (registre no caderno os itens em que você melhorou)
- **Preciso rever** (registre no caderno os itens que você precisa estudar mais)
- **Outras observações e/ou outras atividades**

CONTEÚDOS	
1. Gênero	Crônica • "A desoras, desfeliz", Roberto Pompeu de Toledo
2. Leitura e interpretação de texto	A crônica: fato e opinião • Estrutura: ancoragem, argumentos, conclusão • Tipos de argumento Linguagem do texto • Articulação entre as ideias do texto: marcas coesivas
3. Língua: usos e reflexão	Coerência e coesão textual • Coerência • Revisão de elementos de coesão: coesão com uso de pronomes
4. Produção textual	**Escrita** Crônica
5. Participação	**Prática de oralidade** Roda de leituras
6. Ampliação de leitura	Leitura de *Outras linguagens*: tirinha Leitura e produção de relações entre textos da seção *Conexões* Leitura de *Outro texto do mesmo gênero*: • "Impressionada", Vanessa Barbara

Maurício Pierro/Arquivo da editora

Sugestões

Sugestões para você conhecer vídeos e *sites* que podem fazer você rir, se emocionar e, ao mesmo tempo, ampliar seu conhecimento do mundo, do outro e de si mesmo.

Leia mais

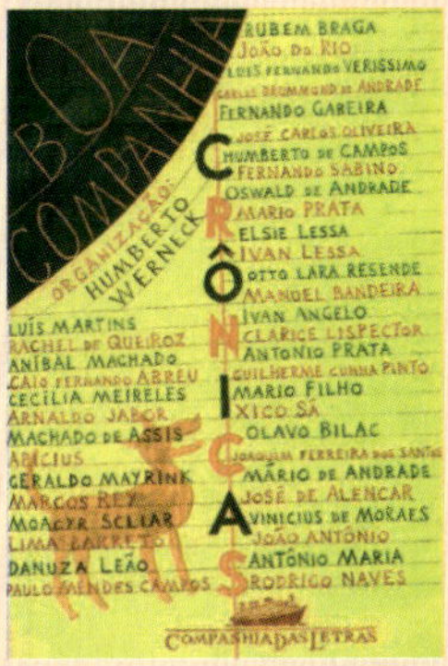

Reprodução/Companhia das Letras

***Crônicas — Rubem Braga*. Rubem Braga. Companhia das Letras.**

Publicadas em revistas e jornais ao longo do século XX, a crônica se firmou como uma expressão particular na literatura nacional – um gênero tipicamente brasileiro. Hoje em dia é um dos gêneros literários mais lidos no país. Rubem Braga é um dos grandes nomes de nossa crônica, levando o leitor a refletir sobre diversas questões com base em suas narrativas inspiradas em questões do cotidiano.

Veja mais

Confederação Brasileira de Voleibol/Arquivo da editora

www.voleibrasil.org.br/especiais

A Confederação Brasileira de Voleibol é a entidade máxima desse esporte no Brasil. É ela que organiza campeonatos nacionais, administra as seleções nacionais masculina e feminina e se responsabiliza por tudo o que se relaciona com o vôlei de quadra ou de praia em território brasileiro. Nesta página, você lerá entrevistas com grandes atletas e técnicos da história do vôlei brasileiro, que falam sobre conquistas e vida pessoal. (Acesso em: 3 maio 2015.)

www.revistaemilia.com.br/busca.php?tipo=Entrevistas

A revista *Emília* é um projeto que visa promover a literatura entre crianças e jovens. Nesta página, você vai encontrar entrevistas com especialistas em leitura, editores, ilustradores e outras pessoas apaixonadas por livros. (Acesso em: 3 maio 2015.)

Taboca Filmes/Arquivo da editora

***De corpo inteiro* — Entrevistas (Clarice Lispector). Nicole Algranti. DVD.**

Misturando realidade e ficção, o documentário *De corpo inteiro* é uma encenação do livro que reúne as entrevistas feitas por Clarice Lispector com diversas personalidades da cultura brasileira. Ele mostra parte do trabalho jornalístico feito pela escritora. Participam do projeto as atrizes Letícia Spiller, Beth Goulart, Silvia Buarque, Aracy Balabanian, entre outras.

***Renato Russo* — Entrevistas MTV. Deckdisc. DVD.**

Este DVD reúne as três mais longas entrevistas feitas com Renato Russo, compositor e cantor brasileiro que se projetou com a banda Legião Urbana. Ele fala sobre suas origens em Brasília, sobre sua carreira solo e sobre sua trajetória com os integrantes da banda. Também revela pormenores de músicas, preocupações, e discute seu tempo e sua vida.

Deckdisc/MTV/Arquivo da editora

Ponto de chegada

1. O que estudamos nesta Unidade

Gêneros textuais

1. Nesta Unidade, você teve a oportunidade de conviver com gêneros comuns em tempos de comunicação pelas mídias: a entrevista e a crônica jornalística. São gêneros muito presentes na TV, no rádio, nos jornais e revistas impressas ou não.

   Copie o esquema desta página em seu caderno e complete-o. Para isso, consulte os capítulos desta Unidade e escolha, do quadro abaixo, as palavras ou expressões que se referem especificamente a cada um dos gêneros e as que se referem ao que esses gêneros têm em comum.

Linguagem mais espontânea.
Predomínio de sequências conversacionais.
Texto baseado em fatos do cotidiano.
Fatos que possam provocar humor.
Ironia a fatos do cotidiano.
Gênero mais voltado para se conhecer uma personalidade.
Manifestação de opinião e posicionamentos.

Textos jornalísticos

Entrevista → Caracteríscas específicas IIIIIIIIIIII

Crônica jornalística → Características específicas IIIIIIIIIIII

Características em comum → IIIIIIIIIIII

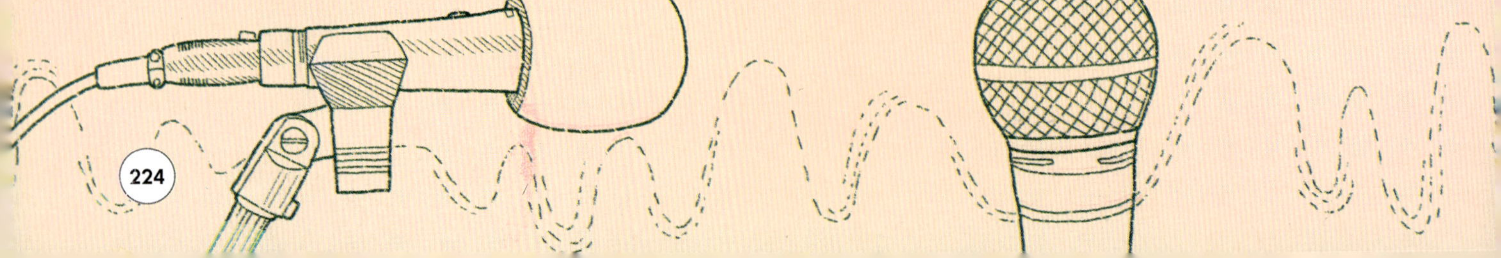

Língua: usos e reflexão

1. Nesta Unidade, você estudou elementos de coesão e coerência empregados sobretudo em textos argumentativos. Copie o esquema desta questão em seu caderno. Complete-o escolhendo, para cada caso, os termos mais adequados deste quadro:

- Palavras ou expressões que estabelecem relações lógicas entre partes de um texto.
- Unidade de sentido.
- Progressão do tema/assunto ao longo do texto.

Aspectos textuais

- Coerência: ||||||||||||||||||||||||||||||||||||||||
- Coesão: ||||||||||||||||||||||||||||||||||||||||

2. Leia a tira a seguir. Foram destacadas algumas palavras e expressões que servem de elementos coesivos.

SCHULZ. Charles M. Minduim. *O Estado de S. Paulo*. São Paulo, 13 de jan. 2015. Caderno 2, p. C4.

Copie o esquema a seguir em seu caderno e complete os quadros com exemplos da tira. Vale usar apenas os elementos coesivos destacados .

Elementos de coesão textual

- Pronomes
- Advérbios e locuções adverbiais
- Preposições
- Conjunções

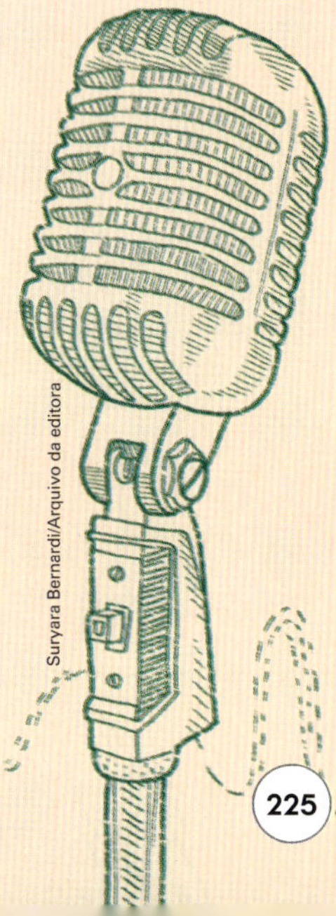

Suryara Bernardi/Arquivo da editora

2. Produção: entrevista jornalística

A. Aquecimento

Recordando. A **entrevista** jornalística:

- é uma conversa (sucessão de turnos de fala) registrada entre um entrevistador e um entrevistado;
- destina-se a ser veiculada em mídia, impressa ou não;
- é produzida com a intenção de obter informações sobre assunto de interesse do público-alvo;
- tem linguagem ajustada à circunstância comunicativa em questão;
- situa o leitor, na introdução, a respeito do entrevistado e do contexto da entrevista.

B. Proposta de trabalho — Entrevista jornalística

Em grupo. Produzam uma entrevista para ser publicada no jornal ou no mural da escola sobre o tema:

Na sociedade contemporânea, o constante desenvolvimento de novas tecnologias pode causar mudanças na linguagem?

1. Elaborem três perguntas para a entrevista.
2. Selecionem as possíveis pessoas a serem entrevistadas: alguém que trabalhe em uma rádio local, um professor de Arte, alguém que escreva artigos no jornal do bairro ou da cidade, uma pessoa que vocês conheçam e que esteja ligada ao mundo da comunicação. Procurem uma forma de convidá-la e, se possível, agendem dia e hora para o encontro.
3. Planejem como registrar a entrevista: por meio de gravador ou anotando as respostas.
4. Definam previamente a linguagem que usarão com o entrevistado: mais ou menos formal.

No momento da entrevista

1. Ao fazer as perguntas ao entrevistado, fique atento às respostas para decidir como e quando introduzir a próxima questão. É possível que o entrevistado antecipe algumas respostas.
2. Transcreva as respostas do entrevistado da forma mais fiel possível.

C. Preparo da produção escrita

Características do gênero

Entrevista jornalística

O quê?	Com que intenção?	Por que motivo?	Para quem?
Retextualização escrita da fala.	Estimular exposição de conhecimento e de opinião alternando turnos de fala.	Expor a opinião do entrevistado sobre o assunto focado.	Para os prováveis leitores do jornal ou do mural da escola.

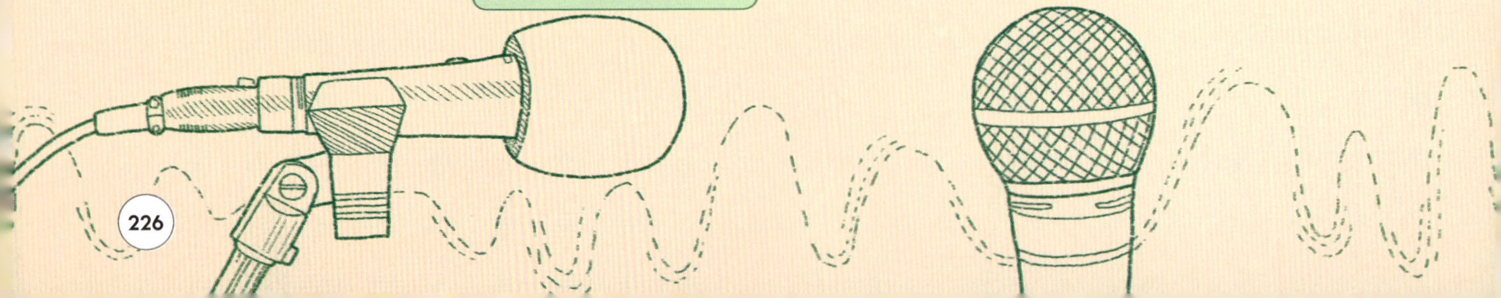

Como fazer

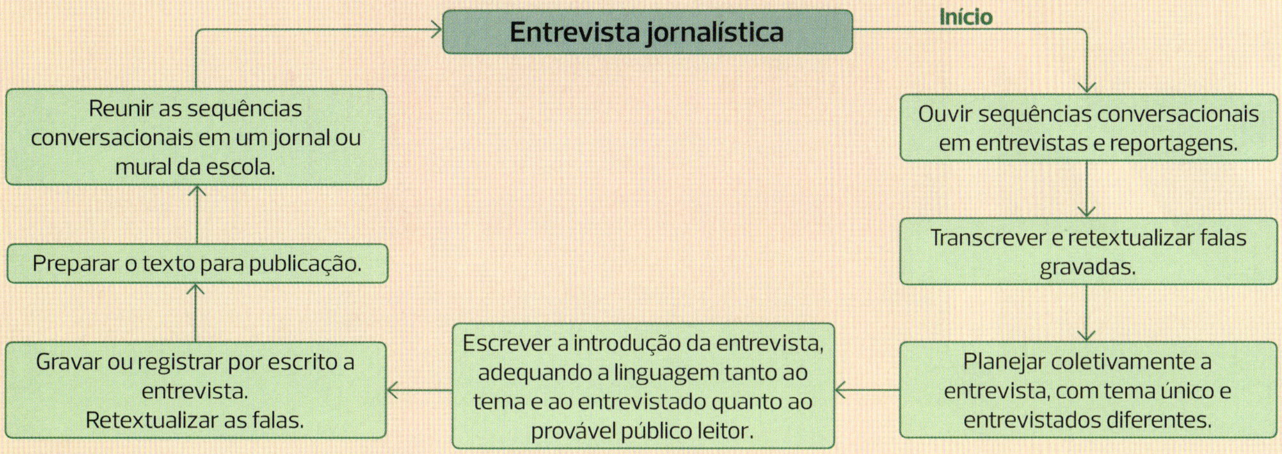

Roteiro de planejamento

Tema: ■ Título: ■ Entrevistado: ■ Entrevistador: ■

Intenção: ■ Público leitor alvo: ■ Perguntas: ■

Recursos de apoio: ■

Rascunho

1. Reescreva a entrevista deixando claro para o leitor qual fala é do entrevistador e qual é do entrevistado.
2. Prepare a introdução da entrevista deixando lacunas nas quais você escreverá os dados do entrevistado e as circunstâncias em que a entrevista aconteceu: **como**, **onde** e **quando**.
3. Organize a entrevista graficamente, conforme o combinado com a turma quanto a tamanho e tipo de letra.

Reescrita definitiva

1. Transcreva as respostas do entrevistado da forma mais fiel possível.
2. Reescreva a entrevista deixando claro para o leitor qual fala é do entrevistador e qual é do entrevistado.
3. Prepare a introdução da entrevista deixando lacunas nas quais você escreverá os dados do entrevistado e as circunstâncias em que a entrevista aconteceu: **como**, **onde** e **quando**.

   Em caso de dúvida, revejam as características essenciais do gênero no esquema acima.
4. Organize a entrevista graficamente, conforme o combinado com a turma quanto a tamanho e tipo de letra. Publique no mural.

Suryara Bernardi/Arquivo da editora

Unidade 4

MOHPhoto/Shutterstock.com

Manifestantes egípcios na cidade do Cairo, em fevereiro de 2011.

Defender ideias, argumentar, opinar

Na vida contemporânea, cada vez mais todos os setores da sociedade, em alguns momentos, têm de se manifestar em defesa de causas e ideias. Os veículos de comunicação têm espaços especiais reservados para esse fim. Nesses veículos, os artigos de opinião, os manifestos têm sido importantes instrumentos democráticos, pois promovem o debate aberto de ideias.

Ponto de partida

- Você já participou de algum movimento coletivo na defesa de uma causa ou de uma ideia?

Capítulo 7

Artigo de opinião

Carlos Araujo/Arquivo da editora

www.sarcastico.com.br/Arquivo da editora

Reprodução/Arquivo da editora

Profissionais da área jornalística, pessoas de destaque em nossa sociedade ou especialistas de diversas áreas do conhecimento escrevem **artigos de opinião** para expressar suas opiniões ou comentar, de um ponto de vista particular, os acontecimentos do mundo.

O artigo de opinião é assinado, isto é, revela a autoria do texto. Quem o assina se responsabiliza pelas opiniões e pelos posicionamentos expressos.

Na medida em que promove a discussão de temas considerados relevantes à sociedade, o artigo de opinião é considerado uma ferramenta importante para o exercício da democracia.

Você já ouviu falar em privacidade? Privacidade significa intimidade e está ligada à vida privada, particular, íntima de cada um.

Como você se sentiria se soubesse que sua vida particular está sendo exposta a comentários e a juízos de valor sem que você tivesse conhecimento?

Você acha isso possível?

Você já se deparou com avisos de que está sendo filmado?

Por trás da ironia bem-humorada que muitos fazem sobre esses avisos, eles cumprem a exigência legal de alertar as pessoas de que estão sob o controle de alguém.

Ser controlado com o auxílio da tecnologia já é uma realidade no cotidiano de muita gente. Há até mesmo quem queira ser observado e se disponha a participar de *reality shows*, programas de TV em que pessoas convivem, confinadas em uma casa, com outras até então estranhas e têm sua vida observada por telespectadores a cada hora do dia, por até vários meses.

O tema do controle e da perda da privacidade das pessoas é discutido no artigo a seguir, publicado em um jornal de grande circulação no país.

Leitura

Celebridades descelebradas

Luli Radfahrer

A privacidade se tornou um mito e, já que é impossível retroceder, é preciso gerir essa nova imagem pública

1 Não se iluda: as mídias sociais e as **bases de dados** de comércio eletrônico acabaram com qualquer pretensão de privacidade. Filtradas pelos **algoritmos** inteligentes dos mecanismos de buscas, elas facilitaram o acesso e a identificação de praticamente qualquer pessoa, por mais que respeitem o anonimato de seus usuários.

F14 tec ★★★ QUARTA-FEIRA, 27 DE JULHO DE 2011 FOLHA DE S.PAULO

Celebridades descelebradas

LULI RADFAHRER

A privacidade se tornou um mito e, já que é impossível retroceder, é preciso gerir essa nova imagem pública

Folhapress/Acervo Folha de S. Paulo

2 Quando a informação é muita, não é difícil fazer cruzamentos únicos de **variáveis**. Quem vive naquele bairro, trabalha naquela empresa, come naquele restaurante, abastece o carro com aquela frequência, usa aquele computador e aquele telefone, acessa aqueles *sites*, clica naqueles ***links*** e compra aqueles produtos é facílimo de **rastrear**.

3 Já que é impossível (e bem pouco prático) viver fora do ***grid*** de informação digital, é preciso administrar a imagem pública em um ambiente em que até aspirantes a **tuiteiros** se tornaram celebridades, mesmo sem fazer nada de célebre. Por maior que seja a diferença de influência entre o **Tom Hanks** e seu correspondente no século 2.0, os cuidados que ambos precisam ter com a exposição indesejada são bem próximos.

4 A sociedade das opiniões públicas é mais rica e complexa do que aquilo que se chamava antigamente de "opinião pública", **ficção sociológica** que acreditava ser possível tirar a média do que era declarado e descartar o que desviasse do padrão. Com a popularidade de acesso aos meios de publicação, o indivíduo urbano, globalizado e massificado, usa as **redes** como válvula de escape para manifestar sua identidade e, nesse processo, se expõe de forma inimaginável.

5 Não é preciso habitar a casa do *Big Brother* para ter a vida privada transformada em entretenimento. Basta fazer o que não seria feito normalmente em público. Uma briga entre namorados, um namorico, um comentário **entredentes**, uma bebedeira ou até uma inocente ida ao banheiro quando se está só, dentro de casa, agora está sujeita ao **escrutínio** público das câmaras ocultas em telefones celulares. As paredes não têm ouvidos, mas todo o resto parece ter.

AZ

base de dados: conjunto de informações armazenadas em computadores.

algoritmo: conjunto de regras e cálculos que leva à solução de um problema.

variáveis: conjunto de dados que podem ser modificados ao longo da execução de um programa de computador.

link: endereço virtual para acessar uma página da internet.

rastrear: seguir o rastro, seguir pistas.

grid: grade.

tuiteiro: usuário do Twitter (rede social e microblogue que permite aos usuários publicar e ler mensagens pessoais).

Tom Hanks: ator e diretor americano.

ficção sociológica: história imaginada que trata do comportamento humano.

redes: nome dado quando há vários computadores ligados entre si.

entredentes: modo de falar ou de rir quase sem abrir a boca; falar baixo, resmungar.

escrutínio: exame minucioso.

reconditos: partes escondidas.

maçonaria: sociedade semissecreta que tem como objetivo a prática da solidariedade e da fraternidade entre seus membros.

marketing: estratégias de vendas, comunicação e negócio.

mídia social: meio eletrônico para interação entre pessoas que lhes permite compartilhar experiências.

vexame: vergonha.

6 Já que é impossível retroceder, o que resta é administrar esse novo tipo de patrimônio público. Como todo patrimônio, ele precisa ser estável para se tornar uma referência e, nesse processo, acaba perdendo a espontaneidade, a mais humana de suas características.

7 Aos poucos, as regras de conduta invadem os **recônditos** da vida pessoal, plastificando a personalidade e a prendendo à máscara construída ao longo da vida, mesmo que não se concorde com ela.

8 Hoje todos nos tornamos personalidades transparentes. Nunca foi tão fácil checar referências, e, a princípio, não há nada de errado nisso. Uma das principais regras de sobrevivência social, pilar de sistemas tão diversos quanto a **maçonaria** ou o ***marketing***, sempre foi desconfiar de estranhos. De perto, entretanto, ninguém é normal.

9 Como diz a polícia dos Estados Unidos, você sempre tem o direito de permanecer calado. Tudo o que disser poderá ser usado contra você. As **mídias sociais** são, como o próprio nome dá a entender, uma forma de mídia.

10 Pessoas comuns não têm relações públicas, advogados, assessores ou consultores de imagem para auxiliá-las no dia a dia e, por isso, ainda vão demorar para perceber que um **vexame** registrado *on-line* é quase tão difícil de apagar quanto um nu indesejado.

RADFAHRER, Luli. Celebridades descelebradas. *Folha de S.Paulo*, São Paulo, 27 jul. 2011. Tec, p. F14.

Carlos Araujo/Arquivo da editora

Você leu um artigo publicado em jornal, em um caderno semanal, dirigido a um público leitor adulto que usa e gosta da tecnologia.

Interpretação do texto

Compreensão

1. De acordo com o artigo de opinião que você leu, como as mídias sociais e as bases de dados do comércio eletrônico acabaram com a privacidade das pessoas?

2. O que facilita o cruzamento de variáveis para fazer um rastreamento?

3. O que significa no texto a afirmação "é preciso administrar a imagem pública"?

4. Explique o sentido no texto da frase: "As paredes não têm ouvido, mas todo o resto parece ter".

5. Copie em seu caderno a alternativa adequada ao que, na opinião do articulista, o autor do artigo, é um "novo tipo de patrimônio público":
   a) as câmaras ocultas;
   b) a vida privada;
   c) a casa do *Big Brother*;
   d) os telefones celulares.

6. Releia este trecho do texto.

   Aos poucos, as regras de conduta invadem os recônditos da vida pessoal, plastificando a personalidade e a prendendo à máscara construída ao longo da vida, mesmo que não se concorde com ela.

   Copie em seu caderno as alternativas que podem resumir, de acordo com esse trecho, as consequências para o indivíduo da exposição de sua identidade na mídia.
   a) Perder a espontaneidade.
   b) Moldar a sua personalidade de acordo com o que os outros querem.
   c) Fazer tudo o que deseja ao longo da vida.
   d) Usar máscaras de plástico no dia a dia.

7. Segundo o artigo de opinião, checar referências, isto é, conferir informações sobre alguém, é certo ou errado? Explique.

8. Por que é difícil para as pessoas comuns perceber que "um vexame *on-line* é quase tão difícil de apagar quanto um nu indesejado"?

Conversa em jogo

Privacidade e imagem pública

- Depois de ler o artigo sobre privacidade e imagem pública, dê sua opinião sobre esse assunto e ouça a dos colegas.
  Pensem:
  - Qual a importância de haver privacidade em nossas vidas?
  - É aceitável a exposição da privacidade de uma pessoa pelo fato de ela ser conhecida ou ter destaque na sociedade?

Linguagem do texto

Intencionalidade e escolhas de linguagem

O estudo do texto revela que, além de apresentar sua opinião, o autor tem outra intenção: **apresentar argumentos** sobre seu ponto de vista **para convencer** o leitor sobre determinado assunto.

Vamos analisar os **recursos de linguagem** escolhidos por ele com a **intenção** de convencer o leitor de um caderno especial sobre tecnologia, publicado em um dia da semana, em um jornal veiculado diariamente.

O jogo de palavras para convencer das ideias em jogo

A — Oposição

1. Releia o título do artigo de opinião:

   Celebridades descelebradas

   a) Transcreva no caderno a frase do texto que explica o título.

O prefixo *des-* indica o contrário da palavra a que se une. Segundo o dicionário, *celebridade* é aquele que é famoso, festejado, celebrado.

A palavra *descelebrado* não consta no dicionário. Só é encontrado o antônimo de *cerebrado* (relativo a cérebro), que é *descerebrado*.

Assim, pode-se observar que são palavras muito semelhantes: *descelebrado* e *descerebrado*.

   b) Qual seria a provável **intenção** do autor ao criar e usar a palavra *descelebradas*? Responda no caderno.

2. O prefixo *des-* expressa ideia de algo contrário, de oposição. Encontre no artigo de opinião exemplos de palavras ou expressões que formem uma relação de oposição no texto.

B — Advertência

- Releia a frase que inicia o artigo de opinião e responda às questões no caderno.

  Não se iluda: as mídias sociais e as bases de dados de comércio eletrônico acabaram com qualquer pretensão de privacidade.

  a) Em que modo está a forma verbal destacada na oração?
  b) Que efeito o uso desse modo provoca na frase?
  c) Que outras expressões no texto provocam o efeito de sentido de alerta para uma necessidade?
  d) Qual é a provável intenção do autor ao utilizar mais de uma vez essas expressões que indicam necessidade?

C — Enumeração de ações

1. Releia a frase do segundo parágrafo:

   Quem vive naquele bairro, trabalha naquela empresa, come naquele restaurante, abastece o carro com aquela frequência, usa aquele computador e aquele telefone, acessa aqueles *sites*, clica naqueles *links* e compra aqueles produtos **é facílimo de rastrear**.

a) Localize e transcreva em seu caderno os verbos que aparecem no trecho citado.
b) Qual é a provável intenção do autor ao utilizar uma enumeração de ações para definir aquele que é "facílimo de rastrear"?

2. Copie no caderno outra sequência do artigo de opinião em que haja uma enumeração de substantivos abstratos, ou seja, nomes de ações.

3. Que efeito a repetição dessa outra enumeração provoca no texto?

D — Repetição de expressões na construção do texto

1. Releia o trecho do parágrafo 3:

> **Já que é impossível (e bem pouco prático) viver fora do *grid* de informação digital, é preciso administrar a imagem pública [...].**

a) Reescreva o trecho substituindo a expressão destacada no início por outras que deem o mesmo sentido.
b) O termo *já que* acrescenta uma ideia de causa. Qual é a consequência?

2. Copie no caderno outro trecho do texto que tenha esta mesma estrutura: causa e consequência.

3. Qual é a provável **intenção** do autor em repetir essa estrutura, mesmo que utilize alguma palavra diferente?

Carlos Araujo/Arquivo da editora

E — Uso de frases populares ou do senso comum

No artigo de opinião há duas frases que se baseiam em frases populares:

"As paredes não têm ouvidos, mas todo o resto parece ter", no final do parágrafo 5.

"De perto, ninguém é normal", no final do parágrafo 8.

- Explique no caderno o que cada uma quer dizer.

Construção do texto

Estrutura do texto argumentativo

1. Vimos que um texto argumentativo pode se esquematizar da seguinte forma: ancoragem, desenvolvimento (opinião e argumentos) e conclusão.
Nos trechos a seguir, você vai constatar que essas partes também estão presentes no artigo de opinião: a **ancoragem**, **opinião ou tese** e **conclusão**.
Leia abaixo a síntese de cada uma delas. Observe que as partes não estão nessa sequência; você deverá identificá-las.
   - Pessoas comuns vão demorar a perceber os perigos da exposição pública.
   - É preciso administrar a imagem pública porque é impossível (e bem pouco prático) viver fora do *grid* de informação digital "em um ambiente em que até aspirantes a *tuiteiros* se tornaram celebridades, mesmo sem fazer nada de célebre."

CONTEÚDO DIGITAL

- O acesso e a identificação de praticamente qualquer pessoa são facilmente realizados pelo rastreamento dos dados disponíveis nas mídias sociais e na base de dados de comércio eletrônico.

Copie as sínteses em seu caderno e escreva diante de cada uma a que **parte** e a que **parágrafo(s)** cada uma corresponde.

2. O autor do texto de opinião utiliza a maioria dos parágrafos para defender seu ponto de vista. Ele faz isso por meio de **argumentos**.
Quantos parágrafos do texto são parágrafos argumentativos? Indique no caderno cada um deles.

3. O autor utiliza argumentos variados para fundamentar e deixar claro seu posicionamento quanto aos perigos da exposição da privacidade.
Leia o quadro com tipos de argumento:

Tipos de argumento	
Científico	Dados científicos ou estatísticos.
De autoridade	Citações diretas ou indiretas de pessoas com credibilidade ou especialistas no assunto.
De valoração	Conceitos ou ideias respeitados por todos.
Ironia	Construção em que se fazem insinuações ou se diz o contrário do que se quer dizer, para tecer uma crítica.
Pouco fundamentado	Apelo emocional; clichês ou chavões; exemplos pessoais.

Em dupla. No caderno, baseando-se no quadro, transcrevam do texto:
a) um argumento de autoridade ou citação;
b) um argumento com ironia;
c) um argumento de valoração;
d) um argumento com clichês.

4. Releia a frase do parágrafo em que o autor apresenta sua opinião:

> **Já que é impossível (e bem pouco prático) viver fora do *grid* de informação digital, é preciso administrar a imagem pública em um ambiente em que até aspirantes a *tuiteiros* se tornaram celebridades, mesmo sem fazer nada de célebre.**

No caderno, copie do último parágrafo, o da **conclusão**, a frase em que o autor retoma, com outras palavras, a **opinião** defendida.

5. Em sua opinião, qual é a importância, para o leitor, da reflexão que a leitura desse artigo estimula? Dê sua opinião e ouça o que os colegas pensam sobre o assunto.

Atividade: partes do artigo de opinião

Vocês leram e analisaram um artigo de opinião sobre privacidade e imagem pública escrito por um articulista de um caderno de tecnologia, publicado semanalmente em um jornal diário de grande circulação.

Também viram as escolhas de linguagem em relação às intenções do autor e analisaram como ele construiu seu texto dentro da estrutura de um texto argumentativo.

Em dupla. Vocês vão ler a seguir outro artigo de opinião do mesmo autor, sobre o mesmo assunto. Mas, ATENÇÃO: os parágrafos foram embaralhados! Para colocá-los na sequência correta, vocês devem escrever no caderno os números que estão no início de cada um, na ordem em que as ideias do texto fiquem coerentes.

Lembrem-se:

- das partes que estruturam o texto argumentativo: ancoragem, opinião, argumentos e fechamento.
- das marcas de linguagem que ajudam a estruturar o texto argumentativo: palavras ou expressões que traduzem a relação com o título (e com o tema), a oposição, a imposição, a enumeração, a repetição de ideias para estruturar tanto a opinião quanto os argumentos referentes à conclusão.

Carlos Araujo/Arquivo da editora

Quinze minutos de infâmia

É preciso denunciar todos os "polêmicos" e suas bobagens antes que sejam tomados como exemplo

Luli Radfahrer

1 A boa educação recomendaria ignorá-los. Mas, como a rede armazena tudo e uma busca no Google pode ressuscitar uma bobagem dita fora de contexto há muito tempo, seus comentários, se não contestados, podem durar para sempre.

2 Quando todos são famosos, ninguém é. A popularidade que muitos anônimos acreditam ter conseguido com seus vídeos engraçadinhos e comentários politicamente incorretos nada mais é do que uma flutuação social irrelevante. Em ambientes sem trabalho ou assunto sério a discutir, fala-se de qualquer coisa. Muito do que é dito nos Twitters e Facebooks é tão efêmero quanto uma fofoca ou a conversa sobre o tempo no elevador.

3 A celebridade é construída sem ter feito nada de célebre, porque sempre haverá idiotas dispostos a consumir (e patrocinar) idiotices e simplificações rasteiras, em vez de se dar ao trabalho de elaborar um argumento. Muitos valentões de mídia se calariam caso tivessem que defender as mesmas bobagens em público. Protegidos pela distância, esbravejam feito crianças mimadas, cada vez mais barulhentas.

4 A internet amplifica e registra tudo. Por causa do seu alcance, ela cria um novo tipo de sucesso, instantâneo e efêmero como o barato de uma pedra de *crack*, que pode ter efeitos devastadores em seus portadores e, principalmente, nos que os cercam. Fascinados pelo brilho, *glamour* e deslumbramento da claque, muitos neofamosos acabam por acreditar na fantasia que criaram, acostumados que estão com as repentinas mordomias e rapapés. Seu fracasso lhes subiu à cabeça, serão incapazes de voltar à vidinha medíocre que levavam. Por isso fazem de tudo para criar novas polêmicas e controvérsias vazias, em busca de factoides que os recoloquem em evidência.

5 Transformações sociais envolvem tantas variáveis que é natural que provoquem resultados imprevisíveis. À medida que a profecia atribuída a Andy Warhol se concretiza e que todos têm direito a 15 minutos de notoriedade, a fama, inflacionada, perde valor. O que significa aparecer na TV, no jornal ou na revista quando há tantos canais de TV, jornais e revistas?

6 O resultado é uma avalanche de afirmações e comentários de baixa qualidade, que transbordam em grosserias por falta de cultura, exultando o despreparo em nome de uma irreverência vazia. Para chamar a atenção, vale qualquer coisa: ignorância, homofobia, fundamentalismo, pedofilia, apologia ao crime e outras baixarias. Falem mal, mas falem de mim.

7 Na internet, a situação é mais dramática. Empresas despreparadas e pessoas desesperadas fazem de tudo para ser "famosas na rede", "bombar nas mídias sociais" ou virar "WebCelebridades", mesmo sem saber o que farão com a notoriedade que venham a conquistar.

RADFAHRER, Luli. Quinze minutos de infâmia. *Folha de S.Paulo*, São Paulo, 12 dez. 2011. Tec, p. F14.

Hora de organizar o que estudamos

Artigo de opinião

Gênero em que jornalistas, personalidades sociais ou especialistas defendem publicamente sua opinião diante de um fato ou assunto, por meio de um veículo de comunicação.

Intenção
- Manifestar ideias e opiniões e defendê-las por meio de argumentos;
- Apresentar e defender um ponto de vista sobre determinado assunto ou fato;
- Tentar convencer os interlocutores.

Construção
- Ancoragem ou introdução;
- Tese/opinião/posicionamentos diante de um tema;
- Argumentos;
- Conclusão.

Linguagem
- Objetiva, mas pessoal, porque o texto é assinado pelo autor;
- Emprego de recursos de linguagem na argumentação ao expressar opinião: enumeração, oposição, repetição de argumentos, indicação de causas e consequências.

Leitor

Aquele que tem interesse sobre algum assunto e quer conhecer uma ou várias opiniões sobre esse assunto.

Prática de oralidade

Debate regrado

Privacidade em tempo de mídias sociais

Depois de ler os textos de Luli Radfahrer e de trocar ideias sobre o assunto abordado neles, você e seus colegas já devem ter formado uma opinião sobre **a exposição pública da vida privada propiciada pelo uso da tecnologia e pelas redes de relacionamento *on-line***. O que você pensa sobre essa exposição?

Como desenvolver o debate regrado

1. Expresse sua opinião sobre essa questão escrevendo em seu caderno uma das seguintes respostas: **a favor**, **contra** ou **em termos**.

2. Forme um grupo com os colegas que escreveram o mesmo que você, ou seja, que se posicionaram como você em relação ao assunto em debate.
   Haverá três grupos:
   - o grupo do "a favor" concorda com a exposição pública e com a perda ao direito à privacidade com o uso da tecnologia;
   - o grupo do "contra" não concorda;
   - o grupo do "em termos" aceita a exposição pública e a perda da privacidade dependendo de alguns fatores.

3. Cada grupo deverá:
   a) eleger um redator, que registrará os argumentos que sustentam a posição do grupo;
   b) fazer um cartaz com um esquema que registre a opinião e os argumentos que a fundamentam;
   c) pesquisar notícias ou opiniões de outros especialistas para ampliar os argumentos e acrescentá-las ao cartaz, se houver condições (hemeroteca e/ou biblioteca, acesso à consulta pela internet, etc.);
   d) eleger um relator para apresentar a opinião do grupo e os respectivos argumentos;
   e) orientar os participantes do seu grupo para que:
      - não interrompam a fala de nenhum dos relatores;
      - levantem a mão quando quiserem manifestar opinião para que o mediador do debate os inscreva para apresentarem sua fala depois da exposição dos três relatores.

   Nota: O professor, ou um aluno escolhido por ele, atuará como mediador do debate e ficará encarregado de:
   I. apresentar o tema e a importância de cada um se posicionar frente a ele;
   II. comunicar a todos as regras do debate: tempo de cada exposição, inscrição para ser ouvido, comportamento esperado de toda a plateia, etc.;
   III. anotar, na ordem em que se manifestarem, os nomes dos colegas que querem ter uma fala após a apresentação dos três representantes;
   IV. fazer o fechamento do debate, apresentando qual das opiniões:
      - prevaleceu;
      - recebeu argumentos mais consistentes.

Avaliação da atividade

4. Terminado o debate, avaliem se:
   a) os argumentos utilizados deram conta das opiniões manifestadas.
   b) houve respeito da plateia durante a apresentação dos relatores.
   c) todos os que desejaram tiveram oportunidade de se manifestar.
   d) todos os que se manifestaram tiveram sua participação respeitada; foram ouvidos com atenção.
   e) há aspectos a serem melhorados para os próximos debates.

Outras linguagens

Cartum: uma forma de manifestar opinião

O cartum é um desenho que, além de provocar humor, tem a intenção de criticar ou satirizar principalmente fatos ou situações comuns do dia a dia. Na maioria das vezes, para provocar o riso do leitor, o cartunista expressa e defende uma opinião argumentando com os recursos da linguagem visual que podem estar em diálogo com os recursos da linguagem verbal.

1. Observe o cartum a seguir, de Randy Glasbergen, um americano que se iniciou na arte dos cartuns aos 15 anos. Hoje seus cartuns são publicados no mundo todo.

Randy Glasbergen/Acervo do cartunista

Eu estou grávida de quatro meses e nosso bebê já tem mais amigos no Facebook do que a gente.

GLASBERGEN, Randy. Revista *Piauí*. Ed. 53, fev. 2011.

a) Repare neste desenho em preto e branco, de traçados simples:
   - a expressão da mulher e do homem diante da tela do computador: olhos fixos, a mulher de boca aberta, talvez sugerindo uma fala ou que esteja pasma;
   - a xícara ou caneca colocada atrás da tela, sugerindo o ambiente familiar em que os dois se encontram.

b) Leia o texto, observando o uso da primeira pessoa do singular (*eu*) e do plural (*nosso*) que remete à fala da mulher (*eu/grávida*) dirigida ao homem (*nosso bebê*).

c) Observe o humor irônico provocado pelo contraste entre a atitude passiva dos pais sobre a exposição pública da sua privacidade e, ao mesmo tempo, a admiração sobre o fato de o bebê que eles ainda não conhecem no mundo real já ser conhecido e muito relacionado no mundo virtual.

2. Divirta-se com o cartum e relacione o assunto abordado nele com o que você leu neste capítulo.

Bruno Liberati/Acervo do artista

LIBERATI, Bruno. Disponível em: <youpode.com.br/blog/liberati/files/2009/03/chargeliberati2.jpg>. Acesso em: jan. 2012.

Conexões RELAÇÕES ENTRE TEXTOS, ENTRE CONHECIMENTOS

Estar na mídia parece exercer um fascínio sobre grande parte das pessoas, não é? E se todo mundo tivesse suas ações, atitudes e relacionamentos controlados o tempo todo por um único poder? Como seria?

Relacione o que você vai ler com o que você sente ou pensa sobre a exposição e o controle da vida privada por meio da tecnologia.

1. *Big Brother*: ontem e hoje

É quase certo que todo brasileiro já ouviu falar de um programa de TV intitulado *Big Brother*, em que câmeras registram tudo o que acontece em uma casa em que fica confinado por cerca de três meses um grupo de pessoas que tem como objetivo permanecer na casa até o último dia do programa, quando o vencedor é escolhido pela audiência por voto (internet ou telefone).

Há uma célebre frase "A arte imita a vida". Mas, às vezes, é a vida que imita a arte! Você vai encontrar a seguir algumas informações sobre o *Big Brother* (Grande Irmão, em português). Descubra como um romance escrito no século passado, em 1949, com um título que, na época, remetia ao futuro, *1984*, ainda é muito atual no século XXI.

O *Big Brother*, o Grande Irmão, é uma personagem do romance *1984*, de George Orwell.

A história se passa em um mundo dividido em três grandes superestados: Eurásia, Lestásia e Oceania. No ano de 1984, os estados policiais dominam permanentemente a vida dos cidadãos, suas atitudes, pensamentos e raciocínio: nada é de ninguém.

Um chefe supremo, o Grande Irmão — *Big Brother* — vigia os indivíduos e impede a expressão de qualquer opinião contrária ao governo. O pacífico Winston Smith é um funcionário do Ministério da Verdade de Oceania que se revolta contra o governo. É preso, torturado e recebe uma reeducação que tem como objetivo eliminar a independência de seu pensamento.

Leia um trecho do romance para saber como era feito o controle dos cidadãos e, se puder, leia o livro:

A teletela recebia e transmitia simultaneamente. Qualquer barulho que Winston fizesse mais alto que um cochicho seria captado pelo aparelho; além do mais, enquanto permanecesse no campo de visão da placa metálica, poderia ser visto também. Naturalmente, não havia jeito de determinar se, num dado momento, o cidadão estava sendo vigiado ou não. Impossível saber com que frequência, ou periodicidade, a Polícia do Pensamento ligava para a casa deste ou daquele indivíduo. Era concebível, mesmo, que observasse todo mundo ao mesmo tempo.

ORWELL, George. *1984*. São Paulo: Companhia das Letras, 2009.

AP Photo / Glow Images

George Orwell era o pseudônimo de Eric Arthur Blair, inglês nascido em 1903, na Índia, quando esse país fazia parte do império britânico. É conhecido como um dos mais influentes escritores do século XX pela criação de dois romances: *A revolução dos bichos* (1945) e *1984* (1949). Morreu de tuberculose em 1950.

2. Letra de música

E depois de toda a reflexão sobre o controle da privacidade pela mídia, que tal ler e cantar a música "Tá na mídia"?

Tá na mídia

Arnaldo Brandão

Eu acordo de manhã
E não sei mais quem eu sou
No Espelho tem um outro
Um androide um pós-eu

Um sorriso congelado
Esculpiu a minha cara
E uma baba escorria
Eu não entendia nada

Na verdade, na mentira
A realidade é estar na mídia

No conforme da certeza, na orgia do consumo
Te conheço de outras luas
Os meus olhos são sequelas
E o quarto tá escuro
A tua imagem é imensa

E eu tô pra lá de tudo
No deserto o grão de areia
Entre o sonho e o delírio
Que a tudo se assemelha

Na verdade, na mentira
A realidade é estar na mídia

É a voz da propaganda embutindo os sentidos
Salivando por devotos
Promovendo o fanatismo
Projetando divindades
Com paixão e violência
Baixo nível de maldades pra aumentar
a audiência

Na verdade, na mentira
A realidade é estar na mídia

No conforme da certeza, na orgia do consumo
Todo mundo extasiado, acomodado e sem rumo
E o céu cuspindo fogo
E nas cinzas desse inverno
O que brilha no paraíso é a brasa do inferno

Na verdade, na mentira
A realidade é estar na mídia

E o palhaço perde a calma
E o ladrão a pontaria
O coringa dá as cartas
E o assassino denuncia
E na paz dos inquietos
E na pressão aqui no peito
O desafio de um futuro
No presente insatisfeito

Na verdade, na mentira
A realidade é estar na mídia

BRANDÃO, A. Tá na mídia. Intérprete: Arnaldo Brandão. In: *Arnaldo Brandão – Ao vivo*. São Paulo: Tratore, 2003. 1 CD. Faixa 1.

Carlos Araujo/Arquivo da editora

Língua: usos e reflexão

Concordância

No dia a dia nos deparamos com as mais diversas formas de empregar a língua, seja falada, seja escrita.

Neste capítulo vamos refletir sobre como ocorre a concordância entre os termos de uma frase.

1. Leia, se possível em voz alta, um trecho do poema "Vaca Estrela e Boi Fubá", de Patativa do Assaré.

Aquela seca medonha fez tudo se atrapalhá,
Não nasceu capim no campo para o gado sustentá
O sertão esturricou, fez os açude secá
Morreu minha Vaca Estrela, já acabou meu Boi Fubá
Perdi tudo quanto tinha, nunca mais pude aboiá
Êêêê la a a a a ê ê ê Vaca Estrela,
Ô ô ô Boi Fubá.
Hoje nas terra do sul, longe do torrão natá
Quando eu vejo em minha frente uma boiada passá,
As água corre dos olho, começo logo a chorá
Lembro a minha Vaca Estrela e o meu lindo Boi Fubá
Com saudade do Nordeste, dá vontade de aboiá

ASSARÉ, Patativa do. *A Terra é naturá*. 1980, Epic/CBS. 1 LP.

Carlos Araujo/Arquivo da editora

a) Qual é o tema ou assunto do trecho que você leu?
b) É sabido que a seca provoca a necessidade de as pessoas migrarem, isto é, mudar de um lugar para outro para sobreviver.
Copie um verso do trecho que revela a migração do poeta.
c) Que recursos foram empregados para conseguir mais musicalidade no texto?
d) Os trechos "longe do torrão natá" e "Com saudade do Nordeste" indicam que a terra natal do poeta é o Nordeste, o que permite supor então que a forma como os versos foram escritos busca representar as marcas de oralidade de sua fala, que sofre influência de sua região.
É possível encontrar essas formas de falar em outras regiões? Converse um pouco com seus colegas sobre isso, procurando exemplificar com formas de falar de regiões que vocês conheçam.

A Z

aboiar (abaoiá): cantar, geralmente sem palavras, para conduzir o gado.

torrão natal (torrão natá): lugar onde nasceu.

2. Releia estes trechos de versos do poema:

[...] fez os açude secá

Hoje nas terra do sul [...]

As água corre dos olho [...]

Indique no caderno características que marcam a linguagem mais coloquial, informal e até regional.

Além de expressões e marcas de pronúncias próprias de grupos de falantes de algumas regiões do Brasil, a forma de organizar a concordância entre os termos da frase revela no poema as marcas de uma linguagem mais informal, menos monitorada, mais espontânea, mais popular e regional. Em Patativa do Assaré essas marcas conferiram valor à sua obra, pois tornaram autêntica sua expressão, retratando de forma bastante expressiva as características da região que revela.

É importante também perceber que essas características de linguagem conferiram mais musicalidade aos versos. O poema recebeu arranjo musical e já foi gravado por vários cantores.

Um dos aspectos muito presentes no **uso mais coloquial** da língua, especialmente em situações de comunicação mais espontâneas, é a forma como é feita a concordância entre os termos das orações.

Agora, compare o poema que você leu com um trecho do texto deste capítulo:

sujeito

Não se iluda: as mídias sociais e as bases de dados de comércio eletrônico acabaram com qualquer pretensão de privacidade.

Observe que a forma verbal **acabaram** é empregada na 3ª pessoa do plural, concordando com o sujeito que também está no plural. *Mídias* e *bases* são os núcleos do sujeito.

Esse é um texto jornalístico, mais formal, dirigido a um público leitor talvez mais habituado com as normas urbanas de prestígio. A intenção do texto – informar e convencer – também o tornam um gênero que requer uma modalidade mais formal de linguagem.

Há circunstâncias de comunicação – faladas ou escritas – em que é necessário empregar uma linguagem mais formal, mais elaborada, isto é, com maior grau de monitoramento: textos acadêmicos, peças jurídicas, determinados textos jornalísticos, entre outros. Para esses casos é necessário orientar-se pela gramática, que descreve as regras para esses usos.

Neste capítulo, vamos estudar como a gramática descreve as regras de concordância para usos mais formais.

Note em uma frase do texto "Quinze minutos de infâmia":

Quando **todos são famosos**, ninguém **é** (famoso).

Observe que há duas orações. Na primeira, a forma verbal *são* está na 3ª pessoa do plural para concordar com o sujeito *todos*, isto é, para corresponder ao sujeito, *todos*, que também está no plural e corresponde à 3ª pessoa.

Veja outra concordância: o adjetivo *famosos* também está no plural para concordar com a palavra *todos*, ou, pode-se dizer, é feita uma correspondência:

todos: masculino plural ⟷ **famosos**: masculino plural

O verbo *são* e o adjetivo *famosos* flexionaram-se, alteraram-se para concordar com os termos a que se referiam.

Observe que, na segunda oração, o verbo está na 3ª pessoa do singular para concordar com o sujeito *ninguém*, que está no singular.

Há dois tipos de concordância: nominal e verbal.

I. Nominal

Quando a informação é muita, (não é difícil fazer) cruzamentos únicos de variáveis.

a — artigo feminino singular; informação — substantivo feminino singular; muita — pronome indefinido feminino singular; cruzamentos — substantivo plural; únicos — adjetivo plural

O artigo, o adjetivo e o pronome indefinido flexionam-se para concordar em gênero e número com o **substantivo**, ou **nome**, a que se referem.

Observe a frase:

Os meus dois melhores amigos vão mudar de escola.

Os — artigo; meus — pronome; dois — numeral; melhores — adjetivo; amigos — substantivo com o qual os termos concordam

II. Verbal

A internet amplifica e registra tudo.

As formas verbais *amplifica* e *registra* flexionam-se para concordar com o sujeito a que se referem (a internet), em pessoa (3ª) e em número (singular): trata-se de concordância verbal.

Como todo o patrimônio, ele precisa ser estável para se tornar uma referência e, nesse processo, acaba perdendo a espontaneidade [...]

> **Concordância** é uma correspondência feita entre os termos de uma oração por meio de flexões das palavras.
> **Concordância nominal**: concordância em gênero e número entre os determinantes (artigo, adjetivo, numeral, pronome) com o nome ou substantivo a que se referem.
> **Concordância verbal**: concordância do verbo em número e pessoa com o sujeito a que se refere.

Concordância verbal (I)

Leia e compare as frases a seguir:

I. "Aos poucos as regras de conduta invadem os recônditos da vida pessoal."

II. Aos poucos as regras de conduta invade os recônditos da vida pessoal.

Qual das duas frases está de acordo com um uso mais formal da linguagem? Explique.

Em circunstâncias mais formais, que exigem maior grau de controle nas escolhas de linguagem, a **regra geral é**:

> O verbo **concorda** em número e pessoa com o sujeito a que se refere.

Mas, além da regra geral, há normas para casos específicos.

Vamos estudar alguns desses casos.

Casos especiais

Concordância do verbo com sujeito composto

1 Sujeito composto anteposto ao verbo (que vem antes do verbo)

Carlos Araujo/Arquivo da editora

Veja alguns casos de concordância com o sujeito composto anteposto.

Caso 1

Releia a frase retirada do artigo de opinião e já utilizada como exemplo de concordância verbal:

sujeito composto

[...] as mídias sociais e as bases de dados de comércio eletrônico acabaram com qualquer pretensão de privacidade.

verbo

Quando a frase tem o sujeito composto colocado **antes** do verbo – **anteposto** – o verbo fica no plural.

Então:

> Com **sujeito composto anteposto** ao verbo, este fica no **plural**.

Caso 2

Leia a frase:

sujeito composto resumido na palavra *tudo*

Celular, redes sociais, GPS, tudo acaba com a privacidade das pessoas.

verbo

Observe: o sujeito é composto, mas foi resumido na palavra *tudo*. O verbo fica no singular.

Veja outro exemplo:

sujeito composto resumido na palavra *nada*

Barreiras, caixotes, sacos de areia, nada segurava a força das águas.

verbo

Assim, podemos concluir a regra:

> Com **sujeito composto resumido** por palavras como *alguém*, *ninguém*, *cada um*, *tudo*, *nada*, o verbo permanece no **singular**.

Caso 3

Observe a concordância do verbo com o sujeito nos seguintes exemplos:

Você, Carlos e eu ficaremos encarregados da decoração do salão.

Você → 3ª pessoa; Carlos → 3ª pessoa; eu → 1ª pessoa; ficaremos → verbo 3ª pessoa do plural

Esse sujeito composto é formado de pessoas gramaticais diferentes. Como há a presença de uma 1ª pessoa (eu/nós), o verbo concorda na 1ª pessoa do plural.

Assim, pode-se concluir a regra de concordância:

> **Sujeito composto** formado de **pessoas gramaticais diferentes**: quando houver a **1ª pessoa**, o verbo vai para a **1ª pessoa do plural**.

❷ Sujeito composto posposto ao verbo (que vem depois do verbo)

Observe as frases:

sujeito composto: três núcleos

Durante o tumulto, **brigaram** o **juiz**, os **jogadores** e alguns **torcedores**.

verbo no plural

sujeito composto: três núcleos

Durante o tumulto, **brigou** o **juiz**, os **jogadores** e alguns **torcedores**.

verbo no singular

As duas concordâncias estão corretas. Assim fica a regra:

> Com **sujeito composto posposto** ao verbo (que vem **depois** do verbo), este pode ir para o **plural** ou **concordar com o núcleo mais próximo**.

Outros casos de concordância verbal

❶ Sujeito formado por nomes próprios no plural

- Se o nome no plural vier antecedido de artigo, o verbo concorda com o número do artigo:

No fim do século XVII, as Minas Gerais receberam milhares de europeus, colonos e escravos, atraídos pela descoberta do ouro.

- Se o nome não vier antecedido de artigo, o verbo fica no singular:

Minas Gerais ganhou o prêmio dos melhores projetos culturais.

Observação: o uso atual na imprensa tende a preferir, em alguns casos, o verbo no plural mesmo se o nome não for precedido de artigo:

EUA **decidem** lançar candidatura à Olimpíada de 2024; quatro cidades concorrem

Disponível em: <espn.uol.com.br/noticia/468873_eua-decidem-lancar-candidatura-a-olimpiada-de-2024-quatro-cidades-concorrem>. Acesso em: maio 2015.

❷ Sujeito formado por expressões de sentido quantitativo

- Sujeito formado pelas expressões *a maior parte de*, *grande parte de*, *a maioria de*, entre outras — ocorre a concordância no plural ou no singular:

Grande **parte** das pessoas **estava** nos abrigos do governo.

Grande parte das **pessoas** **estavam** nos abrigos do governo.

A **maioria** das crianças **queria brincar** na areia.

A maioria das **crianças** **queriam brincar** na areia.

- Sujeito formado pelas expressões *um dos que*, *uma das que* — o verbo vai para o plural (construção predominante) ou permanece no singular:

  Pedro foi **um dos que** mais ficaram indignados com as novas orientações.

  ou

  Pedro foi **um dos que** mais ficou indignado com as novas orientações.

- Sujeito formado com as expressões *mais de*, *menos de* — o verbo concorda com o numeral que segue a expressão:

  Mais de um caso de febre aftosa foi constatado nesse gado.
  Mais de dez casos de febre aftosa foram constatados nesse gado.

3 Sujeito formado pelas expressões *um e outro* e *nem um nem outro*

O verbo pode ir para o plural ou para o singular:

Um e outro falou a verdade.

Um e outro falaram a verdade.

4 Sujeito formado por números percentuais

A tendência na linguagem moderna é fazer a concordância do verbo com o termo preposicionado que especifica a expressão numérica:

Setenta por cento **do povo brasileiro** referendou a não proibição do comércio de armas.

Setenta por cento **dos brasileiros** referendaram a não proibição do comércio de armas.

Leia uma manchete de jornal referindo-se a defeitos detectados em eletrônicos.

Pesquisa diz que 45% dos eletrônicos dão defeito antes de 2 anos de uso

Disponível em: <g1.globo.com/bom-dia-brasil/noticia/2014/09/pesquisa-diz-que-45-dos-eletronicos-dao-defeito-antes-de-2-anos-de-uso.html>. Acesso em: maio 2015.

5 Sujeito representado pelos pronomes relativos *que* e *quem*

- quando o sujeito do verbo é o pronome relativo *que*, o verbo concorda com o antecedente desse pronome:

Fui	**eu**	que	**levei**	os livros para casa.
Foi	**ele**	que	**levou**	os livros para casa.
Fomos	**nós**	que	**levamos**	os livros para casa.
Foram	**vocês**	que	**levaram**	os livros para casa.
	↓ antecedente do pronome	↓ pronome relativo	↓ verbo concordando com o antecedente	

- quando o sujeito do verbo é o pronome relativo *quem*, há duas formas de fazer a concordância:
- o verbo fica na 3ª pessoa do singular:

Fui eu quem levou o livro para casa.

eu → antecedente 1ª pessoa
quem → pronome relativo
levou → verbo na 3ª pessoa

- o verbo concorda com o antecedente:

Fui eu quem levei o livro para casa.

eu → antecedente 1ª pessoa
quem → pronome relativo
levei → verbo na 1ª pessoa

Carlos Araujo/Arquivo da editora

No dia a dia

Concordância

Na linguagem mais espontânea do cotidiano, principalmente em situações em que não estamos planejando nossa fala ou nossa escrita, é muito comum fazermos a concordância verbal de determinados casos de outras formas. Isso acontece mesmo com pessoas com maior grau de escolaridade.

Leia e compare as frases:

Há quem compra tudo pela internet.

Há quem compre tudo pela internet.

São exemplos de relações de concordância com o pronome *quem*.

Seguindo a norma gramatical, o verbo deve ser empregado na 3ª pessoa, como está na frase "Há quem **compre** tudo pela internet".

Porém, no dia a dia, os usos relativos à 3ª pessoa e à 2ª pessoa podem se confundir e é comum o uso do verbo em relação ao *quem* não seguir as regras da gramática normativa e concordar com a ideia. Veja:

Eu é quem fiz o conserto da porta.

em vez de:

Eu é quem fez o conserto da porta.

ou

Eu é que fiz o conserto da porta.

Outros tipos de concordância

- Na fala cotidiana, quando o sujeito da frase fica distante do verbo ou colocado depois do verbo (posposto) é comum fazer concordância verbal como nesta:

Chegou, depois de muita briga pelo telefone, **os acessórios** que encomendei pelo *site*.

- Muitas vezes, a concordância é feita pelo paralelismo que se cria na frase. Observe:

Tem *gente* que **fala** pouco e **diz** muito, mas tem *outros* que **fala** demais e não **diz** nada que se aproveite.

É sempre importante refletir sobre como nossas intenções, as circunstâncias em que estamos envolvidos, o grupo social que frequentamos podem nos fazer empregar a língua de modos diferentes. Refletir sobre isso não só ajuda a fazer escolhas de linguagem mais conscientes dependendo de nossas necessidades de comunicação, como também a compreender melhor as diversas formas de expressão que circulam na sociedade.

Atividades: concordância verbal

1. Reescreva as frases no caderno, escolhendo a forma verbal que estabelece a concordância mais adequada entre o verbo e o sujeito. Se for necessário, consulte as regras estudadas.
   a) Nuvens escuras de chuva (**apontava/apontavam**) no horizonte.
   b) Todos nós (**esperava/esperávamos**) uma resposta definitiva para o problema.
   c) A decisão do juiz e dos bandeirinhas (**revoltou/revoltaram**) os jogadores.
   d) O empenho dos políticos (**poderia/poderiam**) melhorar a situação do país.
   e) Nem o melhor equipamento eletrônico (**pode/podem**) evitar falhas humanas.
   f) Finalmente (**chegou/chegaram**) as férias de final de ano.
   g) (**Voltou/Voltaram**) da excursão todos os alunos envolvidos na pesquisa.
   h) O número de candidatos para o concurso (**ultrapassou/ultrapassaram**) as expectativas.

2. Explique: o que foi necessário observar para fazer a concordância verbal das frases da atividade anterior?
   Todas as frases da atividade 1 seguiram a **regra geral** de concordância verbal.

3. Reescreva no caderno as frases com a forma verbal que concorda adequadamente com seu sujeito.
   a) Pedidos dos amigos, apelos dos parentes, nada o (**convencia/convenciam**) a desistir da arriscada disputa.
   b) Paulo, Eduardo, Camila e eu (**formo/formam/formamos**) o time principal de vôlei.
   c) Frio, chuva, um tempo muito adverso (**atrapalhava/atrapalhavam**) a escalada da montanha.
   d) Pressão da população, notícias na mídia e forte oposição, tudo (**levou/levaram**) o governo a acatar o referendo.
   e) Casas de alvenaria, comportas e pontes (**foi arrastada/foram arrastadas**) pelas águas e pelos ventos.
   f) Com a passagem do furacão (**foi dizimada/foram dizimados**) a cidade, os pastos e os reservatórios de água.
   g) Com a passagem do furacão (**foi dizimada/foram dizimados**) os pastos, a cidade e os reservatórios de água.

4. Escolha a forma verbal que concorda adequadamente com o sujeito da frase. Transcreva a frase pronta em seu caderno.
   a) Os Andes (**tem/têm**) paisagens fantásticas.
   b) As Filipinas (**passa/passam**) por uma grande crise econômica.

c) Um dos que (**foi aprovado/foram aprovados**) no vestibular sempre estudou em escola pública.

d) Campinas (**ficará/ficarão**) sem água nesta semana.

e) A maioria dos jovens (**deseja/desejam**) ter a confiança dos pais.

f) Mais de vinte deputados (**se ausentou/se ausentaram**) durante as votações.

g) Grande parte da população atingida pelo maremoto (**fugiu/fugiram**) para as montanhas.

5. Justifique no caderno a concordância do verbo no plural na seguinte manchete de jornal:

Para Cuba, EUA não serão "especiais"

Jornal *Metro*, São Paulo, 7 abr. 2015. p. 10.

6. Observe que alguns verbos foram omitidos na tira reproduzida a seguir:

WALKER, Mort. Recruta Zero. *O Estado de S. Paulo*, São Paulo, 22 mar. 2004.

a) No caderno, substitua os números pelo presente do indicativo dos verbos seguintes, fazendo a concordância adequada:

- 1. *espionar*;
- 2. *disparar*;
- 3. *fazer*.

b) Explique a concordância verbal feita.

7. Justifique no caderno a concordância feita nas seguintes frases:

a) "Fragilidade tática do time, apatia dos jogadores, falta de resultados e saúde debilitada **culminaram** na saída do treinador Muricy Ramalho do São Paulo." (Jornal *Metro*. São Paulo, 7 abr. 2015.)

b) 47% de todos os casos de fraude registrados em 1999 na União Europeia **envolveram** transações na internet.

c) Segundo a ONU, em 2004, 14,3% da população mundial **tinha** acesso à internet.

d) "50% da água tratada é desperdiçada nas grandes cidades brasileiras." (Portal Bahia 247, 20 out. 2011.)

e) A maioria dos analistas **acreditam** que a tendência de crescimento será mantida.

f) "Muitas vezes, sem saber, a maioria da população europeia e americana **troca** sua privacidade por alguns pontos obtidos através de cartões de relacionamento de supermercados e lojas."

g) "Pesquisa revela que maioria dos jovens **tem** espírito empreendedor" (Portal G1, 14 fev. 2012.)

8. Leia a tira a seguir:

WATTERSON, Bill. O melhor de Calvin. *O Estado de S. Paulo*, São Paulo, 24 jun. 2005. Caderno 2.

Em qual dos quadrinhos a escrita do verbo comprometeu a concordância verbal segundo as regras gramaticais? Explique o que ocorreu.

9. Você é o revisor do texto.
A matéria seguinte está praticamente pronta para ser publicada em uma página da internet. Reescreva-a corrigindo a concordância verbal quando necessário ou quando achar mais adequado:

Cientistas acham componentes que sinaliza vida em estrela jovem

Um grupo de cientistas detectaram, pela primeira vez, componentes orgânicos essenciais ao redor de uma distante estrela jovem, o que corrobora a possibilidade de haver vida além do Sistema Solar. Segundo um artigo que será publicado na quinta-feira (8) pela revista científica *Nature* e que foi avançado em comunicado do Observatório Meridional Europeu (ISSO), esta equipe de cientistas também detectaram "grandes quantidades de cianeto de metilo (CH3-CN) no disco protoplanetário que rodeia a jovem estrela MWC 480".

Adaptado de: *Uol Notícias*. Disponível em: <noticias.uol.com.br/ciencia/ultimas-noticias/efe/2015/04/08/componentes-essenciais-para-vida-junto-a-estrela-sao-encontrados-pela-1-vez.htm>. Acesso em: 7 abr. 2015.

10. Reescreva as frases no caderno, flexionando o verbo entre parênteses no tempo e modo indicados, para fazer a concordância adequada:

a) Nem meus amigos, nem meus parentes, ninguém (**lembrar** – pretérito perfeito do indicativo) do meu aniversário.

b) Meus pais, meus irmãos, todo o pessoal de casa (**ir** – presente do indicativo) me acompanhar até o aeroporto na minha partida.

c) Tu e Carolina (**ser** – presente do indicativo) muito parecidos.

11. Copie as manchetes a seguir no caderno completando-as com o verbo entre parênteses. Flexione o verbo e faça a concordância no tempo indicado.

a) Grande parte dos restaurantes da cidade não ■ no domingo de Natal (*abrir* – pretérito perfeito do indicativo) (*Correio Braziliense*, 26 dez. 2011)

b) População de golfinhos da Baía de Guanabara ■ redução de 90% em três décadas (*sofrer* – presente do indicativo) (*O Globo*, 10 maio 2015.)

c) População desempregada ■ 14% em fevereiro, em 6 capitais (*saltar* – presente do indicativo) (*O Globo*, 26 mar. 2015.)

Produção de texto

Gênero: artigo de opinião

Artigo de opinião

O quê? Artigo de opinião sobre tema polêmico.

Para quê? Expor sua opinião e defender seu posicionamento.

Para quem? Pessoas da comunidade escolar.

A tecnologia no controle dos pais sobre os filhos

A — Lendo opiniões sobre o tema/assunto

Você leu no artigo "Celebridades descelebradas" como a tecnologia pode invadir a vida privada das pessoas. O telefone celular equipado com GPS é uma dessas tecnologias.

Leia:

Serviços que hoje são muito comuns em vários aplicativos, há alguns anos era uma grande novidade. Próximo ao Natal de 2004, e por meio de grande campanha de vendas, foi lançado o telefone celular equipado com rastreadores que fornecem a localização do usuário. Eram aparelhos dotados de GPS (sigla em inglês para "sistema global de posicionamento"), capazes de enviar sinais e captar os resultados por técnicas de localização. Como o apelo publicitário enfatizava o auxílio da tecnologia na localização dos filhos pelos pais, o lançamento desse produto gerou polêmica entre especialistas em relacionamento entre pais e filhos.

A possibilidade de controle da vida dos filhos por meio do celular, uma espécie de *Big Brother* paterno, gerou uma grande polêmica na ocasião. Dois especialistas em comportamento humano, um psiquiatra e uma psicóloga, confrontaram opiniões em textos publicados em um jornal de grande circulação. Confira:

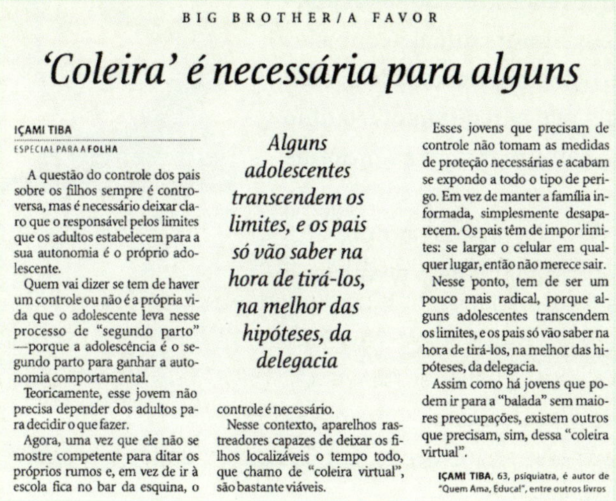

BIG BROTHER/A FAVOR

'Coleira' é necessária para alguns

IÇAMI TIBA
ESPECIAL PARA A FOLHA

A questão do controle dos pais sobre os filhos sempre é controversa, mas é necessário deixar claro que o responsável pelos limites que os adultos estabelecem para a sua autonomia é o próprio adolescente.

Quem vai dizer se tem de haver um controle ou não é a própria vida que o adolescente leva nesse processo de "segundo parto" —porque a adolescência é o segundo parto para ganhar a autonomia comportamental.

Teoricamente, esse jovem não precisa depender dos adultos para decidir o que fazer.

Agora, uma vez que ele não se mostre competente para ditar os próprios rumos e, em vez de ir à escola fica no bar da esquina, o controle é necessário.

Alguns adolescentes transcendem os limites, e os pais só vão saber na hora de tirá-los, na melhor das hipóteses, da delegacia

Nesse contexto, aparelhos rastreadores capazes de deixar os filhos localizáveis o tempo todo, que chamo de "coleira virtual", são bastante viáveis.

Esses jovens que precisam de controle não tomam as medidas de proteção necessárias e acabam se expondo a todo o tipo de perigo. Em vez de manter a família informada, simplesmente desaparecem. Os pais têm de impor limites: se largar o celular em qualquer lugar, então não merece sair.

Nesse ponto, tem de ser um pouco mais radical, porque alguns adolescentes transcendem os limites, e os pais só vão saber na hora de tirá-los, na melhor das hipóteses, da delegacia.

Assim como há jovens que podem ir para a "balada" sem maiores preocupações, existem outros que precisam, sim, dessa "coleira virtual".

IÇAMI TIBA, 63, psiquiatra, é autor de "Quem Ama, Educa!", entre outros livros

***Big Brother* / A favor**

"Coleira" é necessária para alguns

Içami Tiba

A questão do controle dos pais sobre os filhos sempre é controversa, mas é necessário deixar claro que o responsável pelos limites que os adultos estabelecem para a sua autonomia é o próprio adolescente.

Quem vai dizer se tem de haver um controle ou não é a própria vida que o adolescente leva nesse processo de "segundo parto" – porque a adolescência é o segundo parto para ganhar a autonomia comportamental.

Teoricamente, esse jovem não precisa depender dos adultos para decidir o que fazer.

Agora, uma vez que ele não se mostre competente para ditar os próprios rumos e, em vez de ir à escola, fica no bar da esquina, o controle é necessário.

Nesse contexto, aparelhos rastreadores capazes de deixar os filhos localizáveis o tempo todo, que chamo de "coleira virtual", são bastante viáveis.

Esses jovens que precisam de controle não tomam as medidas de proteção necessárias e acabam se expondo a todo o tipo de perigo. Em vez de manter a família informada, simplesmente desaparecem. Os pais têm de impor limites: se largar o celular em qualquer lugar, então não merece sair.

Nesse ponto, tem de ser um pouco mais radical, porque alguns adolescentes transcendem os limites, e os pais só vão saber na hora de tirá-los, na melhor das hipóteses, da delegacia.

Assim como há jovens que podem ir para a "balada" sem maiores preocupações, existem outros que precisam, sim, dessa "coleira virtual".

TIBA, Içami. "Coleira" é necessária para alguns. *Folha de S.Paulo*, São Paulo, 12 dez. 2004, p. C3.

Eduardo Knapp/Folhapress

Içami Tiba

***Big Brother* / Contra**

Trocamos educação por tecnologia?

Rosely Sayão

BIG BROTHER/CONTRA

Trocamos educação por tecnologia?

ROSELY SAYÃO

ESPECIAL PARA A FOLHA

Estamos trocando a educação para a liberdade responsável e para a autonomia pelos recursos tecnológicos mais avançados, é isso? O caminho é sedutor porque bem mais simples e com custos bem menores. Os pais, preocupados com a segurança dos filhos —ah, o que não temos feito em nome desse item!— acabam consumindo, sem grandes reflexões, as idéias mais absurdas. Como essa, por exemplo, do controle da localização dos filhos pelo celular.

Ora, ora! Quem diria que a geração pós-Segunda Guerra, que lutou pela democracia e pela liberdade, que bradou contra a tutela da família, chegasse a esse ponto com os próprios filhos? "Ainda somos os mesmos e vivemos como os nossos pais..."

Se os pais não acreditam que o filho seja capaz de avaliar situações de risco, de se proteger, por que ele mesmo acreditaria?

O controle é eficiente para acalmar as aflições dos pais. É eficiente, ainda, para provocar efeitos colaterais dos mais indesejáveis, e outros riscos. Vejamos.

Em primeiro lugar, se tem quem controle o jovem, por que haveria ele de se responsabilizar pelo autocontrole? Mais fácil deixar para os pais essa tarefa difícil já que eles assim o desejam. Em segundo, tem a dificuldade da construção da privacidade. E sem privacidade, não há intimidade. E tem mais , ainda: se os pais não acreditam que o filho seja capaz de avaliar situações de risco, de se proteger, de caminhar com as próprias pernas, por que ele mesmo acreditaria?

Pensando bem, é uma bobagem preocupar-se com isso. Os jovens sempre têm respostas inteligentes para propostas medíocres. Eles encontrarão um jeito de burlar o dispositivo. Não são eles os melhores no uso da tecnologia?

ROSELY SAYÃO é psicóloga e autora de 'Como Educar Meu Filho?' (Publifolha)

Reprodução/Arquivo da editora

Estamos trocando a educação para a liberdade responsável e para a autonomia pelos recursos tecnológicos mais avançados, é isso? O caminho é sedutor porque é bem mais simples e com custos bem menores. Os pais, preocupados com a segurança dos filhos – ah, o que não temos feito em nome desse item! –, acabam consumindo, sem grandes reflexões, as ideias mais absurdas. Como essa, por exemplo, do controle da localização dos filhos pelo celular.

Ora, ora! Quem diria que a geração pós-Segunda Guerra, que lutou pela democracia e pela liberdade, que bradou contra a tutela da família, chegasse a esse ponto com os próprios filhos? "Ainda somos os mesmos e vivemos como os nossos pais..."[1]

O controle é eficiente para acalmar as aflições dos pais. É eficiente, ainda, para provocar efeitos colaterais dos mais indesejáveis, e outros riscos. Vejamos.

Em primeiro lugar, se tem quem controle o jovem, por que haveria ele de se responsabilizar pelo autocontrole? Mais fácil deixar para os pais essa tarefa difícil já que eles assim o desejam. Em segundo, tem a dificuldade da construção da privacidade. E sem privacidade, não há intimidade. E tem mais, ainda: se os pais não acreditam que o filho seja capaz de avaliar situações de risco, de se proteger, de caminhar com as próprias pernas, por que ele mesmo acreditaria?

Pensando bem, é uma bobagem preocupar-se com isso. Os jovens sempre têm respostas inteligentes para propostas medíocres. Eles encontrarão um jeito de burlar o dispositivo. Não são eles os melhores no uso da tecnologia?

SAYÃO, Rosely. Trocamos educação por tecnologia?. *Folha de S.Paulo*, São Paulo, 12 dez. 2004, p. C3.

Luciana Cavalcanti/Folhapress

Rosely Sayão

[1] Este trecho "Ainda somos os mesmos e vivemos como os nossos pais..." faz referência a um verso da letra de canção "Como nossos pais", composta por Belchior, bem conhecida na voz da cantora brasileira Elis Regina.

Apesar da distância no tempo, a polêmica entre direito à privacidade e controle do outro por meios eletrônicos continua.

Em artigo de opinião publicado na revista *Exame Info*, de junho de 2011, intitulado "Eles estão seguindo nossos passos", Dagomir Marquezi abordava o mesmo assunto, agora[2] relacionado ao uso dessa tecnologia não só pelo celular, mas também pela internet, em serviços como o *Four Square* e o *Google Latitude*.

Você pode fazer a leitura completa desse artigo de opinião na seção *Outro texto do mesmo gênero*, ao final deste capítulo.

B — Refletindo para posicionar-se sobre o tema/assunto

1. Com qual das opiniões você concorda mais?
2. Que argumentos o convenceram?
3. Que argumentos você considera menos ou nada importantes?
4. Que argumentos você acrescentaria para justificar a opinião escolhida?

C — Esquematizando o texto de opinião

1. Escreva sua opinião sobre o tema/assunto: **A tecnologia no controle dos pais sobre os filhos**.
2. Escreva pelo menos dois argumentos que possam sustentar sua opinião. Lembre-se de todos os tipos de argumentos que você poderá utilizar: de autoridade, científico, citação de especialistas no assunto, argumento de valoração, argumento com ironia...
3. Decida se será necessário utilizar contra-argumentos para valorizar os seus argumentos. Se necessário, anote-os.
4. Verifique se será conveniente escrever uma introdução ou ancoragem para situar sua posição.

D — Escrevendo o artigo de opinião

1. Siga suas anotações e escreva seu texto, não se esquecendo das partes que organizam um texto argumentativo:
   - introdução ou ancoragem;
   - tese/posição sobre o assunto;
   - argumentos, contra-argumentos;
   - conclusão.
2. Lembre-se de que a conclusão pode retomar/justificar a tese/opinião apresentada.
3. Releia o texto e faça os ajustes necessários antes de passá-lo a limpo e de assiná-lo.

E — Socializando e divulgando opiniões

Aguarde as orientações do professor para:

- juntar-se aos colegas que tiveram opinião parecida com a defendida por você;
- escolher o melhor artigo de cada grupo;
- viabilizar a divulgação dos artigos de opinião eleitos: em um jornal mural, em cópias a serem distribuídas para a comunidade escolar, no *site* da escola ou da comunidade, ou até em um jornal de bairro ou da cidade.

---

[2] Observar que esse termo refere-se ao tempo em que o artigo foi escrito.

Outro texto do mesmo gênero

Eles estão seguindo nossos passos

Os serviços de localização são um prato cheio para teorias conspiratórias. Mas eles podem ser usados para boas causas

Dagomir Marquezi

Quando? Onde? Tempo. Espaço. É a base do interrogatório policial. "Onde você estava às 3h22 da quarta-feira passada?" Esses dois vetores determinam muito do nosso relacionamento com o resto do mundo. Dependendo de onde estivermos, e em qual momento, muitas coisas podem acontecer em nossas vidas.

Localização é um nicho que cresce na internet. Serviços tipo LBS (*Location Base Service*) estão apenas no começo. Carregam na essência material para muita polêmica. São um prato cheio para os adoradores de teorias conspiratórias. Devem imaginar burocratas da CIA (ou extraterrestres) acompanhando num grande monitor a localização de cada ser humano sobre a face da Terra.

O mais tradicional dos serviços LBS é o *Four Square*. É completamente manual: o usuário marca (ou não) sua presença em algum lugar. O *Four Square* estimula a concorrência entre os usuários. Quem frequentar mais um determinado lugar vira seu "prefeito". Pode tirar foto do local, dar palpites sobre seus serviços. É um instrumento social.

O *Google Latitude* promete ser bem mais interessante. E controverso. O *Latitude* acompanha automaticamente seu sinal – pelo celular ou *IP* do computador. Você então se torna um espião de si mesmo. Registra seu deslocamento pelo quarteirão ou pelo mundo.

Carlos Araujo/Arquivo da editora

Tem mais. O usuário do *Google Latitude* pode acrescentar "amigos" e acompanhar suas movimentações. O *Google* ilustrou seu serviço com a ideia de colegas usando-o para marcar um encontro. A empresa juntou um grupo de funcionários em São Francisco que, de olho no celular, se desloca pelas ruas até formar a expressão "Hi, mom" (Oi, mãe).

Invasão de privacidade?

Minha impressão é de que as perspectivas desses mecanismos LBS são bem maiores do que juntar amigos no mesmo bairro. Essa é outra ponta de *iceberg* típica da internet. Temos acesso a uma tecnologia que até outro dia era restrita a militares e serviços de inteligência. Seu potencial para o cidadão comum ainda é desconhecido.

Provavelmente não é uma boa ideia que casais se controlem pelo *Google Latitude*. Mas faço com meu filho. Num caso de emergência, um vai saber onde o outro está. Penso na minha já falecida mãe. Ela se recuperou de um grave AVC sem qualquer problema motor. Mas no início da recuperação dona Dirce tinha uma aguda confusão mental. Saía de casa e se perdia. Eu ficava circulando o bairro com minha irmã em busca dela. Hoje isso estaria solucionado.

Penso em idosos sendo monitorados em seus passeios. Em crianças naquela fase aflitiva em que começam a sair de casa. Em viagens que envolvam a coordenação de mais um veículo. Ou em complexas operações de salvamento durante um terremoto. Ações comerciais, maratonas, experimentos científicos – é só imaginar.

Pessoalmente uso bastante como parte de um projeto maior de amplo registro da minha vida. O "diário" deixa de ser uma simples descrição e passa a incluir mapas, gráficos, animações, listas de *check-ins*. Isso para mim fazia parte da ficção científica até outro dia. Invasão de privacidade? Objetivos comerciais ocultos? Mais do que nunca, acho que o grau de envolvimento com tecnologias de ponta fica por conta e risco de cada um. Tenho computadores desde o tempo do TK-85 e acho que já estou bem grandinho para saber em que onda estou surfando.

MARQUEZI, Dagomir. Eles estão seguindo nossos passos. *Exame INFO*, ed. 304. São Paulo: Abril, jun. 2011, p. 46.

Carlos Araujo/Arquivo da editora

Autoavaliação

Chegou o momento de fazer um balanço de tudo o que foi estudado no Capítulo 7. Leia o quadro de conteúdos para recordar o que estudou e, no caderno, avalie seu desempenho usando os tópicos propostos a seguir como orientação. Isso o ajudará na hora de organizar seus estudos.

Meu desempenho

- **Avancei em** (registre no caderno os itens em que você melhorou)
- **Preciso rever** (registre no caderno os itens que você precisa estudar mais)
- **Outras observações e/ou outras atividades**

CONTEÚDOS	
1. Gênero	Artigo de opinião • "Celebridades descelebradas", Luli Radfahrer
2. Leitura e interpretação de texto	Intencionalidade e escolhas de linguagem Recursos de coesão textual Estrutura do texto argumentativo Tipos de argumento
3. Língua: usos e reflexão	Concordância verbal (I) • Concordância do verbo com sujeito composto • Outros casos de concordância verbal
4. Produção textual	**Escrita** Artigo de opinião
5. Participação	**Prática de oralidade** Debate regrado: Privacidade em tempo de mídias sociais
6. Ampliação de leitura	Leitura de *Outras linguagens*: Cartum Leitura e produção de relações entre textos da seção *Conexões* Leitura de *Outro texto do mesmo gênero*: "Eles estão seguindo nossos passos", Dagomir Marquezi

Carlos Araujo/Arquivo da editora

Capítulo

8 Manifesto

Carlos Araujo/Arquivo da editora

Nas Unidades anteriores, você analisou editoriais e artigos de opinião, importantes instrumentos para defender e divulgar ideias nos veículos de comunicação (jornais, emissoras de televisão, revistas, etc.).

Outro gênero usado para a expressão de posicionamentos assumidos diante de fatos ou ideias é o **manifesto**.

Além de buscar convencer as pessoas sobre as ideias apresentadas, o autor ou autores do manifesto procura(m) incentivá-las a se mobilizar para ações coletivas pelas causas defendidas.

Para conseguir esse envolvimento, o manifesto tem de ser bastante convincente, daí a importância de uma boa argumentação.

Para você, que fatos, causas ou ideias mereceriam ser defendidos por meio de manifestos e da ação das pessoas?

Observe as diversas formas que as pessoas encontraram para se manifestar em épocas e lugares diferentes:

Vincent Yu/Associated Press

Mulher de paz. Manifestante segura cartaz em Seul (Coreia do Sul), em manifestação contra a intervenção militar no Iraque. *Folha de S.Paulo*, 9 mar. 2003.

Mizzima News/Agence France-Presse

Manifestação dos monges da Birmânia (Myanmar) pela causa: "O amor e a gentileza vencem tudo", 2007.

Pedro Ugarte/Agence France-Presse

Manifestação pela renúncia do presidente do Egito, 2011.

Eduardo Naddar/AGIF/Folhapress

Manifestação contra a dengue no Rio de Janeiro, 2008.

Durante as gravações da minissérie de televisão *Amazônia* (Rede Globo, Glória Perez, 2007), alguns artistas, testemunhando o desflorestamento da Amazônia, resolveram fazer um manifesto em favor da floresta.

O manifesto "Amazônia para sempre" foi lançado no Acre com o objetivo de convencer a sociedade e as autoridades a interromperem o desmatamento da floresta.

Leia o manifesto na próxima página deste livro.

Leitura

Manifesto
Amazônia para sempre

Acabamos de comemorar o menor desmatamento da Floresta Amazônica dos últimos três anos: 17 mil quilômetros quadrados. É quase a metade da Holanda. Da área total já **desmatamos** 16%, o equivalente a duas vezes a Alemanha e três Estados de São Paulo. Não há motivo para comemorações. A Amazônia não é o pulmão do mundo, mas presta serviços ambientais importantíssimos ao Brasil e ao Planeta. Essa vastidão verde que se estende por mais de 5 milhões de quilômetros quadrados é um lençol **térmico engendrado** pela natureza para que os raios solares não atinjam o solo, propiciando a vida da mais exuberante floresta da Terra e auxiliando na regulação da temperatura do Planeta.

Amazônia para sempre/Arquivo da editora

Depois de tombada na sua **pujança**, estuprada por madeireiros sem **escrúpulos**, ateiam fogo às suas vestes de esmeralda, abrindo passagem aos forasteiros que a humilham ao semear capim e soja nas cinzas de castanheiras centenárias. Apesar do extraordinário esforço de **implantarmos** unidades de conservação como alternativas de desenvolvimento sustentável, a devastação continua. Mesmo depois do sangue de **Chico Mendes** ter selado o pacto de harmonia homem/natureza, entre seringueiros e indígenas, mesmo depois da aliança dos povos da floresta "pelo direito de manter nossas florestas em pé, porque delas dependemos para viver", mesmo depois de inúmeras sagas cheias de heroísmo, morte e paixão pela Amazônia, a devastação continua.

Como no passado, **enxergamos** a Floresta como um obstáculo ao progresso, como área a ser vencida e conquistada. Um imenso estoque de terras a se tornarem pastos pouco produtivos, campos de soja e espécies vegetais para combustíveis alternativos ou então uma fonte inesgotável de madeira, peixe, ouro, minerais e energia elétrica. **Continuamos** um povo irresponsável. O desmatamento e o incêndio são o símbolo da **nossa incapacidade** de compreender a delicadeza e a **instabilidade** do **ecossistema** amazônico e como tratá-lo.

Um país que tem 165 000 km² de área desflorestada, abandonada ou semiabandonada, pode dobrar a sua produção de grãos sem a necessidade de derrubar uma única árvore. É urgente que **nos tornemos** responsáveis pelo gerenciamento do que resta dos **nossos valiosos** recursos naturais.

Portanto, **a nosso ver**, como único procedimento **cabível** para desacelerar os efeitos quase **irreversíveis** da **devastação**, segundo o que determina o § 4º, do Artigo 225 da Constituição Federal, onde se lê:

A Z

térmico: que conserva a temperatura, referente a calor.

engendrado: inventado, produzido.

pujança: grandeza, força, vigor.

escrúpulo: remorso, cuidado, zelo, senso moral.

Chico Mendes: além de seringueiro, foi sindicalista e ativista ambiental. Lutava pela preservação da Floresta Amazônica e conseguiu dar projeção mundial à causa. Como não havia escolas nos seringais, só aprendeu a ler entre 19 e 20 anos. Aos 30, começou sua vida de líder sindical e, desde então, participou de ações em defesa da Floresta Amazônica e de áreas indígenas.

instabilidade: falta de firmeza.

ecossistema: sistema que inclui os seres vivos, o meio ambiente e suas inter-relações.

cabível: adequado, que tem cabimento, que vale.

irreversível: que não é possível reverter.

devastação: destruição, aniquilamento.

implementar: pôr em prática, executar.

"A Floresta Amazônica é patrimônio nacional, e sua utilização far-se-á, na forma da lei, dentro de condições que **assegurem a preservação do meio ambiente**, inclusive quanto ao uso dos recursos naturais".

Assim, deve-se **implementar** em níveis Federal, Estadual e Municipal A INTERRUPÇÃO IMEDIATA DO DESMATAMENTO DA FLORESTA AMAZÔNICA. JÁ!

É hora de enxergarmos nossas árvores como monumentos de nossa cultura e história.

SOMOS UM POVO DA FLORESTA!

Disponível em: <www.amazoniaparasempre.com.br/TPManifesto.html>. Acesso em: 15 maio 2015.

logotipo: representação visual de marca ou ideia; logomarca.

slogan: frase concisa, fácil de lembrar, utilizada em campanhas políticas e publicitárias.

Interpretação do texto

Compreensão

1. Observe abaixo o **logotipo** do manifesto.
   Compare-o com a foto da vitória-régia, planta típica da região amazônica.
   Responda no caderno: o que o logotipo pretende destacar?

Amazônia para sempre/Arquivo da editora

J. L. Bulcão/Pulsar Imagens

2. Leia o ***slogan*** presente no logotipo: "Amazônia para sempre".
   Responda no caderno: que ideia é expressa pelo *slogan*?
3. O manifesto apresenta razões para justificar a adesão das pessoas à causa. Qual é a principal razão que leva os criadores do manifesto a solicitar essa adesão?
4. Observe o logotipo do manifesto em inglês, que dá ideia de que esse manifesto não se restringe ao Brasil.
   De acordo com o manifesto, a floresta amazônica presta serviços ambientais não só ao Brasil, mas também ao planeta. Essa seria a razão de o logotipo estar em inglês. De que forma a floresta presta serviços ambientais ao planeta?

Amazônia para sempre/Arquivo da editora

5. Releia o trecho abaixo e responda às questões propostas no caderno.

   [...] pelo direito de manter nossas florestas em pé, porque delas dependemos para viver.

   a) A que fato relatado no texto se refere essa afirmação?
   b) De acordo com o manifesto, essa afirmação foi respeitada? Por quê?

6. Releia a parte final do manifesto:

> **É hora de enxergarmos nossas árvores como monumentos de nossa cultura e história.**
>
> **SOMOS UM POVO DA FLORESTA!**

Qual é a intenção dos autores do manifesto com essas frases finais?

Conversa em jogo

Aderir ou não à demanda do manifesto

- Nem todas as pessoas que leem um manifesto concordam com ele e aderem ao que é solicitado. A adesão ou não a uma causa é uma decisão pessoal. Para tomar essa decisão é preciso refletir sobre as consequências da ideia exposta no manifesto. Após a leitura do manifesto reproduzido neste capítulo, você se sente motivado a aderir à campanha que ele propõe? Busque argumentos para justificar sua escolha. Ouça a opinião de seus colegas.

Linguagem do texto

Aproximação com o destinatário

1. Observe alguns dos verbos que foram destacados no texto:

acabamos desmatamos enxergamos continuamos

A que pessoa se referem essas formas verbais?

2. Releia estes trechos:

> **O desmatamento e o incêndio são o símbolo da nossa incapacidade de compreender a delicadeza [...].**
>
> **É urgente que nos tornemos responsáveis pelo gerenciamento do que resta dos nossos valiosos recursos naturais.**

Esta é a sequência de tratamento ao longo do manifesto: *nós*.

a) Qual é o efeito de sentido criado com esse tratamento?

b) Transcreva outras expressões empregadas como recursos de envolvimento do texto com o leitor.

3. Releia:

> **A Amazônia não é o pulmão do mundo, mas presta serviços ambientais importantíssimos ao Brasil e ao Planeta. Essa vastidão verde que se estende por mais de 5 milhões de quilômetros quadrados é um lençol térmico engendrado pela natureza para que os raios solares não atinjam o solo, propiciando a vida da mais exuberante floresta da Terra e auxiliando na regulação da temperatura do Planeta.**
>
> Depois de tombada na **sua** pujança [...], ateiam fogo às **suas** vestes de esmeralda abrindo passagem aos forasteiros que **a** humilham ao semear capim e soja nas cinzas de castanheiras centenárias.

a) Que expressões são usadas no primeiro parágrafo para não repetir o nome Amazônia?

b) Uma das funções dos pronomes, além de substituir os nomes, é a de estabelecer coesão entre os parágrafos do texto. A que nome se referem os pronomes destacados no texto como elementos de coesão?

Construção do texto

Nos Capítulos 6 e 7 você estudou formas de estruturar a argumentação na crônica jornalística no artigo de opinião. Pôde observar que esses textos têm uma estrutura semelhante. Relembre:

- Ancoragem (introdução para situar o leitor).
- Tese/opinião ou posicionamento adotado sobre o assunto.
- Argumentos:
  - ideias para fundamentar a posição;
  - dados e informações que deem mais consistência às ideias;
  - contra-argumentos: argumentos para mostrar ao leitor que o autor do texto considerou outros pontos de vista sobre a questão.
- Conclusão.

Embora o manifesto também seja um gênero argumentativo, sua estrutura difere da observada nos gêneros vistos anteriormente. Geralmente, o manifesto apresenta a **identificação** e a **análise de um problema**, os **argumentos** e uma **convocação ou apelo** para adesão à causa.

1. Em seu caderno copie as frases do texto lido reproduzidas a seguir, empregando um destes itens para caracterizá-las:

problema **argumento** **adesão à causa**

a) "Da área total já desmatamos 16%, o equivalente a duas vezes a Alemanha e três Estados de São Paulo. Não há motivo para comemorações."

b) "Apesar do extraordinário esforço de implantarmos unidades de conservação como alternativas de desenvolvimento sustentável, a devastação continua."

c) "É hora de enxergarmos nossas árvores como monumentos de nossa cultura e história."

d) "[...] mesmo depois de inúmeras sagas cheias de heroísmo, morte e paixão pela Amazônia, a devastação continua."

e) "[...] o desmatamento e o incêndio são o símbolo da nossa incapacidade de compreender a delicadeza e a instabilidade do ecossistema amazônico [...]"

f) "Como no passado, enxergamos a Floresta como um obstáculo ao progresso, como área a ser vencida e conquistada."

g) "É urgente que nos tornemos responsáveis pelo gerenciamento do que resta dos nossos valiosos recursos naturais."

2. Releia outro trecho do manifesto e observe como foram estruturados estes argumentos:

> Apesar do extraordinário esforço de implantarmos unidades de conservação como alternativas de desenvolvimento sustentável, **a devastação continua**. **Mesmo depois** do sangue de Chico Mendes ter selado o pacto de harmonia homem/natureza, entre seringueiros e indígenas, **mesmo depois** da aliança dos povos da floresta "pelo direito de manter nossas florestas em pé, porque delas dependemos para viver", **mesmo depois** de inúmeras sagas cheias de heroísmo, morte e paixão pela Amazônia, **a devastação continua**.

O primeiro período termina com a oração "a devastação continua", que se repete no fim do parágrafo. Ligando o primeiro período ao último, há a repetição da expressão *mesmo depois*.

Copie a alternativa que pode explicar essas repetições na construção dos argumentos.

a) As repetições indicam a insistência em mostrar que tudo o que foi feito não surtiu resultado.

b) As repetições mostram que muitas ações contra a devastação já foram realizadas.

c) As repetições indicam uma linguagem mais poética e menos informal.

d) As repetições introduzem fatos para comprovar a devastação.

3. Os dois últimos parágrafos do manifesto apresentam as conclusões sobre o que deve ser feito.

a) Reescreva no caderno uma das conclusões apresentadas.

b) Que palavras foram empregadas como elementos coesivos para mostrar que serão apresentadas as conclusões?

4. Vamos relembrar alguns tipos de argumento estudados:

Argumentos	
Científicos	Apresentação de dados
De autoridade	Citações de autoridades
De valoração	Conceitos e valores

Com base nesse quadro, em seu caderno transcreva do manifesto um exemplo de cada um dos argumentos:

a) Científicos.

b) De autoridade.

c) De valoração.

5. O convite à adesão, ou seja, o chamamento à ação, é estruturado em ideias que expressam desejos da coletividade. Qual a razão de se empregar a adesão no manifesto?

Hora de organizar o que estudamos

Manifesto

Gênero argumentativo empregado para a expressão de posicionamentos, para convencer os que o leem ou ouvem a aderir a uma causa e a agir em prol dessa causa.

Intenção
- Convencer as pessoas sobre as ideias defendidas;
- motivar as pessoas para ações coletivas;
- fazer os que lerem o manifesto aderirem a uma ação mais efetiva.

Linguagem
- Precisa e mais cuidada, mais formal;
- emprego de recursos linguísticos para envolver o interlocutor e fazê-lo aderir a uma causa.

Construção
- Apresentação do problema;
- argumentos;
- apelo à adesão.

Leitor

Aquele que é envolvido pelo apelo inicial ou se interessa pelo assunto/tema sugerido pelo título do manifesto.

Atividades: manifestos e defesa de opinião

Em 1929, um grupo de artistas conhecido pelo nome **Escola da Anta** publicou um manifesto. Chamou-se Grupo da Anta porque era formado por poetas que elegeram a anta como símbolo brasileiro. Leia trechos do manifesto:

Manifesto Nhengaçu Verde-Amarelo

[...]

O grupo "verdeamarelo", — cuja regra é a liberdade plena de cada um ser brasileiro como quiser e puder; cuja condição é cada um interpretar o seu país e o seu povo através de si mesmo, da própria determinação instintiva; — o grupo "verdeamarelo", à tirania das sistematizações ideológicas, responde com a sua alforria e a amplitude sem obstáculo de sua ação brasileira. Nosso nacionalismo é de afirmação, de colaboração coletiva, de igualdade dos povos e das raças, de liberdade do pensamento, de crença na predestinação do Brasil na humanidade, de fé em nosso valor de construção nacional.

Aceitamos todas as instituições conservadoras, pois é dentro delas mesmo que faremos a inevitável renovação do Brasil, como o fez, através de quatro séculos, a alma de nossa gente, através de todas as expressões históricas.

Nosso nacionalismo é "verdeamarelo" e tupi. [...]

Disponível em: <www.pco.org.br/conoticias/ler_materia.php?mat=8291>. Acesso em: 27 jan. 2015. Adaptado.

verdeamarelo ou Escola da Anta (1916-1929): grupo formado por Plínio Salgado (1875-1975), Menotti del Picchia (1892-1988), Guilherme de Almeida (1890-1969) e Cassiano Ricardo (1895-1974) em resposta ao nacionalismo do grupo Pau-Brasil, que tinha o escritor Oswald de Andrade como representante maior. A Escola da Anta propunha um nacionalismo primitivista, ufanista. Propuseram a anta como símbolo nacional. Em 1929, o grupo verde-amarelista publica o manifesto "Nhengaçu Verde-Amarelo — Manifesto do Verde-Amarelismo ou da Escola da Anta".

nhengaçu: na língua tupi, significa "língua boa".

tirania: exercício de poder não limitado por lei ou constituição; governança opressora.

alforria: liberdade concedida ao escravo.

predestinação: predeterminação de acontecimentos.

Carlos Araujo/Arquivo da editora

Responda no caderno:

1. Que outros elementos, além da anta, foram escolhidos para mostrar que o grupo é genuinamente brasileiro?
2. O que o manifesto defende?
3. Nesse trecho é possível destacar alguns argumentos. Escolha e escreva dois deles.

Em 2007, setenta e oito anos depois do manifesto do Grupo da Anta, um grupo de artistas conhecido pelo nome **Cooperifa** publicou um manifesto na Semana de Arte Moderna da Periferia. Cooperifa é o nome de uma cooperativa cultural que reúne artistas da periferia. Leia um trecho do manifesto:

Manifesto da Antropofagia Periférica

Dos becos da periferia há de vir a voz que grita contra o silêncio que nos pune. A voz que galopa contra o passado pelo futuro de todos. Pela arte e pela cultura no subúrbio, pela universidade para a diversidade. Contra a arte patrocinada pelos que a corrompem. Contra a arte fabricada para destruir o senso crítico. A arte que liber-

ta não pode vir da mão que escraviza. Sejamos, pois, a favor da poesia **periférica** que brota na porta do bar. A favor do teatro que não venha do ter ou não ter. A favor do cinema real que não iluda. Das artes plásticas que querem substituir os barracos de madeira. Da dança que desafoga. Da música que não embala os adormecidos. Da literatura das ruas despertando nas calçadas. Pela periferia unida, no centro de todas as coisas. Contra o racismo, a intolerância e as injustiças sociais de que a arte **vigente** não fala. Contra a surdez e a mudez artística. [...] Enfim, por uma periferia que nos une pelo amor, pela dor e pela cor [...].

VAZ, Sérgio. Adaptado de: <http://revistaepoca.globo.com/Revista/Epoca/0,,EDG79089-6014-487,00.htm>. Acesso em: 18 maio 2015.

periférica: distante do centro; às margens.

vigente: que está em vigor.

Responda no caderno:

1. O que o manifesto critica?
2. O que defende?
3. Transcreva o argumento que você considera mais significativo nesse manifesto. Justifique sua escolha.

Prática de oralidade

Seminário

Por mim ou por todos?

O manifesto "Amazônia para sempre" cita o nome de Chico Mendes, que foi morto pela causa que defendia. Leiam sua declaração postada no *site* do instituto que leva seu nome:

No começo pensei que estivesse lutando para salvar seringueiras, depois pensei que estava lutando para salvar a floresta Amazônica. Agora, percebi que estava lutando pela humanidade.

Disponível em: <www.recantodasletras.com.br/cronicas/1793854>. Acesso em: 18 maio 2015.

Antonio Scorza/Agence France-Presse

O depoimento de Chico Mendes mostra que as ações podem ser muito mais amplas do que pensamos. Há no mundo muitos problemas que provocam manifestações coletivas. Mas há pequenas causas, mais próximas, que podem mobilizar as pessoas para a ação local.

É sobre essas pequenas causas que será organizado o **seminário**, um gênero textual que culmina com a apresentação oral, para um público específico, do que foi objeto de estudo e pesquisa dos participantes. Sigam as etapas sugeridas na página seguinte.

Seleção e organização do conteúdo para o seminário

1. **Em grupo.** Selecionem o problema a ser discutido:
   a) Pensem: em sua cidade ou em seu bairro, que problema mereceria ações coletivas para trazer soluções?
   b) Anotem o problema que acontece perto de vocês e que poderia ser resolvido ou amenizado.
   c) Sob orientação do professor, em uma roda de conversa:
      - troquem informações sobre os problemas eleitos;
      - formem grupos por semelhança de problemas.

2. Pesquisem sobre o problema:
   a) Informem-se sobre o objeto de sua pesquisa de dois modos:
      - em pesquisa de campo, questionando pessoas da comunidade sobre: o que e como vivenciam o problema, o que seria necessário para resolvê-lo, quem poderia ajudar, onde buscar solução, quando isso poderia ser feito?
      - em pesquisa teórica, lendo sobre a questão em livros, jornais, revistas existentes na biblioteca, fazendo pesquisa em *sites* de busca na internet.
   b) Anotem dados, citações, exemplos que ajudarão a definir o problema.
   c) Elaborem um roteiro para orientar a fala de quem for escolhido para expor o trabalho do grupo. Dividam o roteiro em:
      - apresentação do problema e motivação da plateia;
      - exposição: um esquema com os dados facilitará a compreensão de todos;
      - conclusão com retomada do problema e mensagem final.
   d) Providenciem material de apoio para ilustrar a exposição: esquema, foto, ilustração, gravação em vídeo ou áudio...

3. Definam:
   - quem fará a apresentação oral do que foi produzido pelo grupo;
   - quem ficará como auxiliar para o manuseio de material de apoio. Lembrem-se de que o grupo todo é responsável pela apresentação. Estejam prontos para corrigir falhas: ausência de um dos participantes, quebra/defeito de algum material de apoio, problemas com a plateia (dificuldade para ouvir o expositor ou de ver algum material de apoio, etc.).

O seminário

1. Em data e hora definidas, o professor fará a abertura do seminário esclarecendo:
   - a importância do tema em discussão – "Por mim ou por todos" – por envolver jovens em ações comunitárias;
   - o objetivo do seminário: apresentação dos conhecimentos sobre os problemas selecionados para que se chegue a um denominador comum (só um dos problemas ou a convergência entre alguns);
   - o tempo destinado a cada apresentação;
   - a sequência das apresentações dos grupos.

2. **Os participantes**:

a) Como **expositores**, cada grupo fará sua apresentação de acordo com o que foi decidido e ensaiado.

Não se esqueçam dos cuidados necessários para a circunstância comunicativa da fala em público:

- Volume da voz de acordo com o tamanho do espaço e da plateia.
- Articulação clara das palavras e entonação expressiva das frases.
- Postura voltada para o público, mesmo nos momentos de consulta a esquemas e dados.
- Atenção à reação do público: acolhimento das falas e das participações da plateia.
- Escolhas de linguagem de acordo com a formalidade da ocasião: mais cuidada, mais objetiva (objetividade na apresentação de dados e fatos).

b) Como **plateia**, sejam ouvintes atentos e participativos:

- peçam a palavra;
- anotem as palavras que poderão nortear seus questionamentos ou sugestões;
- sejam objetivos e claros nas suas falas, retomando a parte da exposição referente à sua participação como plateia.

3. Conversa final para:

- síntese dos problemas apresentados.
- seleção do tema do manifesto que será objeto da produção escrita do fim do capítulo.

Outras linguagens

Charge

Outro modo de sensibilizar a opinião pública são as imagens. A charge é um gênero que, por meio de imagens, pode criticar fatos ou situações, provocar o leitor a partir de crítica contundente ou expor uma atitude de protesto, como é o caso a seguir.

Angeli/Acervo do cartunista

ANGELI. *Folha de S.Paulo*. São Paulo, 27 nov. 2011. p. A2.

Na imagem da charge, observe:

- a ilustração retorcida, contundente das árvores personificadas, com expressões humanas de horror e sofrimento;
- a cor de fundo escura e sombria;
- o efeito provocado pela imagem de desespero, como se as "bocas" das árvores emitissem sons de gritos.

No texto verbal da charge, observe:

- no título, "A mata urge", a palavra *urge* é usada como um jogo em que se invertem as letras da palavra *ruge*, que significa emitir rugidos, voz de grandes felinos, como o leão e o tigre;
- o verbo *urgir*, em sentido literal, significa 'ser urgente', não admitir demora ou atraso, solicitar com insistência, reclamar, exigir.

1. A partir do significado do verbo *urgir*, é possível perceber o sentido de protesto da charge: a crítica a uma situação cuja solução depende de uma atitude imediata. Converse com os colegas sobre essa forma de criticar um fato e sensibilizar o leitor para a causa.

Angeli/Acervo do cartunista

A mata urge, Angeli, 2011.

Edvard Munch/Album/akg-images/Latinstock

O grito, Edward Münch, 1893.

2. O contraste entre o texto verbal e a imagem da charge são argumentos que conseguiram convencer você sobre a necessidade de resolver sem demora o problema da destruição da mata?

3. Ao lado, compare um recorte da charge de Angeli com esta pintura de Edvard Munch, pintor norueguês, que representa um grito humano, e observe as possíveis semelhanças.

Conexões — RELAÇÕES ENTRE TEXTOS, ENTRE CONHECIMENTOS

1. Arte visual e manifesto

Em um manifesto reúnem-se diversos argumentos procurando defender uma ideia e convencer as pessoas a se engajar nessa causa. É *na* e *pela* arte que, muitas vezes, uma ideia consegue ser divulgada, mobilizando um grande público para uma ação coletiva. Conheça três versões de cartazes relacionados ao manifesto que você leu em que a criatividade da arte visual sensibiliza o olhar do leitor:

Montagem

Greenpeace/Arquivo de editora

Greenpeace. Disponível em: <www.flickr.com/photos/projeto_sustain/5783991484/>. Acesso em: 14 mar. 2012.

Foto

Greenpeace/Arquivo da editora

Disponível em: <www.greenpeace.org.br>. Acesso em: 11 abr. 2012.

Ilustração

Greenpeace/Arquivo da editora

Disponível em: <www.flickr.com/photos/bruna-miranda/3192712264>. Acesso em: 11 abr. 2012.

2. Poema em defesa do coletivo

Se o manifesto tem por objetivo mobilizar ações coletivas a favor da causa defendida, a arte é sempre uma grande aliada dessa atitude. Leia o poema a seguir, um manifesto pela arte única, sem divisões nem classificações.

Manifesto UM
Por uma arte única

Nadam Guerra

Século vinte e um
Tudo é um
Quem acha que faz teatro ou música ou pintura
ou cinema ou *performance* ou fotografia
está vivendo no século passado.
Não há fotografia que não seja música
Não há poesia que não seja cinema
Nem teatro que não seja escultura.
Arte única, mais que um movimento
É uma constatação da contemporaneidade.
Tudo é um
Arte é um
Arte é viva
[...]
Tudo é um
A diferença entre um pintor e um cineasta
é a mesma que entre um poeta e outro poeta.

Especificidades e individualidades existem
Categorias não
Categorias são invenções projetadas sobre o real
No real arte é uma só
Tudo é um.
O músico supor que o que faz não é teatro
E o poeta pensar que sua arte não é sonora nem visual
Ou o pintor afirmar que arte conceitual não tem nada a ver com pintura
É o mesmo que o católico pensar que reza para um deus diferente do protestante
Ou o muçulmano julgar que sua crença é mais importante que a do budista.
Só haverá paz quando entendermos que somos um
Tudo é um
Arte é um
Não importa como se manifesta
Tudo é um
Não importa a cor da pele
Ou a referência bibliográfica
Ou se seu fazer requer mais habilidade
Da mão, da mente, do ouvido ou do corpo.
Viva a antropofagia
E viva o academicismo!
Viva as tias-avós que fazem crochê rosa-bebê!
E viva seus sobrinhos netos que tocam *heavy metal* na garagem!
Viva eu, viva tu
Viva o rabo do tatu!
Viva a tradição popular,
Viva os homens de letras,
E viva os jovens rebeldes!
Todos são um,
Ou não serão nada!

GUERRA, Nadam. Disponível em: <www.grupoum.art.br/Grupo_UM/Manifesto_UM.html>. Acesso em: 1º fev. 2015.

Carlos Araujo/Arquivo da editora

Língua: usos e reflexão

Concordância verbal (II)

Imagine que você precisasse escolher, entre estas placas, as construções adequadas ao que propõe a gramática normativa. Qual das duas placas você escolheria? Por quê?

I	II
Aluga-se quartos para estudantes	**Alugam-se** quartos para estudantes
Precisa-se de mecânicos qualificados	**Precisam-se** de mecânicos qualificados

Você já se viu diante de dúvidas desse tipo? Muitas pessoas têm dúvidas sobre qual a melhor forma nesses casos. Diante dessa dúvida grande parte das pessoas escolhe as placas da coluna I.

Isso acontece porque no dia a dia, a maioria das pessoas emprega intuitivamente esse tipo de frase, pois dominam a língua pelo uso e isso as faz ter uma lógica intuitiva ao empregar a língua.

A lógica dessa escolha provavelmente é: Alguém aluga..., Alguém precisa... e assim muitas pessoas empregam os verbos no singular.

Pela gramática normativa, que orienta os usos mais formais da língua, são corretas estas placas:

Alugam-se quartos para estudantes

Precisa-se de mecânicos qualificados

Há muitas circunstâncias em que são empregados os usos mais formais da língua: alguns textos jornalísticos, algumas obras literárias, situações públicas de apresentações de trabalhos científicos (seminários e palestras), trabalhos escolares, peças jurídicas, entre outros. São situações que exigem mais planejamento e monitoramento tanto da língua falada quanto da língua escrita. Nesses casos, seguem-se as normas/regras gramaticais mais estritas.

No capítulo anterior vimos alguns casos de concordância verbal. Vamos ver mais alguns neste capítulo.

Voz passiva com pronome apassivador *se*

Os verbos transitivos diretos podem ser empregados na voz passiva se forem acompanhados do pronome *se*. Nesse caso, a concordância será feita com o sujeito presente na frase. Veja exemplos na página seguinte.

Vende-se moto.
verbo trans. direto | pronome apassivador | sujeito singular

Vendem-se motos.
verbo trans. direto | pronome apassivador | sujeito plural

Encontrar**am**-se **diversos sobreviventes** sob os escombros.
v. trans. direto | pron. apassivador | sujeito plural

Verbo acompanhado de partícula se, indicando indeterminação do sujeito

Os verbos que não forem transitivos diretos, quando seguidos da partícula *se* (índice de indeterminação do sujeito), ficam na terceira pessoa do singular. Exemplos:

______ **Necessita**-se de reforços urgentes.
sujeito indeterminado | v. na 3ª pes. do singular

______ **Assiste**-se a bons filmes nos canais pagos.
sujeito indeterminado | v. na 3ª pes. do singular

Verbos impessoais

Verbos impessoais são os que não apresentam sujeito. São empregados sempre na **terceira pessoa do singular**. Observe:

- verbos que indicam fenômenos da natureza:
  Ventou muito nas últimas chuvas.
  Esfriará pouco no próximo inverno.
- verbo *haver* no sentido de existir:
  Há várias meninas esperando por você no portão da escola.
- verbos *haver* e *fazer* indicando tempo transcorrido:
  Há muitos anos que não o vejo.
  Faz trinta anos que o grupo se separou.

Verbo *ser*

Nas indicações de hora, data e distância

Nas indicações de hora, data e distância, o verbo ser é impessoal e concorda com o predicativo, pois não há sujeito:

É uma hora.
São dez horas.
Da escola até sua casa **são dois** quilômetros.

Seguido de expressões quantificadoras

O verbo *ser*, quando seguido de expressões quantificadoras (*muito*, *pouco*, *bastante*...), fica na terceira pessoa do singular. Exemplos:

Cem reais **é muito** por essa bolsa.
Duas horas **é pouco** para essa viagem.
Três dúzias de flores **é bastante** para enfeitar as mesas.

No dia a dia

Concordância

- Em seu caderno, explique a concordância empregada na manchete da página de revista ao lado:

30 dias de férias poderão ser pouco

No dia a dia as pessoas acabam empregando a língua seguindo mais uma lógica intuitiva do que as regras estritas da gramática.

A lógica seguida neste caso foi, provavelmente, considerar a expressão "30 dias" como o sujeito do verbo, daí a concordância feita no plural.

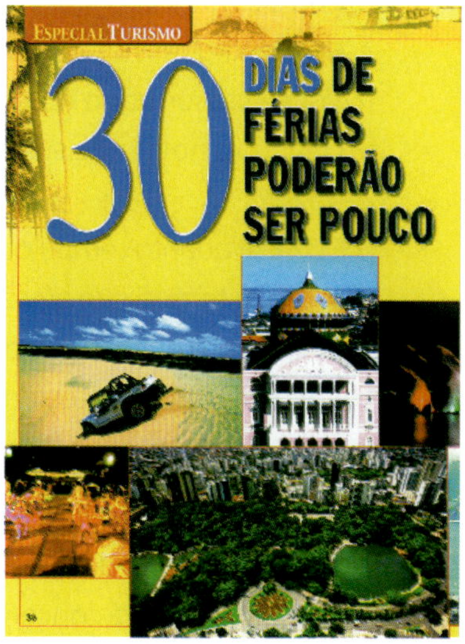

Editora Três/Arquivo da editora

Revista *IstoÉ*. São Paulo: Três, 6 jul. 2005. p. 56.

Silepse

Ocorre uma concordância siléptica quando o verbo não concorda com o sujeito expresso na oração, mas com um sujeito implícito na ideia de quem fala. Exemplo:

Dizem que **os brasileiros somos** todos amantes de música e de futebol. (**nós**)

Atividades: concordância verbal

1. Leia e compare estas duas chamadas.

I.

43% do estoque **está** à venda

II.

Mais de 40% dos jogos do torneio estadual **dão** prejuízo.

Folha de S.Paulo. São Paulo, 28 mar. 2015. Caderno Esporte, p. D1.

Ambas fazem referência a números percentuais. Compare a concordância verbal nas duas construções e responda no caderno: qual é a diferença em relação à concordância verbal nessas frases?

2. Leia o anúncio a seguir, publicado em um jornal:

T

Contrata-se tarólogos

M/F 6 Horas de trab. fixo ou comissão + VT. Contato das 10:00HS às 18:00 HC (11) XXXX-XXXX

Folha de S.Paulo. São Paulo, 29 mar. 2015. Adaptado.

Sabemos que os falantes empregam os recursos da língua seguindo mais a intuição do que a regra. Se seguisse as regras da gramática normativa a linguagem ficaria da mesma forma? Explique no caderno.

3. Reescreva as frases no caderno, substituindo os ■ pelo verbo indicado entre parênteses.

a) ■ mais de três horas aguardo seu telefonema! (haver)
b) Você está formado ■ dois anos e ainda não conseguiu um emprego? (haver)
c) Quando a notícia de sua morte chegou, já ■ dois meses que ele não dava notícia. (fazer)
d) Puxa! ■ quanto tempo que eu não falo com você! (haver)
e) ■ muito tempo que eu não comia um bolo tão gostoso assim! (fazer)
f) Já ■ quatro horas da tarde e você ainda não almoçou. (ser)
g) Você não pode protelar mais: ■ 20 de novembro e o nosso prazo está acabando! (ser)

4. Às vezes, por necessidade de expressão, constroem-se períodos longos. Nesses casos, o sujeito fica distante do verbo ou da locução verbal que a ele se refere. Para não perder de vista a concordância verbal a ser feita, é necessário identificar o núcleo do sujeito.

De cada frase, transcreva no caderno o núcleo do sujeito a que se refere o verbo ou a locução verbal destacada.

a) Graças a muitas investigações, **foi desmantelado** nos Estados Unidos, na última sexta-feira, um grupo de internautas criminosos com ramificações em vários países.
b) A competição entre as empresas por uma relação privilegiada com o consumidor **ganhou** atualmente dimensões grotescas.
c) Com as modernas tecnologias, a trajetória de celulares e de seus donos, mesmo quando os aparelhos estiverem desligados, **será controlada** pela polícia.
d) Depois de muitas negociações, árabes e israelenses, que se encontram há muitos anos em conflito por terras da Palestina, **decidiram estabelecer** uma trégua até que novo encontro entre os líderes seja realizado.
e) A cultura de paz, anseio de todos os povos e desafio para este século, **deve ser cultivada** por meio de hábitos diários de solidariedade e tolerância.

5. Imagine que você é o redator responsável pelo caderno de classificados de um jornal e que chegaram os seguintes anúncios para publicação. Em seu caderno, reescreva-os fazendo as adequações de concordância conforme o modelo a seguir.

(**Alugar**) casas para temporada na praia dos Coqueiros.

Alugam-se casas para temporada na praia dos Coqueiros.

a) (**Perder**) ontem um cãozinho *poodle* e um gato siamês.
b) (**Vender**) bicicletas e *skates* usados em bom estado.
c) (**Encontrar**) documentos na estação de trem.
d) (**Precisar**) de ajudantes para serviços gerais.
e) (**Alugar**) um imóvel mobiliado.
f) (**Comprar**) livros e jornais velhos.
g) (**Necessitar**) de acompanhantes para pessoas idosas.
h) (**Consertar**) móveis e aparelhos domésticos.
i) (**Precisar**) de embalagens de plástico para reciclagem.
j) (**Necessitar**) de um especialista em programas de computadores.

6. Leia este trecho de letra de música:

Inútil

Roger Rocha Moreira

A gente não **sabemos** escolher presidente
A gente não **sabemos** tomar conta da gente
A gente não **sabemos** nem escovar os dente
Tem gringo pensando que nóis é indigente
Inútil!
A gente somos inútil!
Inútil!
A gente somos inútil!
[...]

In: ULTRAJE A RIGOR. *Acústico MTV*. Deckdisc, 2005.

a) Responda no caderno: como se explica a flexão do verbo, *somos*, em relação ao sujeito, *a gente*?
b) Além da concordância verbal analisada no item anterior, que outros usos da língua demonstram a intenção de fazer prevalecer o uso da linguagem popular e mais informal na letra da música? Transcreva-os no caderno.
c) Qual é a provável intenção do autor da letra ao fazer essas escolhas de linguagem?

Concordância nominal

Você estudou algumas formas de estabelecer a concordância do verbo com o sujeito a que se refere.

Há também formas de concordância que ocorrem entre os substantivos e as palavras que o acompanham: seus determinantes. É o que será visto a seguir.

Releia o seguinte trecho do manifesto "Amazônia para sempre":

Um país que tem 165 000 km² de área desflorestada, abandonada ou semiabandonada, pode dobrar a sua produção de grãos sem a necessidade de derrubar uma única árvore.

Vamos relembrar o estudo dos substantivos e de seus determinantes.

O substantivo *área* foi determinado, isto é, teve seu sentido delimitado pelos **adjetivos**. Estes, ao acompanhar um substantivo determinando-o, concordam com ele em **número** e **gênero**. Como o substantivo *área* está no **singular** e é do gênero **feminino**, os adjetivos que a ele se referem também ficam no singular e os adjetivos que variam em gênero ficam no feminino. A isso chamamos de **concordância nominal**: as palavras que determinam o substantivo ou um nome se flexionam para concordar em gênero e número.

A concordância nominal tem uma regra básica:

> Os determinantes do substantivo — **adjetivo**, **locução adjetiva**, **artigo**, **numeral** e **pronomes adjetivos** — concordam em gênero (masculino e feminino) e número (singular e plural) com o nome (substantivo) a que se referem.

Na linguagem mais informal, muitas vezes a concordância não segue as regras estabelecidas pela gramática normativa.

Leia uma estrofe da música *Asa-branca*, de Luiz Gonzaga, que traz características regionais, e observe a concordância na parte destacada:

Quando o verde dos teus 'óio'
Se 'espaiar' na prantação
Eu te asseguro não chore não, viu
Que eu vortarei, viu
Meu coração [...]

A concordância do pronome *teus* com "*óio*" (*olhos*) é bastante característica dessa variante de linguagem regional e mais informal.

Assim como há momentos em que empregamos a língua de maneira mais informal, há momentos em que, dependendo da circunstância, do contexto e dos propósitos de comunicação, precisamos empregar a variante mais formal, que segue regras da gramática normativa. Por isso é muito importante, ao empregarmos a língua — falada ou escrita —, sempre considerarmos a adequação aos nossos propósitos de comunicação e ao contexto em que a língua está sendo utilizada.

Leia esta outra frase do manifesto "Amazônia para sempre":

É urgente que nos tornemos responsáveis pelo gerenciamento do que resta dos nossos valiosos recursos naturais.

Observe como a concordância entre o substantivo e seus determinantes ocorreu na frase:

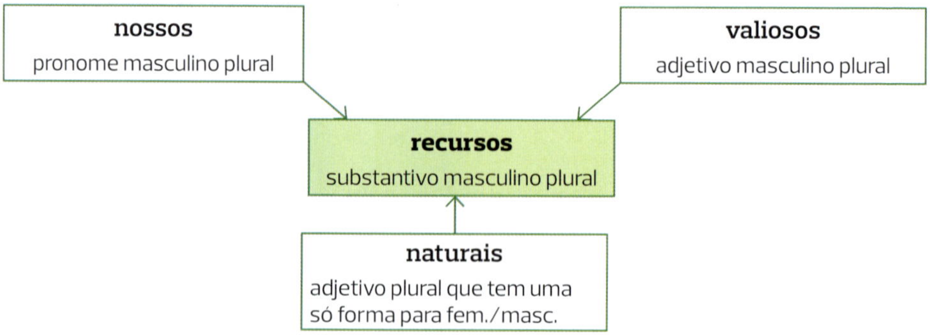

Copie o esquema abaixo em seu caderno e preencha os quadros com os determinantes dos substantivos destacados:

[...] depois de inúmeras sagas cheias de heroísmo [...].

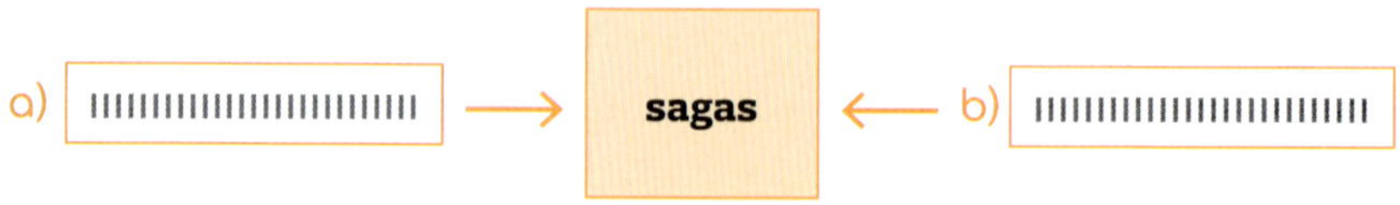

A Amazônia não é o pulmão do mundo, mas presta **serviços** ambientais importantíssimos ao Brasil e ao Planeta.

a) |||||||||||||||||||||||| → **serviços** ← b) ||||||||||||||||||||||||

Outros casos de concordância nominal

Vejamos mais alguns casos de concordância nominal, segundo as regras da gramática normativa.

Adjetivo posposto ao substantivo

Quando um adjetivo qualifica dois ou mais substantivos e vem depois deles, há três formas de fazer a concordância.

posposto: posto/colocado depois de algo.

- O adjetivo vai para o plural, concordando com todos os substantivos:

Filmes e _shows_ fantásticos foram apresentados na semana cultural.

- Se um dos substantivos estiver no masculino, o adjetivo vai para o masculino plural:

Juros e _inflação_ altos são obstáculos para o crescimento econômico.

Duas _garotas_ e um _garoto_ estranhos chegaram para a balada.

- O adjetivo concorda com o substantivo mais próximo:

Juros e _inflação_ alta são obstáculos para o crescimento econômico.

Duas garotas e um _garoto_ estranho chegaram para a balada.

Adjetivo anteposto a dois ou mais substantivos

Concorda com o substantivo mais próximo. Exemplo:

Não gostei muito da imensa _barba_ e cabelo do seu namorado.

Mais de um adjetivo posposto a um substantivo

- Com o substantivo no singular, seguido de dois adjetivos, ambos ficam no singular:

Não se esqueça de trancar a _porta_ metálica pequena.

- Se o substantivo estiver no plural, os adjetivos que o seguem podem permanecer no singular se cada um deles trouxer um atributo diferente:

Não se esqueça de trancar as _portas_ interna e externa.

- Se se referirem a mais de um elemento, vão para o plural. Exemplo:

Não se esqueça de trancar _as portas internas_ e _externas_.

Atenção

Note que, nesses casos, a concordância depende do sentido da frase.

Concordância específica de algumas palavras

Muito, bastante, pouco, meio

Essas palavras têm função tanto de adjetivo quanto de advérbio.

Se tiverem função de adjetivo, concordam com o nome (substantivo) a que se referem em gênero e em número. Exemplo:

Há muitas falhas em seu trabalho.

muitas → pron. adjetivo fem. plural; falhas → substantivo

- Se forem advérbios, permanecem invariáveis:

Os trabalhos estão muito falhos.

muito → advérbio; falhos → adjetivo

- Outros exemplos:

Tenho bastantes razões para rejeitar seu pedido.

bastantes → pron. adjetivo

São bastante fortes os motivos que o levaram a viajar.

bastante → advérbio

Bebi meia garrafa de suco.

meia → adjetivo (= metade)

Camila ficou meio tonta depois do tombo.

meio → advérbio

Carlos Araujo/Arquivo da editora

Obrigado, anexo

São palavras adjetivas e, portanto, devem concordar com a pessoa ou com o gênero do substantivo a que se referem:

Muito **obrigado**, disse Pedro.
Muito **obrigada**, disse Marina.

Seguem **anexos** *os documentos* que foram pedidos.
Vai **anexa** *a fotografia* do lugar.

A expressão *em anexo* é invariável e tem o sentido de lugar. Significa 'em outra parte, que está ligada, junto a algo ou alguma coisa principal':

Seguem **em anexo** *os documentos* e *as fotos* solicitados.

É proibido/é proibida, é necessário/é necessária, é bom/é boa

Com esse tipo de predicado, formado pelo verbo *ser* e adjetivo, há duas construções possíveis:

Se o sujeito não vem antecedido de um determinante, a expressão fica invariável:

É **proibido** entrada.
É **bom** paz.

Se o sujeito vem antecedido de um determinante, por exemplo, um artigo, faz-se a concordância com o sujeito. Exemplo:

É **proibida** *a entrada*.
É **boa** *a* paz.

Menos

Na linguagem formal, de acordo com a gramática normativa só existe o termo *menos*, que é invariável. Exemplos:

Havia menos pessoas do que o esperado.

Você trouxe muito menos coisas do que havia prometido.

Observação: Não é aconselhado empregar a expressão "*menas*".

Atividades: concordância nominal

1. Reescreva as frases no caderno, completando-as com o adjetivo entre parênteses e fazendo as concordâncias possíveis:
   a) Carlos teve (**excelente**) ideia e atitudes para resolver o caso.
   b) Você tem pensamentos e ideias (**antigo**): é preciso se atualizar.
   c) Os policiais o encontraram com pés e mãos (**amarrado**).
   d) (**Alto**) montanhas e rochedos compõem a vista das serras do Sul.
   e) Para não atrasar a remessa, coloque (**anexo**) as embalagens necessárias.
   f) (**Obrigado**) pela sua atenção, disse ela emocionada.
   g) O governador fazia apelos para que homens e mulheres (**corajoso**) ajudassem na busca de sobreviventes.
   h) Ventos e ondas (**gigantesco**) atingiram as costas da ilha na última tempestade.
   i) Por favor, dê-me apenas (**meio**) fatia de *pizza*.
   j) Maria ficou (**meio**) sem jeito quando a elogiaram.

2. Em seu caderno explique a concordância ocorrida entre o substantivo e os adjetivos destacados nas frases a seguir:
   a) "O Brasil e os **modelos europeu** e **americano** de tributação." (*Folha de S.Paulo*, 8 mar. 2004.)
   b) "Aqui, a **sonegação** e o **planejamento tributário** não são considerados atitudes antissociais, como em outros países." (*Folha de S. Paulo*, 8 mar. 2004.)
   c) É **proibida a circulação** de animais pelo *shopping*.
   d) **Imensas dunas** e **coqueiros** tomam conta das praias do Nordeste.
   e) Traga **meia garrafa** de suco **meio gelada**.

A Z

réquiem: prece ou composição musical de cerimônia para os mortos.

3. Reescreva a primeira fala da personagem no caderno completando-a com a palavra *meio* e fazendo a concordância adequada.

© Joaquim Salvador Lavado (Quino)/Acervo do cartunista

QUINO. *Toda Mafalda*. São Paulo: Martins Fontes, 1993. p. 269.

4. Leia a chamada do texto publicitário a seguir, observando o trecho destacado:

Reprodução/Arquivo da editora

Quem disse que alta *performance* e qualidade são atributos caros não conhece o *desktop* Thinkcentre.

Anúncio publicado na revista *Veja*. São Paulo, Abril, 2 nov. 2005, p. 35.

Reescreva a chamada no caderno de forma que o adjetivo *alta* enfatize os dois atributos e não apenas o primeiro.

5. Leia agora o texto publicitário abaixo.

Reprodução/Arquivo da editora

Qualidade e conforto atestados pelos consumidores.

Anúncio publicado na revista *Veja*, 22 jun. 2005. Fragmento.

Reescreva no caderno a frase destacada de duas outras formas, de acordo com as orientações da gramática normativa. Explique a concordância feita.

6. Reescreva em seu caderno o trecho da reportagem fazendo a concordância adequada das palavras que aparecem entre parênteses.

Okinawanos

Os idosos de Okinawa têm muito (**menos**) doenças e ataques cardíacos que os idosos americanos, e (**menor**) índices de câncer no seio e na próstata.

[...] Qual é o *ikigai*, a "razão de viver", de Fumiyasu Yamakawa, de 84 anos? Caminhadas e exercícios (**diário**), incluindo a ioga, um treino para o decatlo, que disputa todo ano. Os idosos desse (**fértil**) arquipélago nunca sofrem doenças (**grave**) e (**incapacitante**).

National Geographic Brasil. São Paulo: Abril, nov. de 2005, p. 64-65. Adaptado.

A Z

decatlo: conjunto de 10 provas de atletismo.

Produção de texto

Gênero: manifesto

Manifesto

O quê?
Manifesto sobre tema de interesse coletivo.

Para quê?
Convocar o leitor para discutir o tema proposto e se engajar em uma ação de interesse da comunidade.

Para quem?
Para os colegas que leem o mural da escola ou para quem lê o jornal do bairro.

Na seção *Prática de oralidade*, foi proposta a organização de um seminário sobre uma causa de interesse da comunidade. Há orientação lá para que sejam guardadas as anotações feitas para o seminário. Chegou o momento de usar essas anotações. Retomem-nas para elaborar um manifesto que defenda esse tema, convocando a coletividade para a discussão.

Produção do manifesto

1. Planejem o manifesto tomando o cuidado de evidenciar:
   a) ancoragem e apresentação do problema a ser solucionado;
   b) apresentação da opinião ou do posicionamento assumido sobre o problema;
   c) fundamentação da proposta apresentando argumentos:
   - ideias para fundamentar o posicionamento;
   - dados e informações que deem mais consistência às ideias;
   - argumentos fundamentados em dados e ações concretas (se for preciso, pesquisem dados científicos ou o que dizem especialistas para fundamentar as posições).

   d) conclusão: convocação e mobilização dos envolvidos em uma ação concreta.
2. Para empregarem a linguagem adequada, observem:
   a) o tipo de destinatário principal de seu manifesto: a comunidade escolar ou do bairro;
   b) o formato do manifesto: texto escrito para publicação no mural da escola ou no jornal do bairro;
3. Criem um *slogan* para chamar a atenção do leitor..
4. Façam um rascunho do manifesto e leiam seu texto para a classe. Ouçam e analisem os comentários do professor e dos colegas.
5. Deem o formato final ao manifesto. Ele pode ser enriquecido com ilustrações e ter um logotipo.

Publicação do manifesto

1. Organizem um painel com os manifestos elaborados e elejam aquele que deverá ser veiculado e assinado por todos que aderirem à ideia nele defendida.
2. Se possível, encaminhem o manifesto para as pessoas, autoridades ou órgãos responsáveis pela resolução do problema central no documento.

Carlos Araujo/Arquivo da editora

Outro texto do mesmo gênero

Manifesto 2.0 – por uma sociedade mais colaborativa

Carlos Araujo/Arquivo da editora

Estamos descobrindo maneiras melhores de organizar a sociedade em todas as suas instâncias através da colaboração, utilizando as ferramentas interativas que a internet proporciona. É preciso reunir pessoas, através de uma mesma visão, que pensam a partir de um novo paradigma para acelerar a implantação desse novo ponto de vista. Através dessa visão queremos valorizar e desenvolver:

- O uso criativo da rede digital para ajudar a resolver problemas complexos;
- A ampliação da participação de todos os cidadãos, como condição para a efetiva democratização institucional, informacional, econômica e cultural.
- A aproximação entre as pessoas para promover diálogos, utilizando os meios mais adequados a cada contexto, sejam eles presenciais ou digitais.

Princípios do Manifesto 2.0

1. Disseminar e debater que a internet faz parte de uma revolução informacional e comunicacional;

2. Disseminar e promover diálogos a partir do entendimento que esta mudança não é tecnológica mas informacional, pedra fundamental de uma nova civilização mais compatível com uma superpopulação mundial e a complexidade que tal cenário impõe à nossa espécie;

3. Disseminar e debater que tal revolução do ambiente informacional trará mudanças significativas e profundas na gestão da sociedade e que é preciso agir com sabedoria, rapidez e eficiência para a ampliação dos benefícios coletivos para reduzir os possíveis sofrimentos que tais mudanças radicais trarão ao mundo;

4. Que as mudanças significam democratização paulatina institucional, econômica e informacional de todas as sociedades, através de uma nova forma de gerar valor para a humanidade mais colaborativa, dinâmica e inovadora;

5. Buscar um novo modelo de compartilhamento dos lucros, em novas empresas que gerem valor para a sociedade, respeitando os seres vivos, incluindo seus clientes e colaboradores;

6. Sugere-se uma nova plataforma aberta de governo, onde os dados serão de acesso público e a sociedade poderá usá-los de forma a acompanhar o que está sendo feito e a customizar o uso, gerando aplicativos que possam beneficiar tanto o próprio povo quanto o governo, aproximando assim os dois lados interessados nas políticas aplicadas àquele contexto;

7. Defesa de escolas que adotem o uso das ferramentas digitais de informação e comunicação dentre outras estratégias educacionais para desenvolver competências e habilidades de leitura e escutas críticas, do diálogo, da capacidade de lidar com a diversidade sem preconceitos, da construção coletiva de conhecimentos e criação de soluções colaborativas para os desafios complexos do mundo no qual vivem;

8. Tais alterações significam compreender a necessidade do compartilhamento aberto e livre de ideias, através de novas formas criativas de remuneração, seja a distância ou no presencial;

9. Sugere-se a todos que assinem esse manifesto e que sejam estimulados a se aprofundar cada vez mais em ferramental teórico e prático sobre esse novo ambiente, a fim de promover tais alterações, procurando, o máximo possível, coerência entre discurso e ações, em direção a um mundo mais colaborativo, estimulados por Gandhi "Seja a mudança que você quer ver no mundo";

10. Sugere-se ainda promover ações que minimizem a compulsão informacional que gera ansiedade, alienação, pouco significado e, portanto, repetição de modelos e não mudanças;

11. Sugere-se a formação de iniciativas na rede ou fora dela para promoção de ações de todo tipo baseados nesse manifesto, que deve ser aprimorado, a partir da discussão e da prática;

12. Que este manifesto sofra melhorias permanentes por aqueles que o apoiam.

Disponível em: <https://spreadsheets0.google.com/spreadsheet/viewform?formkey=dEs1TDNULWlQY1VORW1GNFhqUEVnTlE6MQ>. Acesso em: 18 maio 2015.

Autoavaliação

Chegou o momento de fazer um balanço de tudo o que foi estudado no Capítulo 8. Leia o quadro de conteúdos para recordar o que estudou e, no caderno, avalie seu desempenho usando os tópicos propostos a seguir como orientação. Isso o ajudará na hora de organizar seus estudos.

Meu desempenho

- **Avancei em** (registre no caderno os itens em que você melhorou)
- **Preciso rever** (registre no caderno os itens que você precisa estudar mais)
- **Outras observações e/ou outras atividades**

CONTEÚDOS	
1. Gênero	Manifesto • "Amazônia para sempre"
2. Leitura e interpretação de texto	Implícitos e inferências Aproximação com o destinatário A estrutura do manifesto
3. Língua: usos e reflexão	Concordância verbal (II) • Outros casos de concordância nominal • Voz passiva com pronome apassivador *se* • Verbo acompanhado de partícula *se* indicando indeterminação do sujeito • Verbos impessoais • Verbo *ser* • Silepse Concordância nominal
4. Produção textual	**Escrita** Manifesto
5. Participação	**Prática de oralidade** Seminário: Por mim ou por todos?
6. Ampliação de leitura	Leitura de *Outras linguagens*: charge Leitura e produção de relações entre textos da seção *Conexões* Leitura de *Outro texto do mesmo gênero*: • "Manifesto 2.0 – por uma sociedade mais colaborativa"

Carlos Araujo/Arquivo da editora

Sugestões

Sugestões para você conhecer outros livros, filmes, CDs e *sites* que podem fazer você rir, se emocionar e, ao mesmo tempo, ampliar seu conhecimento do mundo, do outro e de si mesmo.

Leia mais

Editora Global/Arquivo da editora

***Manifesto Verde*. Ignácio de Loyola Brandão. Global.**

Quando escreveu o *Manifesto Verde*, a intenção de Ignácio de Loyola Brandão era endereçar-se a seus filhos e fazer um apelo pela preservação da natureza. Entretanto, sua carta adquiriu valor universal. Partindo de desastres ecológicos ocorridos no Brasil e no mundo, o autor mostra a necessidade de que o homem transforme seu comportamento e passe a preservar o meio ambiente.

Editora Intrínseca/Arquivo da editora

***Em defesa da comida*. Michael Pollan. Intrínseca.**

Michael Pollan escreveu este manifesto para tentar nos convencer de que a nossa alimentação, atualmente, é composta de "substâncias comestíveis parecidas com comida", e não comida de fato. Ele questiona o excesso de alimentos industrializados que consumimos e chama a atenção para os produtos que alegam ter "acréscimo de vitaminas" ou "redução de gorduras", por exemplo. Convencido de que a situação atual requer uma mudança de hábitos, o autor mostra que grande parte das doenças que levam à morte atualmente está relacionada à má alimentação e que hábitos simples como a ingestão de menor quantidade de comida e mais vegetais poderiam melhorar consideravelmente nossa saúde.

Editora Melhoramentos/Arquivo da editora

***Internet*: um mundo paralelo. Luiz Zico Rocha Soares. Melhoramentos.**

O autor Luiz Zico Rocha Soares explica por que considera a internet "um mundo paralelo" e dá sua opinião quanto às armadilhas a que estamos expostos ao fazer parte dele. Ele também explica as ideias que deram origem à internet, alguns dos serviços criados ao longo de sua história e as implicações que podem ter em nosso cotidiano.

Veja mais

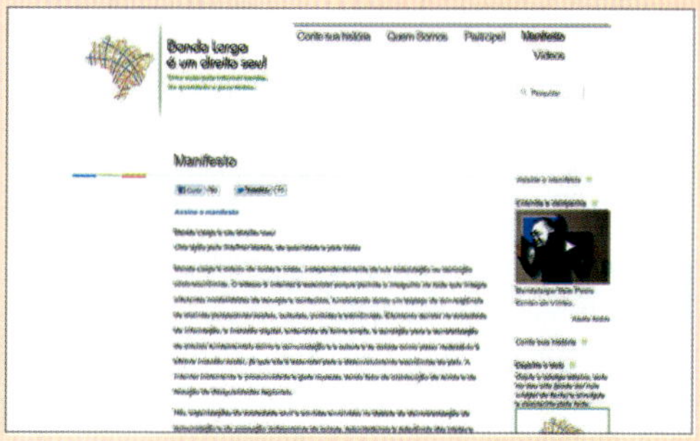

http://campanhabandalarga.org.br/Arquivo da editora

http://campanhabandalarga.org.br/index.php/manifesto

Partindo da opinião de que a internet banda larga no Brasil é cara, de baixa qualidade e de difícil acesso, foi criada a Campanha Banda Larga, que pretende fazer com que o Estado garanta a todas as pessoas, independentemente de sua condição socioeconômica, o acesso barato e eficiente à internet banda larga. Para isso, apresentam este manifesto, que traz princípios de regulamentação de políticas públicas para o setor. (Acesso em: 17 maio 2015.)

www.greenpeace.org/brasil/pt/Noticias/Manifesto-pela-energia-limpa

Nesta página, você lerá o "Manifesto pela energia limpa", documento do Greenpeace assinado por mais de 40 entidades que atuam no Brasil e que solicitam a aprovação de um projeto de lei que incentiva o uso de energias renováveis. A ideia é a de que o Brasil possui um grande potencial em energias renováveis que precisa ser explorado para gerar energia limpa para as atuais e futuras gerações. Assim, também garantiria empregos e ajudaria a combater mudanças climáticas e a reduzir a emissão de gases de efeito estufa. (Acesso em: 17 maio 2015.)

www.greenpeace.org/Arquivo da editora

Ponto de chegada

1. O que estudamos nesta Unidade

Gêneros textuais

- Nesta Unidade você estudou dois gêneros do argumentar: o artigo de opinião e o manifesto. Seu desafio aqui é copiar o esquema desta página no caderno e completar cada uma das divisões utilizando as expressões reproduzidas no quadro abaixo.
Se for necessário, você pode consultar os capítulos estudados na Unidade.

motivar e mobilizar | **ancoragem** | **adesão** | **apresentação do problema** | **impessoal** | **publicamente** | **coletivas** | **aderir à ideia** | **pessoal**

Gêneros argumentativos

- **Artigo de opinião**
- **Manifesto**

Defendem ■ uma opinião ou posição a respeito de um fato ou de uma ideia.

Artigo de opinião

- **Intenção**
  - Apresentar e defender um ponto de vista.
  - Convencer os interlocutores a ■.
- **Construção**
  - Introdução ou ■.
  - Tese ou posicionamento
  - Argumentação
  - Conclusão
- **Linguagem**
  Objetiva e mais ■.

Manifesto

- **Intenção**
  - Convencer outras pessoas do posicionamento defendido.
  - ■ os interlocutores para ações ■.
- **Construção**
  - Introdução ou ■.
  - Tese ou posicionamento
  - Argumentação
  - Apelo à ■.
- **Linguagem**
  Objetiva e ■.

Língua: usos e reflexão

1. Nesta Unidade você estudou as relações de concordância que podem ser estabelecidas entre determinados elementos de uma frase. Há sempre um termo e seu núcleo, que determina o tipo de concordância.

Leia este haicai de Roseana Murray:

Gaivotas dançam
a valsa das nuvens brancas
no baile do céu.

MURRAY, Roseana. *Arabescos no vento*. São Paulo: Prumo, 2009. p. 8.

a) Leia o haicai em voz alta, com bastante expressividade, e responda no caderno: que efeito causa o ritmo que os versos produzem?

b) Copie os quadrinhos no caderno e preencha-os com os termos-núcleo que determinam, no poema, a concordância do verbo e dos nomes. Identifique o tipo de concordância feita: verbal ou nominal.

Concordância feita com (núcleos):

______ → **dançam**

______ → **brancas**

c) **Em dupla.** Os haicais em geral são produzidos com a intenção de levar o leitor a formar uma imagem sobre o que se diz. Conversem: por esse haicai, que imagem vocês conseguem construir mentalmente?

2. Leia a tira a seguir:

Calvin & Hobbes, Bill Watterson © 1995 Watterson/ Dist. by Universal Uclick

WATERSON, Bill. O melhor de Calvin. *O Estado de S.Paulo*. São Paulo, 17 jan. 2015. Caderno 2, p. C4.

Consulte o que foi estudado sobre casos especiais de concordância verbal e, no caderno, explique a concordância feita por Calvin na frase: "Já são quase 11 horas!!".

2. Produção: artigo de opinião

A. Aquecimento

Recordando. Artigo de opinião é o texto que expõe o ponto de vista, a opinião de seu autor a respeito de um tema. Caracteriza-se por:

- ter a intenção de convencer o outro – leitor/ouvinte – do ponto de vista do autor;
- ser assinado, isto é, a autoria é revelada;
- ser estruturado em três blocos principais: opinião, argumentos e conclusão;
- iniciar-se com uma ancoragem, isto é, uma introdução para situar o leitor sobre o assunto.

B. Proposta de trabalho: artigo de opinião

1. No *Ponto de chegada* da Unidade 3, p. 226, você entrevistou uma pessoa ligada à comunicação para que ela falasse se "o constante movimento da tecnologia pode causar mudanças na linguagem".

a) Releia o que ficou registrado naquele momento dos estudos.

b) Escolha um assunto ligado à tecnologia e à comunicação no século XXI. Por exemplo:

- autorretratos tirados com o celular, que são as chamadas *selfies*, ajudam ou impedem as pessoas de aproveitarem o momento que vivem?
- as mensagens rápidas de texto nas redes sociais fortalecem ou prejudicam a concentração dos jovens de maneira geral?
- a rapidez das mensagens eletrônicas aproxima mais as pessoas ou as distancia?

c) Reflita sobre a questão: **O ritmo da vida moderna e o uso da tecnologia podem mudar a linguagem?**

2. Defina a opinião que vai defender sobre o assunto escolhido em seu artigo.

3. Estruture pelo menos dois argumentos para defender sua opinião.

4. Lembre: conclusão é a reafirmação da posição exposta no início.

C. Preparo da produção escrita

Características do gênero

Artigo de opinião

O quê?
Artigo de opinião sobre a influência do ritmo de vida e do uso da tecnologia sobre as transformações da linguagem.

Com que intenção?
Estimular a tomada de posição diante de um tema polêmico.

Por que motivo?
Expressar opinião sobre um assunto.

Para quem?
Prováveis leitores do painel que reunirá os artigos de opinião produzidos.

Como fazer

Artigo de opinião

Início

1. Participar das atividades propostas na sequência didática para análise do texto argumentativo.
2. Posicionar-se sobre a relação entre ritmo de vida na sociedade contemporânea, uso de tecnologia e linguagens.
3. Esquematizar as ideias nos três blocos de um texto de opinião.
4. Produzir o texto do artigo de opinião, identificando a autoria.
5. Reler e comparar os textos produzidos, agrupando-os pelas opiniões: contra ou a favor.
6. Redação final do artigo de opinião e montagem do painel.

Roteiro

Ancoragem ou introdução → Posição assumida diante do tema → Argumento 1 → Argumento 2 → Conclusão (fechamento de tudo e reforço da posição inicial) → Posição assumida diante do tema

Desenvolva as ideias resumidas em cada uma das partes do esquema.

Rascunho

Elabore um rascunho em uma folha de caderno.

Reescrita definitiva

1. Releia seu artigo procurando observar o efeito que causa. Considere estes itens:

- o gênero textual proposto;
- o ponto de vista a ser defendido;
- a linguagem empregada.

Em caso de dúvida, reveja as características essenciais do gênero no esquema acima.

2. Dê um título ao seu artigo de opinião.

3. Troque de texto com um colega para alertar e ser alertado por meio de observações e comentários a respeito do artigo. Depois de receber seu texto comentado, verifique o que é preciso mudar. Escreva a versão definitiva do artigo de opinião. Lembre-se de escrever seu nome: o artigo de opinião é sempre assinado.

D. Reunião das produções

1. Organizem os artigos de opinião no mural da escola. Se possível, exponham também as entrevistas feitas no fim da Unidade 3.

2. Participe da montagem de um painel ou mural com os textos, dispondo no centro a questão que levou à tomada de posição e, em torno dela, os textos de opiniões conflitantes.

Suryara Bernardi/Arquivo da editora

Unidade suplementar

CONTEÚDOS

1 Competência comunicativa

Estrangeirismos e neologismos

O que fazer com termos estrangeiros: em que situações comunicativas usá-los e quando é melhor evitá-los?

Leia o trecho da crônica "Língua estrangeira", do escritor Ivan Ângelo, reproduzido a seguir.

Nosso dia a dia é bilíngue, mas em *flashes*. Controles remotos sinalizam *up*, *down*, *search*, *stop*, *power*. Vitrines proclamam *off*, *sale*. Esportes da moda são *surf*, *trail*, *skydiving*, *bungee jumping*. O computador populariza *chat*, *blog*, *mouse*, *download*. Não dá para contornar *rock*, *reggae*, *rap*, *hip-hop*, *funk*. É isso aí, *brother*. [...]

ÂNGELO, Ivan. Língua estrangeira. *Veja São Paulo*. São Paulo: Abril, 18 maio 2005. p. 138.

Com as facilidades de comunicação entre os povos e com a globalização, intensificam-se a "importação" e a incorporação em uma língua de palavras, expressões e construções tomadas de outras línguas. No Brasil, esses termos são denominados **estrangeirismos**.

Nos últimos anos, tem predominado no português do Brasil a ocorrência de termos do inglês, pela influência dos Estados Unidos especialmente na economia, na moda, na música, na informática e no cinema. Isso tem provocado muita polêmica.

Leia a opinião de um jornalista a respeito do assunto:

O que mais faz falta em toda a discussão a respeito da "invasão da língua inglesa" é um produto raro também em outros setores do país: bom senso. [...] Se a palavra é necessária e não tem equivalente em português, seja bem-vinda! Eu não trocaria *marketing*, por exemplo, por mercadologia. Mas mercadológico pegou. [...] Não se pode aceitar argumentos como o de que o uso de *sale* dá mais charme à liquidação. Ou que 40% *off* representa maior apelo para o cliente de uma loja. Aí reside o deslumbramento.

MARTINS, Eduardo. *O Estado de S. Paulo*. São Paulo, 26 mar. 2000. p. 20.

Maurício Pierro/Arquivo da editora

Estrangeirismo

1. Você concorda com o autor da crônica "Língua estrangeira" quando ele afirma que o nosso dia a dia é bilíngue? Converse com os colegas e, em seu caderno, anote a opinião predominante na sala.

2. **Em dupla.** Em seu caderno, reescrevam os textos a seguir substituindo, quando possível, a expressão destacada por outra equivalente.
   a) Desde pequenas, algumas meninas são preparadas pela mãe para serem *top models*. Traçam como único objetivo da vida delas entrar para o mundo *fashion*, atraídas pela esperança de se tornarem celebridades.
   b) Está havendo uma onda de assaltos para roubo de *notebooks*, pois os *desktops* deixaram de ser práticos, além de exigirem um *winchester* muito mais caro.

3. **Em dupla.** Façam um levantamento de termos estrangeiros que vocês encontram ou empregam no dia a dia. Lembrem-se de que termos estrangeiros devem ser escritos entre aspas, em itálico ou com outro destaque gráfico.
   a) Procurem, para cada termo encontrado, o correspondente em língua portuguesa. Se precisarem, peçam ajuda ao professor ou a seus colegas para determinar o sentido dos termos.
   b) Há correspondência em português para todos?

4. Releia a opinião predominante na sala, anotada no início desta seção. Redija no caderno um parágrafo expressando sua posição diante da polêmica em torno do uso de estrangeirismos.

5. Sob a orientação do professor, leia seu parágrafo para os colegas e ouça o que eles escreveram. Conversem sobre as diferenças de opiniões.

6. Em seu caderno, registre em itens as variações de opinião na classe e guarde as anotações.

Neologismo

Na vida em sociedade, os falantes se veem envolvidos em diversas circunstâncias de comunicação. Essa diversidade possibilita a criação de palavras para designar inovações científicas, culturais, novas vivências do mundo contemporâneo, bem como para atender às necessidades criadas pelas tecnologias de informação e pela informática. Essas novas palavras são chamadas **neologismos**.

São exemplos de neologismo: *terceirizar*, *hemodiálise*, *ecoturismo*, etc.

Muitas palavras são formadas pela adaptação de **estrangeirismos**, como *deletar*, *internauta*, *informatizar*, *surfar*, *moletom*, *roqueiro*, etc.

Inúmeros neologismos são criados pelos processos de formação de palavras, como a **sufixação**, a **prefixação** e a **composição**:

- **sufixação:** *panelaço*, *vestibulando*, *gatíssimo*, *vampiresco*, *sambódromo*, etc.
- **prefixação:** *descupinizar*, *microempresa*, *sem-terra*, etc.
- **composição:** *seguro-desemprego*, *vale-brinde*, *vale-refeição*, etc.

Neologismos e **estrangeirismos** são, não raras vezes, objeto de debates: os mais puristas da língua condenam seu uso, pois consideram que podem prejudicar a identidade linguística do país; outros consideram que não há como impedir o uso de neologismos e de estrangeirismos, pois, como afirma o gramático Evanildo Bechara, "a língua é um fenômeno histórico e social [...] e acompanha a história do homem que a fala e, por isso, está sujeita a todas as influências" (*O Estado de S. Paulo*. São Paulo, 26 mar. 2000. p. A20).

Estrangeirismos, neologismos e outras formas de expressão

Em grupo.

1. Leiam o trecho de uma notícia sobre novas formas de escrever, empregadas por aqueles que se comunicam pela internet.

Uma campanha pelo fim do "naum"

Comunidade na web *lança movimento "Eu sei escrever", para incentivar o uso correto da língua portuguesa entre internautas*

Claudia Ferraz

Quem passa horas na internet já se acostumou a palavras que só existem na linguagem dos computadores, como *deletar* e *inicializar*. Mas os internautas, principalmente os mais jovens, foram além, "aperfeiçoando" a língua com abreviaturas, letras trocadas e neologismos. Esse *internetês* se tornou tão complicado de entender que os preocupados com o "analfabetismo virtual" criaram a campanha "Eu sei escrever" para incentivar o uso do português correto.

A comunidade tecnológica Fórum PCS inventou um filtro de palavras com erros propositais. O *site* substitui automaticamente essas palavras pelas formas corretas e destaca o texto corrigido com uma cor ou em itálico.

Assim, "aki" vira "aqui" e "naum" se torna "não" para que os autores percebam que estão escrevendo errado. [...].

Couto [o criador do *site*] explica que a ideia começou porque a diferença de linguagem entre as gerações impedia a troca de informações. "Além de um conflito de interesses, há um conflito de linguagem. Os redatores e moderadores do Fórum não entendiam as mensagens. Então foram instruídos a orientar seus autores para que escrevam de forma mais clara.

[...]."

FERRAZ, Claudia. Uma campanha pelo fim do "naum". *O Estado de S. Paulo*. São Paulo, 9 jun. 2005. p. A22.

2. Leiam o que significa **competência comunicativa**:

> **Competência comunicativa** é a capacidade que as pessoas têm de utilizar adequadamente a língua — oral ou escrita — em diferentes situações de comunicação.

Há quem considere que o uso de estrangeirismos, neologismos e de linguagens criadas por grupos específicos, como internautas, prejudicial à boa comunicação entre as pessoas em um fórum de debates. Vocês concordam com essa opinião?

a) Discutam a questão no grupo.
b) Registrem uma conclusão.
c) Apresentem-na à classe.
d) Ouçam e analisem a conclusão dos demais.

2 Ambiguidade

Ambiguidade é o termo que empregamos para definir as mensagens que têm mais de um sentido, ou seja, permitem mais de uma interpretação. A ambiguidade pode ser empregada intencionalmente para produzir determinados efeitos de sentido.

1. Veja como a ambiguidade é explorada com intenção humorística nos quadrinhos a seguir. Em seu caderno, explique o que pode ser interpretado como ambiguidade, provocando, na tira, o efeito de humor.

SOUSA, Mauricio de. Cebolinha. *O Estado de S. Paulo*. São Paulo, 4 out. 2003. Suplemento Estadinho, p. 8.

2. Algumas construções ambíguas, no entanto, podem provocar a perda de clareza da frase. Observe como foi redigida esta manchete:

Pais reencontram filho roubado em hospital

O Estado de S. Paulo. São Paulo, 22 jan. 2004. Cidades, p. C6.

a) Escreva no caderno: quais são os dois sentidos que o leitor pode atribuir à frase?

b) A informação logo abaixo da manchete indica o sentido correto:

Filipe foi levado com 3 dias de vida, em 2001

Discutam como poderia ficar a manchete para que não houvesse ambiguidade.

3. **Em dupla.** Leiam as manchetes a seguir e esclareçam a ambiguidade produzida. Reescrevam o texto no caderno de forma a desfazer a ambiguidade.

a) "**Paleontologia** Animal viveu 150 milhões de anos atrás Mamífero jurássico criou o hábito de comer cupim antes do tamanduá" (*Folha de S.Paulo*, 1º abr. 2005. p. A16.)

b) **"Turbulência** – Fundo não descarta barril a US$100 em caso de interrupção de produção. FMI vê 'choque do petróleo permanente'" (*Folha de S.Paulo*, 8 abr. 2005. p. B1)

4. Na tira abaixo a ambiguidade foi empregada para provocar efeito de humor.

SOUSA, Mauricio de. Turma da Mônica. *O Estado de S. Paulo*. São Paulo, 17 nov. 2003. Caderno 2.

Em seu caderno, explique os sentidos da frase "Não vejo a hora!".

3 Sinônimos, antônimos, parônimos, homônimos, palavras polissêmicas

Antes de estudar o que significam as palavras acima, vamos ler uma crônica de Ivan Ângelo:

Tropeços

A graça e a lógica de certos enganos da fala

Ivan Ângelo

O compenetrado pintor de paredes olhou as grandes manchas que se expandiam por todo o teto do banheiro do nosso apartamento, as mais antigas já negras, umas amarronzadas, outras esverdeadas, pediu uma escada, subiu, desceu, subiu, apalpou em vários pontos e deu seu diagnóstico:

– Não adianta pintar. Aqui tem muita "humildade".

Levei segundos para compreender que ele queria dizer "umidade". E consegui não rir. Durante a conversa, a expressão surgiu outras vezes, não escapara em falha momentânea.

Há palavras que são armadilhas para os ouvidos, mesmo de pessoas menos humildes. São captadas de uma forma, instalam-se no cérebro com seu aparato de sons e sentidos – sons parecidos e sentidos inadequados – e saltam frescas e absurdas no meio de uma conversa. São enganos do ouvido, mais do que da fala. Como o tropeção de uma pessoa de boas pernas não é um erro do caminhar, mas do ver.

Resultam muitas vezes formas **hilárias**. O zelador do nosso prédio deu esta explicação por não estar o elevador automático parando em determinados andares:

– O computador entrou em "pânico".

Não sei se ele conhece a palavra "pane". Deve ter sido daquela forma que a ouviu e gravou. Sabemos que é "pane", ele assimilou "pânico" – a coisa que nomeamos é a mesma, a comunicação foi feita. Tropeço também é linguagem.

O cheque bancário é frequentemente vítima de um tropicão desses. Muita gente diz, no final de uma história de esperteza ou de desacordo comercial, que mandou "assustar" um cheque. Pois outro dia encontrei alguém que mandou "desbronquear" o cheque. Linguagens – imagino a viagem que a palavra "desbloquear" fez na cabeça da pessoa: a troca comum do "l" pelo "r", a estranheza que se seguiu, o acréscimo de um "n" e aí, sim, a coisa ficou parecida com alguma coisa, bronca, desbronquear, sem bronca. Muita palavra com *status* de dicionário nasceu assim.

Já ouvi de um mecânico que o motor do carro estava "rastreando", em vez de "rateando". Talvez a palavra correta lhe lembrasse rato e a descartara como improvável. "Rastrear" parecia ter melhor raiz, traz aquela ideia de vai e volta e vacila, como quem segue um rastro... Sabe-se lá. Há algum tempo, quando eu procurava um lugar pequeno para morar, o zelador mostrou-me um quarto e sala "conjungal". Tem lógica, não? Muitos erros são elaborações. Não teriam graça se não tivessem lógica.

A personagem **Magda**, da televisão, nasceu deles. Muito antes, nos anos 1970, um grupo de jornalistas, escritores e atores criou Pônzio, personagem de mesa de bar que misturava sentidos das palavras pela semelhança de sons. Há celebridades da televisão que fazem isso a sério. Na ***Casa dos artistas***, uma famosa queria pôr um "cálcio" no pé da mesa. Uma estrela da Rede TV! falou em "instintores" de incêndio. A mesma [pessoa] disse que certo xampu tinha "**Ph.D.**" neutro.

Estudantes candidatos à universidade também tropeçam nos ouvidos. E não apenas falam, mas registram seus equívocos. Nas provas de avaliação do ensino médio apareceram coisas como "a gravidez do problema", "micro-leão-dourado" e, esta é ótima, "raios ultraviolentos".

Crianças cometem coisas tais, para a delícia dos pais. O processo é o mesmo: ouvir, reelaborar, inserir em uma lógica própria e falar. Minha filha pequena dizia "água solitária", em vez de "sanitária". A sobrinha de uma amiga, que estranhava a irritação mensal da tia habitualmente encantadora, ouviu desta uma explicação que era quase uma desculpa e depois a repassou para a irmã menorzinha:

– A tia Pat está "misturada".

Veja São Paulo. São Paulo: Abril, 23 abr. 2003.

A Z

hilário: (neologismo) muito engraçado.

Magda: personagem de programa de televisão famosa por suas tiradas linguísticas, em que se misturavam erros gramaticais e ideias absurdas. Seu bordão era "*Me inclui fora dessa!*".

Casa dos artistas: programa de televisão feito para mostrar o cotidiano de homens e mulheres – alguns deles, artistas –, que ficam confinados numa mesma casa por semanas.

Ph.D.: indivíduo que tem curso de doutorado (grau acadêmico).

Maurício Pierro/Arquivo da editora

1. Em sua opinião, qual a causa das confusões que as personagens do texto fazem com as palavras? Transcreva no caderno a(s) alternativa(s) que julgar adequada(s) e explique sua escolha:
   a) As brincadeiras com as palavras.
   b) Palavras com sons semelhantes, mas significados diferentes.
   c) Desconhecimento do significado de algumas palavras.
   d) Falta de atenção na hora de falar.
2. Procure se lembrar de alguma palavra utilizada em lugar de outra, e que tenha produzido uma mensagem errada. Transcreva-as em seu caderno e explique o significado de ambas.
3. Leia o trecho:

   Há palavras que são armadilhas para os ouvidos [...].

   O que o narrador quis dizer com essa afirmação?
4. Releia:

   Nas provas de avaliação do ensino médio apareceram coisas como "a gravidez do problema", "micro-leão-dourado" e, esta é ótima, "raios ultraviolentos".

   Quais expressões deveriam ser empregadas no lugar das expressões destacadas? Reescreva o trecho em seu caderno fazendo a correção.
5. Releia o que diz o narrador da crônica a respeito das "armadilhas para os ouvidos":

   Há palavras que são armadilhas para os ouvidos, mesmo de pessoas menos humildes. São captadas de uma forma, instalam-se no cérebro com seu aparato de sons e sentidos – sons parecidos e sentidos inadequados – e saltam frescas e absurdas no meio de uma conversa. São enganos do ouvido, mais do que da fala.

   O que poderia nos ajudar a não cair nas "armadilhas para os ouvidos"? Antes de responder a essa questão, reflita sobre a significação das palavras. Releia esta frase do texto:

   O cheque bancário é frequentemente **vítima** de um **tropicão** desses.

   Ao procurar no dicionário as palavras destacadas para saber quais podem substituí-las, é possível ler:

   vítima: 1 ser humano ou animal sacrificado a uma divindade ou em algum rito sagrado **2** pessoa ferida, violentada, [...] executada por outra **6** quem ou o que sofre algum dano ou prejuízo [...]
   tropicão: 1 ato ou efeito de tropeçar **2** tropeção

   Dicionário eletrônico Houaiss da língua portuguesa multiusuário. Rio de Janeiro: Objetiva, 2009.

Se fossem aplicados os significados desses verbetes à frase do texto, sem refletir, seria possível apresentar estas interpretações absurdas:

- O cheque não vê algum obstáculo e leva um tropeção!!!
- O cheque é executado por um tropeção!!!

Provavelmente você percebeu que esses significados não se aplicam à frase do texto. Nem sempre o dicionário reúne todos os significados de que precisamos. Muitas vezes para deduzir os sentidos das palavras é preciso observar o contexto em que elas são empregadas.

Agora responda no caderno: pelo contexto, como poderia ser reescrita esta frase do narrador, substituindo os termos em destaque?

O cheque bancário é frequentemente **vítima** de um **tropicão** desses.

6. Reescreva no caderno os períodos a seguir, substituindo a palavra ou a expressão destacada por outra que possa ser considerada equivalente quanto ao sentido. Consulte o dicionário para verificar se o significado que lá está atende à sua necessidade:
   a) "O compenetrado pintor de paredes olhou as grandes manchas que se **expandiam** por todo o teto do banheiro do nosso apartamento..."
   b) "Durante a conversa, a expressão surgiu outras vezes, **não escapara em falha momentânea**."
   c) "Há palavras que são **armadilhas para os ouvidos**, mesmo de pessoas menos humildes."

Mauricio Pierro/Arquivo da editora

A área que trata dos estudos sobre o significado das palavras é a **semântica**.

Semântica é um ramo de estudo da língua que tem por finalidade analisar a significação das diversas formas linguísticas: palavras, frases, sufixos, prefixos.

Cabe à semântica, por exemplo, analisar se uma palavra é ou não adequada em determinado contexto.

A seguir, são propostos estudos semânticos referentes às palavras sinônimas, antônimas, parônimas, homônimas e polissêmicas.

Sinônimos e antônimos

Palavras sinônimas são aquelas que têm significados semelhantes, podendo uma substituir a outra em determinados contextos.

Lembre-se, porém, de que não existem *sinônimos perfeitos*, pois sempre há pequenas diferenças de sentido entre uma palavra e outra. Observe dois casos:

A. *Morrer* e *fenecer*

- **morrer:** perder a vida.
- **fenecer:** perder a vida, mas em alguns casos pode ser empregado com o significado de "extinguir aos poucos".

Exemplo:

O rosado das faces da menina **feneceu** após o verão. (= acabou aos poucos)

B. *Chamar*, *clamar*, *bradar*, *gritar* — por terem a mesma origem (*clamar*), esses verbos são considerados sinônimos, mas o emprego de cada um ocorre em situações ou contextos diferentes e também com intensidades diferentes.

Exemplos:

A professora **chamava** pelos alunos em ordem alfabética.

A multidão **clamava** por justiça.

A multidão **bradava** contra o governo.

- Releia em voz alta as frases acima trocando os termos destacados por um sinônimo. Responda no caderno: o sentido permaneceu o mesmo?

Palavras antônimas são palavras que têm significados opostos.

Exemplos:

grande	×	pequeno
chegar	×	partir
legal	×	ilegal
alto	×	baixo
claro	×	escuro
largo	×	estreito

Maurício Pierro/Arquivo da editora

Parônimos

Palavras parônimas são as que têm grafia muito semelhante e significados diferentes.

Veja alguns termos parônimos que costumam causar confusão:

tráfego: trânsito	**tráfico:** comércio (geralmente ilegal)
ratificar: confirmar, reafirmar	**retificar:** corrigir
descrição: caracterização, ato de descrever	**discrição:** qualidade do que é discreto; sobriedade
iminente: próximo de acontecer	**eminente:** ilustre, importante
enumerável: que pode ser enumerado, contado	**inumerável:** em grande quantidade
fruir: desfrutar, usufruir	**fluir:** escorrer
lustro: período de cinco anos, quinquênio	**lustre:** candelabro; polimento
flagrante: o que é visto no momento em que acontece	**fragrante**: aromático, cheiroso
emigrante: pessoa que sai de sua pátria para viver em outro país	**imigrante:** pessoa que entra em um país para se estabelecer
infringir: transgredir, desobedecer	**infligir:** causar, aplicar
sortir: prover, abastecer	**surtir:** resultar, dar origem

Homônimos

> **Palavras homônimas** são as que têm a mesma pronúncia, às vezes a mesma grafia, mas significados diferentes.

Observe os exemplos:

cerrar: fechar	**serrar:** cortar com serra
cozer: cozinhar	**coser:** costurar
conserto: reparo	**concerto:** apresentação de peça musical extensa
espiar: olhar	**expiar:** sofrer as consequências ou cumprir pena por um erro cometido
esterno: osso do corpo humano	**externo:** exterior
viagem: (substantivo) ato de partir de um lugar para outro	**viajem:** (verbo) terceira pessoa do plural do presente do verbo viajar
taxar: cobrar imposto	**tachar:** apontar defeitos, criticar

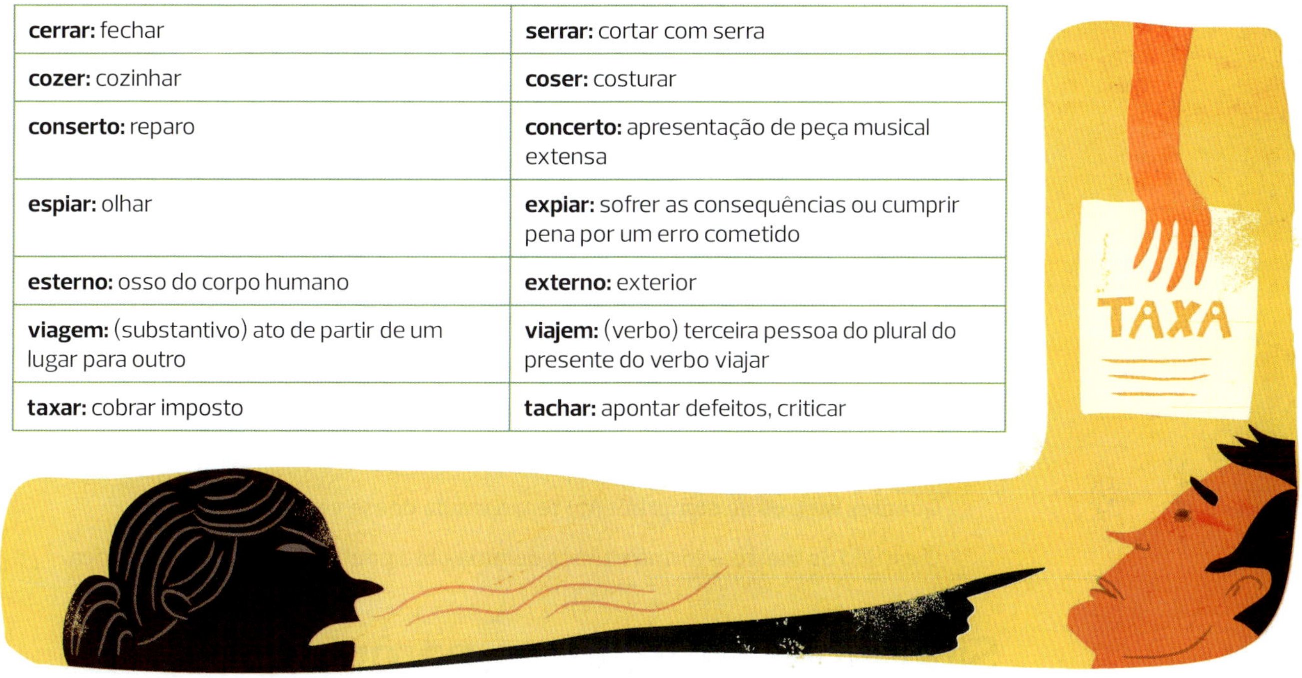

Maurício Pierro/Arquivo da editora

Palavras polissêmicas

■ Considere o seguinte anúncio publicitário:

bb.com.br/Reprodução/Arquivo da editora

Anúncio publicado na revista *Cláudia*. São Paulo: Abril, ano 44, n. 12, dez. 2005.

a) Reescreva no caderno as frases a seguir substituindo o vocábulo *leve* por outra palavra ou expressão que possa corresponder ao significado que o termo adquire no contexto.

Quem tem Ourocard leva a vida *leve*. *Leve*, porque ele é prático e não pesa no bolso.

b) Copie do texto uma frase em que a palavra *leve* pode ser compreendida essencialmente como forma do verbo levar.

c) O *slogan* do anúncio explora em uma só frase os vários sentidos da palavra *leve*: "Ourocard. Leve a vida leve." Crie, no caderno, um *slogan* para uma campanha de incentivo ao consumo consciente explorando os vários sentidos que uma palavra pode assumir.

Palavras polissêmicas são aquelas que podem ter mais de um significado.

Observe estes exemplos de uso de palavras polissêmicas. Note que o contexto é essencial para ajudar o leitor a perceber em que sentido tal palavra está sendo empregada.

As **mangas** muito maduras estão caindo da árvore.

Você sujou a **manga** da camisa com tinta.

No acidente, Marcos bateu violentamente a **cabeça** no para-brisa.

O esconderijo ficava na **cabeça** da montanha.

Compre três **cabeças** de alho.

O **cabeça** do grupo não assumiu a culpa pelo estrago.

Quantos **metros** de comprimento tem a cauda desse vestido de noiva?

O estudo do **metro** – forma rítmica de uma obra poética – chama-se métrica.

Sinônimos, antônimos, parônimos, homônimos, palavras polissêmicas

- Reescreva as frases abaixo no caderno substituindo o ■ pela palavra com a grafia adequada:

a) O chefe ■ o subordinado de preguiçoso. (*tachou* ou *taxou*?)

b) Os prisioneiros conseguiram fugir das ■. (*selas* ou *celas*?)

c) O prédio, com todos aqueles fios desencapados, estava na ■ de sofrer um incêndio. (*iminência* ou *eminência*?)

d) Essa ■ não poderá ser feita à noite, pois as estradas são perigosas. É mais seguro que vocês ■ durante o dia. (*viajem* ou *viagem*?)

e) O jogador ■ o regulamento, por isso ficará suspenso durante os próximos jogos. (*infringiu* ou *infligiu*?)

f) Sua estratégia ■ efeito: todos os presentes se retiraram sem reclamar. (*sortiu* ou *surtiu*?)

g) Terminado o espetáculo, todos estranharam porque as cortinas não foram ■. (*serradas* ou *cerradas*?)

h) Precisaremos de carona, pois nosso carro foi para o ■. (*conserto* ou *concerto*?)

i) No aniversário da cidade haverá um ■ ao ar livre. (*conserto* ou *concerto*?)

j) Os depoimentos das testemunhas ■ as suspeitas: fora ele mesmo quem planejara o sequestro do empresário. (*retificaram* ou *ratificaram*?)

k) Com o ■ intenso de veículos pela cidade, aumentam cada vez mais os níveis de poluentes. (*tráfico* ou *tráfego*?)

4 Ortografia e sentido das palavras

Uso de *se não/senão*; *a fim de/afim*; *acerca de/cerca de/há cerca de*; *em vez de/ao invés de*; *onde/aonde/donde/de onde*; *nem um/nenhum*; *trás/atrás/traz*

Ao escrever, constantemente temos dúvida quanto à grafia de certas palavras ou expressões. Isso acontece até mesmo com os mais experientes escritores e especialistas em língua portuguesa.

1. **Desafio!** Leia um trecho da letra da música "Proibida pra mim", interpretada por Zeca Baleiro. Tente descobrir se a palavra ou expressão que falta é *senão* ou *se não* e reescreva no caderno esse verso completando-o.

   Eu vou fazer tudo que eu puder

   Eu vou roubar essa mulher pra mim

   Posso te ligar a qualquer hora

   Mas eu nem sei o seu nome

   ■ eu quem vai fazer você feliz?

   BROWN JR., Charlie. Proibida pra mim. *Transpiração contínua prolongada*. Virgin, 1997.

   Conte a sua resposta para os colegas e procure explicar o porquê de tê-la escolhido. Depois, compare-a com a dos colegas e ouça as razões deles.

2. Nas frases a seguir, qual das expressões entre parênteses deve ser empregada? Reescreva os períodos com o termo adequado.

   a) ■ um ano recebi um pacote misterioso e demorei para descobrir quem o havia enviado. (acerca de — cerca de — há cerca de)

   b) Viajou ■ de se afastar de seus problemas. (afim — a fim)

   c) ■ sair só com a namorada, levou junto um bando de amigos. (ao invés de — em vez de)

Expressões e significados

Para termos certeza sobre a forma correta de uma palavra ou expressão, é necessário observar seu significado no contexto da frase.

No quadro a seguir, há alguns usos de palavras e expressões cuja grafia pode causar dúvida. Leia-o e consulte-o quando precisar.

Expressões	Significados	Exemplos
• senão (conjunção)	• de outro modo, caso contrário	• Vou embora **senão** chegarei atrasada.
• senão (substantivo)	• dificuldade, problema	• Só há um **senão** em sua fala: é tudo mentira.
• se não	• caso não (condição)	• **Se não** chover muito, iremos.
• em vez de	• em lugar de	• **Em vez** de telefonar, chegou de surpresa.
• ao invés de	• ao contrário de Observação: nesse sentido de oposição pode ser empregada no lugar *de em vez de*.	• Era um chefe democrático, **ao invés de/em vez de** autoritário.
• afim	• semelhante, que tem afinidade	• Eles se dão bem: têm gostos **afins**.
• a fim de	• para, com a finalidade de	• Comeu correndo **a fim de** chegar mais cedo.
• cerca de	• mais ou menos, aproximadamente	• **Cerca de** mil pessoas assistiam ao evento.
• há cerca de	• faz mais ou menos, faz aproximadamente	• Ele fez a cirurgia **há cerca de** dois anos.
• acerca de	• a respeito de, sobre	• Até hoje eles discutem **acerca da** anulação do gol naquele jogo.
• onde	• lugar em que	• Esta é a casa **onde** moro.
• aonde	• para o lugar que, ao lugar que (em direção = "para onde")	• Quer saber **aonde** pode ir.
• de onde/donde	• de qual lugar (indica origem)	• **De onde** você vem?
• nenhum	• pode ser substituído pelo pronome algum (quantidade indefinida)	• **Nenhum** deles compareceu.
• nem um	• nem ao menos um (quantidade definida)	• Não recebeu **nem um** real sequer pelo que fez.
• trás	• indica lugar na parte posterior	• Eles fugiram por **trás** da arquibancada.
• atrás	• parte posterior; em busca	• As crianças se esconderam **atrás** do palco. • A polícia está **atrás** dos traficantes.
• traz	• 3ª pessoa do singular do verbo *trazer*	• Eu insisto, mas ele não **traz** meu livro de volta.

1. Reescreva as frases a seguir em seu caderno empregando adequadamente uma das palavras ou expressões entre parênteses para completá-las. Consulte o quadro sempre que tiver dúvidas.

a) Os alunos não estavam ■ de ir à festa naquela noite porque no dia seguinte teriam prova. (afim/ a fim)

b) A palestra foi ■ de doenças sexualmente transmissíveis. (acerca/ cerca/ há cerca)

c) Todos deverão fazer o treinamento contra incêndios, ■ em uma emergência faremos bobagens. (se não/ senão)
d) ■ for pedir muito, empreste-me seu caderno, por favor. (se não/ senão)
e) Se eu chegar atrasado, entro por ■. (traz/ atrás/ trás)
f) ■ de vinte anos não nos víamos. (acerca/ cerca/ há cerca)
g) Este é o lugar ■ foram enterrados os restos mortais dos heróis da guerra. (onde/ aonde/ donde/ de onde)
h) ■ você deseja jantar hoje? (onde/ aonde/ donde/ de onde)
i) Ele sempre ■ os livros muito bem cuidados. (traz/ trás)
j) Aceitaremos ajuda, venha ■ vier. (onde/ aonde/ de onde)
k) Faça alguma coisa ■ ficar só reclamando. (em vez de/ ao invés de)
l) Optou por um programa caseiro ■ um agitado. (em vez de/ ao invés de)
m) Sente-se ■ ficar aí em pé olhando desse modo. (em vez de/ ao invés de)

2. Em seu caderno, transcreva a(s) frase(s) em que a palavra destacada **não** é a forma do presente do verbo *trazer*.
a) Todo ser humano tem por **trás** da aparência segredos que nunca serão revelados.
b) A humanidade **traz** consigo o eterno desejo de paz.
c) A tolerância deveria estar por **trás** de todas as ações humanas.
d) A criança **traz** desde cedo a disposição para sonhar.

5 Formação de palavras: produção de sentidos e ortografia

A língua está em constante processo de transformação: palavras deixam de ser usadas, passam a ter novos sentidos, são criadas a partir de outras ou de partes de outras.

No item anterior foi proposto o estudo de duas formas de criação de palavras na língua portuguesa: a utilização de palavras e expressões de diferentes línguas, os *estrangeirismos*, e a criação de palavras para fazer referência às inovações e ao desenvolvimento tecnológico e científico, próprios da sociedade em que vivemos, os *neologismos*.

Esse processo de criação e recriação de palavras sempre acontece em qualquer idioma. Além de neologismo e estrangeirismo, a língua tem outros mecanismos de criação e recriação de palavras.

Leia a frase abaixo, extraída da crônica "Os jornais", de Rubem Braga. Observe a seguir o processo de formação de palavras na língua portuguesa, fazendo uso de partes de palavras latinas.

A impressão que a gente tem, lendo os jornais – continuou meu amigo – é que "lar" é um local destinado principalmente à prática de "uxoricídio".

A palavra *uxoricídio* é formada pela junção de dois termos originários do latim:

uxori + **cídio**
↓ esposa ↓ resultado da ação de matar

Uxoricídio significa: 'assassinato da esposa cometido pelo próprio marido'. Observe que, para formar essa palavra, juntaram-se dois termos, cada um com significado próprio. Por isso, dizemos que *uxoricídio* é uma **palavra composta**.

Várias palavras da língua portuguesa são formadas desta maneira: juntando-se elementos que têm significados diferentes. Essa é uma das maneiras de palavras surgirem no idioma e, além disso, é também uma das formas de se conhecer o significado de outras.

Observe:

lourinha	**carteiro**	**anteontem**
loura + inha	carta + eiro	ante + ontem
eletrodomésticos	**canário-da-terra**	**manicure**
eletro + domésticos	canário + da + terra	*manus* (mão) + *curare* (tratar, cuidar)

Essas palavras foram formadas por processos naturais da língua, dos quais podemos lançar mão não só para criar como também para compreender o sentido de muitas dessas composições. A análise da forma nos mostra que existem vários modos de os elementos se juntarem na formação de palavras:

Sufixação

casinha	**barbeiro**
casa + inha	barba + eiro
palavra primitiva + indicador de tamanho pequeno	palavra primitiva + indicador de ocupação

As duas palavras do exemplo foram formadas a partir de uma palavra primitiva. Palavra **primitiva** é aquela que dá origem a outra ou outras. *Casa* e *barba* são palavras primitivas.

As palavras que se formam a partir de uma primitiva são chamadas **derivadas**.

Casinha e *barbeiro* são palavras derivadas, respectivamente, de *casa* e *barba*.

Nos exemplos dados, para formar outras palavras, juntou-se ao final da palavra primitiva um elemento denominado **sufixo**.

Esse processo de formação de palavras é chamado de **derivação por sufixação**.

Sufixos mais comuns: *-ada*, *-ando*, *-ar*, *-eiro*, *-esco*, *-ismo*, -íssimo, *-ista*, *-ite*, *-or*, *-udo*.

Exemplos:

filharada **doutorando** **amarelar** **doleiro** **vampiresco** **bairrismo** **gatíssima** **surfista** **frescurite** **trabalhador** **pernudo**

Prefixação

anteontem	**desfazer**
ante + ontem	des + fazer
indicador de antecipação + palavra primitiva	indicador de sentido contrário + palavra primitiva

As palavras *anteontem* e *desfazer* foram formadas a partir de palavras primitivas (*ontem* e *fazer*), às quais se antepôs um elemento denominado **prefixo**.

Esse processo de formação de palavras é chamado de **derivação por prefixação**.

Prefixos mais comuns: *ante-*, *anti-*, *contra-*, *hiper-*, *in-*, *im-*, *mini-*, *semi-*, *sobre-*, *sub-*, *super-*.

Exemplos:

antemão **antivírus** **contramão** **hipermercado** **incomunicável** **improvável** ***minipizza*** **semialfabetizado** **sobrecarga** **superliquidação** **subsolo**

Composição

eletrodomésticos
eletro + domésticos
palavra primitiva + palavra primitiva

canário-da-terra
canário + da + terra
palavra primitiva + elemento de ligação + palavra primitiva

Essas palavras foram formadas pela **junção** de duas palavras primitivas. São chamadas de palavras **compostas**.

Esse processo de formação de palavras é chamado de **composição**.

Às vezes, ao se juntarem, as palavras primitivas sofrem alteração:

Maurício Pierro/Arquivo da editora

pernilongo
perna + longa

No caso acima, houve alteração do primeiro elemento (*perna*) ao se juntar com o segundo (*longa*).

Exemplos:

alvinegro **aguardente** **alviverde** **couve-flor** **disque-pizza** **girassol** **lobisomem** **microcomputador** **passatempo** **planalto** **rubro-negro** **vale-brinde**

Outras vezes, as palavras primitivas mantêm a forma em que eram escritas na língua de origem e, por isso, é difícil reconhecê-las de imediato. É preciso recorrer a um dicionário.

Confira nos exemplos a seguir:

manicure
man(i) + cure
(do latim *manus* = mão) (do latim *curare* = tratar, cuidar)

televisão
tele + visão
(do grego *tele* = de longe) (do latim *visio* = vista ou ação de ver)

Algumas palavras são compostas, como já foi visto anteriormente, por elementos de formas mais próximas da língua de origem.

Exemplos:

-dromo (do grego *drómos* = ação de correr, pista):

autódromo, ***hipódromo***; e, por semelhança, as criações recentes: ***camelódromo***, ***sambódromo***, ***fumódromo***, ***velódromo***, etc.

-lândia (do inglês *land* = terra):

Roselândia, ***Analândia***, ***Uberlândia***, ***Eletrolândia***, etc.

Novas palavras são formadas continuamente na língua para dar nome a novas descobertas, a novos produtos, renomear o que já existe, enfim, para atender às mais diferentes necessidades dos usuários da língua.

1. Sabendo que a palavra *uxoricídio* é assim formada: *uxori-* + *-cídio*, escreva em seu caderno o significado que pode ser deduzido das palavras:

a) homicídio
b) fratricídio
c) matricídio

2. O elemento *-cídio* é usado de outra forma, mas com o mesmo significado, na palavra *formicida*, que quer dizer "substância que mata formiga".
Suponha que você seja um cientista que precise dar nome às substâncias para matar os elementos relacionados a seguir. Faça isso no caderno. Algumas palavras, que se referem a essas substâncias, você não encontrará no dicionário, portanto, aproveite para "criar" palavras.

a) inseto
b) barata
c) rato
d) pernilongo
e) cobra
f) aranha
g) morcego
h) bactéria

3. A Ciência é uma das áreas que mais utilizam no dia a dia o processo de formação de palavras, uma vez que os cientistas precisam nomear suas descobertas.
Observe, por exemplo, na manchete da reportagem, a palavra *ciborgue*, relacionada à área científica, que o leitor precisa conhecer para compreender o texto.
Ciborgue é uma forma aportuguesada do inglês-*cyborg*, palavra que nomeia um ser biônico, isto é, um ser que tem funções reguladas por meio eletrônico. O elemento *cyber-*, que compõe a palavra *ciborgue*, deu origem a muitas palavras que entraram em nossa língua por volta da segunda metade do século XX, como, por exemplo, *cibernética*. Leia as definições abaixo tentando descobrir que palavras formadas por composição com *ciber* correspondem a esses significados. Dica: todas começam com *ciber-*. Escreva em seu caderno.

a) espaço virtual de comunicações por rede de computação;
b) pirata eletrônico ou *hacker*;
c) navegador (nauta) do espaço virtual;
d) café-bar que aluga o acesso a seus computadores com conexão, em geral, com a internet.

A reportagem reproduzida nesta página anuncia o sucesso de uma pesquisa para implante, no cérebro de pacientes imobilizados, de um dispositivo estimulador de movimentos. O jornal informa que um dos autores da pesquisa é um brasileiro, o neurocirurgião Miguel Nicolelis, que integra a equipe de pesquisadores da Universidade Duke (Estados Unidos).

FOLHA CIÊNCIA

Tel.: 0/xx/11/3224-3726
E-mail: ciencia@uol.com.br
Fax: 0/xx/11/3224-2285

Serviço de atendimento ao assinante:
Grande São Paulo 0/xx/11/3224-3090
Demais localidades 0800-703-8080

PÁGINA A 17 ★ SÃO PAULO, SÁBADO, 20 DE MARÇO DE 2004

NEUROCIÊNCIA *Grupo nos EUA repete com pessoas parte de experimento em que cérebro de macaco moveu braço robótico*

Ciborgue humano é viável, indica estudo

MARCELO LEITE
EDITOR DE CIÊNCIA

Os ciborgues estão chegando —devagar, mas com passos firmes. O último, e mais importante, será dado na terça-feira, com a publicação de um estudo demonstrando a viabilidade, em humanos e não mais em macacos, das interfaces cérebro-máquina. E um dos autores é brasileiro.

Miguel Nicolelis, 43, neurocientista paulistano e palmeirense formado na USP, ganhou notoriedade mundial ao permitir que sinais de cérebros de macacos movessem um braço robótico (leia texto abaixo, à esq.). Desta vez, ele se juntou ao neurocirurgião Dennis Turner, também da Duke, para repetir uma versão reduzida do experimento com seres humanos, pesquisa que consumiu 18 meses.

Nicolelis precisava provar que os microeletrodos usados nos sí- minutos da cirurgia no teste.

Acordados e com uma cânula introduzida até a região cerebral do tálamo por um orifício no topo do crânio, os operados foram submetidos a um videogame primitivo: apertando uma pera de borracha (sensor de pressão), tinham de cobrir um alvo verde com uma barra preta no vídeo. Cada um realizou cerca de 50 "partidas", até se cansar.

Análise posterior

Enquanto jogavam, eram gravados os impulsos emitidos por um grupo de neurônios envolvidos na tarefa motora. Isso foi feito por intermédio de 32 microfios introduzidos através da cânula no tecido subcortical (abaixo do córtex cerebral, que é a região mais nobre do órgão). Os dados foram armazenados num computador e depois analisados.

Essa análise revelou que, a foram necessários um minuto ou dois para treiná-los na tarefa. Isso sugere que, na medida em que estudos clínicos progredirem e com o uso de feixes de eletrodos implantados por um longo período de tempo, poderemos obter um sistema de controle funcional para dispositivos externos."

O neurocientista prevê que serão necessários uns cinco anos para chegar a algo como uma cadeira de rodas motorizada comandada por neurônios de tetraplégicos. Antes disso, ele pretende obter licença para fazer implantes similares em pacientes imobilizados, mas que fiquem instalados dentro do cérebro por um mês, por exemplo, e acoplar o sistema a algum dispositivo robótico.

Se funcionar tão bem quanto funcionou com macacos, Nicolelis diz que a questão passa a ser exclusivamente de engenharia: construir dispositivos que pos-

Folhapress/Arquivo da editora

Folha de S.Paulo. São Paulo, 20 mar. 2004. Folha Ciência, p. A17.

4. Leia abaixo o texto que está escrito acima da manchete e que traz a síntese do conteúdo abordado:

NEUROCIÊNCIA Grupo nos Estados Unidos repete com pessoas parte de experimento em que cérebro de macaco moveu braço robótico.

Identifique nesse trecho duas palavras em que se percebe a junção de elementos em sua formação. Sem consultar o dicionário, tente descobrir o significado dessas palavras no texto pela análise dos elementos que as compõem. Apresente à classe o que você *descobriu* que as palavras significam.

5. Relacione no caderno outras palavras que tenham, em sua formação, algum dos elementos que entram na composição das palavras da atividade anterior. Organize com o professor uma lista dessas palavras.

6. Nesta página, leia o quadro "Como foi testada a interface homem-máquina" da reportagem.

Em seu caderno, transcreva do texto do quadro as palavras pedidas:

a) Substantivo composto que denomina a combinação do ser humano com recurso tecnológico.

b) Palavra que nomeia aqueles que têm paralisia nos quatro membros. (Dica: quem é campeão quatro vezes é um *tetracampeão*.)

c) Palavra formada de mais de um elemento, que denomina fios extremamente finos.

d) Palavra aportuguesada do inglês que indica o elemento que possibilita uma ligação entre dois sistemas que não poderiam se relacionar diretamente.

e) Uma palavra formada a partir da palavra *plantar*.

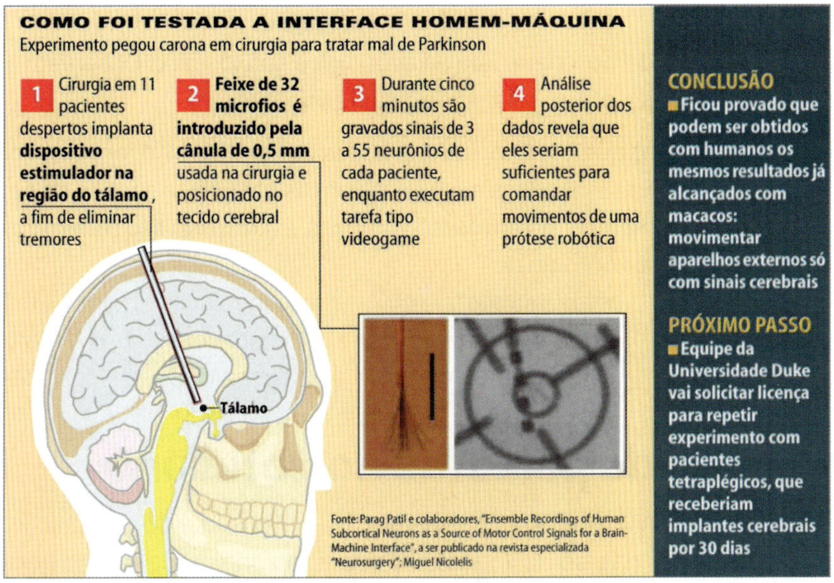
COMO FOI TESTADA A INTERFACE HOMEM-MÁQUINA

Experimento pegou carona em cirurgia para tratar mal de Parkinson

1 Cirurgia em 11 pacientes despertos implanta **dispositivo estimulador na região do tálamo**, a fim de eliminar tremores

2 **Feixe de 32 microfios é introduzido pela cânula de 0,5 mm** usada na cirurgia e posicionado no tecido cerebral

3 Durante cinco minutos são gravados sinais de 3 a 55 neurônios de cada paciente, enquanto executam tarefa tipo videogame

4 Análise posterior dos dados revela que eles seriam suficientes para comandar movimentos de uma prótese robótica

Fonte: Parag Patil e colaboradores, "Ensemble Recordings of Human Subcortical Neurons as a Source of Motor Control Signals for a Brain-Machine Interface", a ser publicado na revista especializada "Neurosurgery"; Miguel Nicolelis

CONCLUSÃO

Ficou provado que podem ser obtidos com humanos os mesmos resultados já alcançados com macacos: movimentar aparelhos externos só com sinais cerebrais

PRÓXIMO PASSO

Equipe da Universidade Duke vai solicitar licença para repetir experimento com pacientes tetraplégicos, que receberiam implantes cerebrais por 30 dias

Folhapress/Arquivo da editora

LEITE, Marcelo. *Folha de S.Paulo*. São Paulo, 20 mar, 2004. Folha Ciência.

7. A figura de ciborgues é comum em filmes de ficção científica e em desenhos animados. Você conhece algum filme ou desenho em que aparecem **ciborgues**?

ciborgue: organismo humano em que são implantadas partes cibernéticas.

8. Embora o assunto da reportagem seja da área da Ciência, a matéria foi escrita para os leitores comuns do jornal, e não para especialistas. O quadro explicativo com a imagem do cérebro é um recurso do jornal para ajudar o leitor a entender a notícia. Responda no caderno: em sua opinião, as expressões "ciborgue humano" e "braço robótico", próprias da ficção científica, poderiam ser recursos para atrair o interesse do leitor para a matéria?

9. Palavras formadas com prefixos ou sufixos são comuns no uso diário. Em seu caderno copie das manchetes a seguir as palavras assim formadas e indique a palavra primitiva correspondente a cada uma.

a) "Desigualdade afeta crianças nos EUA" (*O Globo*, 16 dez. 2014.)
b) "Desmatamento aumentou 282% em fevereiro" (*O Estado de S. Paulo*, 21 mar. 2015)
c) "Descoberto estrela mais antiga orbitada por planetas do tamanho da Terra (*Uol Notícias*, 27 jan. 2015),
d) "Governo japonês reforça medidas antiterroristas para Jogos de Tóquio em 2020. (*EFE Notícias*, 19 fev. 2015)
e) "Ministro foi inábil e presta um desserviço, diz governador" (*O Estado de S. Paulo*, 24 mar. 2004.)

10. *Planetoide* é uma palavra formada com o sufixo *-oide*. O sufixo *-oide*, segundo o dicionário, é de origem grega e, ao juntar-se a uma palavra, acrescenta-lhe a ideia de "ter a forma ou o aspecto de".

Com essa informação, e sem recorrer ao dicionário, em seu caderno indique o provável sentido de:

a) planetoide;
b) humanoide;
c) esferoide;
d) intelectualoide.

Maurício Pierro/Arquivo da editora

11. **Em dupla.** No caderno, criem uma palavra com o sufixo *-oide*. Observem a ideia que esse sufixo acrescenta ao sentido da palavra primitiva.

12. Parte das palavras que você copiou das frases da atividade 9 é formada com os prefixos *in-* e *des-*. Esses prefixos acrescentaram às palavras o sentido de negação, de ideia contrária. Empregando um desses prefixos, escreva em seu caderno as palavras que têm o sentido contrário de:

a) negável
b) transferível
c) entender
d) enrolar
e) dependente
f) estabilizar
g) controlável
h) vendável
i) centralizado
j) feliz
k) amor
l) consciente

Formação de palavras no cotidiano

Para atender a diferentes necessidades de expressão e de comunicação, novas palavras são criadas não só na linguagem especializada das ciências, por exemplo, mas também no dia a dia, na linguagem coloquial. A seguir, alguns casos de ampliação de nosso **léxico**:

léxico: conjunto total de palavras existentes em uma língua.

Novo uso para palavras conhecidas

Um fato curioso que se pode observar no uso da língua é o emprego de palavras em situações diferentes daquelas em que, em geral, são usadas. São palavras já existentes na língua, cujo significado é mudado ou adaptado para um **novo uso**.

Veja estes exemplos:

- A mulher estava vestindo uma blusa muito *cheguei*.

- Deixe logo de *entretantos* e vamos aos *finalmentes*.
- Essa menina é muito cheia de *não me toques*.
- Na hora do pênalti, foi um *deus nos acuda* na arquibancada.
- A confusão só não aumentou porque logo chegou a turma do *deixa-disso*.

Empréstimos ou estrangeirismos

Outro fator que contribui para a ampliação do léxico são os chamados **empréstimos** ou **estrangeirismos**, já estudados por você: trata-se do uso de palavras de língua estrangeira que, aos poucos, passam a fazer parte da comunicação entre os usuários da língua portuguesa, sendo aportuguesadas na pronúncia ou na escrita. São exemplos: *surfe*, *ciborgue*, *karaokê*, *videokê*, *hambúrguer*, etc.

Atualmente, a adoção de grande número de estrangeirismos está relacionada à importação de tecnologia: *deletar*, *escanear*, *becape*, *internet*, *internauta*, etc.

Ilustrações: Mauricio Pierro/Arquivo da editora

Como você já estudou, toda língua sofre influência de outras línguas. No caso da língua portuguesa, há palavras incorporadas ou modificadas do francês, do italiano, do árabe, do japonês, do inglês, bem como originárias das línguas africanas e das línguas indígenas brasileiras.

Algumas dessas palavras estão de tal modo incorporadas à nossa língua que nem se percebe sua origem estrangeira. É o caso de:

- *batom*, *abajur*, *toalete*, *restaurante* (do francês)
- *pizza*, *tchau*, *macarrão*, *espaguete* (do italiano)
- *alfinete*, *algarismo*, *almofada* (do árabe)

Gíria

A **gíria** é a linguagem própria de um grupo social. É característica da linguagem oral informal e é usada por pessoas de um grupo com interesses em comum — por exemplo, o mesmo tipo de divertimento, de profissão, de prática esportiva, ou a mesma idade, a mesma classe social, a mesma condição de vida, etc.

Dificilmente a gíria é entendida por pessoas de fora do grupo que a adota, funcionando, assim, como um código próprio, que distingue o grupo. Essa é uma das razões por que a gíria tem uma vida mais curta do que a forma mais tradicional da língua.

Observe as frases em que foram empregadas gírias de diferentes cidades do Brasil, recolhidas para uma reportagem publicada no jornal *Folha de S.Paulo*, de 18 de janeiro de 1999 (*Folhateen*, p. 5). Para quem não faz parte do grupo que adota estas gírias, se não houver uma "tradução", é quase impossível apreender o seu real significado:

- "*Eu bati muita cabeça na festa ontem.*" (Brasília) — *bater cabeça* = dançar.
- "*Essa curiquinha só anda jogada.*" (Belém) — *curiquinha* = menina nova; andar jogado = andar malvestido.
- "*Vai rolar um caroço agora.*" (Porto Alegre) — *rolar um caroço* = jogar futebol.
- "*Hoje eu vou sair na* night." (Curitiba) *sair na night* = divertir-se à noite.
- "*Esse tiozinho é o maior coca-cola.*" (São Paulo) — *tiozinho* = qualquer pessoa com mais de 30 anos; *coca-cola* = quem só conta vantagem.

1. Você leu algumas frases construídas com gírias usadas por jovens de diferentes cidades e regiões do Brasil. Quais expressões de gíria são empregadas pelos jovens da sua cidade? Escolha dois exemplos e, em seu caderno, escreva pelo menos duas frases com eles.

2. **Em dupla.** Leiam as frases que escreveram e ouçam as que seus colegas registraram. Respondam às questões no caderno.

a) Os exemplos já eram conhecidos por vocês? Expliquem.

b) E se vocês falassem essas frases para seus pais, para seus professores, eles entenderiam? Por quê?

3. Observe o anúncio publicitário reproduzido a seguir.

Fluir. São Paulo: Peixes, mar. 2003, p. 16-17.

Responda no caderno:

a) Quais as gírias apresentadas no anúncio?
b) Que grupo social comumente usa essas gírias?
c) Como você descobriu isso?
d) O que cada imagem ilustra: o uso da palavra em seu sentido próprio ou o seu uso na gíria?
e) Qual foi a provável intenção do criador do anúncio ao escolher essas imagens para ilustrar as palavras em destaque?
f) Por que há a foto de um carro com essas imagens?
g) Você já conhecia algum desses termos usados pelos surfistas? A que conclusão você pode chegar a respeito do uso da gíria: ela é de uso amplo ou de uso restrito?

4. Como você pôde observar, o uso de gírias leva à criação de palavras ou fornece novos significados para palavras que já existem. Leia trechos das entrevistas publicadas em reportagem do jornal *Folha de S.Paulo* (*Folhinha*, 28 fev. 2004) para conhecer o que as crianças e os jovens entrevistados pensam sobre a gíria.

A Z

se liga na mexerica: ficar atento, prestar atenção.

catimbá: perder tempo.

Outros modos de palavras

Esmeralda Ortiz

"**Se liga na mexerica**", "**catimbá**".

O que significa isso? Para descobrir, a **Folhinha** conversou com 13 crianças, de escolas públicas e particulares, e perguntou quais gírias usavam.

Folhinha – Por que vocês usam gírias?

Daniel – Porque é mais da hora.

Pedro Henrique, 12 (escola Ollavo Pezzotti) – Porque dá para falar as coisas em outros modos de palavras. O legal de falar gírias é que dá para entender melhor do que o falar complicado. Tem vezes que as pessoas não entendem muito bem.

Folhinha – Vocês falam gírias com seus pais?

Sheiris, 11 (escola do Sesi) – Não. Mas já vacilei um monte de vezes. Quando a gente fala, eles querem saber o que quer dizer ou pedem para a gente repetir.

Folhinha – Como assim?

Sheiris – Um dia, a minha mãe falou comigo e eu respondi: "Tô nem aí."

Folhinha – O que seu pai não entendeu?

Marina, 11 (Escola da Vila) – Quando eu falei: "Paguei mó mico, pai". Ele falou: "Mico? O que é mico?"

Folhinha – Gente de sua idade, de 8 anos, usa gírias?

Michely, 8 (Pezzotti) – Não muitas.

Folhinha – Você entende as gírias dos mais velhos?

Michely– Não entendo.

A **Folhinha** entrevistou crianças de Recife (PE) e Salvador (BA) para descobrir as diferenças entre as gírias faladas em estados brasileiros. As gêmeas Marina, 13, e Maya, 13, que estudam na Escola Americana (particular), em Recife, falaram que muitas gírias são diferentes, como ***arretado*** e ***matuto***. A maioria é igual.

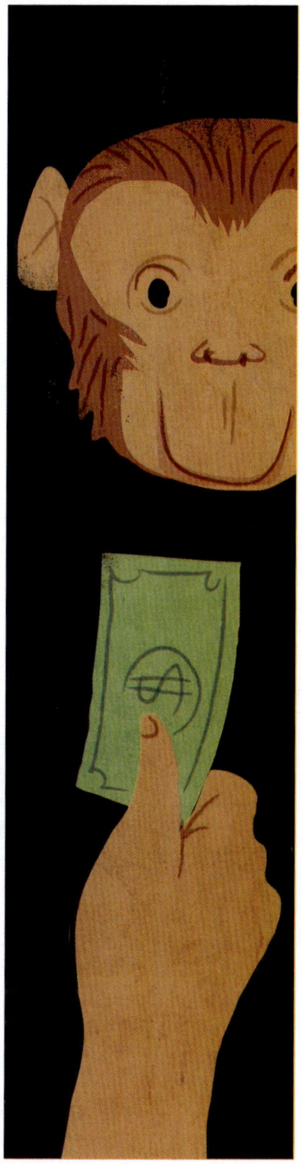

Maurício Pierro/Arquivo da editora

A reportagem também entrevistou meninos que vivem nas ruas de São Paulo e de Salvador. Pelo que os baianos Edmilson, Everaldo e Everton disseram, várias gírias são iguais às de São Paulo, como ***paga-pau***, ***peixinho***, ***comédia*** e ***dar bote***.

A seguir, leia o que os meninos que vivem nas ruas de São Paulo falaram.

Folhinha – Que gírias vocês usam nas ruas?

Joel – E aí, irmão, firmeza? E aí, truta? E aí, maluco? E aí, mano? Então, mano, você chega e não cumprimenta os irmãos! Então, irmão, vamos cobrar dele então, mano!

Folhinha – Por que vocês falam gírias?

Rodrigo – Nóis fica falando, mano, uma pá de coisas sem mais sem menos, é uma maneira de nóis se identificar.

Folha de S.Paulo. São Paulo, 28 fev. 2004. Folhinha.

Ao ler esse texto, você pôde observar que há muitos motivos para o uso da gíria entre os jovens: porque "é mais da hora", porque "dá para entender melhor do que o falar complicado", porque "é uma maneira de [...] se identificar".

a) Releia o significado de competência comunicativa: capacidade que as pessoas têm de utilizar adequadamente a língua – oral ou escrita – em diferen tes situações de comunicação.

b) Fale o que você pensa sobre o uso da gíria e ouça o que seus colegas têm a dizer ao responder às seguintes questões:
   - Será que se deve usar gíria em qualquer situação de comunicação?
   - Quando o seu uso realmente facilita e quando compromete a comunicação?

6 Colocação pronominal

Leia a tirinha abaixo, observando as palavras destacadas.

WATERSON, Bill. Calvin. *O Estado de S. Paulo*. São Paulo, 25 mar. 2011. p. D4.

Releia as falas:

Você já se vestiu? Mas eu nem fui te acordar!

[...] e me preparar melhor para as aulas.

Não se levante.

Observe que, nas falas das personagens em quadrinhos em geral, os pronomes pessoais oblíquos estão colocados **antes do verbo**.

Essa posição do pronome antes do verbo é chamada de **próclise**.

Na língua portuguesa do Brasil, a próclise é a forma de colocação mais comum dos **pronomes oblíquos** e dos **pronomes demonstrativos** em relação ao verbo.

Além de algumas regras apresentadas pela gramática normativa e por alguns usos mais formais da língua, o critério que acaba norteando a colocação pronominal no dia a dia é o da **eufonia**.

Para perceber o que é a eufonia fale em voz alta as frases.

Escolha a construção que, para você, produza **eufonia**, isto é, a frase que lhe pareça sonoramente melhor.

- Quem deu-me o dinheiro?
- Quem me deu o dinheiro?

- Quero lhe devolver o livro o mais rápido possível.
- Quero devolver-lhe o livro o mais rápido possível.

- Paulo o levou até o parque e o deixou brincando livremente.
- Paulo levou-o até o parque e deixou-o brincando livremente.

Qual é o tipo de construção considerada mais agradável sonoramente por você e seus colegas? Confirmou ou não o que foi dito inicialmente sobre a preferência da próclise na língua portuguesa do Brasil?

De acordo com a posição em relação ao verbo, a colocação recebe nomes diferentes. Leia as tirinhas a seguir prestando atenção às escolhas de colocação pronominal.

I.

DAIQUIRI CACO GALHARDO

Caco Galhardo/Folhapress

GALHARDO, Caco. Daiquiri. *Folha de S.Paulo*. São Paulo, 18 mar. 2011. p. E17.

Em todas as construções com pronome oblíquo nessa tirinha, o pronome é empregado **antes** do verbo. Exemplo:

te pediu [...] **me** convencer [...] **me** pediu [...] **me** pagou

Essas construções são casos de **próclise**.

Próclise: quando o pronome vem **antes** do verbo

A–Z

eufonia: som agradável ao ouvido; sucessão harmoniosa de vogais e consoantes que confere suavidade à pronúncia.

Pronomes pessoais oblíquos: *me, te, se, lhe, o, a, nos, vos, se, lhes, os, as*.

Pronomes demonstrativos: o(s), a(s) quando puderem ser substituídos por *isto, isso, aquele, aquela, aquilo*.

II.

Adão Iturrusgarai/Acervo do cartunista

ADÃO. Mundo Monstro. *Folha de S.Paulo*. São Paulo, 11 mar. 2011. p. E11.

Releia esta fala:

Rainha torna-se!

Nesse exemplo o pronome veio **depois** do verbo. Ocorreu a ênclise.

Ênclise: quando o pronome vem **depois** do verbo.

III.

Leia esta frase:

Dar-lhe-ei todos os dados quando você solicitar.

Observe que nesse caso o pronome ficou no **meio** do verbo – *darei* – uma forma do presente do indicativo do verbo *dar*. É um caso de **mesóclise**.

Mesóclise: quando o pronome vem "no **meio**" do verbo. Só ocorre nas formas verbais do futuro do presente e no futuro do pretérito.

Reiteramos que das três possibilidades de colocação do pronome em relação à posição do verbo, a próclise é o caso mais comum de colocação pronominal.

Embora a eufonia seja atualmente um fator determinante para a colocação pronominal, há regras na gramática normativa que auxiliam para escolhas em usos mais formais.

Veja a seguir mais algumas orientações sobre a colocação pronominal.

Próclise

A próclise é recomendada pela gramática normativa quando há elementos que "atraem" o pronome para antes do verbo. Alguns tipos de palavras exercem essa atração, favorecendo a próclise.

Palavras de valor negativo

Palavras de valor **negativo** exercem essa atração do pronome, favorecendo a próclise: *não*, *nunca*, *ninguém*, *nada*, *jamais*, *nem*... Veja o quadrinho na página ao lado:

THAVES, Bob. Frank & Ernest. *O Estado de S. Paulo*. São Paulo, 25 mar. 2011. p. D4.

Pronomes: pessoais, indefinidos, demonstrativos

Alguns tipos de pronomes também favorecem o uso da próclise. Leia a tirinha a seguir, por exemplo.

QUINO. *Toda Mafalda*. São Paulo, Martins Fontes, 2008, p.198.

Reveja este caso de colocação na fala da menina:

[...] ontem ela me contou que este verão não vai poder sair de férias com os pais.

pronome pessoal

Leia este exemplo:

Alguém me viu na festa ontem?

pronome indefinido

Advérbios ou expressões adverbiais

Veja a tira e procure identificar o que atrai o pronome *me* no último quadrinho.

SCHULZ, Charles M. *Peanuts completo*. Porto Alegre: L&PM, 2013. p. 2.

Note que a expressão adverbial *de repente* atraiu o pronome *me* para antes do verbo.

Orações optativas

Orações optativas, ou seja, aquelas que expressam desejam ou conselho, também favorecem a próclise. Leia alguns exemplos:

Espero que os pais o compreendam!

Que Deus o abençoe!

Ênclise

Leia esta tirinha:

Laerte/Acervo do cartunista

LAERTE. Piratas do Tietê. *Folha de S.Paulo*. São Paulo, 17 mar. 2011. p. E17.

Nessa tira, o pronome oblíquo *vos* está colocado depois do verbo, um caso de ênclise: *falar-vos*.

Observe que a fala da personagem está inserida em uma situação de uso mais formal – um súdito se dirige ao rei.

> Ao contrário do que acontece em Portugal, no Brasil a **ênclise** não é a posição preferida da colocação do pronome oblíquo em relação ao verbo.

Leia esta piada do Joãozinho. Note que ela é formada por um diálogo entre mãe e filho, mais informal.

Na cama, completamente sem sono, Joãozinho grita para a mãe, na cozinha:
– Manhê! Me traz um copo d'água?
– Fica quieto e dorme, Joãozinho!
O garoto fica em silêncio por menos de um minuto.
– Manhê! – ele grita novamente – Me traz um copo d'água!
– Não perturba, moleque! Vê se dorme!
– Ah, mãe... Eu tô com sede... Traz um copo d'água, vai?
– Joãozinho, Joãozinho! Se eu for aí eu vou te dar bronca!
– Tá... Mas quando vier me dar bronca, traz um copo d'água!

Disponível em: <www.osvigaristas.com.br>. Acesso em: 30 maio 2015. Adaptado.

Observando especialmente a colocação pronominal, compare as falas da tira e da piada com estes versos do poeta português Fernando Pessoa (1888-1935). O texto transcrito é uma das quadrinhas reunidas em sua obra sob o título de *Quadras ao gosto popular*:

Disseste-me quase rindo:
"Conheço-te muito bem!"
Dito por quem me não quer,
Tem muita graça, não tem?

PESSOA, Fernando. *Obra poética*. Rio de Janeiro: Companhia José Aguillar, 1969.

Em Portugal, usa-se a ênclise em período iniciado pelo verbo. No Brasil, esse uso é observado em situações mais formais.

A gramática normativa indica que a ênclise deve ocorrer nos casos em que o pronome oblíquo acompanha o verbo que inicia a oração, como você viu anteriormente, ou nos casos em que a oração é formada com verbo no modo imperativo afirmativo.

Leia esta tira e confira o uso do pronome oblíquo no primeiro quadrinho:

QUINO. *Toda Mafalda*. São Paulo: Martins Fontes, 2008. p. 349.

Note que, no primeiro quadrinho da tira, nas duas primeiras orações o verbo está no imperativo afirmativo ("Comporte-se bem!"), o que leva ao uso da ênclise. No fim dessa fala, ainda há um exemplo de uso de ênclise com verbo no infinitivo: "Comportar-se bem!". Se o verbo estivesse no gerúndio, o pronome oblíquo que o acompanhasse também estaria depois do verbo se não houvesse nenhuma justificativa para a próclise: comportando-se bem.

Outros exemplos:

Fazendo-se passar por proprietário do carro, o homem entrou no estacionamento, deu partida e saiu tranquilamente com o que não lhe pertencia.

Desligar-me de tudo foi o jeito de conseguir o meu objetivo.

No dia a dia

Colocação pronominal

Leia a tira a seguir:

SCHULZ, Charles M. *Peanuts completo*. Porto Alegre: L&PM, 2013. p. 2.

Na tira, a personagem Lucy está decidida a fazer seu irmão, Linus, deixar o cobertor de que gosta. Note que ele fica tão nervoso ao saber que ela o havia enterrado que até o cabelo dele parece se arrepiar.

Releia a fala dos dois últimos quadrinhos. Neles é repetida a frase:

Me conta!

Linus se expressa de forma planejada ou espontânea?

Em seu desespero, ele se expressa muito espontaneamente.

Iniciar frases com pronome oblíquo é um uso que se nota na linguagem do dia a dia da língua portuguesa falada no Brasil.

Outros exemplos:

Me dá um cafezinho, por favor?

Nos encontre na porta do *shopping* às 10h.

Segundo as regras da gramática normativa, em situações mais formais as frases não devem ser iniciadas com pronome oblíquo, este deve ser empregado depois do verbo. Assim, as frases acima ficariam:

Dê-me um cafezinho, por favor?

Encontre-nos na porta do *shopping* às 10h.

Alguns gramáticos consideram que as frases iniciadas com pronomes oblíquos já estão incorporadas ao modo de falar dos brasileiros e registram esse uso da colocação pronominal.

Mesóclise

Observe o uso dessa colocação pronominal conforme percebemos em obra do poeta português Fernando Pessoa (1888-1935). O texto transcrito é uma das quadrinhas reunidas em sua obra sob o título de *Quadras ao gosto popular*:

Não sei se a alma no Além vive...
Morreste! E eu quero morrer!
Se vive, **ver-te-ei**; se não,
Só assim te posso esquecer.

Idem, ibidem.

Como não há justificativa para o uso da próclise na colocação do pronome oblíquo *te* em relação à forma verbal no **futuro do presente** *verei*, utilizou-se a mesóclise.

Segundo a gramática normativa, a **mesóclise** só ocorre na língua portuguesa quando o verbo estiver no futuro do presente ou do pretérito e não se justificar o uso de próclise. Assim teríamos:

Enviar-lhe-ei a correspondência assim que chegar para mim.

Observa-se o uso da mesóclise em circunstâncias bem específicas: em textos de autores clássicos ou na linguagem jurídica. Veja um exemplo na linguagem jurídica:

Dar-se-há *habeas corpus* sempre que o indivíduo sofrer ou se achar em iminente perigo de sofrer violência ou coação por ilegalidade ou abuso de poder.

Mas a mesóclise é uma ocorrência cada vez menos presente na língua portuguesa falada no Brasil, não apenas em situações mais informais como também em circunstâncias mais formais, mais monitoradas.

Colocação pronominal

1. Em seu caderno, indique se ocorre próclise, mesóclise ou ênclise:

a)

THAVES, Bob. Frank & Ernest. *O Estado de S. Paulo*. São Paulo, 12 abr. 2011. p. D4.

b)

SOUSA, Mauricio de. Turma da Mônica. *O Estado de S. Paulo*. São Paulo, 16 mar. 2011. p. D4.

2. Justifique no caderno a colocação pronominal em destaque, com base nas normas estudadas.

a) Lembre-**se** de colocar areia nos pratos de vasos para evitar larvas de mosquito.

b)

SHULZ, Charles M. Minduim. *O Estado de S. Paulo*. São Paulo, 12 abr. 2011. p. D4.

c) Não **me** peça para levantar cedo porque é domingo!

d) Alguém **me** ligou e não deixou recado.

3. **Em dupla.** Leiam a seguir o trecho de uma crônica que ironiza o uso dos pronomes nas frases. Conversem para identificar o que gera o conflito entre as personagens.

Papos

Luis Fernando Verissimo

– Me disseram...

– Disseram-me.

– Hein?

– O correto é "disseram-me". Não "me disseram".

– Eu falo como quero. E te digo mais... Ou é "digo-te"?

– O quê?

– Digo-te que você...

– O "te" e o "você" não combinam.

– Lhe digo?

– Também não. O que você ia me dizer?

– Que você está sendo grosseiro, pedante e chato. E que vou te partir a cara. Lhe partir a cara. Partir a sua cara. Como é que se diz?

– Partir-te a cara.

– Parti-la hei de, se você não parar de me corrigir. Ou corrigir-me.

– É para seu bem.

[...]

VERISSIMO, Luis Fernando. *Comédias para se ler na escola*. Rio de Janeiro: Objetiva, 2001. p. 65-66.

7 Regência verbal

Você já estudou que há verbos que necessitam de complementos para terem sentido completo. Estudou também que há complementos que se ligam ao verbo diretamente (sem preposição) e há complementos que se ligam de forma indireta (por meio de uma preposição).

Observe:

Todos precisam de respeito.

verbo → termo regente

complemento → termo regido

preposição
(elemento de conexão entre o verbo e o complemento)

> A **regência verbal** trata das relações de dependência entre o verbo (**termo regente**) e o seu complemento (**termo regido**), analisando se há necessidade ou não de preposição.

Na fala mais coloquial, nos usos do cotidiano, a regência não é rígida, mas segue as regras sistematizadas pela gramática normativa no uso das variedades mais formais da língua.

1. Leia o anúncio:

Reprodução/Arquivo da editora

Anúncio publicado no jornal *Folha de S.Paulo*. São Paulo, 1º jun. 2001.

Segundo a gramática normativa, o verbo *assistir*, empregado no sentido de "ver alguma coisa", deve ser utilizado com a preposição *a*. O texto do anúncio ficaria assim:

Colabore com o racionamento: assistir a filme ruim é desperdício de energia elétrica.

Pense e responda no caderno: em sua opinião, o emprego do verbo *assistir* em desacordo com a gramática normativa ocorreu por causa de um erro de revisão ou foi intencional? Explique sua resposta.

Como você é falante da língua portuguesa há bastante tempo, com certeza já utiliza regências indicadas pela gramática normativa, mesmo sem ter consciência delas. Confira nas atividades a seguir.

2. Sob a orientação do professor, cada aluno deverá ler uma das frases a seguir, substituindo o ■ por uma preposição, se necessário.
   a) Todos os presentes confirmaram ■ o fato para a polícia.
   b) A natureza pertence ■ todos.
   c) Os alunos viram ■ o filme lançado esta semana.
   d) Vocês gostam ■ filmes de terror?
   e) Eu moro ■ um bairro distante do centro.
   f) Quero conversar ■ você hoje à noite.
   g) Encontrei ■ Armando no local combinado.
   h) Não quero falar ■ esse assunto.
   i) Os grevistas atiravam pedras ■ o ônibus.
   j) Os deputados não concordaram ■ a proposta do presidente.

3. Converse com os colegas: foi fácil ou difícil fazer a atividade anterior? Alguma frase apresentou maior dificuldade?

A regência e os dicionários

Quando tivermos dúvidas a respeito da regência de um verbo, devemos **consultar o dicionário**.

Leia como o verbo *assistir* aparece num verbete de dicionário. As regências possíveis são indicadas pelas abreviações *v. t. i.* (verbo transitivo indireto) e *v. t. d.* (verbo transitivo direto), às quais correspondem frases exemplo com ou sem preposição:

assistir: v. 1 t.i. estar presente a determinado acontecimento, fato, ocorrência etc., observando-o ou acompanhando o seu desenrolar; presenciar, testemunhar, ver (*assistir ao acidente*) **2** t.i. ver e ouvir (um espetáculo, encenação teatral, concerto, dança etc.) (*assistir ao concerto, assistir à missa*) **3** t.d. e t.i. acompanhar (enfermo, moribundo etc.) para prestar-lhe socorro material ou moral (*assistir o [ou ao] doente*) **4** t.i. ser da competência ou atribuição de (alguém), caber, competir, pertencer (*diante do ocorrido, assiste-lhe o direito de reclamar*) **5** estar, permanecer (*a alegria assiste em seu coração*) **6** t.i. residir, morar (*ela assiste em Londres*) [...]

Dicionário Houaiss da língua portuguesa. Rio de Janeiro: Objetiva, 2001.

Maurício Pierro/Arquivo da editora

Segundo o que está indicado no dicionário, observe a seguir como a mudança de regência altera o sentido do verbo *assistir*:

Assisti ao ***show***.
- Assisti → verbo transitivo indireto, sentido de *ver*, *presenciar*
- ao *show* → objeto indireto

O médico **assistiu o doente**.
- assistiu → verbo transitivo direto, sentido de *dar assistência*, *ajudar*
- o doente → objeto direto

Muitos intelectuais assistem em Paris. (forma pouco usada atualmente, mas possível)
- assistem → verbo intransitivo, sentido de *morar*, *residir*
- em Paris → adjunto adverbial de lugar

Leia no quadro abaixo alguns verbos com as respectivas regências segundo a gramática normativa.

Regências possíveis				
Verbo	Classificação			
	intransitivo	transitivo direto	transitivo indireto	transitivo direto e indireto
aspirar	—	= inalar, sorver: *Aspiramos um ar muito poluído.*	= desejar, almejar: *Aspiramos a uma vida com paz.*	—
visar	—	= dirigir o olhar para, mirar, apontar arma: *O atirador visou a maçã do último galho.* = autenticar ou validar um papel com um visto: *Visou o cheque.*	= ter algo por objetivo, pretender, objetivar: *Tudo que visar ao bem comum será apoiado por nós.*	—
proceder	= ter fundamento: *Suas afirmações não procedem.*	—	= executar, dar início: *Pode proceder à chamada dos alunos.* = ser originário: *Ele procede do norte do país.*	—
agradecer	—	= mostrar gratidão por alguma coisa: *Agradeceu o prêmio recebido.*	= mostrar gratidão a alguém: *Agradeceu ao mestre.*	= mostrar gratidão a alguém por alguma coisa: *Agradeceu o auxílio a todos os presentes.*
obedecer	—	—	*Todos obedeceram às regras do jogo.*	—
preferir	—	= gostar mais de: *Prefiro os meninos mais sérios.*	—	gostar mais de algo/alguém do que de outro: *Prefiro cinema a teatro.*
namorar	—	*Foi muito feliz quando namorava Pedro.*	*Foi muito feliz quando namorava com Pedro.*	—
pagar	—	*Pagamos a dívida.*	*Pagamos ao banco.*	*Pagamos a dívida ao banco.*
informar	—	—	—	*Informamos o jornal sobre o/do acidente.*
necessitar	—	—	*Necessitamos de auxílio médico urgente.*	—

Vale lembrar que essas regências são as indicadas pela gramática normativa.

Algumas gramáticas e alguns dicionários já incorporam usos mais informais ou coloquiais consolidados pelo uso.

1. Reescreva as frases em seu caderno substituindo as palavras ou expressões destacadas pelos verbos entre parênteses.

a) Gosto *muito mais* de pequenas reuniões do que de baladas agitadas. (preferir)

b) Ele *dava o visto* em todos os documentos sem prestar atenção ao que fazia. (visar)

c) A vistoria do prédio *tem como objetivo* a segurança dos moradores. (visar)

d) O jovem *almejava* um futuro com mais paz. (aspirar)

e) Tadeu só *seguia* as determinações do pai. (obedecer)

f) Mário estava *ficando* com Larissa. (namorar)

2. Reescreva no caderno as frases a seguir adequando a regência dos verbos às indicações feitas para usos mais formais da língua. Se precisar consulte o quadro, um dicionário ou uma gramática.

a) Prefiro mais os filmes de aventura do que os filmes de terror.

b) Os alunos não obedeceram os monitores durante o passeio.

c) Eu assisti o *show*, mas não vi quando o acidente ocorreu.

3. **Desafio!** Nas frases a seguir o mesmo complemento é utilizado para verbos com regências diferentes. Considere as informações dadas sobre a transitividade dos verbos e reescreva as frases no caderno fazendo as alterações de maneira que a regência mais formal de cada verbo seja seguida.

a) Todos gostavam e respeitavam muito o professor Marcelo.
gostar: verbo transitivo indireto (rege um complemento precedido da preposição *de*)
respeitar: verbo transitivo direto

b) Paulo admirava e necessitava de bons livros.
admirar: verbo transitivo direto
necessitar: verbo transitivo indireto (rege um complemento precedido da preposição *de*)

c) Nós assistimos e gostamos do jogo da seleção apresentado ontem.
assistir: verbo transitivo indireto (rege um complemento precedido da preposição *a*)
gostar: verbo transitivo indireto (rege um complemento precedido da preposição *de*)

8 Regência nominal e crase

Regência nominal

Você estudou que há verbos que necessitam de complementos para ter sentido completo, e que se dá o nome de **regência** ao modo como esses complementos se ligam ao verbo: com ou sem preposição.

Com relação aos nomes – substantivos, adjetivos e advérbios – , há também os que exigem complementos regidos de preposição.

Veja um exemplo:

Os novos funcionários ainda não estão aptos para o cargo.

- aptos → termo regente (adjetivo)
- para → preposição
- o cargo → termo regido

Quando o termo regente é um substantivo, adjetivo ou advérbio, chamamos de **regência nominal** ao modo como o complemento se liga a ele.

Observe nos exemplos seguintes que as palavras *alheio* e *preferível* (termos regentes) exigem complemento regido por preposição.

Carlos está alheio a tudo.

Calar é preferível a falar sem pensar.

Veja no quadro a seguir alguns casos de regência nominal.

Termo regente	Preposição	Exemplo
ansioso	para, por, de	Estou ansiosa para ouvir sua resposta.
agradável	a	Seu comportamento não pareceu agradável aos olhos dos presentes.
anterior	a	Meus *e-mails* são anteriores aos seus.
favorável	a	A decisão do juiz não foi favorável ao time.
descontente	com	Os funcionários estão descontentes com o salário.
favoravelmente	a	O juiz decidiu favoravelmente ao réu.

Da mesma forma que a regência verbal, a regência nominal segue as indicações da gramática normativa apoiada em usos mais formais da língua, baseada em exemplos de autores clássicos.

Assim, para saber qual é a regência de uma palavra para uso mais formal da língua, deve-se consultar o dicionário ou a gramática.

Crase

Há alguns tipos de regência que vão produzir a contração da preposição *a* com o artigo *a*. Nesses casos, afirmamos que ocorre a **crase**.

> **Crase** é a fusão de duas vogais de mesma natureza.

Observe:

Tenho de ir ao cartório nesta tarde.

ao → preposição + artigo masculino

Não há crase porque são vogais diferentes.

Mas se no lugar do complemento do verbo for colocada uma palavra do gênero feminino, haverá o encontro de duas vogais iguais:

Tenho de ir aa livraria nesta tarde.

preposição artigo feminino

Não pronunciamos os dois *a*. Mas assinalamos a crase com o acento grave (`):

Tenho de ir à livraria nesta tarde.

Há algumas regras de ocorrência da crase. Observe:

- **Regra geral**: haverá crase sempre que o termo regente exigir a preposição *a* e o termo regido for compatível com o artigo *a*. Exemplo:

Vou a a cidade.

à

Uma forma prática de saber se ocorre ou não crase é substituir o termo feminino por um termo masculino. Exemplo:

Vou a o cinema.

ao

Se for preciso colocar um artigo masculino diante do termo substituído, haverá crase diante do termo feminino.

Algumas palavras, mesmo no gênero feminino, não são compatíveis com o artigo *a*. Acompanhe a explicação abaixo. Você vai perceber como é possível saber se a palavra admite ou não o artigo.

Fui a Paris. — preposição

Voltei de Paris. — preposição

Observe que, na segunda oração, o termo *Paris* não é compatível com o artigo *a*, pois não aceita *da* (de+a).

Veja este outro exemplo:

Fui à Bahia. **Voltei da Bahia.**

Neste caso, o termo *Bahia* é compatível com o artigo *a*.

- **Casos em que *sempre* ocorre a crase:**

1. Nas expressões que indicam horas. Exemplo:

Chegue às duas horas em ponto.

2. Nas expressões adverbiais femininas. Exemplos:

Voltamos às pressas.
À noite haverá uma reunião dos condôminos.

- **Casos em que *não* ocorre a crase:**

1. Antes de palavra masculina. Exemplo:

Andou a cavalo./Escreveu a lápis.

Exceções:

- com o pronome *aquele*, *aquilo*, *aquela*. Exemplo:

Não volto mais àquele lugar.

preposição **a** + **aquele**

- quando estiver subentendida a expressão *à moda* de. Exemplo:

  Seu estilo era à [*à moda de*] Portinari.

2. Antes de pronomes em geral. Exemplos:

   Eu me refiro **a esta** mulher./Não dê atenção **a ela**.

Exceções:

- os pronomes de tratamento *senhora* e *dona* aceitam o artigo; consequentemente, ocorrerá crase. Exemplo:

  Quero dizer **à senhora** que gostei de seu último livro.

- alguns pronomes como *mesmo* e *próprio* aceitam artigo. Exemplo:

  Deram muitos desgostos à **própria** mãe.

3. Antes de verbo. Exemplo:

   Não estavam dispostos **a abrir** mão dos lucros.

4. Em expressões com palavras repetidas. Exemplos:

   passo **a** passo, ponta **a** ponta, dia **a** dia, frente **a** frente

1. Copie em seu caderno a manchete de jornal usando o acento grave onde ocorrer a crase. Em seguida, justifique o uso.

Na Vila Belmiro, rivalidade a flor da pele

O Estado de S. Paulo. São Paulo, 5 mar. 2006. p. E1.

2. Reescreva no caderno a frase do segundo quadrinho da tira abaixo, substituindo o ■ por *a* ou *à*. Justifique.

Jim Davis/Paws, Inc.

DAVIS, Jim. Garfield. *Folha de S.Paulo*. São Paulo, 22 jun. 2005. p. E9.

3. Copie as frases em seu caderno empregando, quando necessário, o acento grave indicativo de crase nos termos destacados.

a) Todos os candidatos selecionados estavam ligados **a** empresas nacionais.
b) Assistiu **a** vitória de seu time com o coração na mão.
c) Chegou a São Paulo ontem **a** noite.
d) Entregaram seu recado só **as** três da tarde.
e) Os examinadores não aceitam o texto escrito **a** lápis.
f) Fez uma macarronada **a** italiana.

Caro leitor

Ler e interpretar textos de diferentes gêneros e linguagens faz parte do desafio escolar cotidiano nas diversas áreas do conhecimento.

No dia a dia, dos mais diferentes modos, mesmo sem perceber, expressamos ideias e opiniões, defendemos um posicionamento e reagimos às opiniões alheias.

Ideias e opiniões podem ser expostas claramente ou estar subentendidas, nas entrelinhas, em qualquer situação, em qualquer texto.

Assim, faz parte do desenvolvimento de nossa habilidade de leitores e de produtores de textos reconhecer as opiniões explícitas e algumas das implícitas em um texto (oral ou escrito) ou em diferentes contextos e situações para saber a melhor maneira de apresentar e defender nossas ideias e pontos de vista. Em tudo aquilo que lemos — conto, romance, reportagem, entrevista, obras de artes plásticas, letra de música — há, explícita ou implicitamente, ideias, posicionamentos ou opiniões de quem produziu esses textos. Descobri-las é sempre um desafio instigante.

Para vivenciar esse desafio, você está convidado a participar deste **projeto de leitura**.

Vamos a ele!

As autoras

Um conto, outros gêneros e diferentes formas de defender a opinião

A coletânea inclui o conto *O alienista*, de Machado de Assis.

As imagens que ilustram esta página integram os textos da coletânea, onde aparecem com os devidos créditos.

Sumário

Parte I: Narrativas e canções

Parte II: Outros textos, outros gêneros

Editora Record/Arquivo da editora

© 2000 Warner Music Brasil

Editora Ática/Arquivo da editora

Divulgação/Arquivo da editora

Parte I: Narrativas e canções

Texto 1

Você vai ler um trecho de *O grande mentecapto*, romance de Fernando Sabino, publicado em 1979.

A personagem principal, Viramundo, é um andarilho que, por não se enquadrar na sociedade, é considerado um marginal. Em suas andanças por diversos lugares do estado de Minas Gerais, relaciona-se com os mais diferentes tipos, sempre se comportando como o bem-intencionado, o puro, o ingênuo submetido às maldades do mundo.

Este trecho narra a "conversa de louco" de Viramundo com o Dr. Pantaleão, diretor de um manicômio, quando da chegada do herói ao estabelecimento.

O grande mentecapto

Relato das aventuras e desventuras de Viramundo e de suas inenarráveis peregrinações

Fernando Sabino

De como Viramundo colheu rosas
e espinhos em Barbacena, indo parar
num hospício de onde logrou fugir,
graças a uma treta bem-sucedida, e
acabou candidato a prefeito da cidade.

[...]

Ao dar entrada em sua nova residência, Geraldo Viramundo foi levado diretamente ao gabinete do diretor, um velhinho de cabeça branca e olhos azuis que atendia pelo nome de Dr. Pantaleão.

– Você o que é, meu filho? – perguntou o Dr. Pantaleão.

– Sou cristão pela graça de Deus – respondeu Viramundo.

– Isso! Assim é que serve. Esse pelo menos fala. Cada doido com sua mania. De médico e de louco todos temos um pouco. Eu estou perguntando qual é a sua encarnação.

Antes que Viramundo pensasse em responder, Dr. Pantaleão disparava a falar, muito depressinha:

– Napoleão ainda temos uns três ou quatro. Já tivemos uma porção. Nunca tivemos é um papa, mas santo temos vários. Temos também um que é grão de milho, não pode ver uma galinha, foge correndo. E tem outro que é justamente galinha, vive a perseguir o pobre grão de milho, cacarejando. Tem um que é cafeteira: passa o dia inteiro com um braço na cintura e outro para cima, mas não serve café a ninguém, acho que está vazia. Tem de tudo. Dom Pedro temos dois. Pedro Segundo, digo. Não sei por que, mas Pedro Primeiro nunca mais apareceu. O último que tivemos, já faz tempo, morreu de tanto grito do Ipiranga que ele dava, proclamando a Independência. Independência ou morte! Independência ou morte! Independência ou morte! Ficava assim o tempo todo montado numa vassoura. Você o que é?

– Eu sou mais eu – respondeu Viramundo prontamente.

– Não pode. Se você fosse mais você, não estaria aqui. Você é menos você, isso sim. E noves fora, zero. Se eu fosse você, seria alguém mais, não seria eu. Portanto, você tem que ser alguém. Basta escolher. Só não escolha Tiradentes, que você pode se dar mal. Já tivemos um, e acabaram enforcando o coitado. Foi preciso que Caxias, o pacificador, viesse botar ordem nesta joça, que isto aqui estava uma verdadeira loucura. Se é que você me permite esta redundância, hi! hi! hi! Todo mundo aqui dentro tem de ser alguém ou alguma coisa. Você o que é?

Sem esperar resposta, o Dr. Pantaleão se aproximou dele e continuou a falar, baixando a voz e com um brilho de esperteza nos olhinhos:

– Vou lhe dar um conselho: seja coisa, não seja gente. Coisa é muito melhor. Uma coisa bem macia, bem leve, bem fofa... Uma nuvem, por exemplo. Eu vou lhe contar um segredo, peço que não conte para ninguém. Quando vim para cá, minha intenção era ser uma nuvem, mas não pude, porque tinha que andar pelado, o que era incompatível com a minha condição de diretor. E você já imaginou uma nuvem de calças? Hi! hi! hi!

[...]

SABINO, Fernando. *O grande mentecapto*: relato das aventuras e desventuras de Viramundo e de suas inenarráveis peregrinações. 56. ed. Rio de Janeiro: Record, 2000. p. 86-88.

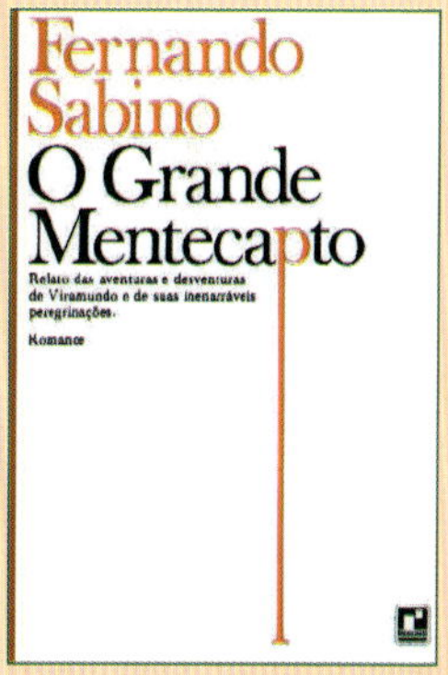

Editora Record/Arquivo da editora

Fernando Tavares **Sabino** (Belo Horizonte, 1923 – Rio de Janeiro, 2004) desde criança revelou-se leitor assíduo. Com 13 anos já escrevia contos e crônicas para jornais mineiros. Exímio nadador, venceu vários campeonatos de nado de costas, sua especialidade. Em 1941, custeou a publicação de seu primeiro livro, *Os grilos não cantam mais*, que obteve muito sucesso. Em 1943, serviu no quartel de cavalaria de Juiz de Fora, período que lhe inspirou *O grande mentecapto*. Formou-se em Direito e trabalhou no exterior como repórter especial. Teve várias obras suas transpostas para o cinema. O romance *O encontro marcado*, de sua autoria, foi publicado em vários países da Europa.

Flavio Ciro/Arquivo da editora

Texto 2

Balada do louco

Rita Lee e Arnaldo Baptista

Dizem que sou louca
Por pensar assim
Se eu sou muito louca
Por eu ser feliz
Mais louco é quem me diz!
E não é feliz!
Não é feliz...

Se eles são bonitos
Eu sou Sharon Stone
Se eles são famosos
I'm Rolling Stone
Mais louco é quem me diz!
E não é feliz!
Não é feliz...

Eu juro que é melhor
Não ser um normal
Se eu posso pensar
Que Deus sou eu

Se eles têm três carros
Eu posso voar
Se eles rezam muito
Eu sou santa!
Eu já estou no céu
Mais louco é quem me diz!
E não é feliz!
Não é feliz...

Eu juro que é melhor
Não ser um normal
Se eu posso pensar
Que Deus sou eu...

Sim! Sou muito louca
Não vou me curar
Já não sou a única
Que encontrou a paz
Mais louco é quem me diz!
E não é feliz!
Eu sou feliz!...

Divulgação/Arquivo da editora

LEE, Rita; BAPTISTA, Arnaldo. Balada do louco. In: LEE, Rita. *Acústico MTV*. DVD Universal Music, 1998.

Divulgação/Arquivo da editora

Rita Lee Jones (São Paulo, 1947): em meados dos anos 1960 formou, com os irmãos Arnaldo e Sérgio Dias Baptista, o grupo experimental Os Mutantes, que, em 1967, acompanhou Gilberto Gil no III Festival de Música Popular Brasileira da TV Record, na apresentação da música *Domingo no parque* – marco do tropicalismo. A música de Rita Lee caracteriza-se pelo senso de humor e pela irreverência.

Marlene Bergamo/Folhapress

Arnaldo Dias **Baptista** (São Paulo, 1948): compositor e músico, foi líder do grupo Os Mutantes. É considerado uma figura de transição entre o tropicalismo de 1960 e o *rock* brasileiro dos anos 1970 e 1980. Atualmente, dedica-se também à literatura e à pintura.

Texto 3

Maluco beleza

Raul Seixas

Enquanto você
se esforça pra ser
um sujeito normal
e fazer tudo igual...

Eu do meu lado,
aprendendo a ser louco
Um maluco total
na loucura real...

Controlando
a minha maluquez
misturada
com minha lucidez

Vou ficar
ficar com certeza
maluco beleza

Esse caminho
que eu mesmo escolhi
É tão fácil seguir
por não ter onde ir...

Controlando
a minha maluquez
misturada
com minha lucidez

Vou ficar
ficar com certeza
maluco beleza
Eu vou ficar...

SEIXAS, Raul. Maluco beleza. *Enciclopédia musical brasileira*: Raul Seixas. CD Warner, 2000.

Irmo Celso/Arquivo da editora

Raul Santos **Seixas** (Salvador, 1945 – São Paulo, 1989): desde criança gostava de ler, criar personagens e contar histórias em quadrinhos. Na adolescência, foi fortemente influenciado pelo *rock* da década de 1950 e pela música do compositor Luiz Gonzaga. Suas composições fundem *rock* com ritmos brasileiros, como o baião e o xaxado. Conhecido pelo tom irreverente e crítico de suas músicas, continua sendo um ícone do *rock* brasileiro, com milhares de admiradores.

©2000 Warner Music Brasil

Texto 4

O conto *O alienista*, de Machado de Assis, foi publicado pela primeira vez no jornal *A Estação*, na forma de folhetim, entre outubro de 1881 e março de 1882, e depois, na íntegra, no livro de contos *Papéis avulsos*. A aceitação do público e da crítica fez com que ganhasse repercussão imediata e fosse considerado uma obra-prima de nossa literatura.

Editora Ática/Arquivo da editora

O alienista

Machado de Assis

I

De como Itaguaí ganhou uma Casa de Orates

As crônicas da vila de Itaguaí dizem que em tempos remotos vivera ali um certo médico, o Dr. Simão Bacamarte, filho da nobreza da terra e o maior dos médicos do Brasil, de Portugal e das Espanhas. Estudara em Coimbra e Pádua. Aos trinta e quatro anos regressou ao Brasil, não podendo el-rei alcançar dele que ficasse em Coimbra, regendo a universidade, ou em Lisboa, expedindo os negócios da monarquia.

– A ciência, disse ele a Sua Majestade, é o meu emprego único; Itaguaí é o meu universo.

Dito isto, meteu-se em Itaguaí, e entregou-se de corpo e alma ao estudo da ciência, alternando as curas com as leituras, e demonstrando os teoremas com cataplasmas. Aos quarenta anos casou com D. Evarista da Costa e Mascarenhas, senhora de vinte e cinco anos, viúva de um juiz de fora, e não bonita nem simpática. Um dos tios dele, caçador de pacas perante o Eterno, e não menos franco, admirou-se de semelhante escolha e disse-lho. Simão Bacamarte explicou-lhe que D. Evarista reunia condições fisiológicas e anatômicas de primeira ordem, digeria com facilidade, dormia regularmente, tinha bom pulso, e excelente vista; estava assim apta para dar-lhe filhos robustos, sãos e inteligentes. Se além dessas prendas, – únicas dignas da preocupação de um sábio, D. Evarista era mal composta de feições, longe de lastimá-lo, agradecia-o a Deus, porquanto não corria o risco de preterir os interesses da ciência na contemplação exclusiva, miúda e vulgar da consorte.

D. Evarista mentiu às esperanças do Dr. Bacamarte, não lhe deu filhos robustos nem mofinos. A índole natural da ciência é a longanimidade; o nosso médico esperou três anos, depois quatro, depois cinco. Ao cabo desse tempo fez um estudo profundo da matéria, releu todos os escritores árabes e outros, que trouxera para Itaguaí, enviou consultas às universidades italianas e alemãs, e acabou por aconselhar à mulher um regímen alimentício especial. A ilustre dama, nutrida exclusivamente com a bela carne de porco de Itaguaí, não atendeu às admoestações do esposo; e à sua resistência, – explicável, mas inqualificável, – devemos a total extinção da dinastia dos Bacamartes.

Mas a ciência tem o inefável dom de curar todas as mágoas; o nosso médico mergulhou inteiramente no estudo e na prática da medicina. Foi então que um dos recantos desta lhe chamou especialmente a atenção, – o recanto psíquico, o exame de patologia cerebral. Não havia na colônia, e ainda no reino, uma só autoridade em semelhante matéria, mal explorada, ou quase inexplorada. Simão Bacamarte

A Z

Casa de Orates: no sentido próprio, 'casa de loucos'; por extensão, 'casa de gente insensata, onde ninguém se entende'. (N.E.)

compreendeu que a ciência lusitana, e particularmente a brasileira, podia cobrir-se de "louros imarcescíveis", – expressão usada por ele mesmo, mas em um arroubo de intimidade doméstica; exteriormente era modesto, segundo convém aos sabedores.

– A saúde da alma, bradou ele, é a ocupação mais digna do médico.

– Do verdadeiro médico, emendou Crispim Soares, boticário da vila, e um dos seus amigos e comensais.

A vereança de Itaguaí, entre outros pecados de que é arguida pelos cronistas, tinha o de não fazer caso dos dementes. Assim é que cada louco furioso era trancado em uma alcova, na própria casa, e, não curado, mas descurado, até que a morte o vinha defraudar do benefício da vida; os mansos andavam à solta pela rua. Simão Bacamarte entendeu desde logo reformar tão ruim costume; pediu licença à câmara para agasalhar e tratar no edifício que ia construir todos os loucos de Itaguaí e das demais vilas e cidades, mediante um estipêndio, que a câmara lhe daria quando a família do enfermo o não pudesse fazer. A proposta excitou a curiosidade de toda a vila, e encontrou grande resistência, tão certo é que dificilmente se desarraigam hábitos absurdos, ou ainda maus. A ideia de meter os loucos na mesma casa, vivendo em comum, pareceu em si mesma sintoma de demência e não faltou quem o insinuasse à própria mulher do médico.

– Olhe, D. Evarista, disse-lhe o padre Lopes, vigário do lugar, veja se seu marido dá um passeio ao Rio de Janeiro. Isso de estudar sempre, sempre, não é bom, vira o juízo.

D. Evarista ficou aterrada. Foi ter com o marido, disse-lhe "que estava com desejos", um principalmente, o de vir ao Rio de Janeiro e comer tudo o que a ele lhe parecesse adequado a certo fim. Mas aquele grande homem, com a rara sagacidade que o distinguia, penetrou a intenção da esposa e redarguiu-lhe sorrindo que não tivesse medo. Dali foi à câmara, onde os vereadores debatiam a proposta, e defendeu-a com tanta eloquência, que a maioria resolveu autorizá-lo ao que pedira, votando ao mesmo tempo um imposto destinado a subsidiar o tratamento, alojamento e mantimento dos doidos pobres. A matéria do imposto não foi fácil achá-la; tudo estava tributado em Itaguaí. Depois de longos estudos, assentou-se em permitir o uso de dois penachos nos cavalos dos enterros. Quem quisesse emplumar os cavalos de um coche mortuário pagaria dois tostões à câmara, repetindo-se tantas vezes esta quantia quantas fossem as horas decorridas entre a do falecimento e a da última bênção na sepultura. O escrivão perdeu-se nos cálculos aritméticos do rendimento possível da nova taxa; e um dos vereadores, que não acreditava na empresa do médico, pediu que se relevasse o escrivão de um trabalho inútil.

– Os cálculos não são precisos, disse ele, porque o Dr. Bacamarte não arranja nada. Quem é que viu agora meter todos os doidos dentro da mesma casa?

Enganava-se o digno magistrado; o médico arranjou tudo. Uma vez empossado da licença começou logo a construir a casa. Era na Rua Nova, a mais bela rua de Itaguaí naquele tempo; tinha cinquenta janelas por lado, um pátio no centro, e numerosos cubículos para os hóspedes. Como fosse grande arabista, achou no **Corão** que Maomé declara veneráveis os doidos, pela consideração de que Alá lhes tira o juízo para que não pequem. A ideia pareceu-lhe bonita e profunda, e ele a fez gravar no frontispício da casa; mas, como tinha medo ao vigário, e por tabela ao bispo, atribuiu o pensamento a Benedito VIII, merecendo com essa fraude, aliás pia, que o padre Lopes lhe contasse, ao almoço, a vida daquele pontífice eminente.

A Z

Corão: livro sagrado do Islã, escrito por Maomé e atribuído a Deus, isto é, Alá. Simão Bacamarte, evidentemente, esconde a sua preferência pelos textos árabes para evitar incompatibilidades entre suas predileções intelectuais e os princípios religiosos do padre Lopes. (N.E.)

A Casa Verde foi o nome dado ao asilo, por alusão à cor das janelas, que pela primeira vez apareciam verdes em Itaguaí. Inaugurou-se com imensa pompa; de todas as vilas e povoações próximas, e até remotas, e da própria cidade do Rio de Janeiro, correu gente para assistir às cerimônias, que duraram sete dias. Muitos dementes já estavam recolhidos; e os parentes tiveram ocasião de ver o carinho paternal e a caridade cristã com que eles iam ser tratados. D. Evarista, contentíssima com a glória do marido, vestiu-se luxuosamente, cobriu-se de joias, flores e sedas. Ela foi uma verdadeira rainha naqueles dias memoráveis; ninguém deixou de ir visitá-la duas e três vezes, apesar dos costumes caseiros e recatados do século, e não só a cortejavam como a louvavam; porquanto, – e este fato é um documento altamente honroso para a sociedade do tempo, – porquanto viam nela a feliz esposa de um alto espírito, de um varão ilustre, e, se lhe tinham inveja, era a santa e nobre inveja dos admiradores.

Ao cabo de sete dias expiraram as festas públicas; Itaguaí tinha finalmente uma casa de Orates.

II

Torrentes de loucos

Três dias depois, numa expansão íntima com o boticário Crispim Soares, desvendou o alienista o mistério do seu coração.

– A caridade, Sr. Soares, entra decerto no meu procedimento, mas entra como tempero, como o sal das coisas, que é assim que interpreto o dito de S. Paulo aos Coríntios: "Se eu conhecer quanto se pode saber, e não tiver caridade, não sou nada". O principal nesta minha obra da Casa Verde é estudar profundamente a loucura, os seus diversos graus, classificar-lhe os casos, descobrir enfim a causa do fenômeno e o remédio universal. Este é o mistério do meu coração. Creio que com isto presto um bom serviço à humanidade.

– Um excelente serviço, corrigiu o boticário.

– Sem este asilo, continuou o alienista, pouco poderia fazer; ele dá-me, porém, muito maior campo aos meus estudos.

– Muito maior, acrescentou o outro.

E tinha razão. De todas as vilas e arraiais vizinhos afluíam loucos à Casa Verde. Eram furiosos, eram mansos, eram monomaníacos, era toda a família dos deserdados do espírito. Ao cabo de quatro meses, a Casa Verde era uma povoação. Não bastaram os primeiros cubículos; mandou-se anexar uma galeria de mais trinta e sete. O padre Lopes confessou que não imaginara a existência de tantos doidos no mundo, e menos ainda o inexplicável de alguns casos. Um, por exemplo, um rapaz bronco e vilão, que todos os dias, depois do almoço, fazia regularmente um discurso acadêmico, ornado de tropos, de antíteses, de apóstrofes, com seus recamos de grego e latim, e suas borlas de **Cícero**, **Apuleio** e **Tertuliano**. O vigário não queria acabar de crer. Quê! um rapaz que ele vira, três meses antes, jogando peteca na rua!

– Não digo que não, respondia-lhe o alienista; mas a verdade é o que Vossa Reverendíssima está vendo. Isto é todos os dias.

– Quanto a mim, tornou o vigário, só se pode explicar pela confusão das línguas na torre de Babel, segundo nos conta a Escritura; provavelmente, confundidas antigamente as línguas, é fácil trocá-las agora, desde que a razão não trabalhe...

– Essa pode ser, com efeito, a explicação divina do fenômeno, concordou o alienista depois de refletir um instante, mas não é im-

A Z

Cícero, Apuleio e Tertuliano: a leitura dos autores latinos antigos, como estes, era um dos requisitos indispensáveis de uma cultura clássica. Machado, na verdade, ironiza aqui a cultura de superfície que impressiona apenas pelos efeitos bombásticos da retórica tradicional e pelo recurso à citação dos clássicos. Veja que, em outros momentos do livro, o autor volta à carga contra o palavreado sonoro e vazio. (N.E.)

possível que haja também alguma razão humana, e puramente científica, e disso trato...

— Vá que seja, e fico ansioso. Realmente!

Os loucos por amor eram três ou quatro, mas só dois espantavam pelo curioso do delírio. O primeiro, um Falcão, rapaz de vinte e cinco anos, supunha-se estrela-d'alva, abria os braços e alargava as pernas, para dar-lhes certa feição de raios, e ficava assim horas esquecidas a perguntar se o sol já tinha saído para ele recolher-se. O outro andava sempre, sempre, sempre, à roda das salas ou do pátio, ao longo dos corredores, à procura do fim do mundo. Era um desgraçado, a quem a mulher deixou por seguir um peralvilho. Mal descobrira a fuga, armou-se de uma garrucha, e saiu-lhes no encalço; achou-os duas horas depois, ao pé de uma lagoa, matou-os a ambos com os maiores requintes de crueldade.

O ciúme satisfez-se, mas o vingado estava louco. E então começou aquela ânsia de ir ao fim do mundo à cata dos fugitivos.

A mania das grandezas tinha exemplares notáveis. O mais notável era um pobre-diabo, filho de um algibebe, que narrava às paredes (porque não olhava nunca para nenhuma pessoa) toda a sua genealogia, que era esta:

— Deus engendrou um ovo, o ovo engendrou a espada, a espada engendrou Davi, Davi engendrou a púrpura, a púrpura engendrou o duque, o duque engendrou o marquês, o marquês engendrou o conde, que sou eu.

Dava uma pancada na testa, um estalo com os dedos, e repetia cinco, seis vezes seguidas:

— Deus engendrou um ovo, o ovo, etc.

Outro da mesma espécie era um escrivão, que se vendia por mordomo do rei; outro era um boiadeiro de Minas, cuja mania era distribuir boiadas a toda a gente, dava trezentas cabeças a um, seiscentas a outro, mil e duzentas a outro, e não acabava mais. Não falo dos casos de monomania religiosa; apenas citarei um sujeito que, chamando-se João de Deus, dizia agora ser o deus João, e prometia o reino dos céus a quem o adorasse, e as penas do inferno aos outros; e depois desse, o licenciado Garcia, que não dizia nada, porque imaginava que no dia em que chegasse a proferir uma só palavra, todas as estrelas se despegariam do céu e abrasariam a terra; tal era o poder que recebera de Deus.

Assim o escrevia ele no papel que o alienista lhe mandava dar, menos por caridade do que por interesse científico.

Que, na verdade, a paciência do alienista era ainda mais extraordinária do que todas as manias hospedadas na Casa Verde; nada menos que assombrosa. Simão Bacamarte começou por organizar um pessoal de administração; e, aceitando essa ideia ao boticário Crispim Soares, aceitou-lhe também dois sobrinhos, a quem incumbiu da execução de um regimento que lhes deu, aprovado pela câmara, da distribuição da comida e da roupa, e assim também da escrita, etc. Era o melhor que podia fazer, para somente cuidar do seu ofício. — A Casa Verde, disse ele ao vigário, é agora uma espécie de mundo, em que há o governo temporal e o governo espiritual. E o padre Lopes ria deste pio trocado, — e acrescentava, — com o único fim de dizer também uma chalaça: — Deixe estar, deixe estar, que hei de mandá-lo denunciar ao papa.

Uma vez desonerado da administração, o alienista procedeu a uma vasta classificação dos seus enfermos. Dividiu-os primeiramente em duas classes principais: os furiosos e os mansos; daí passou às subclasses, monomanias, delírios, alucinações diversas. Isto feito, começou um estudo acurado e contínuo; analisava os hábitos de cada louco, as horas de acesso, as aversões, as simpatias, as palavras, os gestos, as tendências; inquiria da vida dos enfermos, profissão, costumes, circunstâncias da revelação mórbida, acidentes da infância e da mocidade, doenças de outra espécie, antecedentes na família, uma devassa, enfim, como a não faria o mais atilado corregedor. E cada dia notava uma observação nova, uma descoberta interessante, um fenômeno extraordinário. Ao mesmo tempo estudava o melhor regímen, as substâncias medicamentosas, os meios curativos e os meios paliativos, não só os que vinham nos seus amados árabes, como os que ele mesmo descobria, à força de sagacidade e paciência. Ora, todo esse trabalho levava-lhe o melhor e o mais do tempo. Mal dormia e mal comia; e, ainda comendo, era como se trabalhasse, porque ora interrogava um texto antigo, ora ruminava uma questão, e ia muitas vezes de um cabo a outro do jantar sem dizer uma só palavra a D. Evarista.

III

Deus sabe o que faz

A ilustre dama, no fim de dois meses, achou-se a mais desgraçada das mulheres; caiu em profunda melancolia, ficou amarela, magra, comia pouco e suspirava a cada canto. Não ousava fazer-lhe nenhuma queixa ou reproche, porque respeitava nele o seu marido e senhor, mas padecia calada, e definhava a olhos vistos. Um dia, ao jantar, como lhe perguntasse o marido o que é que tinha, respondeu tristemente que nada; depois se atreveu um pouco, e foi ao ponto de dizer que se considerava tão viúva como dantes. E acrescentou:

— Quem diria nunca que meia dúzia de lunáticos...

Não acabou a frase; ou antes, acabou-a levantando os olhos ao teto, — os olhos, que eram a sua feição mais insinuante — negros, grandes, lavados de uma luz úmida, como os da aurora. Quanto ao gesto, era o mesmo que empregara no dia em que Simão Bacamarte a pediu em casamento. Não dizem as crônicas se D. Evarista brandiu aquela arma com o perverso intuito de degolar de uma vez a ciência, ou, pelo menos, decepar-lhe as mãos; mas a conjetura é verossímil. Em todo caso, o alienista não lhe atribuiu intenção. E não se irritou o grande homem, não ficou sequer consternado. O metal de seus olhos não deixou de ser o mesmo metal, duro, liso, eterno, nem a menor prega veio quebrar a superfície da fronte quieta como a água de Botafogo. Talvez um sorriso lhe descerrou os lábios, por entre os quais filtrou esta palavra macia como o óleo do **Cântico**:

— Consinto que vás dar um passeio ao Rio de Janeiro.

D. Evarista sentiu faltar-lhe o chão debaixo dos pés. Nunca dos nuncas vira o Rio de Janeiro, que posto não fosse sequer uma pálida sombra do que hoje é, todavia era alguma coisa mais do que Itaguaí. Ver o Rio de Janeiro, para ela, equivalia ao sonho do hebreu cativo. Agora, principalmente, que o marido assentara de vez naquela povoação interior, agora é que ela perdera as últimas esperanças de respirar os ares da nossa boa cidade; e justamente agora é que ele a convidava a realizar os seus desejos de menina e moça. D. Evarista não pôde dissimular o gosto de semelhante proposta. Simão Bacamarte pegou-lhe na mão e sorriu, — um sorriso tanto ou quanto filosófico, além de conjugal, em que parecia traduzir-se este pensamento: — "Não há remédio certo para as dores da alma; esta senhora definha, porque lhe parece que a não amo; dou-lhe o Rio de Janeiro, e consola-se". E porque era homem estudioso tomou nota da observação.

Mas um dardo atravessou o coração de D. Evarista. Conteve-se, entretanto; limitou-se a dizer ao marido que, se ele não ia, ela não iria também, porque não havia de meter-se sozinha pelas estradas.

A Z

Cântico: refere-se ao *Cântico dos Cânticos*, de Salomão. Parte do Antigo Testamento que trata do amor conjugal através dos diálogos poéticos entre o homem e a mulher. Observe em Simão Bacamarte o contraste irônico entre a dureza inflexível do cientista e a "maciez" interessada do marido. (N.E.)

– Irá com sua tia, redarguiu o alienista.

Note-se que D. Evarista tinha pensado nisso mesmo; mas não quisera pedi-lo nem insinuá-lo, em primeiro lugar porque seria impor grandes despesas ao marido, em segundo lugar porque era melhor, mais metódico e racional que a proposta viesse dele.

– Oh! mas o dinheiro que será preciso gastar! suspirou D. Evarista sem convicção.

– Que importa? Temos ganho muito, disse o marido. Ainda ontem o escriturário prestou-me contas. Queres ver?

E levou-a aos livros. D. Evarista ficou deslumbrada. Era uma via-láctea de algarismos. E depois levou-a às arcas, onde estava o dinheiro.

Deus! eram montes de ouro, eram mil cruzados sobre mil cruzados, dobrões sobre dobrões; era a opulência.

Enquanto ela comia o ouro com os seus olhos negros, o alienista fitava-a, e dizia-lhe ao ouvido com a mais pérfida das alusões:

– Quem diria que meia dúzia de lunáticos...

D. Evarista compreendeu, sorriu e respondeu com muita resignação:

– Deus sabe o que faz!

Três meses depois efetuava-se a jornada. D. Evarista, a tia, a mulher do boticário, um sobrinho deste, um padre que o alienista conhecera em Lisboa, e que de aventura achava-se em Itaguaí, cinco ou seis pajens, quatro mucamas, tal foi a comitiva que a população viu dali sair em certa manhã do mês de maio. As despedidas foram tristes para todos, menos para o alienista. Conquanto as lágrimas de D. Evarista fossem abundantes e sinceras, não chegaram a abalá-lo. Homem de ciência, e só de ciência, nada o consternava fora da ciência; e se alguma coisa o preocupava naquela ocasião, se ele deixava correr pela multidão um olhar inquieto e policial, não era outra coisa mais do que a ideia de que algum demente podia achar-se ali misturado com a gente de juízo.

– Adeus! soluçaram enfim as damas e o boticário.

E partiu a comitiva. Crispim Soares, ao tornar a casa, trazia os olhos entre as duas orelhas da besta ruana em que vinha montado; Simão Bacamarte alongava os seus pelo horizonte adiante, deixando ao cavalo a responsabilidade do regresso. Imagem vivaz do gênio e do vulgo! Um fita o presente, com todas as suas lágrimas e saudades, outro devassa o futuro com todas as suas auroras.

IV

Uma teoria nova

Ao passo que D. Evarista, em lágrimas, vinha buscando o Rio de Janeiro, Simão Bacamarte estudava por todos os lados uma certa ideia arrojada e nova, própria a alargar as bases da psicologia. Todo o tempo que lhe sobrava dos cuidados da Casa Verde era pouco para andar na rua, ou de casa em casa, conversando as gentes, sobre trinta mil assuntos, e virgulando as falas de um olhar que metia medo aos mais heroicos.

Um dia de manhã, – eram passadas três semanas, – estando Crispim Soares ocupado em **temperar um medicamento**, vieram dizer-lhe que o alienista o mandava chamar.

– Trata-se de negócio importante, segundo ele me disse, acrescentou o portador.

Crispim empalideceu. Que negócio importante podia ser, se não alguma notícia da comitiva, e especialmente da mulher? Porque este tópico deve ficar claramente definido, visto insistirem nele os cronistas; Crispim amava a mulher, e, desde trinta anos, nunca estiveram separados um só dia. Assim se explicam os monólogos que ele fazia agora, e que os fâmulos lhe ouviam muita vez: –

temperar um medicamento: *temperar* não tem aqui o sentido culinário que é usual, mas significa preparar um remédio misturando proporcionalmente os elementos que o compõem. (N.E.)

"Anda, bem feito, quem te mandou consentir na viagem de Cesária? Bajulador, torpe bajulador! Só para adular ao Dr. Bacamarte. Pois agora aguenta-te; anda, aguenta-te, alma de lacaio, fracalhão, vil, miserável. Dizes *amém* a tudo, não é? aí tens o lucro, biltre!" – E muitos outros nomes feios, que um homem não deve dizer aos outros, quanto mais a si mesmo. Daqui a imaginar o efeito do recado é um nada. Tão depressa ele o recebeu como abriu mão das drogas e voou à Casa Verde.

Simão Bacamarte recebeu-o com a alegria própria de um sábio, uma alegria abotoada de circunspeção até o pescoço.

– Estou muito contente, disse ele.

– Notícias do nosso povo? perguntou o boticário com a voz trêmula.

O alienista fez um gesto magnífico, e respondeu:

– Trata-se de coisa mais alta, trata-se de uma experiência científica. Digo experiência, porque não me atrevo a assegurar desde já a minha ideia; nem a ciência é outra coisa, Sr. Soares, senão uma investigação constante. Trata-se, pois, de uma experiência, mas uma experiência que vai mudar a face da terra. A loucura, objeto dos meus estudos, era até agora uma ilha perdida no oceano da razão; começo a suspeitar que é um continente.

Disse isto, e calou-se, para ruminar o pasmo do boticário. Depois explicou compridamente a sua ideia. No conceito dele a insânia abrangia uma vasta superfície de cérebros; e desenvolveu isto com **grande cópia de raciocínios**, de textos, de exemplos. Os exemplos achou-os na história e em Itaguaí; mas, como um raro espírito que era, reconheceu o perigo de citar todos os casos de Itaguaí, e refugiou-se na história. Assim, apontou com especialidade alguns personagens célebres, Sócrates, que tinha um **demônio familiar**, Pascal, que via um abismo à esquerda, Maomé, Caracala, Domiciano, Calígula, etc., uma enfiada de casos e pessoas, em que de mistura vinham entidades odiosas, e entidades ridículas. E porque o boticário se admirasse de uma tal promiscuidade, o alienista disse-lhe que era tudo a mesma coisa, e até acrescentou sentenciosamente:

– A ferocidade, Sr. Soares, é o grotesco a sério.

– Gracioso, muito gracioso! exclamou Crispim Soares, levantando as mãos ao céu.

Quanto à ideia de ampliar o território da loucura, achou-a o boticário extravagante; mas a modéstia, principal adorno de seu espírito, não lhe sofreu confessar outra coisa além de um nobre entusiasmo; declarou-a sublime e verdadeira, e acrescentou que era "caso de matraca". Esta expressão não tem equivalente no estilo moderno. Naquele tempo, Itaguaí, que como as demais vilas, arraiais e povoações da colônia, não dispunha de imprensa, tinha dois modos de divulgar uma notícia; ou por meio de cartazes manuscritos e pregados na porta da câmara e da matriz; – ou por meio de matraca.

Eis em que consistia este segundo uso. Contratava-se um homem, por um ou mais dias, para andar as ruas do povoado, com uma matraca na mão.

De quando em quando tocava a matraca, reunia-se gente, e ele anunciava o que lhe incumbiam, – um remédio para sezões, umas terras lavradias, um soneto, um donativo eclesiástico, a melhor tesoura da vila, o mais belo discurso do ano, etc. O sistema tinha inconvenientes para a paz pública; mas era conservado pela grande energia de divulgação que

AZ

grande cópia de raciocínios: *cópia* não quer dizer propriamente *reprodução*, nesse contexto, mas *abundância*; não se trata, pois, de "desenvolver uma ideia imitando pensamentos alheios", e sim de "desenvolver uma ideia com grande quantidade de exemplos". (N.E.)

demônio familiar: o filósofo Sócrates acreditaria num espírito que acompanhava continuamente seus passos e dominava sua pessoa. (N.E.)

possuía. Por exemplo, um dos vereadores, — aquele justamente que mais se opusera à criação da Casa Verde, — desfrutava a reputação de perfeito educador de cobras e macacos, e aliás nunca domesticara um só desses bichos; mas tinha o cuidado de fazer trabalhar a matraca todos os meses. E dizem as crônicas que algumas pessoas afirmavam ter visto cascavéis dançando no peito do vereador; afirmação perfeitamente falsa, mas só devida à absoluta confiança no sistema. Verdade, verdade, nem todas as instituições do antigo regímen mereciam o desprezo do nosso século.

— Há melhor do que anunciar a minha ideia, é praticá-la, respondeu o alienista à insinuação do boticário.

E o boticário, não divergindo sensivelmente deste modo de ver, disse-lhe que sim, que era melhor começar pela execução.

— Sempre haverá tempo de a dar à matraca, concluiu ele.

Simão Bacamarte refletiu ainda um instante, e disse:

— Suponho o espírito humano uma vasta concha; o meu fim, Sr. Soares, é ver se posso extrair a pérola, que é a razão; por outros termos, demarquemos definitivamente os limites da razão e da loucura. A razão é o perfeito equilíbrio de todas as faculdades; fora daí insânia, insânia e só insânia.

O vigário Lopes, a quem ele confiou a nova teoria, declarou lisamente que não chegava a entendê-la, que era uma obra absurda; e, se não era absurda, era de tal modo colossal que não merecia princípio de execução.

— Com a definição atual, que é a de todos os tempos, acrescentou, a loucura e a razão estão perfeitamente delimitadas. Sabe-se onde uma acaba e onde a outra começa. Para que transpor a cerca?

Sobre o lábio fino e discreto do alienista roçou a vaga sombra de uma intenção de riso, em que o desdém vinha casado à comiseração; mas nenhuma palavra saiu de suas egrégias entranhas.

A ciência contentou-se em estender a mão à teologia, — com tal segurança, que a teologia não soube enfim se devia crer em si ou na outra. Itaguaí e o universo ficavam à beira de uma revolução.

V

O terror

Quatro dias depois, a população de Itaguaí ouviu consternada a notícia de que um certo Costa fora recolhido à Casa Verde.

— Impossível!

— Qual impossível! foi recolhido hoje de manhã.

— Mas, na verdade, ele não merecia... Ainda em cima! depois de tanto que ele fez...

Costa era um dos cidadãos mais estimados de Itaguaí. Herdara quatrocentos mil cruzados em boa moeda de el-rei Dom João V, dinheiro cuja renda bastava, segundo lhe declarou o tio no testamento, para viver "até o fim do mundo". Tão depressa recolheu a herança, como entrou a dividi-la em empréstimos, sem usura, mil cruzados a um, dois mil a outro, trezentos a este, oitocentos àquele, a tal ponto que, no fim de cinco anos, estava sem nada. Se a miséria viesse de chofre, o pasmo de Itaguaí seria enorme; mas veio devagar; ele foi passando da opulência à abastança, da abastança à mediania, da mediania à pobreza, da pobreza à miséria, gradualmente. Ao cabo daqueles cinco anos, pessoas que levavam o chapéu ao chão, logo que ele assomava no fim da rua, agora batiam-lhe no ombro, com intimidade, davam-lhe piparotes no nariz, diziam-lhe pulhas. E o Costa sempre lhano, risonho. Nem se lhe dava de ver que os menos corteses eram justamente os que tinham ainda a dívida em aberto; ao contrário, parece que os agasalhava com maior prazer, e mais sublime resignação. Um dia, como um desses incuráveis devedores lhe atirasse uma chalaça grossa, e ele se risse dela, observou um desafeiçoado, com certa perfídia:

– "Você suporta esse sujeito para ver se ele lhe paga". Costa não se deteve um minuto, foi ao devedor e perdoou-lhe a dívida. – "Não admira, retorquiu o outro; o Costa abriu mão de uma estrela, que está no céu". Costa era perspicaz, entendeu que ele negava todo o merecimento ao ato, atribuindo-lhe a intenção de rejeitar o que não vinham meter-lhe na algibeira. Era também pundonoroso e inventivo; duas horas depois achou um meio de provar que lhe não cabia um tal labéu: pegou de algumas dobras, e mandou-as de empréstimo ao devedor.

– Agora espero que... – pensou ele sem concluir a frase.

Esse último rasgo do Costa persuadiu a crédulos e incrédulos; ninguém mais pôs em dúvida os sentimentos cavalheirescos daquele digno cidadão. As necessidades mais acanhadas saíram à rua, vieram bater-lhe à porta, com os seus chinelos velhos, com as suas capas remendadas. Um verme, entretanto, roía a alma do Costa: era o conceito do desafeto. Mas isso mesmo acabou; três meses depois veio este pedir-lhe uns cento e vinte cruzados com promessa de restituir-lhos daí a dois dias; era o resíduo da grande herança, mas era também uma nobre desforra: Costa emprestou o dinheiro logo, logo, e sem juros. Infelizmente não teve tempo de ser pago; cinco meses depois era recolhido à Casa Verde.

Imagina-se a consternação de Itaguaí, quando soube do caso. Não se falou em outra coisa, dizia-se que o Costa ensandecera, ao almoço, outros que de madrugada; e contavam-se os acessos, que eram furiosos, sombrios, terríveis, – ou mansos, e até engraçados, conforme as versões. Muita gente correu à Casa Verde, e achou o pobre Costa, tranquilo, um pouco espantado, falando com muita clareza, e perguntando por que motivo o tinham levado para ali. Alguns foram ter com o alienista. Bacamarte aprovava esses sentimentos de estima e compaixão, mas acrescentava que a ciência era a ciência, e que ele não podia deixar na rua um mentecapto. A última pessoa que intercedeu por ele (porque depois do que vou contar ninguém mais se atreveu a procurar o terrível médico) foi uma pobre senhora, prima do Costa. O alienista disse-lhe confidencialmente que este digno homem não estava no perfeito equilíbrio das faculdades mentais, à vista do modo como dissipara os cabedais que...

– Isso, não! isso, não! interrompeu a boa senhora com energia. Se ele gastou tão depressa o que recebeu, a culpa não é dele.

– Não?

– Não, senhor. Eu lhe digo como o negócio se passou. O defunto meu tio não era mau homem; mas quando estava furioso era capaz de nem tirar o chapéu ao Santíssimo. Ora, um dia, pouco tempo antes de morrer, descobriu que um escravo lhe roubara um boi; imagine como ficou.

A cara era um pimentão; todo ele tremia, a boca escumava; lembra-me como se fosse hoje. Então um homem feio, cabeludo, em mangas de camisa, chegou-se a ele e pediu água. Meu tio (Deus lhe fale n'alma!) respondeu que fosse beber ao rio ou ao inferno. O homem olhou para ele, abriu a mão em ar de ameaça, e rogou esta praga: – "Todo o seu dinheiro não há de durar mais de sete anos e um dia, tão certo como isto ser o **sino-salamão**!" E mostrou o sino-salamão impresso no braço. Foi isto, meu senhor; foi esta praga daquele maldito.

Bacamarte espetara na pobre senhora um par de olhos agudos como punhais. Quando ela acabou, estendeu-lhe a mão polidamente, como se o fizesse à própria esposa do

A Z

sino-salamão: ou *signo de salomão*, amuleto de onde proviria o poder ilimitado do profeta Salomão. Trata-se de um talismã circular com dois triângulos equiláteros gravados, que se sobrepõem formando um hexágono. (N.E.)

vice-rei, e convidou-a a ir falar ao primo. A mísera acreditou; ele levou-a à Casa Verde e encerrou-a na galeria dos alucinados.

A notícia desta aleivosia do ilustre Bacamarte lançou o terror à alma da população. Ninguém queria acabar de crer que, sem motivo, sem inimizade, o alienista trancasse na Casa Verde uma senhora perfeitamente ajuizada, que não tinha outro crime senão o de interceder por um infeliz. Comentava-se o caso nas esquinas, nos barbeiros; edificou-se um romance, umas finezas namoradas que o alienista outrora dirigira à prima do Costa, a indignação do Costa e o desprezo da prima. E daí a vingança. Era claro. Mas a austeridade do alienista, a vida de estudos que ele levava pareciam desmentir uma tal hipótese. Histórias! Tudo isso era naturalmente a capa do velhaco. E um dos mais crédulos chegou a murmurar que sabia de outras coisas, não as dizia, por não ter certeza plena, mas sabia, quase que podia jurar.

— Você, que é íntimo dele, não nos podia dizer o que há, o que houve, que motivo...!

Crispim Soares derretia-se todo. Esse interrogar da gente inquieta e curiosa, dos amigos atônitos, era para ele uma consagração pública. Não havia duvidar; toda a povoação sabia enfim que o privado do alienista era ele, Crispim, o boticário, o colaborador do grande homem e das grandes coisas; daí a corrida à botica. Tudo isso dizia o carão jucundo e o riso discreto do boticário, o riso e o silêncio, porque ele não respondia nada; um, dois, três monossílabos, quando muito, soltos, secos, encapados no fiel sorriso, constante e miúdo, cheio de mistérios científicos, que ele não podia, sem desdouro nem perigo, desvendar a nenhuma pessoa humana.

"Há coisa", pensavam os mais desconfiados.

Um desses limitou-se a pensá-lo, deu de ombros e foi embora. Tinha negócios pessoais. Acabava de construir uma casa suntuosa. Só a casa bastava para deter e chamar toda gente; mas havia mais, — a mobília, que ele mandara vir da Hungria e da Holanda, segundo contava, e que se podia ver do lado de fora, porque as janelas viviam abertas, — e o jardim, que era uma obra-prima de arte e de gosto. Esse homem, que enriquecera no fabrico de albardas, tinha tido sempre o sonho de uma casa magnífica, jardim pomposo, mobília rara. Não deixou o negócio das albardas, mas repousava dele na contemplação da casa nova, a primeira de Itaguaí, mais grandiosa do que a Casa Verde, mais nobre do que a da câmara. Entre a gente ilustre da povoação havia choro e ranger de dentes, quando se pensava, ou se falava, ou se louvava a casa do albardeiro, — um simples albardeiro, — um simples albardeiro. Deus do céu!

— Lá está ele embasbacado, diziam os transeuntes, de manhã.

De manhã, com efeito, era costume do Mateus estatelar-se, no meio do jardim, com os olhos na casa, namorado, durante uma longa hora, até que vinham chamá-lo para almoçar. Os vizinhos, embora o cumprimentassem com certo respeito, riam-se por trás dele, que era um gosto. Um desses chegou a dizer que o Mateus seria muito mais econômico, e estaria riquíssimo, se fabricasse as **albardas para si mesmo**; epigrama ininteligível, mas que fazia rir às bandeiras despregadas.

— Agora lá está o Mateus a ser contemplado, diziam à tarde.

A razão deste outro dito era que, de tarde, quando as famílias saíam a passeio (jantavam cedo) usava o Mateus postar-se à janela, bem no centro, vistoso, sobre um fundo escuro, trajado de branco, atitude senhoril, e as-

albarda para si mesmo: 'sela grosseira para animais de carga'; assim, o epigrama, isto é, o dito satírico segundo o qual Mateus estaria rico "se fabricasse albardas para si mesmo" não é tão "ininteligível" como sugere ironicamente o texto de Machado. (N.E.)

sim ficava duas e três horas até que anoitecia de todo. Pode crer-se que a intenção do Mateus era ser admirado e invejado, posto que ele não a confessasse a nenhuma pessoa, nem ao boticário, nem ao padre Lopes, seus grandes amigos. E entretanto não foi outra a alegação do boticário, quando o alienista lhe disse que o albardeiro talvez padecesse do amor das pedras, mania que ele Bacamarte descobrira e estudava desde algum tempo. Aquilo de contemplar a casa...

– Não, senhor, acudiu vivamente Crispim Soares.

– Não?

– Há de perdoar-me, mas talvez não saiba que ele de manhã examina a obra, não a admira; de tarde, são os outros que o admiram a ele e à obra. – E contou o uso do albardeiro, todas as tardes, desde cedo até o cair da noite.

Uma volúpia científica alumiou os olhos de Simão Bacamarte. Ou ele não conhecia todos os costumes do albardeiro, ou nada mais quis, interrogando o Crispim, do que confirmar alguma notícia incerta ou suspeita vaga. A explicação satisfê-lo; mas como tinha as alegrias próprias de um sábio, concentradas, nada viu o boticário que fizesse suspeitar uma intenção sinistra. Ao contrário, era de tarde, e o alienista pediu-lhe o braço para irem a passeio. Deus! era a primeira vez que Simão Bacamarte dava ao seu privado tamanha honra. Crispim ficou trêmulo, atarantado, disse que sim, que estava pronto. Chegaram duas ou três pessoas de fora, Crispim mandou-as mentalmente a todos os diabos; não só atrasavam o passeio, como podia acontecer que Bacamarte elegesse alguma delas, para acompanhá-lo, e o dispensasse a ele. Que impaciência! que aflição! Enfim, saíram. O alienista guiou para os lados da casa do albardeiro, viu-o à janela, passou cinco, seis vezes por diante, devagar, parando, examinando as atitudes, a expressão do rosto. O pobre Mateus, apenas notou que era objeto da curiosidade ou admiração do primeiro vulto de Itaguaí, redobrou de expressão, deu outro relevo às atitudes... Triste! triste, não fez mais do que condenar-se; no dia seguinte, foi recolhido à Casa Verde.

– A Casa Verde é um cárcere privado, disse um médico sem clínica.

Nunca uma opinião pegou e grassou tão rapidamente. Cárcere privado: eis o que se repetia de norte a sul e de leste a oeste de Itaguaí, – a medo, é verdade, porque durante a semana que se seguiu à captura do pobre Mateus, vinte e tantas pessoas, – duas ou três de consideração, – foram recolhidas à Casa Verde. O alienista dizia que só eram admitidos os casos patológicos, mas pouca gente lhe dava crédito. Sucediam-se as versões populares. Vingança, cobiça de dinheiro, castigo de Deus, monomania do próprio médico, plano secreto do Rio de Janeiro com o fim de destruir em Itaguaí qualquer germe de prosperidade que viesse a brotar, arvorecer, florir, com desdouro e míngua daquela cidade; mil outras explicações, que não explicavam nada, tal era o produto diário da imaginação pública.

Nisto chegou do Rio de Janeiro a esposa do alienista, a tia, a mulher do Crispim Soares, e toda a mais comitiva, – ou quase toda – que algumas semanas antes partira de Itaguaí. O alienista foi recebê-la, com o boticário, o padre Lopes, os vereadores e vários outros magistrados. O momento em que D. Evarista pôs os olhos na pessoa do marido é considerado pelos cronistas do tempo como um dos mais sublimes da história moral dos homens, e isto pelo contraste das duas naturezas, ambas extremas, ambas egrégias. D. Evarista soltou um grito, – balbuciou uma palavra e atirou-se ao consorte – de um gesto que não se pode melhor definir do que comparando-o a uma mistura de onça e rola. Não assim o ilustre Bacamarte; frio como diagnóstico, sem desengonçar por um instante a rigidez científica, estendeu os braços à dona que caiu neles e desmaiou. Curto incidente; ao cabo de dois minutos D. Evarista recebia os cumprimentos dos amigos e o préstito punha-se em marcha.

D. Evarista era a esperança de Itaguaí; contava-se com ela para minorar o flagelo da Casa Verde. Daí as aclamações públicas, a imensa gente que atulhava as ruas, as flâmulas, as flores e damascos às janelas. Com o braço apoiado no do padre Lopes – porque o eminente confiara a mulher ao vigário e acompanhava-os a passo meditativo – D. Evarista voltava a cabeça a um lado e outro, curiosa, inquieta, petulante. O vigário indagava do Rio de Janeiro, que ele não vira desde o vice-reinado anterior, e D. Evarista respondia entusiasmada que era a coisa mais bela que podia haver no mundo. O Passeio Público estava acabado, um paraíso onde ela fora muitas vezes, e a Rua das Belas Noites, o chafariz das Marrecas... Ah! o chafariz das Marrecas! Eram mesmo marrecas – feitas de metal e despejando água pela boca fora. Uma coisa galantíssima. O vigário dizia que sim, que o Rio de Janeiro devia estar agora muito mais bonito. Se já o era noutro tempo! Não admira, maior do que Itaguaí e, demais, sede do governo... Mas não se pode dizer que Itaguaí fosse feio; tinha belas casas, a casa do Mateus, a Casa Verde...

– A propósito de Casa Verde, disse o padre Lopes escorregando habilmente para o assunto da ocasião, a senhora vem achá-la muito cheia de gente.

– Sim?

– É verdade. Lá está o Mateus...

– O albardeiro?

– O albardeiro; está o Costa, a prima do Costa, e Fulano, e Sicrano, e...

– Tudo isso doido?

– Ou quase doido, obtemperou o padre.

– Mas então?

O vigário derreou os cantos da boca, à maneira de quem não sabe nada ou não quer dizer tudo; resposta vaga, que se não pode repetir a outra pessoa por falta de texto. D. Evarista achou realmente extraordinário que toda aquela gente ensandecesse; um ou outro, vá; mas todos? Entretanto custava-lhe duvidar; o marido era um sábio, não recolheria ninguém à Casa Verde sem prova evidente de loucura.

– Sem dúvida... sem dúvida... ia pontuando o vigário.

Três horas depois cerca de cinquenta convivas sentavam-se em volta da mesa de Simão Bacamarte; era o jantar das boas-vindas. D. Evarista foi o assunto obrigado dos brindes, discursos, versos de toda a casta, metáforas, amplificações, apólogos. Ela era a esposa do novo **Hipócrates**, a musa da ciência, anjo, divina, aurora, caridade, vida, consolação; trazia nos olhos duas estrelas segundo a versão modesta de Crispim Soares e dois sóis no conceito de um vereador. O alienista ouvia essas coisas um tanto enfastiado, mas sem visível impaciência. Quando muito, dizia ao ouvido da mulher que a retórica permitia tais arrojos sem significação. D. Evarista fazia esforços para aderir a esta opinião do marido; mas, ainda descontando três quartas partes das louvaminhas, ficava muito com que enfunar-lhe a alma. Um dos oradores, por exemplo, Martim Brito, rapaz de vinte e cinco anos, pintalegrete acabado, curtido de namoros e aventuras, declamou um discurso em que o nascimento de D. Evarista era explicado pelo mais singular dos reptos. "Deus, disse ele, depois de dar o universo ao homem e à mulher, esse diamante e essa pérola da coroa divina (e o orador arrastava triunfalmente esta frase de uma ponta a outra da mesa), Deus quis vencer a Deus, e criou D. Evarista."

A–Z

Hipócrates: alusão elogiosa ao Dr. Simão Bacamarte, comparando-o ao mais ilustre médico da Antiguidade. Nessa passagem, ironiza-se novamente a volúpia retórica e o gosto pelas citações clássicas. (N.E.)

D. Evarista baixou os olhos com exemplar modéstia. Duas senhoras, achando a cortesanice excessiva e audaciosa, interrogaram os olhos do dono da casa; e, na verdade, o gesto do alienista pareceu-lhes nublado de suspeitas, de ameaças e provavelmente de sangue. O atrevimento foi grande, pensaram as duas damas. E uma e outra pediam a Deus que removesse qualquer episódio trágico — ou que o adiasse ao menos para o dia seguinte. Sim, que o adiasse. Uma delas, a mais piedosa, chegou a admitir consigo mesma que D. Evarista não merecia nenhuma desconfiança, tão longe estava de ser atraente ou bonita. Uma simples água-morna. Verdade é que, se todos os gostos fossem iguais, o que seria do amarelo? Esta ideia fê-la tremer outra vez, embora menos; menos, porque o alienista sorria agora para o Martim Brito, e, levantados todos, foi ter com ele e falou-lhe do discurso. Não lhe negou que era um improviso brilhante, cheio de rasgos magníficos. Seria dele mesmo a ideia relativa ao nascimento de D. Evarista ou tê-la-ia encontrado em algum autor que?... Não, senhor; era dele mesmo; achou-a naquela ocasião e pareceu-lhe adequada a um arroubo oratório. De resto, suas ideias eram antes arrojadas do que ternas ou jocosas. Dava para o épico. Uma vez, por exemplo, compôs uma ode à queda do Marquês de Pombal, em que dizia que esse ministro era o "dragão aspérrimo do Nada" esmagado pelas "garras vingadouras do Todo"; e assim outras mais ou menos fora do comum; gostava das ideias sublimes e raras, das imagens grandes e nobres...

Pobre moço! pensou o alienista. E continuou consigo: Trata-se de um caso de lesão cerebral: fenômeno sem gravidade, mas digno de estudo...

D. Evarista ficou estupefata quando soube, três dias depois, que o Martim Brito fora alojado na Casa Verde. Um moço que tinha ideias tão bonitas! As duas senhoras atribuíram o ato a ciúmes do alienista. Não podia ser outra coisa; realmente, a declaração do moço fora audaciosa demais.

Ciúmes? Mas como explicar que, logo em seguida, fossem recolhidos José Borges do Couto Leme, pessoa estimável, o Chico das cambraias, folgazão emérito, o escrivão Fabrício e ainda outros? O terror acentuou-se. Não se sabia já quem estava são, nem quem estava doido. As mulheres, quando os maridos saíam, mandavam acender uma lamparina a Nossa Senhora; e nem todos os maridos eram valorosos, alguns não andavam fora sem um ou dois capangas. Positivamente o terror. Quem podia emigrava. Um desses fugitivos chegou a ser preso a duzentos passos da vila. Era um rapaz de trinta anos, amável, conversado, polido, tão polido que não cumprimentava alguém sem levar o chapéu ao chão; na rua, acontecia-lhe correr uma distância de dez a vinte braças para ir apertar a mão a um homem grave, a uma senhora, às vezes a um menino, como acontecera ao filho do juiz de fora. Tinha a vocação das cortesias. De resto, devia as boas relações da sociedade, não só aos dotes pessoais, que eram raros, como à nobre tenacidade com que nunca desanimava diante de uma, duas, quatro, seis recusas, caras feias, etc. O que acontecia era que, uma vez entrado numa casa, não a deixava mais, nem os da casa o deixavam a ele, tão gracioso era o Gil Bernardes. Pois o Gil Bernardes, apesar de se saber estimado, teve medo quando lhe disseram um dia que o alienista o trazia de olho; na madrugada seguinte fugiu da vila, mas foi logo apanhado e conduzido à Casa Verde.

— Devemos acabar com isto!

— Não pode continuar!

— Abaixo a tirania!

— Déspota! violento! Golias!

Não eram gritos na rua, eram suspiros em casa mas não tardava a hora dos gritos. O terror crescia: avizinhava-se a rebelião.

A ideia de uma petição ao governo, para que Simão Bacamarte fosse capturado e deportado, andou por algumas cabeças, antes que o barbeiro Porfírio a expendesse na loja com grandes gestos de indignação. Note-se – e essa é uma das laudas mais puras desta sombria história – note-se que o Porfírio, desde que a Casa Verde começara a povoar-se tão extraordinariamente, viu crescerem-lhe os lucros pela aplicação assídua de sanguessugas que dali lhe pediam; mas o interesse particular, dizia ele, deve ceder ao interesse público. E acrescentava: – é preciso derrubar o tirano! Note-se mais que ele soltou esse grito justamente no dia em que Simão Bacamarte fizera recolher à Casa Verde um homem que trazia com ele uma demanda, o Coelho.

– Não me dirão em que é que o Coelho é doido? bradou o Porfírio.

E ninguém lhe respondia; todos repetiam que era um homem perfeitamente ajuizado. A mesma demanda que ele trazia com o barbeiro, acerca de uns chãos de vila, era filha da obscuridade de um alvará e não da cobiça ou ódio. Um excelente caráter o Coelho. Os únicos desafeiçoados que tinha eram alguns sujeitos que, dizendo-se taciturnos, ou alegando andar com pressa, mal o viam de longe dobravam as esquinas, entravam nas lojas, etc. Na verdade, ele amava a boa palestra, a palestra comprida, gostada a sorvos largos, e assim é que nunca estava só, preferindo os que sabiam dizer duas palavras, mas não desdenhando os outros. O padre Lopes, que cultivava o Dante, e era inimigo do Coelho, nunca o via desligar-se de uma pessoa que não declamasse e emendasse este trecho:

La bocca sollevò dal fiero pasto
Quel "seccatore"...

mas uns sabiam do ódio do padre, e outros pensavam que isto era uma oração em latim.

VI
A rebelião

Cerca de trinta pessoas ligaram-se ao barbeiro, redigiram e levaram uma representação à câmara.

A câmara recusou aceitá-la, declarando que a Casa Verde era uma instituição pública, e que a ciência não podia ser emendada por votação administrativa, menos ainda por movimentos de rua.

– Voltai ao trabalho, concluiu o presidente, é o conselho que vos damos.

A irritação dos agitadores foi enorme. O barbeiro declarou que iam dali levantar a bandeira da rebelião, e destruir a Casa Verde; que Itaguaí não podia continuar a servir de cadáver aos estudos e experiências de um déspota; que muitas pessoas estimáveis, algumas distintas, outras humildes mas dignas de apreço, jaziam nos cubículos da Casa Verde; que o despotismo científico do alienista complicava-se do espírito de ganância, visto que os loucos ou supostos tais não eram tratados de graça: as famílias, e em falta delas, a câmara pagavam ao alienista...

– É falso! interrompeu o presidente.

– Falso?

– Há cerca de duas semanas recebemos um ofício do ilustre médico em que nos declara que, tratando de fazer experiências de alto valor psicológico, desiste do estipêndio

A Z

"La bocca sollevò dal fiero pasto / Quel 'seccatore'...": trata-se da citação, modificada, de versos da *Divina comédia*, de Dante Alighieri, em que se narram os suplícios de dois traidores políticos no inferno: o conde Ugolino e o arcebispo de Pisa, Ruggieri degli Ubaldini. Na passagem referida, Ugolino aparece condenado a roer eternamente a nuca de Ruggieri (*Inferno*, XXXIII; 1-3: "La bocca sollevò dal fiero pasto/quel peccator, forbendola à cappelli / del capo ch'elli avea di retro guasto", que quer dizer: "aquele pecador (Ugolino) ergueu a boca do fero pasto (a nuca de Ruggieri), limpando-a (a boca) nos cabelos da cabeça cuja nuca ele estragara". Em *O alienista* o padre Lopes faz um trocadilho mordaz, substituindo *peccator* por *seccatore*: "a boca ergueu do fero pasto, aquele chato" (isto é, o Coelho, quando largava finalmente as pessoas que prendia em conversas intermináveis). (N.E.)

votado pela câmara, bem como nada receberá das famílias dos enfermos.

A notícia deste ato tão nobre, tão puro, suspendeu um pouco a alma dos rebeldes. Seguramente o alienista podia estar em erro, mas nenhum interesse alheio à ciência o instigava; e para demonstrar o erro, era preciso alguma coisa mais do que arruaças e clamores. Isto disse o presidente, com aplauso de toda a câmara. O barbeiro, depois de alguns instantes de concentração, declarou que estava investido de um mandato público e não restituiria a paz a Itaguaí antes de ver por terra a Casa Verde – **"essa Bastilha da razão humana"** – expressão que ouvira a um poeta local, e que ele repetiu com muita ênfase. Disse, e a um sinal todos saíram com ele.

Imagine-se a situação dos vereadores; urgia obstar ao ajuntamento, à rebelião, à luta, ao sangue. Para acrescentar ao mal, um dos vereadores que apoiara o presidente, ouvindo agora a denominação dada pelo barbeiro à Casa Verde – "Bastilha da razão humana", – achou-a tão elegante, que mudou de parecer. Disse que entendia de bom aviso decretar alguma medida que reduzisse a Casa Verde; e porque o presidente, indignado, manifestasse em termos enérgicos o seu pasmo, o vereador fez esta reflexão:

– Nada tenho que ver com a ciência; mas, se tantos homens em quem supomos juízo são reclusos por dementes, quem nos afirma que o alienado não é o alienista?

Sebastião Freitas, o vereador dissidente, tinha o dom da palavra e falou ainda por algum tempo, com prudência mas com firmeza. Os colegas estavam atônitos; o presidente pediu-lhe que, ao menos, desse o exemplo da ordem e do respeito à lei, não aventasse as suas ideias na rua, para não dar corpo e alma à rebelião, que era por ora um turbilhão d'átomos dispersos. Esta figura corrigiu um pouco o efeito da outra: Sebastião Freitas prometeu suspender qualquer ação, reservando-se o direito de pedir pelos meios legais a redução da Casa Verde. E repetia consigo, namorado: – Bastilha da razão humana!

Entretanto a arruaça crescia. Já não eram trinta, mas trezentas pessoas que acompanhavam o barbeiro, cuja alcunha familiar deve ser mencionada, porque ela deu o nome à revolta: chamavam-lhe o Canjica, – e o movimento ficou célebre com o nome de revolta dos Canjicas. A ação podia ser restrita, visto que muita gente, ou por medo, ou por hábitos de educação, não descia à rua; mas o sentimento era unânime, ou quase unânime, e os trezentos que caminhavam para a Casa Verde, – dada a diferença de Paris a Itaguaí, – podiam ser comparados aos que tomaram a Bastilha.

D. Evarista teve notícia da rebelião antes que ela chegasse; veio dar-lha uma de suas crias. Ela provava nessa ocasião um vestido de seda, – um dos trinta e sete que trouxera do Rio de Janeiro, – e não quis crer.

– Há de ser alguma patuscada, dizia ela mudando a posição de um alfinete. Benedita, vê se a barra está boa.

– Está, sinhá, respondia a mucama de cócoras no chão, está boa. Sinhá vira um bocadinho. Assim. Está muito boa.

– Não é patuscada, não, senhora; eles estão gritando: – Morra o Dr. Bacamarte! o tirano! dizia o moleque assustado.

– Cala a boca, tolo! Benedita, olha aí do lado esquerdo; não parece que a costura está um pouco enviesada? A risca azul não segue até abaixo; está muito feio assim; é preciso descoser para ficar igualzinho e...

"Essa Bastilha da razão humana": a Bastilha, antiga construção parisiense do século XIV que fora transformada por Richelieu em prisão, tornou-se o símbolo da tirania e da opressão monárquica quando foi tomada pelo povo em 1789, em episódio (Queda da Bastilha) que marcou o advento da Revolução Francesa e que é comemorado até hoje no 14 de julho. Dizer que a Casa Verde é uma "Bastilha da razão humana" já é, pois, um convite a derrubá-la. (N.E.)

— Morra o Dr. Bacamarte! Morra o tirano! uivaram fora trezentas vozes. Era a rebelião que desembocava na Rua Nova.

D. Evarista ficou sem pinga de sangue. No primeiro instante não deu um passo, não fez um gesto; o terror petrificou-a. A mucama correu instintivamente para a porta do fundo. Quanto ao moleque, a quem D. Evarista não dera crédito, teve um instante de triunfo súbito, imperceptível, entranhado, de satisfação moral, ao ver que a realidade vinha jurar por ele.

— Morra o alienista! — bradavam as vozes mais perto.

D. Evarista, se não resistia facilmente às comoções de prazer, sabia entestar com os momentos de perigo. Não desmaiou; correu à sala interior onde o marido estudava. Quando ela ali entrou, precipitada, o ilustre médico escrutava um texto de **Averróis**, os olhos dele, empanados pela cogitação, subiam do livro ao teto e baixavam do teto ao livro, cegos para a realidade exterior, videntes para os profundos trabalhos mentais. D. Evarista chamou pelo marido duas vezes, sem que ele lhe desse atenção; à terceira, ouviu e perguntou-lhe o que tinha, se estava doente.

— Você não ouve esses gritos? perguntou a digna esposa em lágrimas.

O alienista atendeu então; os gritos aproximavam-se, terríveis, ameaçadores; ele compreendeu tudo. Levantou-se da cadeira de espaldar em que estava sentado, fechou o livro, e a passo firme e tranquilo, foi depositá-lo na estante. Como a introdução do volume desconcertasse um pouco a linha dos dois tomos contíguos, Simão Bacamarte cuidou de corrigir esse defeito mínimo, e, aliás, interessante. Depois disse à mulher que se recolhesse, que não fizesse nada.

— Não, não, implorava a digna senhora, quero morrer ao lado de você...

Simão Bacamarte teimou que não, que não era caso de morte; e ainda que o fosse, intimava-lhe, em nome da vida, que ficasse. A infeliz dama curvou a cabeça, obediente e chorosa.

— Abaixo a Casa Verde! bradavam os Canjicas.

O alienista caminhou para a varanda da frente e chegou ali no momento em que a rebelião também chegava e parava, defronte, com as suas trezentas cabeças rutilantes de civismo e sombrias de desespero. — Morra! morra! bradaram de todos os lados, apenas o vulto do alienista assomou na varanda. Simão Bacamarte fez um sinal pedindo para falar; os revoltosos cobriram-lhe a voz com brados de indignação. Então o barbeiro, agitando o chapéu, a fim de impor silêncio à turba, conseguiu aquietar os amigos, e declarou ao alienista que podia falar, mas acrescentou que não abusasse da paciência do povo como fizera até então.

— Direi pouco, ou até não direi nada, se for preciso. Desejo saber primeiro o que pedis.

— Não pedimos nada, replicou fremente o barbeiro; ordenamos que a Casa Verde seja demolida, ou pelo menos despojada dos infelizes que lá estão.

— Não entendo.

— Entendeis bem, tirano; queremos dar liberdade às vítimas do vosso ódio, capricho, ganância...

O alienista sorriu, mas o sorriso desse grande homem não era coisa visível aos olhos da multidão; era uma contração leve de dois ou três músculos, nada mais. Sorriu e respondeu:

— Meus senhores, a ciência é coisa séria, e merece ser tratada com seriedade. Não dou razão dos meus atos de alienista a ninguém,

A Z

Averróis: lendo os escritos desse médico e filósofo andaluz do século XII, Simão Bacamarte denuncia mais uma vez sua preferência pela sabedoria árabe. As doutrinas filosóficas de Averróis, tendentes ao materialismo e ao panteísmo, foram condenadas pela Santa Sé e pela Universidade de Paris. (N. E.)

salvo aos mestres e a Deus. Se quereis emendar à administração da Casa Verde, estou pronto a ouvir-vos; mas, se exigis que me negue a mim mesmo, não ganhareis nada. Poderia convidar alguns de vós em comissão dos outros a vir ver comigo os loucos reclusos; mas não o faço, porque seria dar-vos razão do meu sistema, o que não farei a leigos nem a rebeldes.

Disse isto o alienista, e a multidão ficou atônita; era claro que não esperava tanta energia e menos ainda tamanha serenidade. Mas o assombro cresceu de ponto quando o alienista, cortejando a multidão com muita gravidade, deu-lhe as costas e retirou-se lentamente para dentro. O barbeiro tornou logo a si, e, agitando o chapéu, convidou os amigos à demolição da Casa Verde; poucas vozes e frouxas lhe responderam. Foi nesse momento decisivo que o barbeiro sentiu despontar em si a ambição do governo; pareceu-lhe então que, demolindo a Casa Verde e derrocando a influência do alienista, chegaria a apoderar-se da câmara, dominar as demais autoridades e constituir-se senhor de Itaguaí. Desde alguns anos que ele forcejava por ver o seu nome incluído nos pelouros para o sorteio dos vereadores, mas era recusado por não ter uma posição compatível com tão grande cargo. A ocasião era agora ou nunca. Demais fora tão longe na arruaça que a derrota seria a prisão, ou talvez a forca ou o degredo. Infelizmente, a resposta do alienista diminuíra o furor dos sequazes. O barbeiro, logo que o percebeu, sentiu um impulso de indignação, e quis bradar-lhes: — Canalhas! covardes! — mas conteve-se, e rompeu deste modo:

— Meus amigos, lutemos até o fim! A salvação de Itaguaí está nas vossas mãos dignas e heroicas. Destruamos o cárcere de vossos filhos e pais, de vossas mães e irmãs, de vossos parentes e amigos, e de vós mesmos. Ou morrereis a pão e água, talvez a chicote, na masmorra daquele indigno.

E a multidão agitou-se, murmurou, bradou, ameaçou, congregou-se toda em derredor do barbeiro. Era a revolta que tornava a si da ligeira síncope, e ameaçava arrasar a Casa Verde.

— Vamos! bradou Porfírio agitando o chapéu.

— Vamos! repetiram todos.

Deteve-os um incidente: era um corpo de dragões que, a marche-marche, entrava na Rua Nova.

VII

O inesperado

Chegados os dragões em frente aos Canjicas houve um instante de estupefação: os Canjicas não queriam crer que a força pública fosse mandada contra eles; mas o barbeiro compreendeu tudo e esperou. Os dragões pararam, o capitão intimou à multidão que se dispersasse; mas, conquanto uma parte dela estivesse inclinada a isso, a outra parte apoiou fortemente o barbeiro, cuja resposta consistiu nestes termos alevantados:

— Não nos dispersaremos. Se quereis os nossos cadáveres, podeis tomá-los; mas só os cadáveres; não levareis a nossa honra, o nosso crédito, os nossos direitos, e com eles a salvação de Itaguaí.

Nada mais imprudente do que essa resposta do barbeiro; e nada mais natural. Era a vertigem das grandes crises. Talvez fosse também um excesso de confiança na abstenção das armas por parte dos dragões; confiança que o capitão dissipou logo, mandando carregar sobre os Canjicas. O momento foi indescritível. A multidão urrou furiosa; alguns, trepando às janelas das casas, ou correndo pela rua fora, conseguiram escapar; mas a maioria ficou bufando de cólera, indignada, animada pela exortação do barbeiro. A derrota dos Canjicas estava iminente, quando um terço dos dragões, — qualquer que fosse o motivo, as crônicas não o declaram, —

passou subitamente para o lado da rebelião. Este inesperado reforço deu alma aos Canjicas, ao mesmo tempo que lançou o desânimo às fileiras da legalidade. Os soldados fiéis não tiveram coragem de atacar os seus próprios camaradas, e, um a um, foram passando para eles, de modo que, ao cabo de alguns minutos, o aspecto das coisas era totalmente outro. O capitão estava de um lado, com alguma gente, contra uma massa compacta que o ameaçava de morte. Não teve remédio, declarou-se vencido e entregou a espada ao barbeiro.

A revolução triunfante não perdeu um só minuto; recolheu os feridos às casas próximas, e guiou para a câmara. Povo e tropa fraternizavam, davam vivas a el-rei, ao vice-rei, a Itaguaí, ao "ilustre Porfírio". Este ia na frente, empunhando tão destramente a espada, como se ela fosse apenas uma navalha um pouco mais comprida. A vitória cingia-lhe a fronte de um nimbo misterioso. A dignidade de governo começava a enrijar-lhe os quadris.

Os vereadores, às janelas, vendo a multidão e a tropa, cuidaram que a tropa capturara a multidão, e sem mais exame, entraram e votaram uma petição ao vice-rei para que mandasse dar um mês de soldo aos dragões, "cujo denodo salvou Itaguaí do abismo a que o tinha lançado uma cáfila de rebeldes". Esta frase foi proposta por Sebastião Freitas, o vereador dissidente cuja defesa dos Canjicas tanto escandalizara os colegas. Mas bem depressa a ilusão se desfez. Os vivas ao barbeiro, os morras aos vereadores e ao alienista vieram dar-lhes notícia da triste realidade. O presidente não desanimou: — Qualquer que seja a nossa sorte, disse ele, lembremo-nos que estamos ao serviço de Sua Majestade e do povo. — Sebastião insinuou que melhor se poderia servir à coroa e à vida saindo pelos fundos e indo conferenciar com o juiz de fora, mas toda a câmara rejeitou esse alvitre.

Daí a nada o barbeiro, acompanhado de alguns de seus tenentes, entrava na sala da vereança e intimava à câmara sua queda. A câmara não resistiu, entregou-se e foi dali para a cadeia. Então os amigos do barbeiro propuseram-lhe que assumisse o governo da vila em nome de Sua Majestade. Porfírio aceitou o encargo, embora não desconhecesse (acrescentou) os espinhos que trazia; disse mais que não podia dispensar o concurso dos amigos presentes; ao que eles prontamente anuíram. O barbeiro veio à janela, e comunicou ao povo essas resoluções, que o povo ratificou, aclamando o barbeiro. Este tomou a denominação de — "Protetor da vila em nome de Sua Majestade, e do povo". — Expediram-se logo várias ordens importantes, comunicações oficiais do novo governo, uma exposição minuciosa ao vice-rei, com muitos protestos de obediência às ordens de Sua Majestade; finalmente uma proclamação ao povo, curta, mas enérgica:

Itaguaienses!

"Uma Câmara corrupta e violenta conspirava contra os interesses de Sua Majestade e do povo. A opinião pública tinha-a condenado; um punhado de cidadãos, fortemente apoiados pelos bravos dragões de Sua Majestade, acaba de a dissolver ignominiosamente, e por unânime consenso da vila, foi-me confiado o mando supremo, até que Sua Majestade se sirva ordenar o que parecer melhor ao seu real serviço. Itaguaienses! não vos peço senão que me rodeeis de confiança, que me auxilieis em restaurar a paz e a fazenda pública, tão desbaratada pela câmara que ora findou às vossas mãos. Contai com o meu sacrifício, e ficai certos de que a coroa será por nós.

O protetor da vila em nome de Sua Majestade e do povo

PORFÍRIO CAETANO DAS NEVES."

Toda a gente advertiu no absoluto silêncio desta proclamação acerca da Casa Verde; e, segundo uns, não podia haver mais vivo indício dos projetos tenebrosos do barbeiro.

O perigo era tanto maior quanto que, no meio mesmo desses graves sucessos, o alienista metera na Casa Verde umas sete ou oito pessoas, entre elas duas senhoras e sendo um dos homens aparentado com o Protetor. Não era um repto, um ato intencional; mas todos o interpretaram dessa maneira; e a vila respirou com a esperança de que o alienista dentro de vinte e quatro horas estaria a ferros e destruído o terrível cárcere.

O dia acabou alegremente. Enquanto o arauto da matraca ia recitando de esquina em esquina a proclamação, o povo espalhava-se nas ruas e jurava morrer em defesa do ilustre Porfírio. Poucos gritos contra a Casa Verde, prova de confiança na ação do governo. O barbeiro fez expedir um ato declarando feriado aquele dia, e entabulou negociações com o vigário para a celebração de um *Te-Deum*, tão conveniente era aos olhos dele a conjunção do poder temporal com o espiritual; mas o padre Lopes recusou abertamente o seu concurso.

– Em todo caso, Vossa Reverendíssima não se alistará entre os inimigos do governo? disse-lhe o barbeiro, dando à fisionomia um aspecto tenebroso.

Ao que o padre Lopes respondeu, sem responder:

– Como alistar-me, se o novo governo não tem inimigos?

O barbeiro sorriu; era a pura verdade. Salvo o capitão, os vereadores e os principais da vila, toda a gente o aclamava. Os mesmos principais, se o não aclamavam, não tinham saído contra ele. Nenhum dos **almotacés** deixou de vir receber as suas ordens. No geral, as famílias abençoavam o nome daquele que ia enfim libertar Itaguaí da Casa Verde e do terrível Simão Bacamarte.

VIII
As angústias do boticário

Vinte e quatro horas depois dos sucessos narrados no capítulo anterior, o barbeiro saiu do palácio do governo, – foi a denominação dada à casa da câmara, – com dois ajudantes de ordens, e dirigiu-se à residência de Simão Bacamarte. Não ignorava ele que era mais decoroso ao governo mandá-lo chamar; o receio, porém, de que o alienista não obedecesse, obrigou-o a parecer tolerante e moderado.

Não descrevo o terror do boticário ao ouvir dizer que o barbeiro ia à casa do alienista.

– Vai prendê-lo, pensou ele. E redobraram-lhe as angústias. Com efeito, a tortura moral do boticário naqueles dias de revolução excede a toda a descrição possível. Nunca um homem se achou em mais apertado lance: – a privança do alienista chamava-o ao lado deste, a vitória do barbeiro atraía-o ao barbeiro. Já a simples notícia da sublevação tinha-lhe sacudido fortemente a alma, porque ele sabia a unanimidade do ódio ao alienista; mas a vitória final foi também o golpe final. A esposa, senhora máscula, amiga particular de D. Evarista, dizia que o lugar dele era ao lado de Simão Bacamarte; ao passo que o coração lhe bradava que não, que a causa do alienista estava perdida, e que ninguém, por ato próprio, se amarra a um cadáver. Fê-lo Catão, é verdade, *sedvicta Catoni*, pensava ele, relembrando algumas palestras habituais do padre Lopes; mas Catão não se atou a uma causa vencida, ele era a própria causa vencida, a causa da república; o seu ato, portanto, foi de egoísta, de um miserável egoísta; minha situação é outra. Insistindo, porém, a mulher, não achou Crispim Soares outra saída em tal crise senão adoecer; declarou-se doente e meteu-se na cama.

– Lá vai o Porfírio à casa do Dr. Bacamarte, disse-lhe a mulher no dia seguinte à cabeceira da cama; vai acompanhado de gente.

– Vai prendê-lo, pensou o boticário.

almotacés: funcionários encarregados de inspecionar os pesos e as medidas dos gêneros alimentícios, assim como de fixar seu preço e providenciar sua distribuição. (N.E.)

Uma ideia traz outra; o boticário imaginou que, uma vez preso o alienista, viriam também buscá-lo a ele na qualidade de cúmplice. Esta ideia foi o melhor dos vesicatórios. Crispim Soares ergueu-se, disse que estava bom, que ia sair; e, apesar de todos os esforços e protestos da consorte, vestiu-se e saiu. Os velhos cronistas são unânimes em dizer que a certeza de que o marido ia colocar-se nobremente ao lado do alienista consolou grandemente a esposa do boticário; e notam com muita perspicácia o imenso poder moral de uma ilusão; porquanto, o boticário caminhou resolutamente ao palácio do governo e não à casa do alienista. Ali chegando, mostrou-se admirado de não ver o barbeiro, a quem ia apresentar os seus protestos de adesão, não o tendo feito desde a véspera por enfermo. E tossia com algum custo. Os altos funcionários que lhe ouviam esta declaração, sabedores da intimidade do boticário com o alienista, compreenderam toda a importância da adesão nova e trataram a Crispim Soares com apurado carinho; afirmaram-lhe que o barbeiro não tardava; Sua Senhoria tinha ido à Casa Verde, a negócio importante, mas não tardava. Deram-lhe cadeira, refrescos, elogios; disseram-lhe que a causa do ilustre Porfírio era a de todos os patriotas; ao que o boticário ia repetindo que sim, que nunca pensara outra coisa, que isso mesmo mandaria declarar a Sua Majestade.

IX
Dois lindos casos

Não se demorou o alienista em receber o barbeiro; declarou-lhe que não tinha meios de resistir, e portanto estava prestes a obedecer. Só uma coisa pedia, é que o não constrangesse a assistir pessoalmente à destruição da Casa Verde.

– Engana-se Vossa Senhoria, disse o barbeiro depois de alguma pausa, engana-se em atribuir ao governo intenções vandálicas. Com razão ou sem ela, a opinião crê que a maior parte dos doidos ali metidos estão em seu perfeito juízo, mas o governo reconhece que a questão é puramente científica e não cogita em resolver com posturas as questões científicas. Demais, a Casa Verde é uma instituição pública; tal a aceitamos das mãos da câmara dissolvida. Há entretanto – por força que há de haver um alvitre intermédio que restitua o sossego ao espírito público.

O alienista mal podia dissimular o assombro; confessou que esperava outra coisa, o arrasamento do hospício, a prisão dele, o desterro, tudo, menos...

– O pasmo de Vossa Senhoria, atalhou gravemente o barbeiro, vem de não atender à grave responsabilidade do governo. O povo, tomado de uma cega piedade que lhe dá em tal caso legítima indignação, pode exigir do governo certa ordem de atos; mas este, com a responsabilidade que lhe incumbe, não os deve praticar, ao menos integralmente, e tal é a nossa situação. A generosa revolução que ontem derrubou uma câmara vilipendiada e corrupta, pediu em altos brados o arrasamento da Casa Verde; mas pode entrar no ânimo do governo eliminar a loucura? Não. E se o governo não a pode eliminar, está ao menos apto para discriminá-la, reconhecê-la? Também não; é matéria de ciência. Logo, em assunto tão melindroso, o governo não pode, não quer dispensar o concurso de Vossa Senhoria. O que lhe pede é que de certa maneira demos alguma satisfação ao povo. Unamo-nos, e o povo saberá obedecer. Um dos alvitres aceitáveis, se Vossa Senhoria não indicar outro, seria fazer retirar da Casa Verde aqueles enfermos que estiverem quase curados e bem assim os maníacos de pouca monta, etc. Desse modo, sem grande perigo, mostraremos alguma tolerância e benignidade.

– Quantos mortos e feridos houve ontem no conflito? perguntou Simão Bacamarte depois de uns três minutos.

O barbeiro ficou espantado da pergunta, mas respondeu logo que onze mortos e vinte e cinco feridos.

– Onze mortos e vinte e cinco feridos! repetiu duas ou três vezes o alienista.

E em seguida declarou que o alvitre lhe não parecia bom, mas que ele ia catar algum outro, e dentro de poucos dias lhe daria resposta. E fez-lhe várias perguntas acerca dos sucessos da véspera, ataque, defesa, adesão dos dragões, resistência da câmara, etc., ao que o barbeiro ia respondendo com grande abundância, insistindo principalmente no descrédito em que a câmara caíra. O barbeiro confessou que o novo governo não tinha ainda por si a confiança dos principais da vila, mas o alienista podia fazer muito nesse ponto. O governo, concluiu o barbeiro, folgaria se pudesse contar não já com a simpatia senão com a benevolência do mais alto espírito de Itaguaí e seguramente do reino. Mas nada disso alterava a nobre e austera fisionomia daquele grande homem que ouvia calado, sem desvanecimento nem modéstia, mas impassível como um deus de pedra.

– Onze mortos e vinte e cinco feridos, repetiu o alienista depois de acompanhar o barbeiro até à porta. Eis aí dois lindos casos de doença cerebral. Os sintomas de duplicidade e descaramento deste barbeiro são positivos. Quanto à toleima dos que o aclamaram, não é preciso outra prova além dos onze mortos e vinte e cinco feridos. – Dois lindos casos!

– Viva o ilustre Porfírio! bradaram umas trinta pessoas que aguardavam o barbeiro à porta.

O alienista espiou pela janela e ainda ouviu este resto de uma pequena fala do barbeiro às trinta pessoas que o aclamavam:

– ... porque eu velo, podeis estar certos disso, eu velo pela execução das vontades do povo. Confiai em mim; e tudo se fará pela melhor maneira. Só vos recomendo ordem. E ordem, meus amigos, é a base do governo...

– Viva o ilustre Porfírio! bradaram as trinta vozes, agitando os chapéus.

– Dois lindos casos! murmurou o alienista.

X

A restauração

Dentro de cinco dias, o alienista meteu na Casa Verde cerca de cinquenta aclamadores do novo governo. O povo indignou-se. O governo, atarantado, não sabia reagir. João Pina, outro barbeiro, dizia abertamente nas ruas que o Porfírio estava "vendido ao ouro de Simão Bacamarte", frase que congregou em torno de João Pina a gente mais resoluta da vila. Porfírio, vendo o antigo rival da navalha à testa da insurreição, compreendeu que a sua perda era irremediável, se não desse um grande golpe; expediu dois decretos, um abolindo a Casa Verde, outro desterrando o alienista. João Pina mostrou claramente com grandes frases que o ato de Porfírio era um simples aparato, um engodo, em que o povo não devia crer. Duas horas depois caía Porfírio ignominiosamente e João Pina assumia a difícil tarefa do governo. Como achasse nas gavetas as minutas da proclamação, da exposição ao vice-rei e de outros atos inaugurais do governo anterior, deu-se pressa em os fazer copiar e expedir; acrescentam os cronistas, e aliás subentende-se, que ele lhes mudou os nomes, e onde o outro barbeiro falara de uma câmara corrupta, falou este de "um intruso eivado das más doutrinas francesas e contrário aos sacrossantos interesses de Sua Majestade", etc.

Nisto entrou na vila uma força mandada pelo vice-rei, e restabeleceu a ordem. O alienista exigiu desde logo a entrega do barbeiro Porfírio, e bem assim a de uns cinquenta e tantos indivíduos que declarou mentecaptos; e não só lhe deram esses como afiançaram entregar-lhe mais dezenove sequazes do barbeiro, que convalesciam das feridas apanhadas na primeira rebelião.

Este ponto da crise de Itaguaí marca também o grau máximo da influência de Simão Bacamarte. Tudo quanto quis, deu-se-lhe; e uma das mais vivas provas do poder do ilustre médico achamo-la na prontidão com que os vereadores, restituídos a seus lugares, consentiram em que Sebastião Freitas também fosse recolhido ao hospício. O alienista, sabendo da extraordinária inconsistência das opiniões desse vereador, entendeu que era um caso patológico, e pediu-o. A mesma coisa aconteceu ao boticário. O alienista, desde que lhe falaram da momentânea adesão de Crispim Soares à rebelião dos Canjicas, comparou-a à aprovação que sempre recebera dele ainda na véspera, e mandou capturá-lo. Crispim Soares não negou o fato, mas explicou-o dizendo que cedera a um movimento de terror ao ver a rebelião triunfante, e deu como prova a ausência de nenhum outro ato seu, acrescentando que voltara logo à cama, doente. Simão Bacamarte não o contrariou; disse, porém, aos circunstantes que o terror também é pai da loucura, e que o caso de Crispim Soares lhe parecia dos mais caracterizados.

Mas a prova mais evidente da influência de Simão Bacamarte foi a docilidade com que a câmara lhe entregou o próprio presidente. Este digno magistrado tinha declarado, em plena sessão, que não se contentava, para lavá-la da afronta dos Canjicas, com menos de trinta almudes de sangue: palavra que chegou aos ouvidos do alienista por boca do secretário da câmara, entusiasmado de tamanha energia. Simão Bacamarte começou por meter o secretário na Casa Verde, e foi dali à câmara, à qual declarou que o presidente estava padecendo da "demência dos touros", um gênero que ele pretendia estudar, com grande vantagem para os povos. A câmara a princípio hesitou, mas acabou cedendo.

Daí em diante foi uma coleta desenfreada. Um homem não podia dar nascença ou curso à mais simples mentira do mundo, ainda daquelas que aproveitam ao inventor ou divulgador, que não fosse logo metido na Casa Verde. Tudo era loucura. Os cultores de enigmas, os fabricantes de charadas, de anagramas, os maldizentes, os curiosos da vida alheia, os que põem todo o seu cuidado na tafularia, um ou outro almotacé enfunado, ninguém escapava aos emissários do alienista. Ele respeitava as namoradas e não poupava as namoradeiras, dizendo que as primeiras cediam a um impulso natural e as segundas a um vício. Se um homem era avaro ou pródigo, ia do mesmo modo para a Casa Verde; daí a alegação de que não havia regra para a completa sanidade mental. Alguns cronistas creem que Simão Bacamarte nem sempre procedia com lisura, e citam em abono da afirmação (que não sei se pode ser aceita) o fato de ter alcançado da câmara uma postura autorizando o uso de um anel de prata no dedo polegar da mão esquerda, a toda a pessoa que, sem outra prova documental ou tradicional, declarasse ter nas veias duas ou três onças de sangue godo. Dizem esses cronistas que o fim secreto da insinuação à câmara foi enriquecer um ourives amigo e compadre dele; mas, conquanto seja certo que o ourives viu prosperar o negócio depois da nova ordenação municipal, não o é menos que essa postura deu à Casa Verde uma multidão de inquilinos; pelo que, não se pode definir, sem temeridade, o verdadeiro fim do ilustre médico. Quanto à razão determinativa da captura e aposentação na Casa Verde de todos quantos usaram do anel, é um dos pontos mais obscuros da história de Itaguaí; a opinião mais verossímil é que eles foram recolhidos por andarem a gesticular, à toa, nas ruas, em casa, na igreja. Ninguém ignora que os doidos gesticulam muito. Em todo caso, é uma simples conjetura; de positivo, nada há.

— Onde é que este homem vai parar? diziam os principais da terra. Ah! se nós tivéssemos apoiado os Canjicas...

Um dia de manhã — dia em que a câmara devia dar um grande baile, — a vila inteira ficou abalada com a notícia de que a própria esposa do alienista fora metida na Casa Verde. Ninguém acreditou; devia ser invenção de algum gaiato. E não era: era verdade pura. D. Evarista fora recolhida às duas horas da noite. O padre Lopes correu ao alienista e interrogou-o discretamente acerca do fato.

— Já há algum tempo que eu desconfiava, disse gravemente o marido. A modéstia com que ela vivera em ambos os matrimônios não podia conciliar-se com o furor das sedas, veludos, rendas e pedras preciosas que manifestou logo que voltou do Rio de Janeiro. Desde então comecei a observá-la. Suas conversas eram todas sobre esses objetos; se eu lhe falava das antigas cortes, inquiria logo da forma dos vestidos das damas; se uma senhora a visitava na minha ausência, antes de me dizer o objeto da visita, descrevia-me o trajo, aprovando umas coisas e censurando outras. Um dia, creio que Vossa Reverendíssima há de lembrar-se, propôs-se a fazer anualmente um vestido para a imagem de Nossa Senhora da matriz. Tudo isto eram sintomas graves; esta noite, porém, declarou-se a total demência. Tinha escolhido, preparado, enfeitado o vestuário que levaria ao baile da câmara municipal; só hesitava entre um colar de granada e outro de safira. Anteontem perguntou-me qual deles levaria; respondi-lhe que um ou outro lhe ficava bem. Ontem repetiu a pergunta ao almoço; pouco depois de jantar fui achá-la calada e pensativa. — Que tem? perguntei-lhe. — Queria levar o colar de granada, mas acho o de safira tão bonito! — Pois leve o de safira. — Ah! mas onde fica o de granada? — Enfim, passou a tarde sem novidade. Ceamos, e deitamo-nos. Alta noite, seria hora e meia, acordo e não a vejo; levanto-me, vou ao quarto de vestir, acho-a diante dos dois colares, ensaiando-os ao espelho, ora um ora outro. Era evidente a demência; recolhi-a logo.

O padre Lopes não se satisfez com a resposta, mas não objetou nada. O alienista, porém, percebeu e explicou-lhe que o caso de D. Evarista era de "mania suntuária", não incurável e em todo caso digno de estudo.

— Conto pô-la boa dentro de seis semanas, concluiu ele.

E a abnegação do ilustre médico deu-lhe grande realce. Conjeturas, invenções, desconfianças, tudo caiu por terra desde que ele não duvidou recolher à Casa Verde a própria mulher, a quem amava com todas as forças da alma. Ninguém mais tinha o direito de resistir-lhe — menos ainda o de atribuir-lhe intuitos alheios à ciência.

Era um grande homem austero, Hipócrates forrado de Ciatão.

XI

O assombro de Itaguaí

E agora prepare-se o leitor para o mesmo assombro em que ficou a vila ao saber um dia que os loucos da Casa Verde iam todos ser postos na rua.

— Todos?

— Todos.

— É impossível; alguns sim, mas todos...

— Todos. Assim o disse ele no ofício que mandou hoje de manhã à câmara.

De fato o alienista oficiara à câmara expondo: — 1º que verificara das estatísticas da vila e da Casa Verde que quatro quintos da população estavam aposentados naquele estabelecimento; 2º que esta deslocação de população levara-o a examinar os fundamentos da sua teoria das moléstias cerebrais, teoria que excluía da razão todos os casos em que o equilíbrio das faculdades não fosse perfeito e absoluto; 3º que, desse exame e do fato estatístico, resultara para ele a convicção de que a verdadeira doutrina não era aquela, mas a oposta, e portanto, que se devia admitir como normal e exemplar o desequilíbrio das faculdades e como hipóteses patológicas todos os casos em que aquele equilíbrio fosse ininterrupto; 4º que à vista disso declarava à câmara que ia dar liberdade aos reclusos da Casa Verde e agasalhar nela as pessoas que se achassem nas condições agora expostas; 5º que, tratando de descobrir a verdade científica, não se pouparia a esforços de toda a natureza, esperando da câmara igual dedicação; 6º que restituía à câmara e aos particulares a soma do estipêndio recebido para alojamento dos supostos loucos, descontada a parte efetivamente gasta com a alimentação, roupa, etc.; o que a câmara mandaria verificar nos livros e arcas da Casa Verde.

O assombro de Itaguaí foi grande; não foi menor a alegria dos parentes e amigos dos reclusos. Jantares, danças, luminárias, músicas, tudo houve para celebrar tão fausto acontecimento. Não descrevo as festas por não interessarem ao nosso propósito; mas foram esplêndidas, tocantes e prolongadas.

E vão assim as coisas humanas! No meio do regozijo produzido pelo ofício de Simão Bacamarte, ninguém advertia na frase final do § 4º, uma frase cheia de experiências futuras.

XII
O final do § 4º

Apagaram-se as luminárias, reconstituíram-se as famílias: tudo parecia reposto nos antigos eixos. Reinava a ordem, a câmara exercia outra vez o governo sem nenhuma pressão externa; o presidente e o vereador Freitas tornaram aos seus lugares. O barbeiro Porfírio, ensinado pelos acontecimentos, tendo "provado tudo", como o poeta disse de Napoleão, e mais alguma coisa, porque Napoleão não provou a Casa Verde, o barbeiro achou preferível a glória obscura da navalha e da tesoura às calamidades brilhantes do poder; foi, é certo, processado; mas a população da vila implorou a clemência de Sua Majestade; daí o perdão. João Fina foi absolvido, atendendo-se a que ele derrocara um rebelde. Os cronistas pensam que deste fato é que nasceu o nosso adágio: — ladrão que furta ladrão tem cem anos de perdão; — adágio imoral, é verdade, mas grandemente útil.

Não só findaram as queixas contra o alienista, mas até nenhum ressentimento ficou dos atos que ele praticara; acrescendo que os reclusos da Casa Verde, desde que ele os declarara plenamente ajuizados, sentiram-se tomados de profundo reconhecimento e férvido entusiasmo. Muitos entenderam que o alienista merecia uma especial manifestação e deram-lhe um baile, ao qual se seguiram outros bailes e jantares. Dizem as crônicas que D. Evarista a princípio tivera ideia de separar-se do consorte, mas a dor de perder a companhia de tão grande homem venceu qualquer ressentimento de amor-próprio e o casal veio a ser ainda mais feliz do que antes.

Não menos íntima ficou a amizade do alienista e do boticário. Este concluiu do ofício de Simão Bacamarte que a prudência é a primeira das virtudes em tempos de revolução e apreciou muito a magnanimidade do alienista, que ao dar-lhe a liberdade estendeu-lhe a mão de amigo velho.

— É um grande homem, disse ele à mulher, referindo àquela circunstância.

Não é preciso falar do albardeiro, do Costa, do Coelho, do Martim Brito e outros especialmente nomeados neste escrito; basta dizer que puderam exercer livremente os seus hábitos anteriores. O próprio Martim Brito, recluso por um discurso em que louvara enfaticamente D. Evarista, fez agora outro em honra do insigne médico – "cujo altíssimo gênio, elevando as asas muito acima do sol, deixou abaixo de si todos os demais espíritos da terra".

– Agradeço as suas palavras, retorquiu-lhe o alienista, e ainda me não arrependo de o haver restituído à liberdade.

Entretanto, a câmara, que respondera ao ofício de Simão Bacamarte com a ressalva de que oportunamente estatuiria em relação ao final do § 4º, tratou enfim de legislar sobre ele. Foi adotada sem debate uma postura, autorizando o alienista a agasalhar na Casa Verde as pessoas que se achassem no gozo do perfeito equilíbrio das faculdades mentais. E porque a experiência da câmara tivesse sido dolorosa, estabeleceu ela a cláusula de que a autorização era provisória, limitada a um ano, para o fim de ser experimentada a nova teoria psicológica, podendo a câmara, antes mesmo daquele prazo, mandar fechar a Casa Verde, se a isso fosse aconselhada por motivos de ordem pública. O vereador Freitas propôs também a declaração de que, em nenhum caso, fossem os vereadores recolhidos ao asilo dos alienados: cláusula que foi aceita, votada e incluída na postura apesar das reclamações do vereador Galvão. O argumento principal deste magistrado é que a câmara, legislando sobre uma experiência científica, não podia excluir as pessoas dos seus membros das consequências da lei; a exceção era odiosa e ridícula. Mal proferira estas duas palavras, romperam os vereadores em altos brados contra a audácia e insensatez do colega; este, porém, ouviu-os e limitou-se a dizer que votava contra a exceção.

– A vereança, concluiu ele, não nos dá nenhum poder especial nem nos elimina do espírito humano.

Simão Bacamarte aceitou a postura com todas as restrições. Quanto à exclusão dos vereadores, declarou que teria profundo sentimento se fosse compelido a recolhê-los à Casa Verde; a cláusula, porém, era a melhor prova de que eles não padeciam do perfeito equilíbrio das faculdades mentais. Não acontecia o mesmo ao vereador Galvão, cujo acerto na objeção feita, e cuja moderação na resposta dada às invectivas dos colegas mostravam da parte dele um cérebro bem organizado; pelo que rogava à câmara que lho entregasse. A câmara, sentindo-se ainda agravada pelo proceder do vereador Galvão, estimou o pedido do alienista e votou unanimemente a entrega.

Compreende-se que, pela teoria nova, não bastava um fato ou um dito para recolher alguém à Casa Verde; era preciso um longo exame, um vasto inquérito do passado e do presente. O padre Lopes, por exemplo, só foi capturado trinta dias depois da postura, a mulher do boticário quarenta dias. A reclusão desta senhora encheu o consorte de indignação. Crispim Soares saiu de casa espumando de cólera e declarando às pessoas a quem encontrava que ia arrancar as orelhas ao tirano. Um sujeito, adversário do alienista, ouvindo na rua essa notícia, esqueceu os motivos de dissidência, e correu à casa de Simão Bacamarte a participar-lhe o perigo que corria. Simão Bacamarte mostrou-se grato ao procedimento do adversário, e poucos minutos lhe bastaram para conhecer a retidão dos seus sentimentos, a boa-fé, o respeito humano, a generosidade; apertou-lhe muito as mãos, e recolheu-o à Casa Verde.

– Um caso destes é raro, disse ele à mulher pasmada. Agora esperemos o nosso Crispim.

Crispim Soares entrou. A dor vencera a raiva, o boticário não arrancou as orelhas ao alienista. Este consolou o seu privado, assegurando-lhe que não era caso perdido; talvez a mulher tivesse alguma lesão cerebral; ia examiná-la com muita atenção; mas antes disso não podia deixá-la na rua. E, parecendo-lhe vantajoso reuni-los, porque a astúcia e velhacaria do marido poderiam de certo modo curar a beleza moral que ele descobrira na esposa, disse Simão Bacamarte:

– O senhor trabalhará durante o dia na botica, mas almoçará e jantará com sua mulher, e cá passará as noites, e os domingos! e dias santos.

A proposta colocou o pobre boticário na situação do **asno de Buridan**. Queria viver com a mulher, mas temia voltar à Casa Verde; e nessa luta esteve algum tempo, até que D. Evarista o tirou da dificuldade, prometendo que se incumbiria de ver a amiga e transmitiria os recados de um para outro. Crispim Soares beijou-lhe as mãos agradecido. Este último rasgo de egoísmo pusilânime pareceu sublime ao alienista.

Ao cabo de cinco meses estavam alojadas umas dezoito pessoas; mas Simão Bacamarte não afrouxava; ia de rua em rua, de casa em casa, espreitando, interrogando, estudando; e quando colhia um enfermo levava-o com a mesma alegria com que outrora os arrebanhava às dúzias. Essa mesma desproporção confirmava a teoria nova; achara-se enfim a verdadeira patologia cerebral. Um dia conseguiu meter na Casa Verde o juiz de fora; mas procedia com tanto escrúpulo que o não fez senão depois de estudar minuciosamente todos os seus atos e interrogar os principais da vila. Mais de uma vez esteve prestes a recolher pessoas perfeitamente desequilibradas; foi o que se deu com um advogado, em quem reconheceu um tal conjunto de qualidades morais e mentais que era perigoso deixá-lo na rua. Mandou prendê-lo; mas o agente, desconfiado, pediu-lhe para fazer uma experiência; foi ter com um compadre, demandado por um testamento falso, e deu-lhe de conselho que tomasse por advogado o Salustiano; era o nome da pessoa em questão.

– Então, parece-lhe...

– Sem dúvida: vá, confesse tudo, a verdade inteira, seja qual for, e confie-lhe a causa.

O homem foi ter com o advogado, confessou ter falsificado o testamento e acabou pedindo que lhe tomasse a causa. Não se negou o advogado; estudou os papéis, arrazoou longamente, e provou a todas as luzes que o testamento era mais que verdadeiro. A inocência do réu foi solenemente proclamada pelo juiz e a herança passou-lhe às mãos. O distinto jurisconsulto deveu a esta experiência a liberdade.

Mas nada escapa a um espírito original e penetrante. Simão Bacamarte, que desde algum tempo notava o zelo, a sagacidade, a paciência, a moderação daquele agente, reconheceu a habilidade e o tino com que ele levara a cabo uma experiência tão melindrosa e complicada, e determinou recolhê-lo imediatamente à Casa Verde; deu-lhe todavia um dos melhores cubículos.

Os alienados foram alojados por classes. Fez-se uma galeria de modestos; isto é, os loucos em quem predominava esta perfeição moral; outra de tolerantes, outra de verídicos, outra de símplices, outra de leais, outra de magnânimos, outra de sagazes, outra de sinceros, etc. Naturalmente as famílias e os amigos dos reclusos bradavam contra a teoria; e alguns tentaram compelir a câmara a cassar a licença. A câmara, porém, não esquecera a linguagem do vereador Galvão, e se cassasse a licença, vê-lo-ia na rua e restituído ao lugar; pelo que, recusou. Simão Bacamarte oficiou aos vereadores, não agradecendo, mas felicitando-os por esse ato de vingança pessoal.

A Z

Asno de Buridan: ao ser colocado entre feno e água, um asno sentindo fome e sede precisará escolher entre um dos dois ou morrerá de fome e de sede. Essa é a situação atribuída ao filósofo Jean Buridan (séc. XIV) para exemplificar seus argumentos em favor da ponderação, ou seja, da busca pela melhor decisão quando se está diante de duas alternativas. (N.E.)

Desenganados da legalidade, alguns principais da vila recorreram secretamente ao barbeiro Porfírio e afiançaram-lhe todo o apoio de gente, de dinheiro e influência na corte, se ele se pusesse à testa de outro movimento contra a câmara e o alienista. O barbeiro respondeu-lhes que não; que a ambição o levara da primeira vez a transgredir as leis, mas que ele se emendara, reconhecendo o erro próprio e a pouca consistência da opinião dos seus mesmos sequazes; que a câmara entendera autorizar a nova experiência do alienista, por um ano: cumpria, ou esperar o fim do prazo, ou requerer ao vice-rei, caso a mesma câmara rejeitasse o pedido. Jamais aconselharia o emprego de um recurso que ele viu falhar em suas mãos e isso a troco de mortes e ferimentos que seriam o seu eterno remorso.

– O que é que me está dizendo? perguntou o alienista quando um agente secreto lhe contou a conversação do barbeiro com os principais da vila.

Dois dias depois o barbeiro era recolhido à Casa Verde. – Preso por ter cão, preso por não ter cão! exclamou o infeliz.

Chegou o fim do prazo, a câmara autorizou um prazo suplementar de seis meses para ensaio dos meios terapêuticos. O desfecho deste episódio da crônica itaguaiense é de tal ordem, e tão inesperado, que merecia nada menos de dez capítulos de exposição; mas contento-me com um, que será o remate da narrativa, e um dos mais belos exemplos de convicção científica e abnegação humana.

XIII

Plus ultra!

Era a vez da terapêutica. Simão Bacamarte, ativo e sagaz em descobrir enfermos, excedeu-se ainda na diligência e penetração com que principiou a tratá-los. Neste ponto todos os cronistas estão de pleno acordo: o ilustre alienista fez curas pasmosas, que excitaram a mais viva admiração em Itaguaí.

Com efeito, era difícil imaginar mais racional sistema terapêutico. Estando os loucos divididos por classes, segundo a perfeição moral que em cada um deles excedia às outras, Simão Bacamarte cuidou em atacar de frente a qualidade predominante. Suponhamos um modesto. Ele aplicava a medicação que pudesse incutir-lhe o sentimento oposto; e não ia logo às doses máximas, – graduava-as, conforme o estado, a idade, o temperamento, a posição social do enfermo. Às vezes bastava uma casaca, uma fita, uma cabeleira, uma bengala para restituir a razão ao alienado; em outros casos a moléstia era mais rebelde; recorria então aos anéis de brilhantes, às distinções honoríficas, etc. Houve um doente poeta que resistiu a tudo. Simão Bacamarte começava a desesperar da cura, quando teve de mandar correr matraca para o fim de o apregoar como um rival de Garção e de Píndaro.

– Foi um santo remédio, contava a mãe do infeliz a uma comadre; foi um santo remédio.

Outro doente, também modesto, opôs a mesma rebeldia à medicação; mas, não sendo escritor (mal sabia assinar o nome), não se lhe podia aplicar o remédio da matraca. Simão Bacamarte lembrou-se de pedir para ele o lugar de secretário da Academia dos Encobertos, estabelecida em Itaguaí. Os lugares de presidente e secretários eram de nomeação régia, por especial graça do finado rei Dom João V, e implicavam o tratamento de Excelência e o uso de uma placa de ouro no chapéu. O governo de Lisboa recusou o diploma; mas, representando o alienista que o não pedia como prêmio honorífico

A Z

Plus ultra!: expressão latina que pode ser traduzida por 'ainda mais', 'além de'. Como se não bastassem os seus esforços anteriores para chegar à causa e à cura da demência, Simão Bacamarte prepara um lance inusitado para acercar-se do seu objetivo, quando tudo já parecia resolvido. (N.E.)

ou distinção legítima, e somente como um meio terapêutico para um caso difícil, o governo cedeu excepcionalmente à súplica; e ainda assim não o fez sem extraordinário esforço do ministro da marinha e ultramar, que vinha a ser primo do alienado. Foi outro santo remédio.

— Realmente, é admirável! dizia-se nas ruas, ao ver a expressão sadia e enfunada dos dois ex-dementes.

Tal era o sistema. Imagina-se o resto. Cada beleza moral ou mental era atacada no ponto em que a perfeição parecia mais sólida; e o efeito era certo. Nem sempre era certo. Casos houve em que a qualidade predominante resistia a tudo; então, o alienista atacava outra parte, aplicando à terapêutica o método da estratégia militar, que toma uma fortaleza por um ponto, se por outro o não pode conseguir.

No fim de cinco meses e meio estava vazia a Casa Verde; todos curados! O vereador Galvão, tão cruelmente afligido de moderação e equidade, teve a felicidade de perder um tio; digo felicidade, porque o tio deixou um testamento ambíguo, e ele obteve uma boa interpretação corrompendo os juízes e embaçando os outros herdeiros. A sinceridade do alienista manifestou-se nesse lance; confessou ingenuamente que não teve parte na cura: foi o simples *vis medicatrix* da natureza. Não aconteceu o mesmo com o padre Lopes. Sabendo o alienista que ele ignorava perfeitamente o hebraico e o grego, incumbiu-o de fazer uma análise crítica da **versão dos Setenta**; o padre aceitou a incumbência, e em boa hora o fez; ao cabo de dois meses possuía um livro e a liberdade. Quanto à senhora do boticário, não ficou muito tempo na célula que lhe coube, e onde aliás lhe não faltaram carinhos.

— Por que é que o Crispim não vem visitar-me? dizia ela todos os dias.

Respondiam-lhe ora uma coisa, ora outra; afinal disseram-lhe a verdade inteira. A digna matrona não pôde conter a indignação e a vergonha. Nas explosões da cólera escaparam-lhe expressões soltas e vagas, como estas:

— Tratante!... velhaco!... ingrato!... Um patife que tem feito casas à custa de unguentos falsificados e podres... Ah! tratante!...

Simão Bacamarte advertiu que, ainda quando não fosse verdadeira a acusação contida nestas palavras, bastavam elas para mostrar que a excelente senhora estava enfim restituída ao perfeito desequilíbrio das faculdades; e prontamente lhe deu alta.

Agora, se imaginais que o alienista ficou radiante ao ver sair o último hóspede da Casa Verde, mostrais com isso que ainda não conheceis o nosso homem. *Plus ultra*! era a sua divisa. Não lhe bastava ter descoberto a teoria verdadeira da loucura; não o contentava ter estabelecido em Itaguaí o reinado da razão. *Plus ultra*! Não ficou alegre, ficou preocupado, cogitativo; alguma coisa lhe dizia que a teoria nova tinha, em si mesma, outra e novíssima teoria.

— Vejamos, pensava ele; vejamos se chego enfim à última verdade.

Dizia isto, passeando ao longo da vasta sala, onde fulgurava a mais rica biblioteca dos domínios ultramarinos de Sua Majestade. Um amplo chambre de damasco, preso à cintura por um cordão de seda, com borlas de ouro (presente de uma Universidade) envolvia o corpo majestoso e austero do ilustre alienista. A cabeleira cobria-lhe uma extensa e nobre calva adquirida nas cogitações

versão dos Setenta: antiga e uma das mais famosas versões da Bíblia, preparada em Alexandria por 70 (ou 72) sábios que, trabalhando separadamente, teriam chegado a idêntico resultado. Para saber apreciar o valor da versão seria necessário dominar línguas que o padre Lopes não conhecia. Ao aceitar a incumbência, revela, pois, desequilíbrio e, assim, a sua "sanidade". (N.E.)

quotidianas da ciência. Os pés, não delgados e femininos, não graúdos e mariolas, mas proporcionados ao vulto, eram resguardados por um par de sapatos cujas fivelas não passavam de simples e modesto latão. Vede a diferença: — só se lhe notava luxo naquilo que era de origem científica; o que propriamente vinha dele trazia a cor da moderação e da singeleza, virtudes tão ajustadas à pessoa de um sábio.

Era assim que ele ia, o grande alienista, de um cabo a outro da vasta biblioteca, metido em si mesmo, estranho a todas as coisas que não fosse o tenebroso problema da patologia cerebral. Súbito, parou. Em pé, diante de uma janela, com o cotovelo esquerdo apoiado na mão direita, aberta, e o queixo na mão esquerda, fechada, perguntou ele a si:

— Mas deveras estariam eles doidos, e foram curados por mim, — ou o que pareceu cura não foi mais do que a descoberta do perfeito desequilíbrio do cérebro?

E cavando por aí abaixo, eis o resultado a que chegou: os cérebros bem organizados que ele acabava de curar eram desequilibrados como os outros. Sim, dizia ele consigo, eu não posso ter a pretensão de haver-lhes incutido um sentimento ou uma faculdade nova; uma e outra coisa existiam no estado latente, mas existiam.

Chegado a esta conclusão, o ilustre alienista teve duas sensações contrárias, uma de gozo, outra de abatimento. A de gozo foi por ver que, ao cabo de longas e pacientes investigações, constantes trabalhos, luta ingente com o povo, podia afirmar esta verdade: — não havia loucos em Itaguaí; Itaguaí não possuía um só mentecapto. Mas tão depressa esta ideia lhe refrescara a alma, outra apareceu que neutralizou o primeiro efeito; foi a ideia da dúvida. Pois quê! Itaguaí não possuiria um único cérebro concertado? Esta conclusão tão absoluta não seria por isso mesmo errônea, e não vinha, portanto, destruir o largo e majestoso edifício da nova doutrina psicológica?!

A aflição do egrégio Simão Bacamarte é definida pelos cronistas itaguaienses como uma das mais medonhas tempestades morais que têm desabado sobre o homem. Mas as tempestades só aterram os fracos; os fortes enrijam-se contra elas e fitam o trovão. Vinte minutos depois alumiou-se a fisionomia do alienista de uma suave claridade.

Sim, há de ser isso, pensou ele.

Isso é isto. Simão Bacamarte achou em si os característicos do perfeito equilíbrio mental e moral; pareceu-lhe que possuía a sagacidade, a paciência, a perseverança, a tolerância, a veracidade, o vigor moral, a lealdade, todas as qualidades enfim que podem formar um acabado mentecapto. Duvidou logo, é certo, e chegou mesmo a concluir que era ilusão; mas, sendo homem prudente, resolveu convocar um conselho de amigos, a quem interrogou com franqueza. A opinião foi afirmativa.

— Nenhum defeito?

— Nenhum, disse em coro a assembleia.

— Nenhum vício?

— Nada.

— Tudo perfeito?

— Tudo.

— Não, impossível, bradou o alienista. Digo que não sinto em mim essa superioridade que acabo de ver definir com tanta magnificência. A simpatia é que vos faz falar. Estudo-me e nada acho que justifique os excessos da vossa bondade.

A assembleia insistiu; o alienista resistiu; finalmente o padre Lopes explicou tudo com este conceito digno de um observador:

— Sabe a razão por que não vê as suas elevadas qualidades, que aliás todos nós admiramos? É porque tem ainda uma qualidade que realça as outras: a modéstia.

Era decisivo. Simão Bacamarte curvou a cabeça juntamente alegre e triste, e ainda mais alegre do que triste. Ato contínuo, recolheu-se à Casa Verde. Em vão a mulher e os amigos lhe disseram que ficasse, que estava perfeitamente são e equilibrado: nem rogos nem sugestões nem lágrimas o detiveram um só instante.

– A questão é científica, dizia ele; trata-se de uma doutrina nova, cujo primeiro exemplo sou eu. Reúno em mim mesmo a teoria e a prática.

– Simão! Simão! meu amor! dizia-lhe a esposa com o rosto lavado em lágrimas.

Mas o ilustre médico, com os olhos acesos da convicção científica, trancou os ouvidos à saudade da mulher, e brandamente a repeliu. Fechada a porta da Casa Verde, entregou-se ao estudo e à cura de si mesmo. Dizem os cronistas que ele morreu dali a dezessete meses, no mesmo estado em que entrou, sem ter podido alcançar nada. Alguns chegam ao ponto de conjeturar que nunca houve outro louco além dele em Itaguaí; mas esta opinião, fundada em um boato que correu desde que o alienista expirou, não tem outra prova senão o boato; e boato duvidoso, pois é atribuído ao padre Lopes, que com tanto fogo realçara as qualidades do grande homem. Seja como for, efetuou-se o enterro com muita pompa e rara solenidade.

ASSIS, Machado de. *O alienista.* São Paulo: Ática, 1998. Também disponível em: <www.dominiopublico.gov.br>. Acesso em: maio 2015.

Editora Ática/Arquivo da editora

Marc Ferrez/Instituto Moreira Salles

Joaquim Maria **Machado de Assis** (Rio de Janeiro, 1839-1908) é um dos mais importantes escritores brasileiros. De origem humilde, foi autodidata, recebeu na escola apenas a formação básica. Em 1858, começou a colaborar em jornais e revistas. Casou-se em 1869 com Carolina Augusta Xavier de Novais. Foi tipógrafo, cronista, contista, dramaturgo, jornalista, poeta, novelista, romancista, crítico e ensaísta.

Parte II: Outros textos, outros gêneros

Verbete de dicionário

loucura s.f. **1** distúrbio, alteração mental caracterizada pelo afastamento mais ou menos prolongado do indivíduo de seus métodos habituais de pensar, sentir e agir **2** sentimento ou sensação que foge ao controle da razão **2.1** paixão, gosto desmedido por alguém ou por algo <sua l. é o caçula> <tem l. por livros> **3** ato ou fala extravagante, que parece desarrazoado; atitude, comportamento que denota falta de senso, de juízo, de discernimento <como pode cometer tais l.?> **4** atitude imprudente, insensata <será uma l. se consentirem com aquele absurdo> **5** caráter de tudo que ultrapassa o convencional, de quanto foge às regras sociais <a festa será uma l.> **6** alegria extravagante, insana; desatino, desvario **7** caráter do que é extraordinário, excepcional, maravilhoso <l. de verão> <l. de vestido>

HOUAISS, Antônio. *Dicionário eletrônico Houaiss da língua portuguesa*. Rio de Janeiro: Objetiva, 2002.

Reportagem

Saúde

Loucos pela liberdade

Os manicômios ainda existem, mas uma revolução silenciosa transforma em cidadãos os brasileiros com sofrimento mental

Em 1991, o deputado federal Paulo Delgado apresentou um projeto de lei que determina o fim da construção de novos hospitais psiquiátricos públicos e do financiamento, pelo SUS, de novos leitos psiquiátricos. A lei propõe a extinção progressiva dos manicômios e sua substituição por outros recursos assistenciais. Passou pela Câmara mas acabou dormindo numa gaveta do Senado. A boa notícia é que, apesar do projeto de lei parado, o país vive uma revolução psiquiátrica silenciosa. Perde terreno o modelo de manicômios de portas fechadas. Ganha espaço o modelo aberto, que trata os loucos como cidadãos.

Em diversos estados, surgiram soluções alternativas aos hospitais, como os Núcleos de Assistência Psicossocial (NAPs), com atendimento 24 horas por dia, sem que o louco tenha de ficar internado, à margem da sociedade. Vive-se uma situação curiosa em que os costumes, por força da organização da sociedade, avançaram mais que a lei. A mudança de comportamento pode ser medida pelos números do Ministério da Saúde. Em 1991, havia 313 hospitais psiquiátricos no país. Em 1996, eles eram apenas 269.

Tanto a lei de Paulo Delgado como a redução de asilos e leitos nasceram de uma experiência pioneira em Santos, no litoral paulista. Ela foi a gênese que deflagrou o crescimento do Movimento da Luta Antimanicomial, hoje com direito a assento no Conselho Federal de Saúde. Em maio de 1989, a prefeitura da cidade interveio na Casa de Saúde Anchieta – manicômio conhecido como "A Casa de Horrores" pelo péssimo tratamento dedicado aos pacientes. Em cinco anos, o Anchieta foi liquidado e, em seu lugar, criada uma rede de NAPs para abrigar os pacientes sem destiná-los, irremediavelmente, aos hospitais. Os loucos voltaram a conviver com suas famílias, permanecendo durante o dia nos ambulatórios. Para os que não tinham família (vinte anos de internação rompem qualquer laço familiar), foram criados os Lares Abrigados. Travou-se, ao mesmo tempo, uma batalha para intervir na cultura e nos preconceitos da sociedade a respeito da loucura e dos loucos.

Nasceu o projeto Tam-Tam – referência ao instrumento musical africano e à gíria brasileira –, que incluiu rádio (criado pelos próprios pacientes) e programas de vídeo. Foi criada a grife Tam-Tam, com camisetas pintadas à mão, bijuterias e gravatas, cuja venda gerava dinheiro para os pacientes. Desde o início trabalhou-se com teatro, e daí surgiu o Grupo Biruta.

Formaram-se cooperativas, grupos de pacientes que cuidavam dos jardins, trabalhavam na construção civil, separavam o lixo reciclado, cultivavam e vendiam flores. Santos foi a primeira cidade brasileira livre de manicômios e tornou-se referência internacional. Há na Itália apenas outras duas cidades sem asilos psiquiátricos – mas nenhuma com o tamanho de Santos, com 420 mil habitantes. "Dizia-se que a cidade não seria capaz de acabar com a poluição das praias e com o problema dos loucos", diz o psiquiatra Roberto Tykanori, coordenador de saúde mental da cidade na época da reforma. "As duas coisas foram feitas."

Da experiência santista, percebeu-se que o fim dos manicômios poderia sair do papel. Os NAPs espalharam-se pelo país. Não se deve supor, contudo, que o problema do maluco como presidiário tenha sido superado. Não se vive, ainda, num país feito de gente como Simão Bacamarte, o personagem alienista de Machado de Assis, que detectou a insensatez de seu asilo, abriu suas portas e colocou a turma sintomática de volta à rua. Mas Santos impulsionou outros caminhos de tratamento dignos:

- Em São Paulo, a psicóloga Isabel Cristina Lopes e o maestro Julio Cézar Giúdice Maluf comandam o Coral Cênico de Saúde Mental. Os integrantes são usuários dos serviços de psiquiatria e seus parentes. O repertório reúne canções da MPB e textos dos próprios pacientes.
- O Pazzo a Pazzo é um grupo de teatro cujos atores são portadores de problemas mentais. Pazzo, em italiano, significa 'louco'. O diretor Sérgio Penna recrutou os artistas nos NAPs de Santos e na instituição A Casa, de São Paulo, nome dado ao Serviço de Saúde Mental do Hospital Dia, pioneiro na assistência ambulatorial aos malucos paulistanos. Um dos grandes sucessos do grupo foi a adaptação da *Odisseia*, de Homero.
- Melancolia não é a marca da TV Pinel, do Rio de Janeiro, criada pelos internos do Instituto Philippe Pinel há três anos. O que eles prezam é o humor. A trilha sonora da vinheta de abertura é o clássico "Maluco beleza", de Raul Seixas.

Pequena história da loucura

Como a medicina identificou e tratou o louco ao longo dos séculos

Antiguidade

- A loucura era obra dos deuses, para os gregos. Nos poemas de Homero, os heróis não enlouquecem – são tornados loucos por decisão divina.
- A loucura é vista como um acidente de percurso e não um mal em si – e por isso mesmo não acarreta nenhum estigma. Não há necessidade de cura, já que não existe, a rigor, doença alguma a ser tratada. A terapia limita-se à reordenação das relações do sujeito tido como transgressor com o grupo social a que ele pertence.
- O pai da Medicina, o grego **Hipócrates**, entendia a loucura como um desarranjo de natureza orgânica e corporal do ser humano. A causa dela era algum desequilíbrio do estado físico. As alterações de comportamento ou mentais eram meros sintomas.
- Acreditava-se que muitos casos de loucura eram resultado do acúmulo indevido de substâncias no cérebro ou em outros órgãos; portanto, a terapia ideal seria a que assegurasse a diluição ou a expulsão dessas substâncias.

Idade Média

- Um documento escrito em 1484, o *Malleus Maleficarum*, estabelece a crença na intervenção dos demônios na vida dos seres humanos. Diz um dos trechos da obra: "O diabo, ademais, é capaz de possuir o ser humano em sua essência corpórea, como fica claro no caso dos loucos".
- A terapia recomendada para os loucos preconizava jejuns, orações, visita a igrejas e o exorcismo feito por algum sacerdote especialmente preparado para a empreitada.

Século XVIII

- Em maio de 1798, o médico francês **Philippe Pinel** tira as correntes de 49 pacientes loucos internados no Hospital Biclêtre, em Paris. Os hospícios deixam de funcionar como prisões.
- O diagnóstico da loucura passa a ser resultado de observação prolongada, rigorosa e sistemática das transformações na vida biológica, nas atividades mentais e no comportamento social do paciente.

Século XX

- As ideias do austríaco **Sigmund Freud** revolucionam a compreensão da loucura. Com a psicanálise, a visão psicológica do funcionamento mental se consagra.
- Nos anos 1970, o psiquiatra italiano Franco Basaglia propõe a experiência de fechar os asilos e manicômios em seu país.

Época. São Paulo: Globo, 14 set. 1998. Adaptado.

Entrevista

Quem gosta de ficar trancado?

Psicanalista diz por que a rua trata os loucos melhor que os hospitais psiquiátricos

Época: Por que os asilos e manicômios não servem ao tratamento efetivo dos loucos?

Flávio Carvalho Ferraz: A instituição asilar, ainda que movida pela melhor das intenções, não parece ter captado a importância fundamental da liberdade de vagar livremente para os loucos. O movimento antimanicomial, surgido com o advento da antipsiquiatria, fundamenta-se na constatação de que a instituição fechada não trata verdadeiramente o louco, mas o exclui do convívio social.

Época: Qual é o papel da rua para o louco?

Ferraz: Em primeiro lugar, a rua é capaz de tratar o louco melhor que as instituições feitas para isso. O louco clama por liberdade e, por isso, a rua é seu habitat natural. A liberdade de circular é o equivalente à liberdade de pensar e fantasiar. Mesmo sabendo que a rua obriga o psicótico a passar por uma série de sofrimentos, ela ainda é o agente privilegiado para lhe dar suporte.

Época: Entre a rua e os asilos tradicionais há alguma alternativa de tratamento para a loucura?

Ferraz: Sim. Trata-se do "acompanhamento terapêutico". É uma técnica auxiliar no tratamento da psicose em que o profissional sai pelas ruas com o louco, permitindo a ele participar de tudo o que a cidade oferece. Essa técnica não apenas devolve ao louco o direito de usufruir o espaço público como cidadão, mas é efetivamente terapêutica, já que o trata.

Época: O senhor falou da importância da rua para o louco. E para a sociedade, o louco oferece alguma coisa ou não passa de um estorvo?

Ferraz: Ele pode ser visto como um estorvo quando não temos instrumentos para compreendê-lo e com ele conviver. Mas é evidente que a loucura exerce forte atração sobre todos nós. É uma espécie de espelho que nos mostra aquilo que temos mas nem sempre sabemos que nos pertence. Os instintos, as fantasias e as ideias inconscientes no psicótico se tornam visíveis. Por isso o louco fascina. Todo mundo gosta de olhá-lo com curiosidade.

Época: Qual é a diferença entre o louco de rua e o louco trancado em casa ou num asilo qualquer?

Ferraz: A diferença fundamental é que o louco excluído da sociedade vê negado seu próprio direito à cidadania. Além do mais, nada indica que o isolamento ou a prisão o recupere. Já a liberdade de andar pela cidade e a participação na vida da comunidade, por si mesmo, têm efeitos terapêuticos. E, ainda que não os tivessem, ao menos diminuiriam o sofrimento. Será que alguém gosta de ficar trancado?

Época: O isolamento e o tratamento à base de remédios podem significar a cura da loucura?

Ferraz: Cura é uma expressão muito forte. Existem alguns indivíduos que passam por surtos esporádicos, mas fora desses períodos podem levar uma vida absolutamente normal, sem problemas. Em certos casos mais severos, porém, o que importa é providenciar uma situação na qual exista o maior bem-estar possível tanto do paciente quanto de sua família. É fundamental encontrar algum tipo de conforto.

Época. São Paulo: Globo, 14 set. 1998. Adaptado.

Letra de canção

Liberdade acima de tudo

Charlie Brown Jr.

Deixa eu ser como eu sou!
Deixa eu ser quem eu sou!

Se quiserem me internar não deixem
Deixem me exercer minha loucura em paz
Se quiserem me internar não deixem
Deixem me exercer minha loucura em paz
Porque eu nasci pra ser maluco
E te fazer a tradução
Do que é ser um bom maluco
Do que é ser um maluco sangue bom

Porque eu nasci pra ser maluco
E te fazer a tradução
Do que é ser um bom maluco
Do que é ser um maluco sangue bom
Yeah!

Deixa eu ser como eu sou!

Se quiseram me internar não deixem
Deixem me exercer minha loucura em paz
Se quiserem me internar não deixem
Deixem me exercer minha loucura em paz

Porque eu nasci pra ser maluco
E te fazer a tradução
Do que é ser um bom maluco
Do que é ser um maluco sangue bom

Porque eu nasci pra ser maluco
E te fazer a tradução
Do que é ser um bom maluco
Do que é ser um maluco sangue bom
Yeah!

Liberdade acima de tudo
De bem com a vida e de bem com o mundo
Liberdade acima de tudo
Yeah!

Se quiseram me internar não deixem
Deixem me exercer minha loucura em paz
Se quiserem me internar não deixem
Deixem me exercer minha loucura em paz

Porque eu nasci pra ser maluco
E te fazer a tradução
Do que é ser um bom maluco
O que é ser um maluco sangue bom (2x)
Yeah!

BROWN JR, Charlie. *Ritmo, ritual e responsa*. EMI, 2007.

Obras de arte

A.

B.

C.

D.

Bibliografia

Livros

BAGNO, Marcos. *Gramática de bolso do português brasileiro*. São Paulo: Parábola, 2011.

______. *O preconceito linguístico*. 54. ed. São Paulo: Loyola, 2011.

______. *Sete erros aos quatro ventos*. São Paulo: Parábola, 2013.

BAKHTIN, Mikhail. *Estética da criação verbal*. 2. ed. São Paulo: Martins Fontes, 1997.

______. *Marxismo e filosofia da linguagem*. 16. ed. São Paulo: Hucitec, 2009.

BECHARA, Evanildo. *Moderna gramática portuguesa*. 37. ed. rev. e ampl. Rio de Janeiro: Lucerna, 2000.

BORBA, Francisco da Silva. *Dicionário de usos do português do Brasil*. São Paulo: Ática, 2002.

BRANDÃO, Helena Nagamine (Coord.). *Gêneros do discurso na escola*: mito, conto, cordel, discurso político, divulgação científica. 5. ed. São Paulo: Cortez, 2012.

BRASIL. Ministério da Educação. Secretaria de Educação Básica. *Plano de Desenvolvimento da Educação*: Prova Brasil – Ensino Fundamental: matrizes de referência, tópicos e descritores. Brasília, 2008. 193 p.

______. Ministério da Educação. Secretaria de Educação Fundamental. *Parâmetros Curriculares Nacionais*: terceiro e quarto ciclos do Ensino Fundamental – Língua Portuguesa. Brasília, 1998.

CAMPS, Anna et al. *Propostas didáticas para aprender a escrever*. Tradução de Valério Campos. Porto Alegre: Artmed, 2006.

CASTILHO, Ataliba Teixeira de (Org.). *Gramática do português falado*. Campinas: Ed. da Unicamp, 2002. v. 3.

CASTILHO, Ataliba T. de. *Nova gramática do português brasileiro*. São Paulo: Contexto, 2012.

______; ELIAS, Vanda Maria. *Pequena gramática do português brasileiro*. São Paulo: Contexto, 2012.

CITELLI, Adilson. *Linguagem e persuasão*. 16. ed. rev. e atual. São Paulo: Ática, 2004.

______. *O texto argumentativo*. São Paulo: Scipione, 1994.

COLL, César et al. *Os conteúdos na reforma*: ensino e aprendizagem de conceitos, procedimentos e atitudes. Tradução de Beatriz Affonso Neves. Porto Alegre: Artmed, 1998.

COSTA, Sérgio Roberto. *Dicionário de gêneros textuais*. Belo Horizonte: Autêntica, 2008.

CUNHA, Celso; CINTRA, Luís F. Lindley. *Nova gramática do português contemporâneo*. 6. ed. Rio de Janeiro: Lexikon, 2013.

DIONÍSIO, Ângela P.; MACHADO, Anna R.; BEZERRA, Maria A. (Org.). *Gêneros textuais e ensino*. São Paulo: Parábola, 2010.

FÁVERO, Leonor Lopes; ANDRADE, Maria Lúcia C. V. O.; AQUINO, Zilda G. O. *Oralidade e escrita*: perspectivas para o ensino da língua materna. 8. ed. São Paulo: Cortez, 2012.

GANCHO, Cândida Vilares. *Como analisar narrativas*. 9. ed. São Paulo: Ática, 2006.

HERNÁNDEZ, Fernando. *Transgressão e mudança na educação*: os projetos de trabalho. Porto Alegre: Artmed, 1998.

HOFFMANN, Jussara; JANSSEN, Felipe da Silva; ESTEBAN, Maria Teresa (Org.). *Práticas avaliativas e aprendizagens significativas em diferentes áreas do currículo*. 6. ed. Porto Alegre: Mediação, 2008.

ILARI, Rodolfo. *Introdução à semântica*: brincando com a gramática. São Paulo: Contexto, 2001.

______. *Introdução ao estudo do léxico*: brincando com as palavras. São Paulo: Contexto, 2002.

______; BASSO, Renato. *O português da gente*: a língua que estudamos, a língua que falamos. 2. ed. São Paulo: Contexto, 2012.

______; GERALDI, João Wanderley. *Semântica*. 11. ed. São Paulo: Ática, 2006.

KLEIMAN. Ângela. *Leitura*: ensino e pesquisa. 2. ed. Campinas: Pontes, 1996.

______. *Oficina de leitura*: teoria e prática. 14. ed. Campinas: Pontes, 2012.

______. *Os significados do letramento*. Campinas: Mercado de Letras, 1995.

______. *Texto e leitor*: aspectos cognitivos da leitura. 9. ed. Campinas: Pontes, 2005.

______; MORAES, Silvia E. *Leitura e interdisciplinaridade*: tecendo redes nos projetos da escola. Campinas: Mercado de Letras, 1999.

______; SEPÚLVEDA, Cida. *Oficina de gramática*. Campinas: Pontes, 2012.

KOCH, Ingedore Villaça. *A coesão textual*. 17. ed. São Paulo: Contexto, 2002.

______. *Desvendando os segredos do texto*. São Paulo: Cortez, 2002.

______. *Ler e escrever*: estratégias de produção textual. 2. ed. São Paulo: Contexto, 2010.

______. *O texto e a construção dos sentidos*. 9. ed. São Paulo: Contexto, 2007.

______. *Texto e coerência*. 13. ed. São Paulo: Cortez, 2011.

______; ELIAS, Vanda Maria. *Ler e compreender os sentidos do texto*. São Paulo: Contexto, 2006.

______; TRAVAGLIA, Luiz C. *A coerência textual*. 16. ed. São Paulo: Contexto, 1990.

______; VILELA, Mário. *Gramática da língua portuguesa*. Porto, Portugal: Almedina, 2001.

LAGE, Nilson. *Estrutura da notícia*. 5. ed. São Paulo: Ática, 2002. (Série Princípios).

LERNER, Délia. *Ler e escrever na escola*: o real, o possível e o necessário. Porto Alegre: Artmed, 2002.

MACHADO, Irene A. *Literatura e redação*: os gêneros literários e a tradição oral. São Paulo: Scipione, 1994.

MARCUSCHI, Luiz Antônio. *Análise da conversação*. 6. ed. São Paulo: Ática, 2007.

______. *Da fala para a escrita*: atividades de retextualização. 10. ed. São Paulo: Cortez, 2010.

______. *Produção textual, análise de gêneros e compreensão*. São Paulo: Parábola, 2008.

______; XAVIER, Antônio Carlos (Org.). *Hipertexto e gêneros digitais*. 3. ed. São Paulo: Cortez, 2010.

MORAES, Artur Gomes. *Ortografia*: ensinar e aprender. 4. ed. São Paulo: Ática, 1998.

NEVES, Maria Helena de Moura. *Gramática de usos do português*. 2. ed. São Paulo: Ed. da Unesp, 2000.

______. *Que gramática estudar na escola?* 3. ed. São Paulo: Contexto, 2008.

NOVAK, J. D.; GOWIN, D. B. *Aprendiendo a aprender*. Barcelona, Espanha: Martinez Roca, 1988.

PEÑA, Antonio Ontoria. *Mapas conceituais*. São Paulo: Loyola, 2006.

______ et al. *Aprender com mapas mentais*: uma estratégia para pensar e estudar. 3. ed. São Paulo: Madras, 2008.

PERINI, Mário. *Gramática do português brasileiro*. São Paulo: Parábola, 2010.

______. *Sintaxe portuguesa*: metodologia e funções. 2. ed. São Paulo: Ática, 1994.

PRETI, Dino. *A gíria e outros temas*. São Paulo: Edusp, 1984.

RANGEL, Egon de Oliveira; ROJO, Roxane (Coord.). *Língua Portuguesa*: Ensino Fundamental. Brasília: Ministério da Educação/Secretaria da Educação Básica, 2007. (Explorando o Ensino, v. 19).

ROJO, Roxane (Org.). *A prática da linguagem em sala de aula*. São Paulo: Educ; Campinas: Mercado de Letras, 2001.

SCHNEUWLY, Bernard; DOLZ, Joaquim. Os gêneros escolares. In: ROJO, Roxane; CORDEIRO, Glaís Sales (Org.). *Gêneros orais e escritos na escola*. Tradução de Roxane Rojo e Glaís Sales Cordeiro. Campinas: Mercado de Letras, 2004.

SILVA, Ezequiel Theodoro da. *A produção da leitura na escola*: pesquisa × propostas. 2. ed. São Paulo: Ática, 2003.

SOARES, Magda. *Alfabetização e letramento*. São Paulo: Contexto, 2003.

SOLÉ, Isabel. *Estratégias de leitura*. 6. ed. Porto Alegre: Artmed, 1998.

TRAVAGLIA, Luiz Carlos. *Gramática e interação*: uma proposta para o ensino de gramática no 1º e 2º graus. 2. ed. São Paulo: Cortez, 2005.

______. *Gramática*: ensino plural. 5. ed. São Paulo: Cortez, 2011.

VYGOTSKY, L. S. *Pensamento e linguagem*. 4. ed. São Paulo: Martins Fontes, 2008.

Sites

Centro de Referência em Educação Mário Covas: <www.crmariocovas.sp.gov.br>.

Ministério da Educação: <http://portal.mec.gov.br/seb/arquivos/pdf/Ensfund/noveanorienger>.

Net Educação: <www.neteducacao.com.br>.

Nova Escola: <http://revistaescola.abril.com.br/>.

Portal do Professor: <http://portaldoprofessor.mec.gov.br/index.html>.

Todos pela Educação (biblioteca): <www.todospelaeducacao.org.br/biblioteca>.

Vinte e um filmes voltados para a educação (sugestões e sinopses): <www.lendo.org/21-filmes-em-que-a-educacao-e-um-tema-criativo>.

(Acesso em: 5 mar. 2015.)